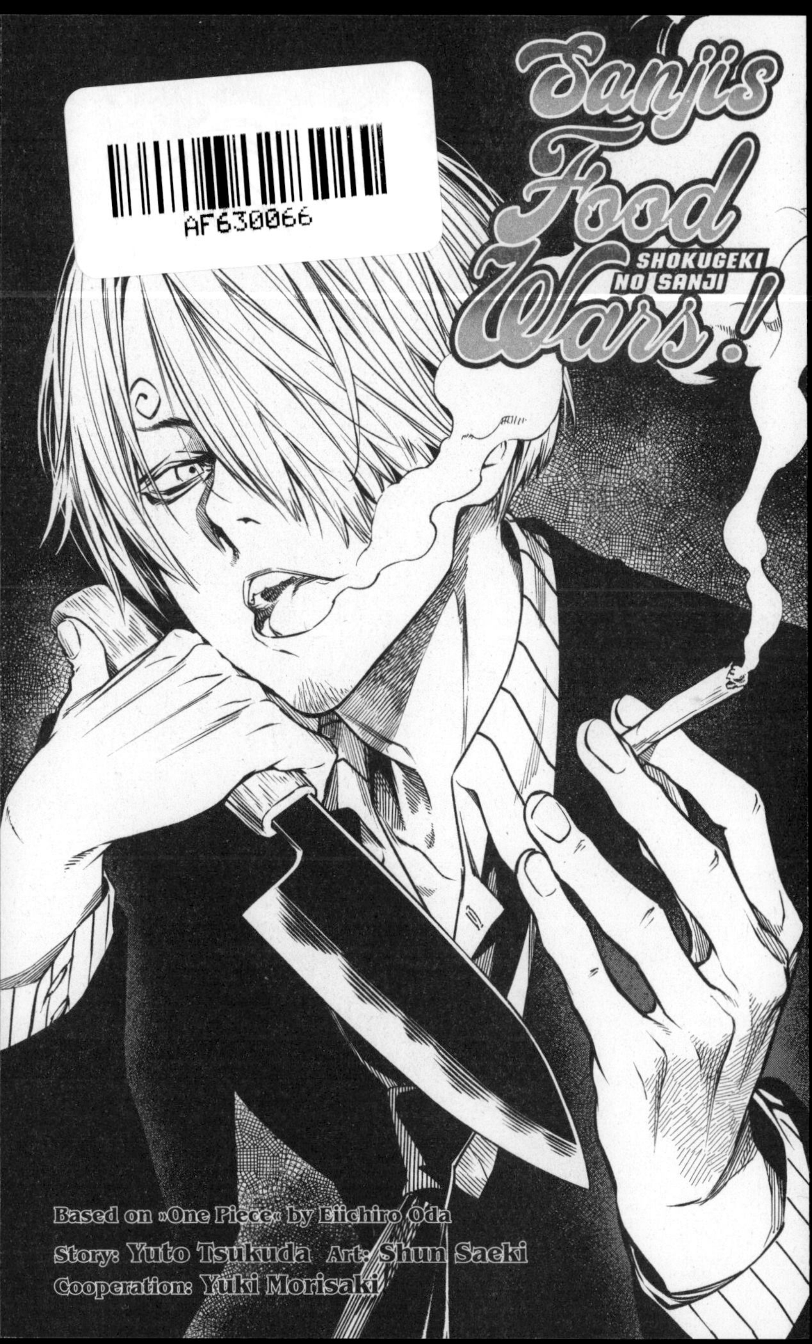
Sanji's Food Wars!
SHOKUGEKI NO SANJI
Based on »One Piece« by Eiichiro Oda
Story: Yuto Tsukuda Art: Shun Saeki
Cooperation: Yuki Morisaki

SANJIS Food Wars Menü

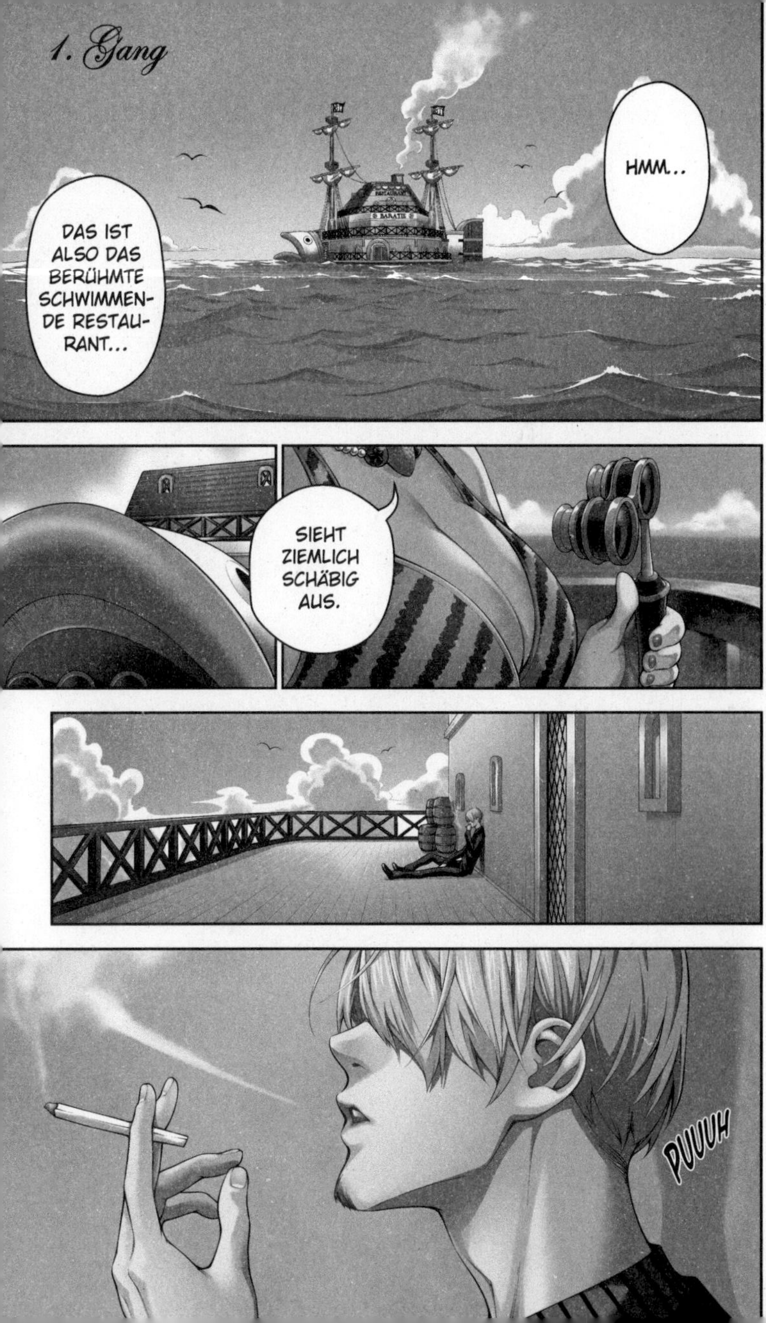
1. Gang
HMM...
DAS IST ALSO DAS BERÜHMTE SCHWIMMENDE RESTAURANT...
SIEHT ZIEMLICH SCHÄBIG AUS.
PUUUH

1. Gang

Die Morgendämmerung des Abenteuers rückt näher

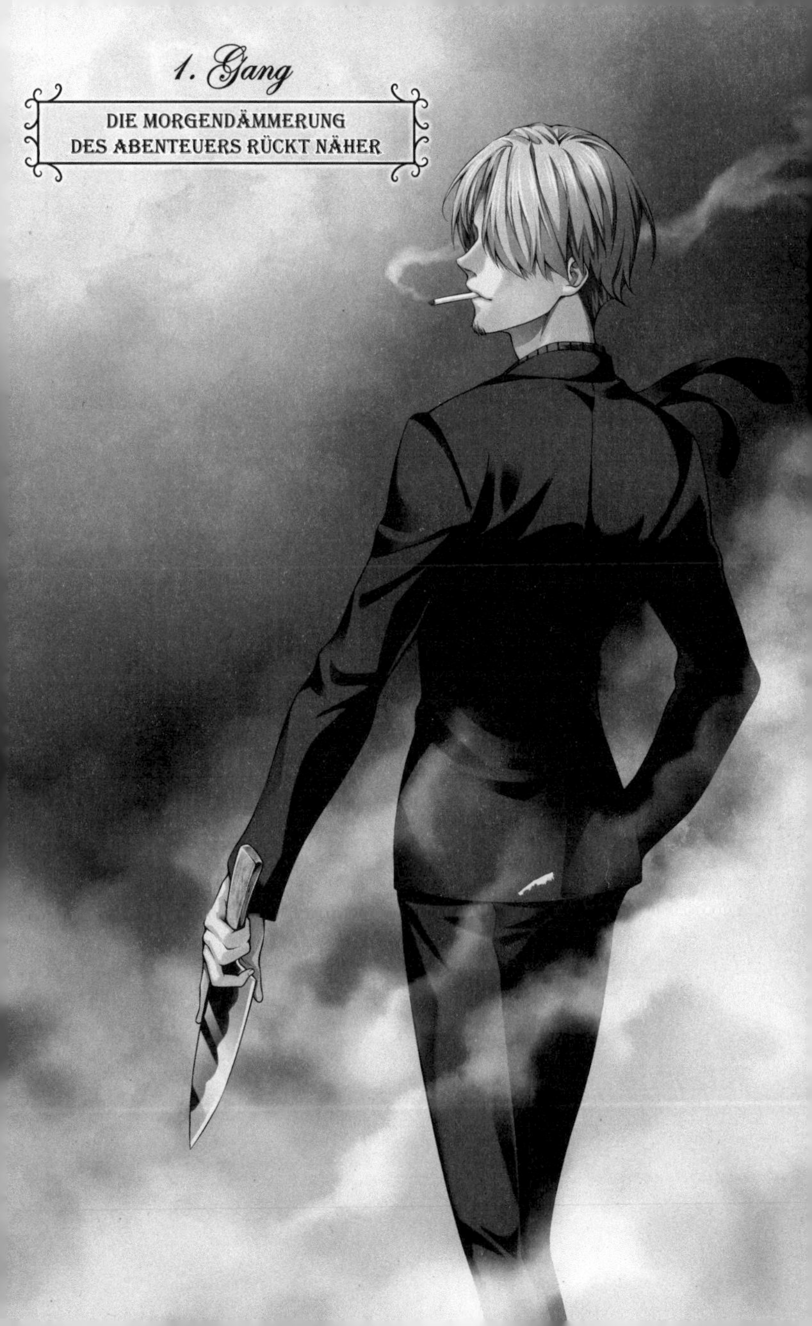

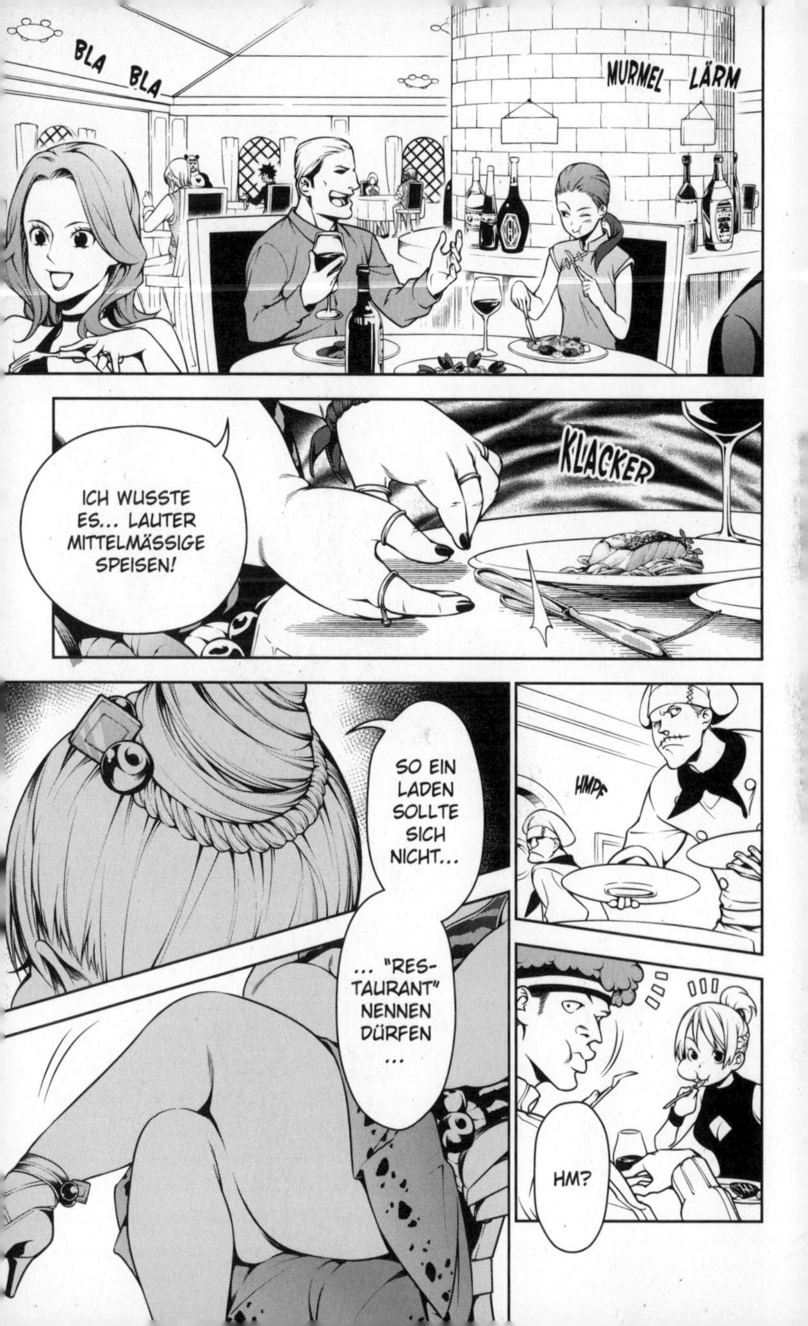
BLA BLA
MURMEL LÄRM
KLACKER
ICH WUSSTE ES... LAUTER MITTELMÄSSIGE SPEISEN!
SO EIN LADEN SOLLTE SICH NICHT...
HMPF
... "RESTAURANT" NENNEN DÜRFEN ...
HM?

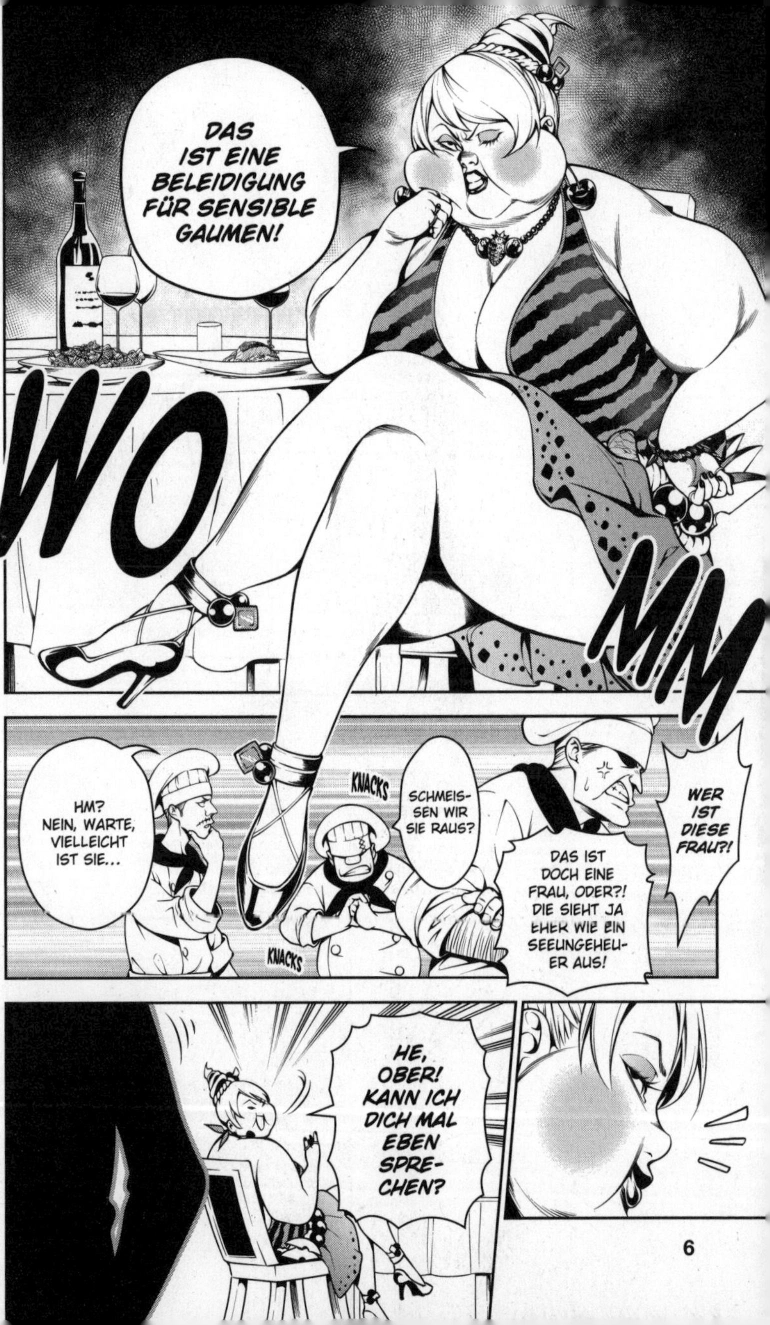
DAS IST EINE BELEIDIGUNG FÜR SENSIBLE GAUMEN!
WOMMM
WER IST DIESE FRAU?!
DAS IST DOCH EINE FRAU, ODER?! DIE SIEHT JA EHER WIE EIN SEEUNGEHEUER AUS!
SCHMEISSEN WIR SIE RAUS?
KNACKS
HM? NEIN, WARTE, VIELLEICHT IST SIE...
KNACKS
HE, OBER! KANN ICH DICH MAL EBEN SPRECHEN?

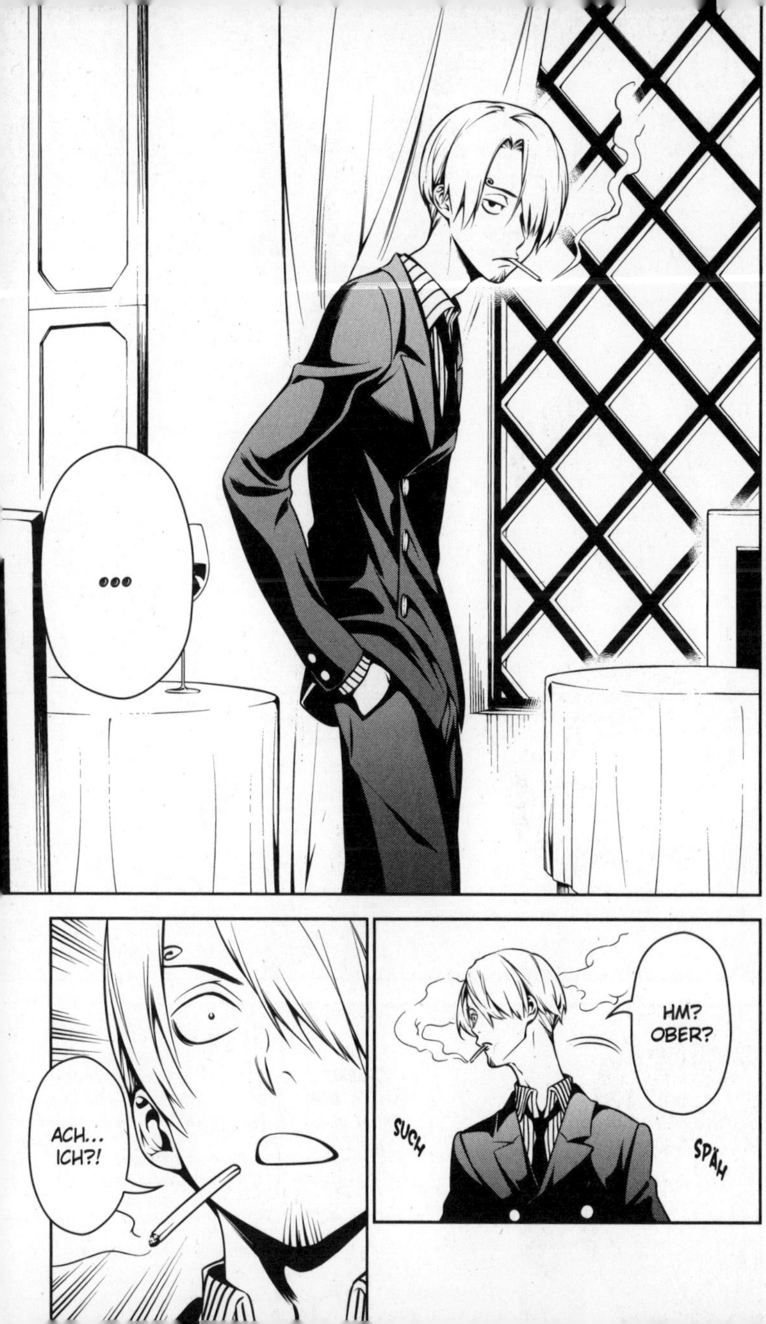
...
HM? OBER?
SUCH
SPÄH
ACH... ICH?!

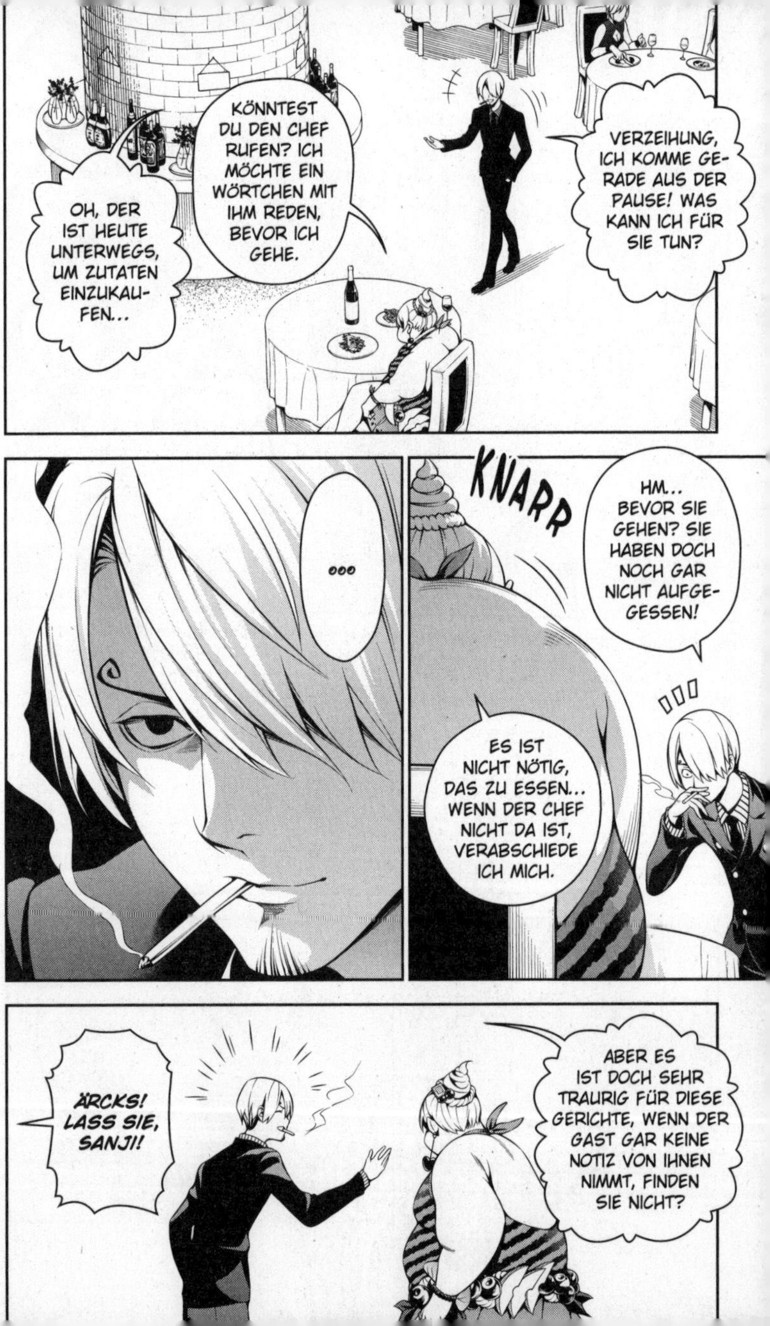
VERZEIHUNG, ICH KOMME GERADE AUS DER PAUSE! WAS KANN ICH FÜR SIE TUN?
KÖNNTEST DU DEN CHEF RUFEN? ICH MÖCHTE EIN WÖRTCHEN MIT IHM REDEN, BEVOR ICH GEHE.
OH, DER IST HEUTE UNTERWEGS, UM ZUTATEN EINZUKAUFEN...
KNARR
HM... BEVOR SIE GEHEN? SIE HABEN DOCH NOCH GAR NICHT AUFGEGESSEN!
ES IST NICHT NÖTIG, DAS ZU ESSEN... WENN DER CHEF NICHT DA IST, VERABSCHIEDE ICH MICH.
...
ABER ES IST DOCH SEHR TRAURIG FÜR DIESE GERICHTE, WENN DER GAST GAR KEINE NOTIZ VON IHNEN NIMMT, FINDEN SIE NICHT?
ÄRCKS! LASS SIE, SANJI!

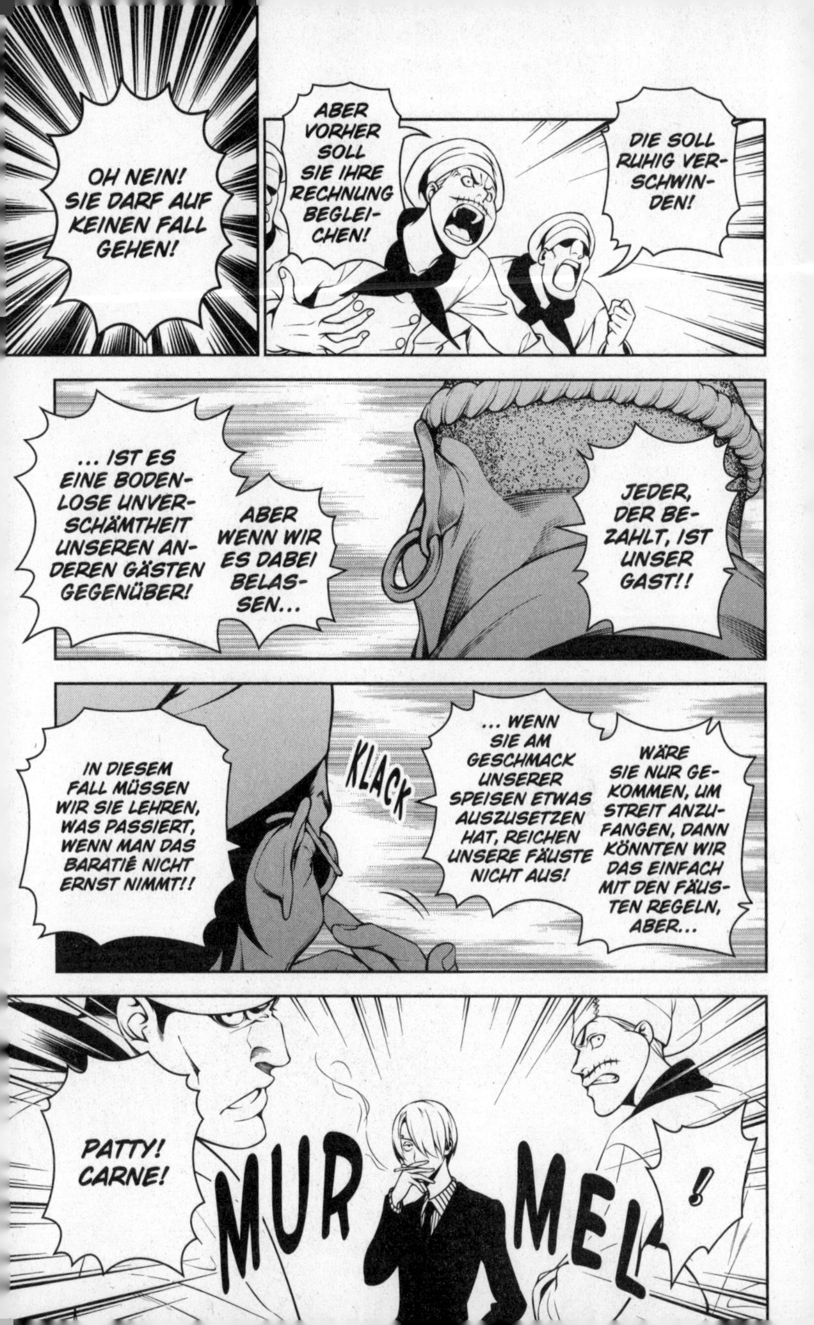
DIE SOLL RUHIG VERSCHWINDEN!
ABER VORHER SOLL SIE IHRE RECHNUNG BEGLEICHEN!
OH NEIN! SIE DARF AUF KEINEN FALL GEHEN!
JEDER, DER BEZAHLT, IST UNSER GAST!!
ABER WENN WIR ES DABEI BELASSEN...
... IST ES EINE BODENLOSE UNVERSCHÄMTHEIT UNSEREN ANDEREN GÄSTEN GEGENÜBER!
WÄRE SIE NUR GEKOMMEN, UM STREIT ANZUFANGEN, DANN KÖNNTEN WIR DAS EINFACH MIT DEN FÄUSTEN REGELN, ABER...
... WENN SIE AM GESCHMACK UNSERER SPEISEN ETWAS AUSZUSETZEN HAT, REICHEN UNSERE FÄUSTE NICHT AUS!
KLACK
IN DIESEM FALL MÜSSEN WIR SIE LEHREN, WAS PASSIERT, WENN MAN DAS BARATIÊ NICHT ERNST NIMMT!!
MUR MEL!
PATTY! CARNE!

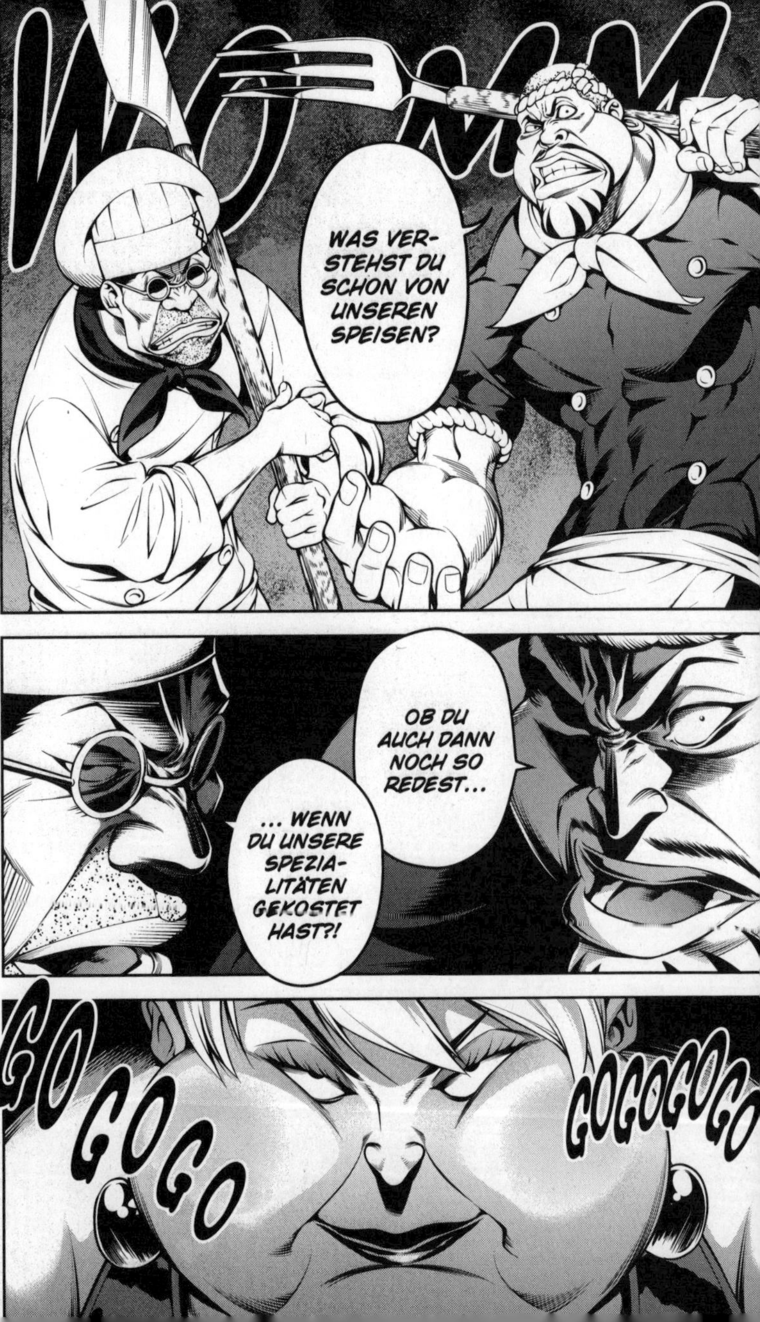
WOMM
WAS VERSTEHST DU SCHON VON UNSEREN SPEISEN?
OB DU AUCH DANN NOCH SO REDEST...
... WENN DU UNSERE SPEZIALITÄTEN GEKOSTET HAST?!
GO GOGO GO
GOGOGOGO

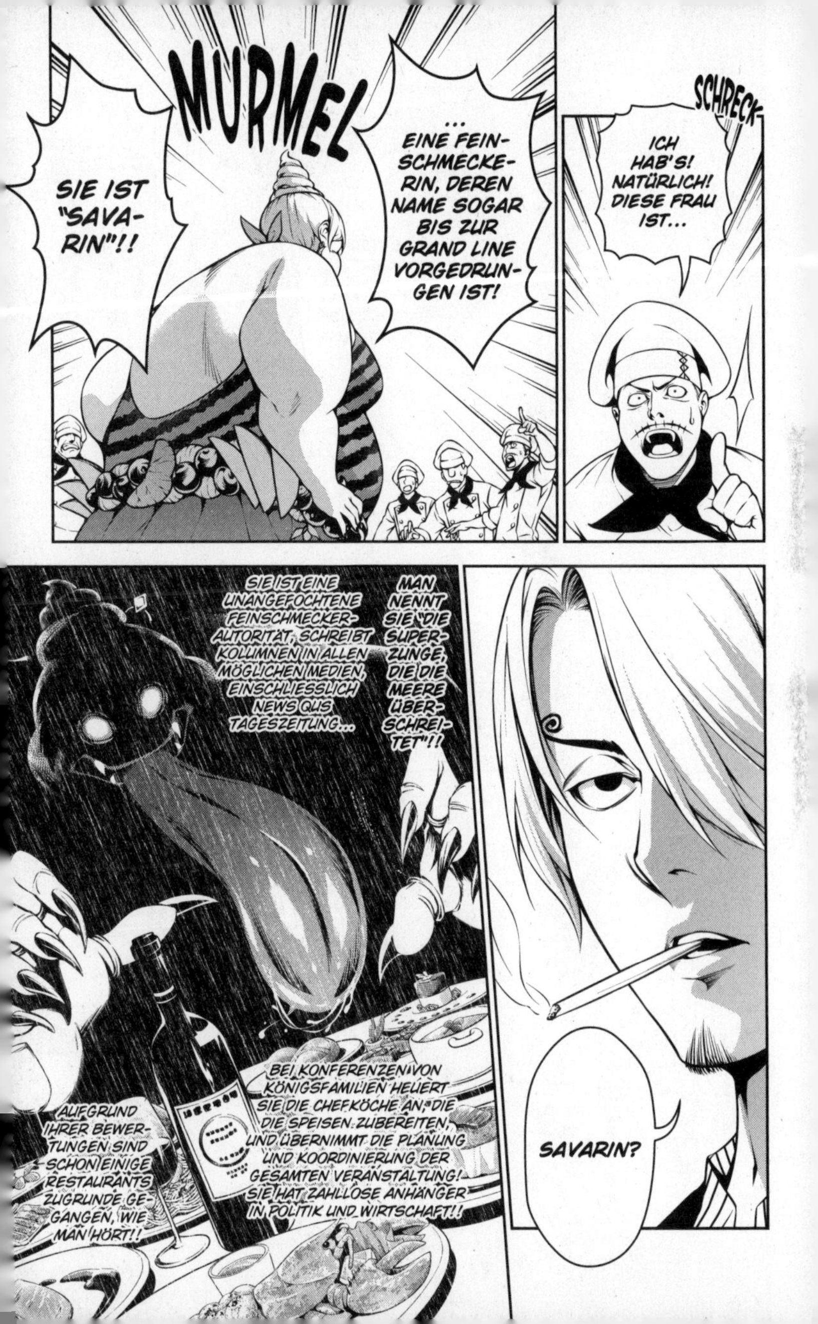
SCHRECK
ICH HAB'S! NATÜRLICH! DIESE FRAU IST...
MURMEL
... EINE FEINSCHMECKERIN, DEREN NAME SOGAR BIS ZUR GRAND LINE VORGEDRUNGEN IST!
SIE IST "SAVARIN"!!
SAVARIN?
MAN NENNT SIE "DIE SUPERZUNGE, DIE DIE MEERE ÜBERSCHREITET"!!
SIE IST EINE UNANGEFOCHTENE FEINSCHMECKER-AUTORITÄT, SCHREIBT KOLUMNEN IN ALLEN MÖGLICHEN MEDIEN, EINSCHLIESSLICH NEWS AUS TAGESZEITUNG...
BEI KONFERENZEN VON KÖNIGSFAMILIEN HEUERT SIE DIE CHEFKÖCHE AN, DIE DIE SPEISEN ZUBEREITEN, UND ÜBERNIMMT DIE PLANUNG UND KOORDINIERUNG DER GESAMTEN VERANSTALTUNG! SIE HAT ZAHLLOSE ANHÄNGER IN POLITIK UND WIRTSCHAFT!!
AUFGRUND IHRER BEWERTUNGEN SIND SCHON EINIGE RESTAURANTS ZUGRUNDE GEGANGEN, WIE MAN HÖRT!!

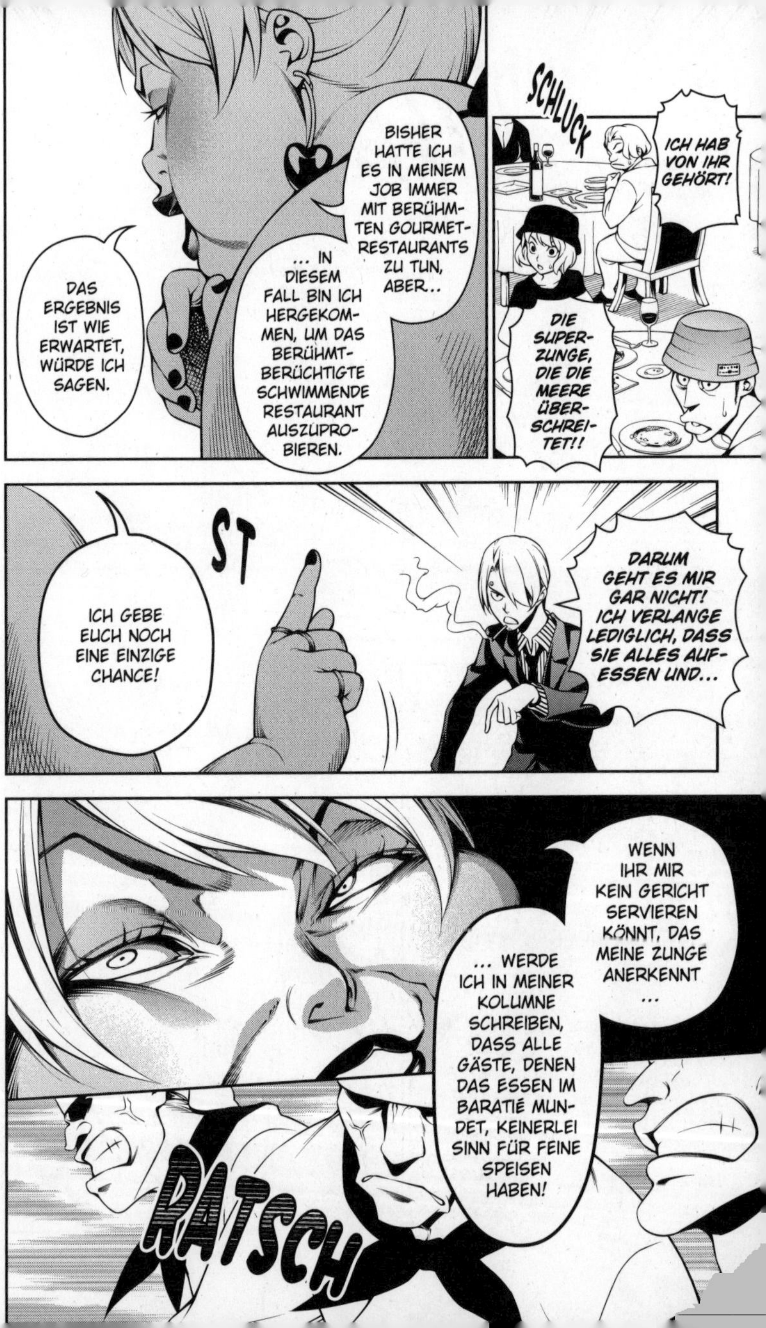
SCHLUCK
ICH HAB VON IHR GEHÖRT!
DIE SUPERZUNGE, DIE DIE MEERE ÜBERSCHREITET!!
BISHER HATTE ICH ES IN MEINEM JOB IMMER MIT BERÜHMTEN GOURMETRESTAURANTS ZU TUN, ABER…
… IN DIESEM FALL BIN ICH HERGEKOMMEN, UM DAS BERÜHMT-BERÜCHTIGTE SCHWIMMENDE RESTAURANT AUSZUPROBIEREN.
DAS ERGEBNIS IST WIE ERWARTET, WÜRDE ICH SAGEN.
DARUM GEHT ES MIR GAR NICHT! ICH VERLANGE LEDIGLICH, DASS SIE ALLES AUFESSEN UND…
ST
ICH GEBE EUCH NOCH EINE EINZIGE CHANCE!
WENN IHR MIR KEIN GERICHT SERVIEREN KÖNNT, DAS MEINE ZUNGE ANERKENNT …
… WERDE ICH IN MEINER KOLUMNE SCHREIBEN, DASS ALLE GÄSTE, DENEN DAS ESSEN IM BARATIÉ MUNDET, KEINERLEI SINN FÜR FEINE SPEISEN HABEN!
RATSCH

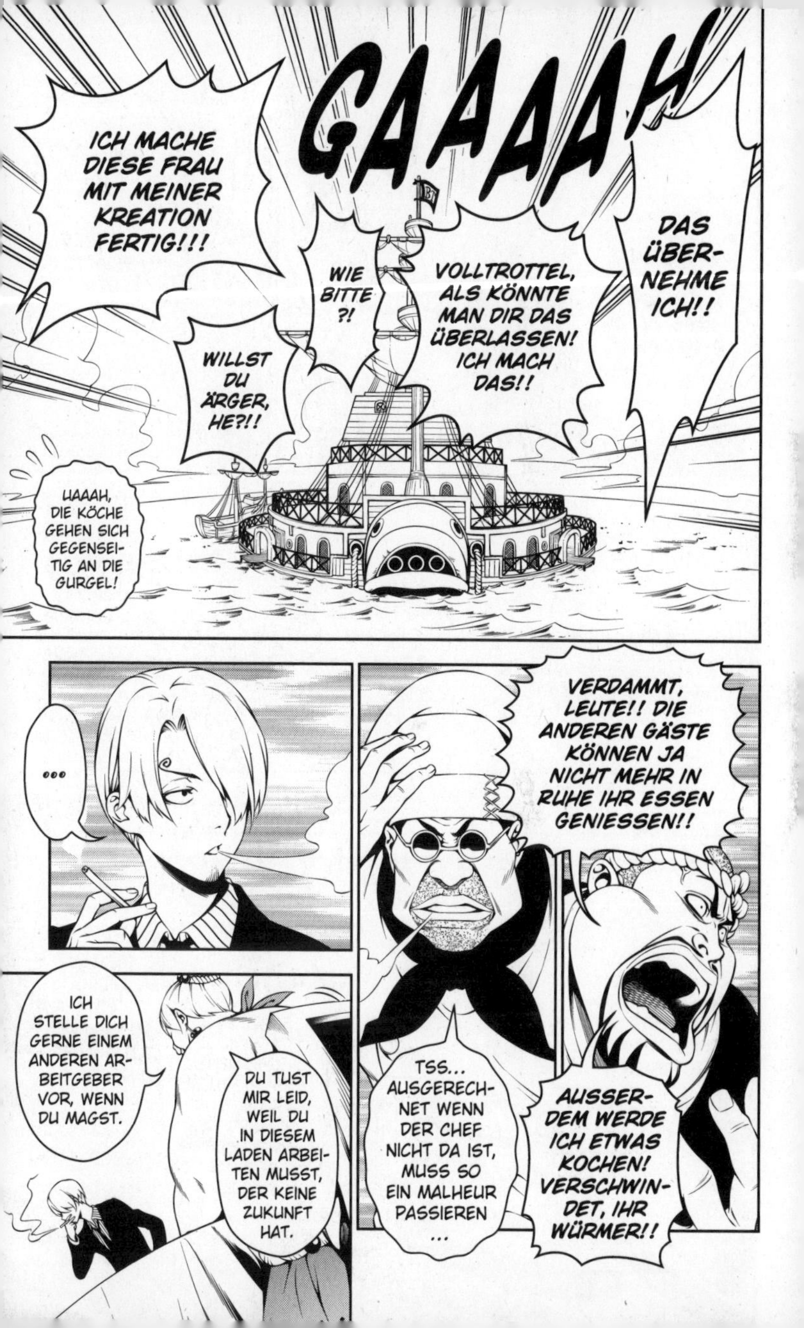
GAAAAH
DAS ÜBER-NEHME ICH!!
VOLLTROTTEL, ALS KÖNNTE MAN DIR DAS ÜBERLASSEN! ICH MACH DAS!!
WIE BITTE ?!
WILLST DU ÄRGER, HE?!!
ICH MACHE DIESE FRAU MIT MEINER KREATION FERTIG!!!
UAAAH, DIE KÖCHE GEHEN SICH GEGENSEI-TIG AN DIE GURGEL!
VERDAMMT, LEUTE!! DIE ANDEREN GÄSTE KÖNNEN JA NICHT MEHR IN RUHE IHR ESSEN GENIESSEN!!
AUSSER-DEM WERDE ICH ETWAS KOCHEN! VERSCHWIN-DET, IHR WÜRMER!!
TSS... AUSGERECH-NET WENN DER CHEF NICHT DA IST, MUSS SO EIN MALHEUR PASSIEREN ...
...
DU TUST MIR LEID, WEIL DU IN DIESEM LADEN ARBEI-TEN MUSST, DER KEINE ZUKUNFT HAT.
ICH STELLE DICH GERNE EINEM ANDEREN AR-BEITGEBER VOR, WENN DU MAGST.

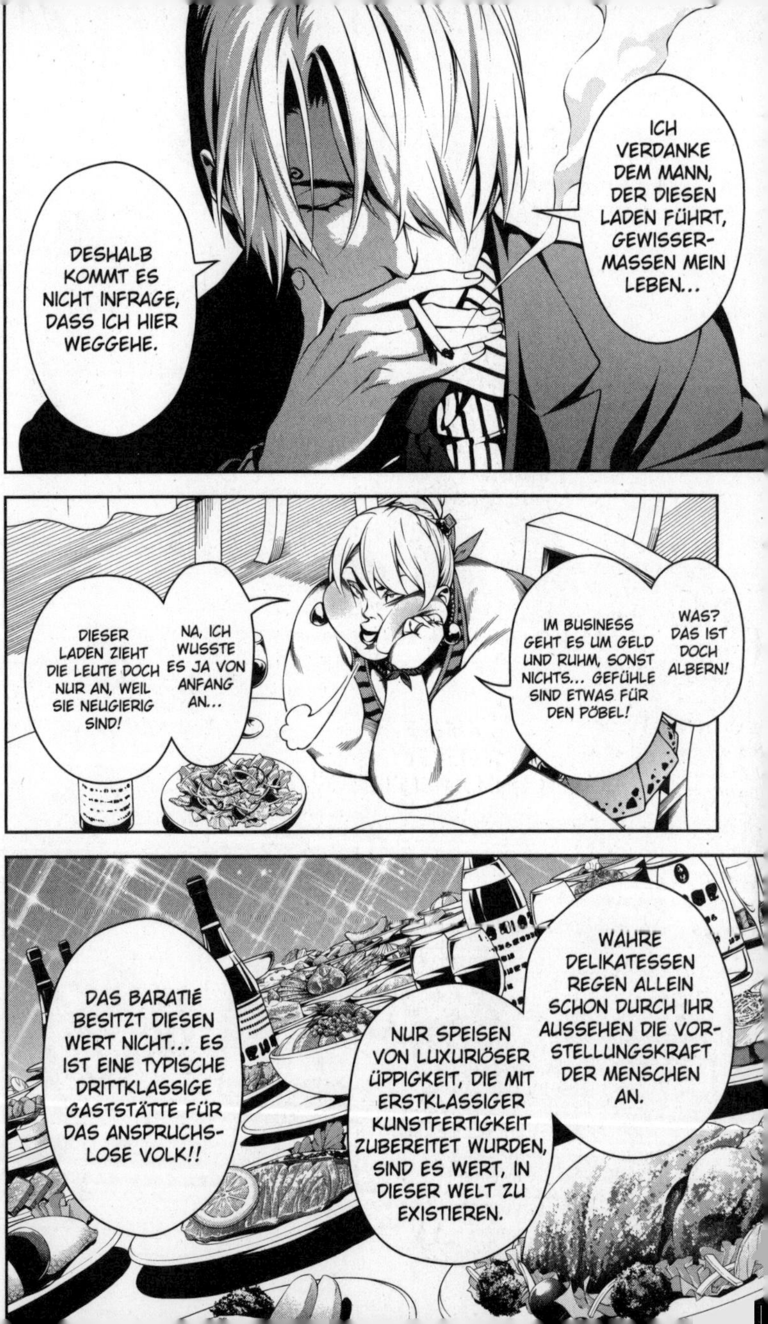
ICH VERDANKE DEM MANN, DER DIESEN LADEN FÜHRT, GEWISSERMASSEN MEIN LEBEN...
DESHALB KOMMT ES NICHT INFRAGE, DASS ICH HIER WEGGEHE.
WAS? DAS IST DOCH ALBERN!
IM BUSINESS GEHT ES UM GELD UND RUHM, SONST NICHTS... GEFÜHLE SIND ETWAS FÜR DEN PÖBEL!
NA, ICH WUSSTE ES JA VON ANFANG AN...
DIESER LADEN ZIEHT DIE LEUTE DOCH NUR AN, WEIL SIE NEUGIERIG SIND!
WAHRE DELIKATESSEN REGEN ALLEIN SCHON DURCH IHR AUSSEHEN DIE VORSTELLUNGSKRAFT DER MENSCHEN AN.
NUR SPEISEN VON LUXURIÖSER ÜPPIGKEIT, DIE MIT ERSTKLASSIGER KUNSTFERTIGKEIT ZUBEREITET WURDEN, SIND ES WERT, IN DIESER WELT ZU EXISTIEREN.
DAS BARATIE BESITZT DIESEN WERT NICHT... ES IST EINE TYPISCHE DRITTKLASSIGE GASTSTÄTTE FÜR DAS ANSPRUCHSLOSE VOLK!!

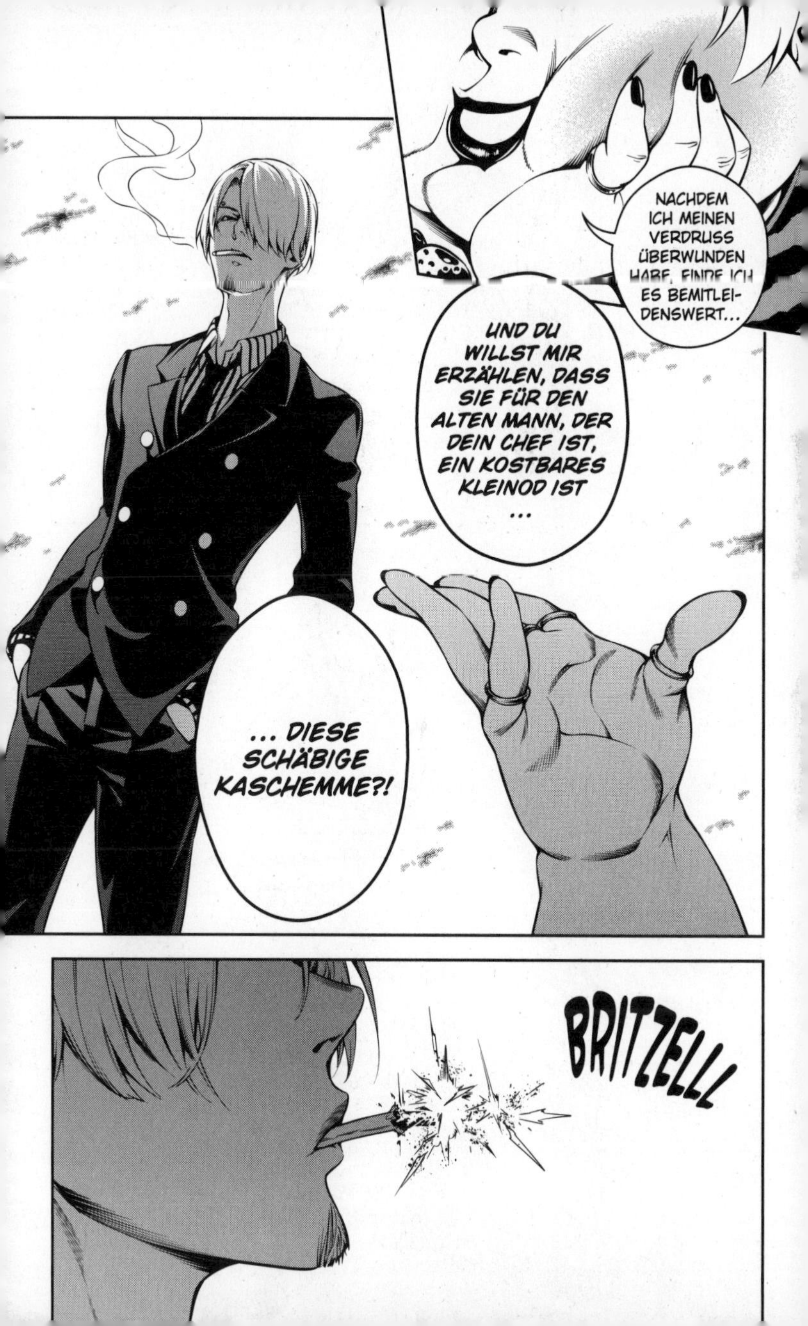
NACHDEM ICH MEINEN VERDRUSS ÜBERWUNDEN HABE, FINDE ICH ES BEMITLEIDENSWERT...
UND DU WILLST MIR ERZÄHLEN, DASS SIE FÜR DEN ALTEN MANN, DER DEIN CHEF IST, EIN KOSTBARES KLEINOD IST ...
... DIESE SCHÄBIGE KASCHEMME?!
BRITZELL

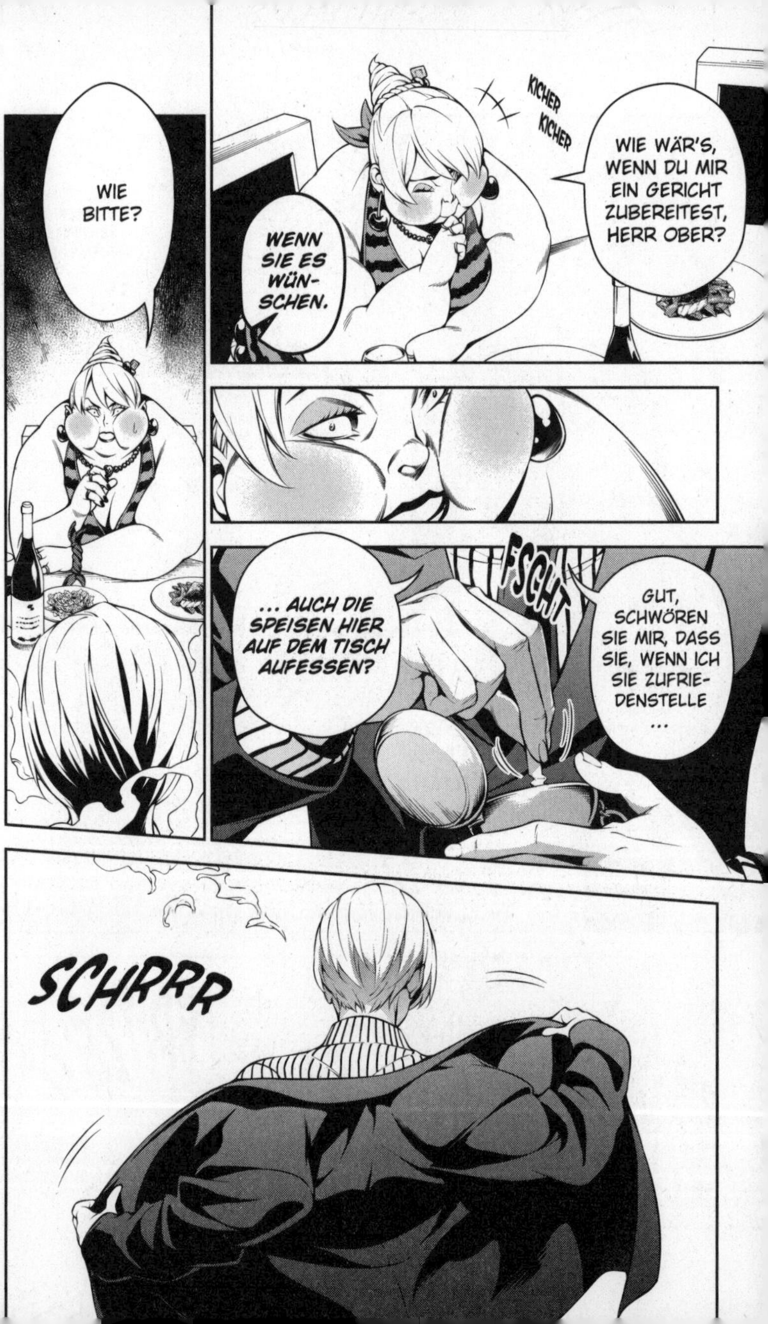
KICHER KICHER
WIE WÄR'S, WENN DU MIR EIN GERICHT ZUBEREITEST, HERR OBER?
WENN SIE ES WÜN-SCHEN.
FSCHT
GUT, SCHWÖREN SIE MIR, DASS SIE, WENN ICH SIE ZUFRIE-DENSTELLE ...
... AUCH DIE SPEISEN HIER AUF DEM TISCH AUFESSEN?
WIE BITTE?
SCHRRR

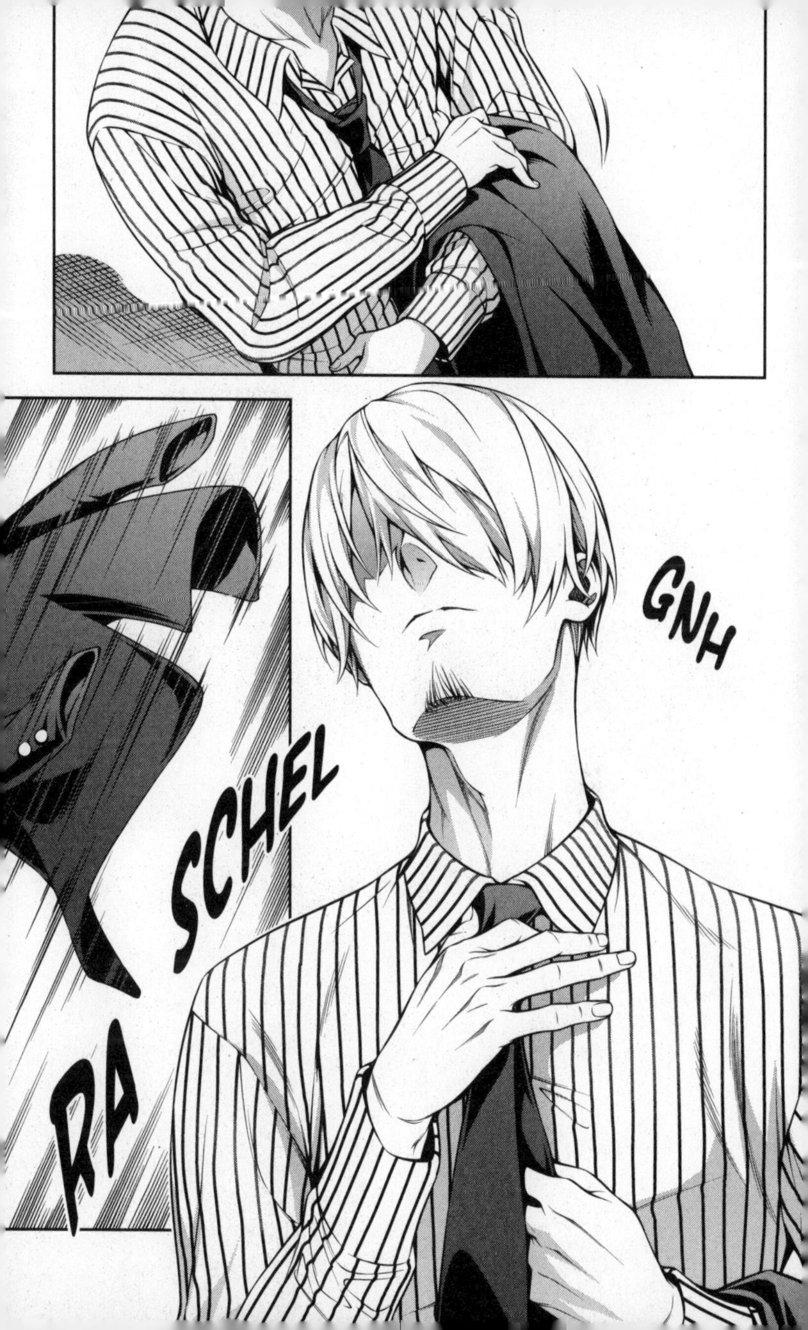
GNH
RA
SCHEL

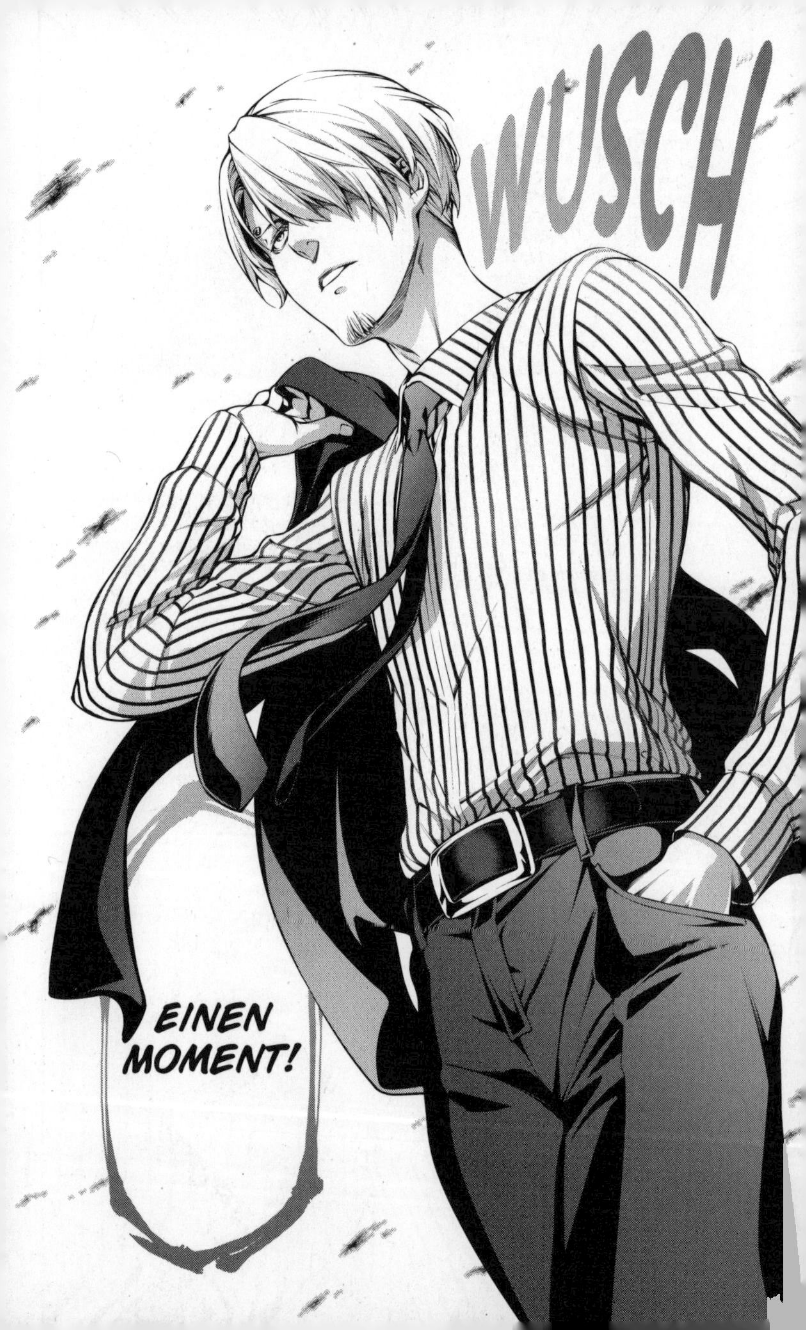
WUSCH
EINEN
MOMENT!

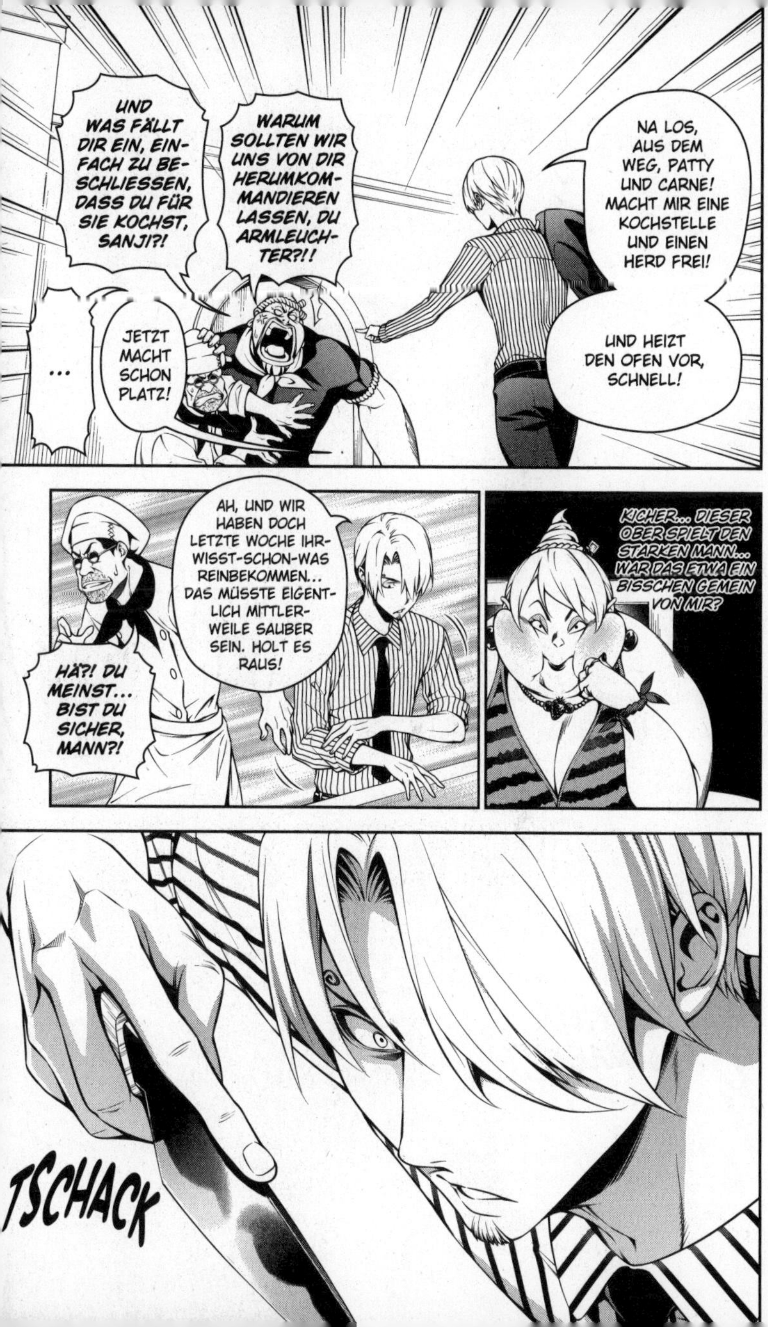
NA LOS, AUS DEM WEG, PATTY UND CARNE! MACHT MIR EINE KOCHSTELLE UND EINEN HERD FREI!
UND HEIZT DEN OFEN VOR, SCHNELL!
WARUM SOLLTEN WIR UNS VON DIR HERUMKOMMANDIEREN LASSEN, DU ARMLEUCHTER?!!
UND WAS FÄLLT DIR EIN, EINFACH ZU BESCHLIESSEN, DASS DU FÜR SIE KOCHST, SANJI?!
JETZT MACHT SCHON PLATZ!
...
KICHER... DIESER OBER SPIELT DEN STARKEN MANN... WAR DAS ETWA EIN BISSCHEN GEMEIN VON MIR?
AH, UND WIR HABEN DOCH LETZTE WOCHE IHR-WISST-SCHON-WAS REINBEKOMMEN... DAS MÜSSTE EIGENTLICH MITTLERWEILE SAUBER SEIN. HOLT ES RAUS!
HÄ?! DU MEINST... BIST DU SICHER, MANN?!
TSCHACK

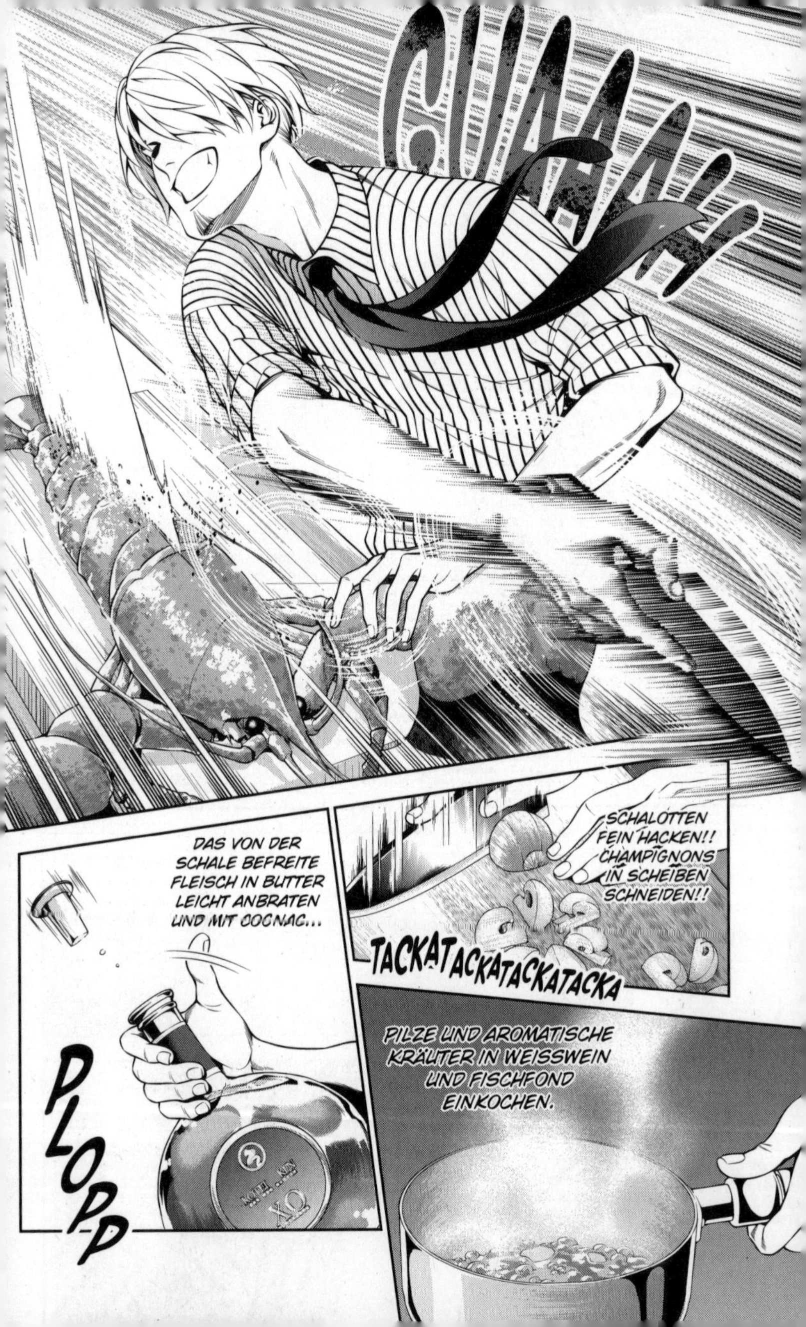

GUAAAH
SCHALOTTEN FEIN HACKEN!! CHAMPIGNONS IN SCHEIBEN SCHNEIDEN!!
TACKATACKATACKATACKA
DAS VON DER SCHALE BEFREITE FLEISCH IN BUTTER LEICHT ANBRATEN UND MIT COGNAC...
PLOPP
PILZE UND AROMATISCHE KRÄUTER IN WEISSWEIN UND FISCHFOND EINKOCHEN.

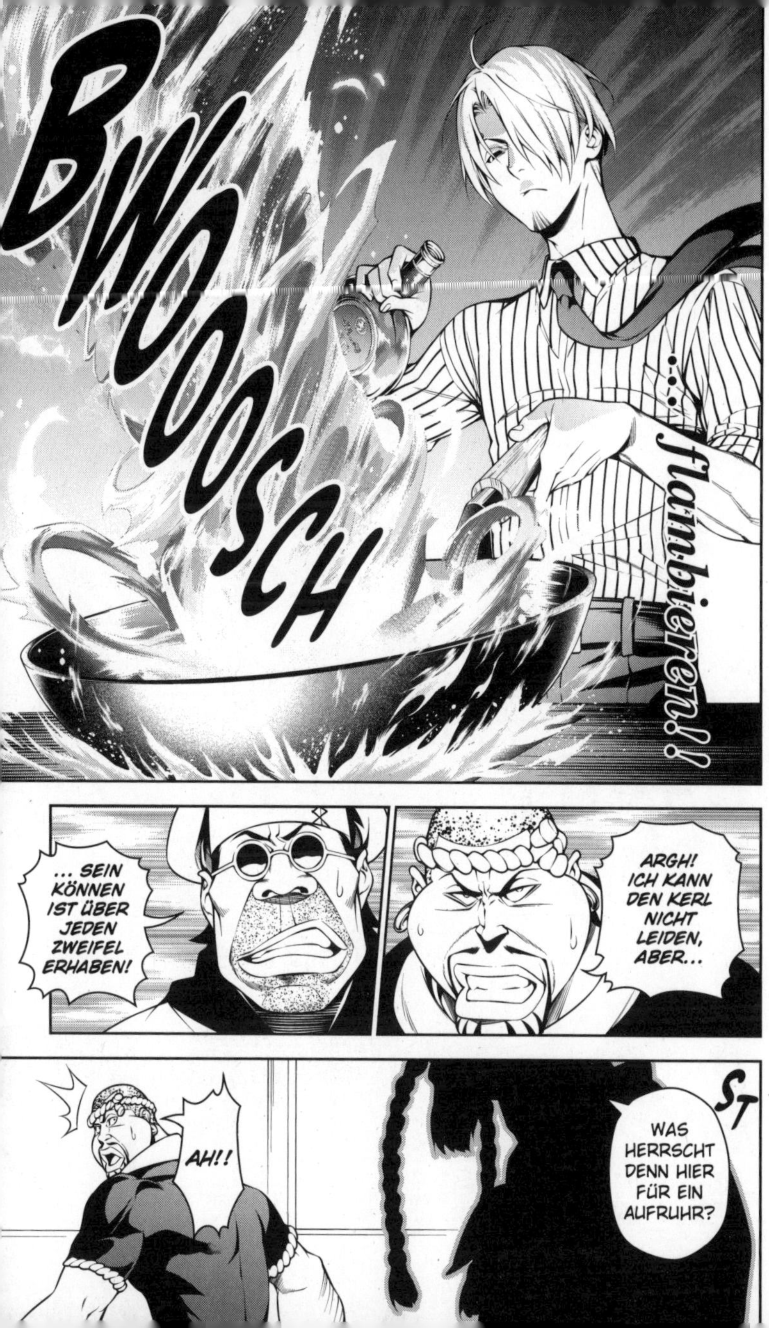
BWOOOOSCH
... flambieren!!
ARGH! ICH KANN DEN KERL NICHT LEIDEN, ABER...
... SEIN KÖNNEN IST ÜBER JEDEN ZWEIFEL ERHABEN!
ST
WAS HERRSCHT DENN HIER FÜR EIN AUFRUHR?
AH!!

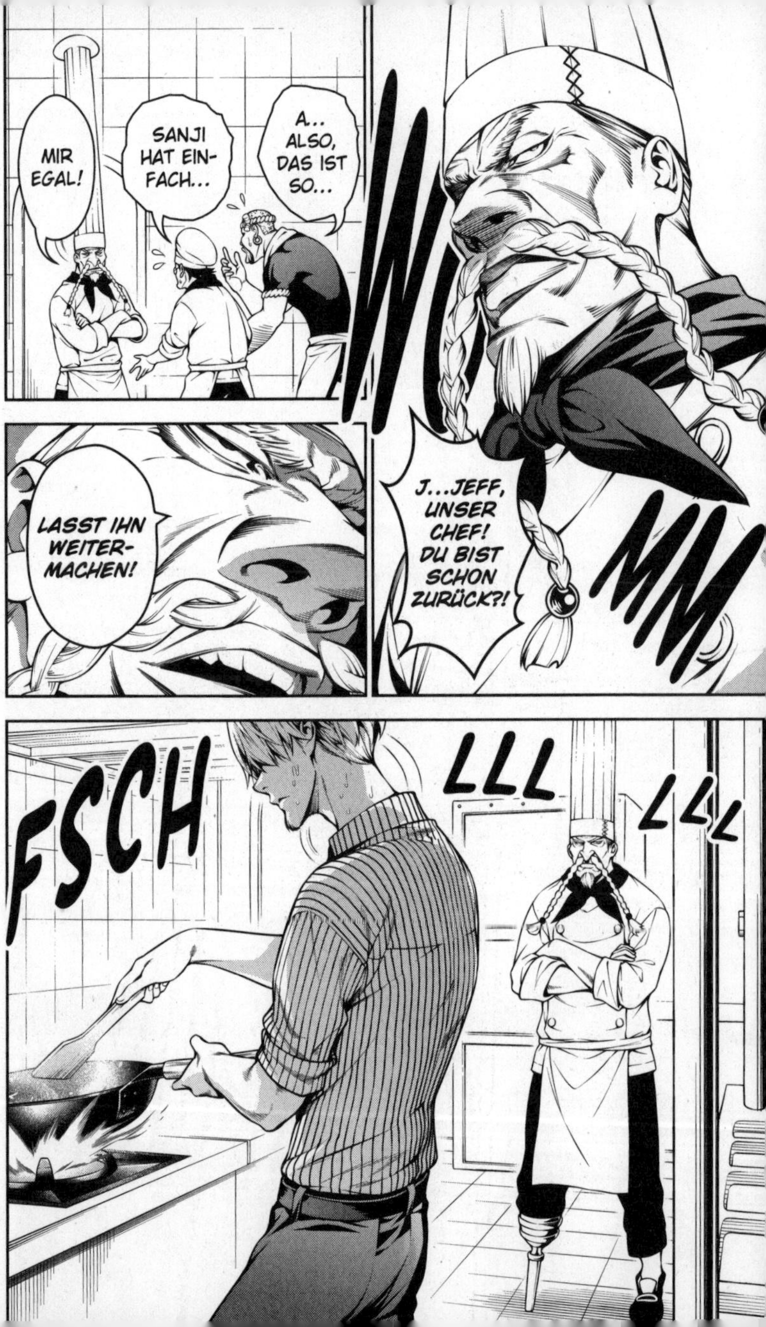

A... ALSO, DAS IST SO...
SANJI HAT EIN-FACH...
MIR EGAL!
WUMM
J...JEFF, UNSER CHEF! DU BIST SCHON ZURÜCK?!
LASST IHN WEITER-MACHEN!
FSCH
LLL LLL

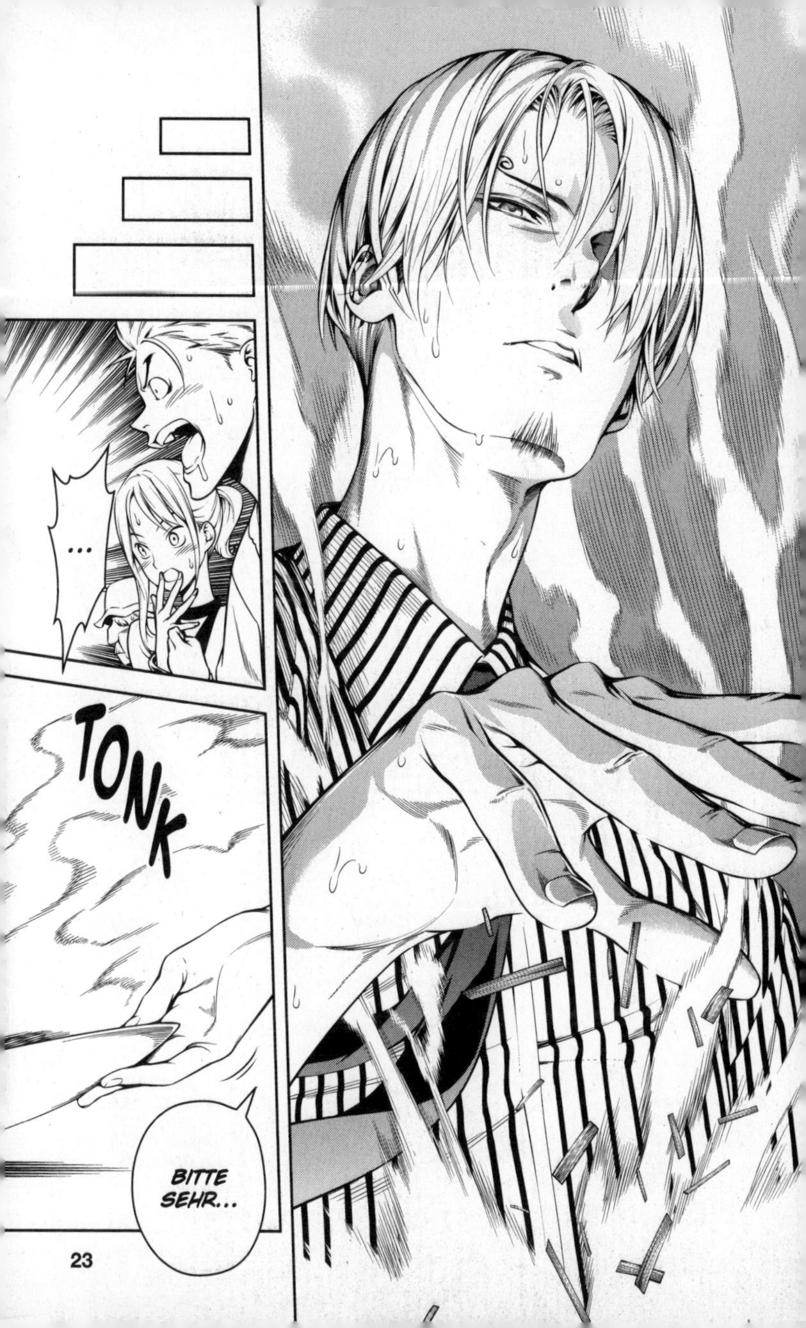
...
TONK
BITTE SEHR...

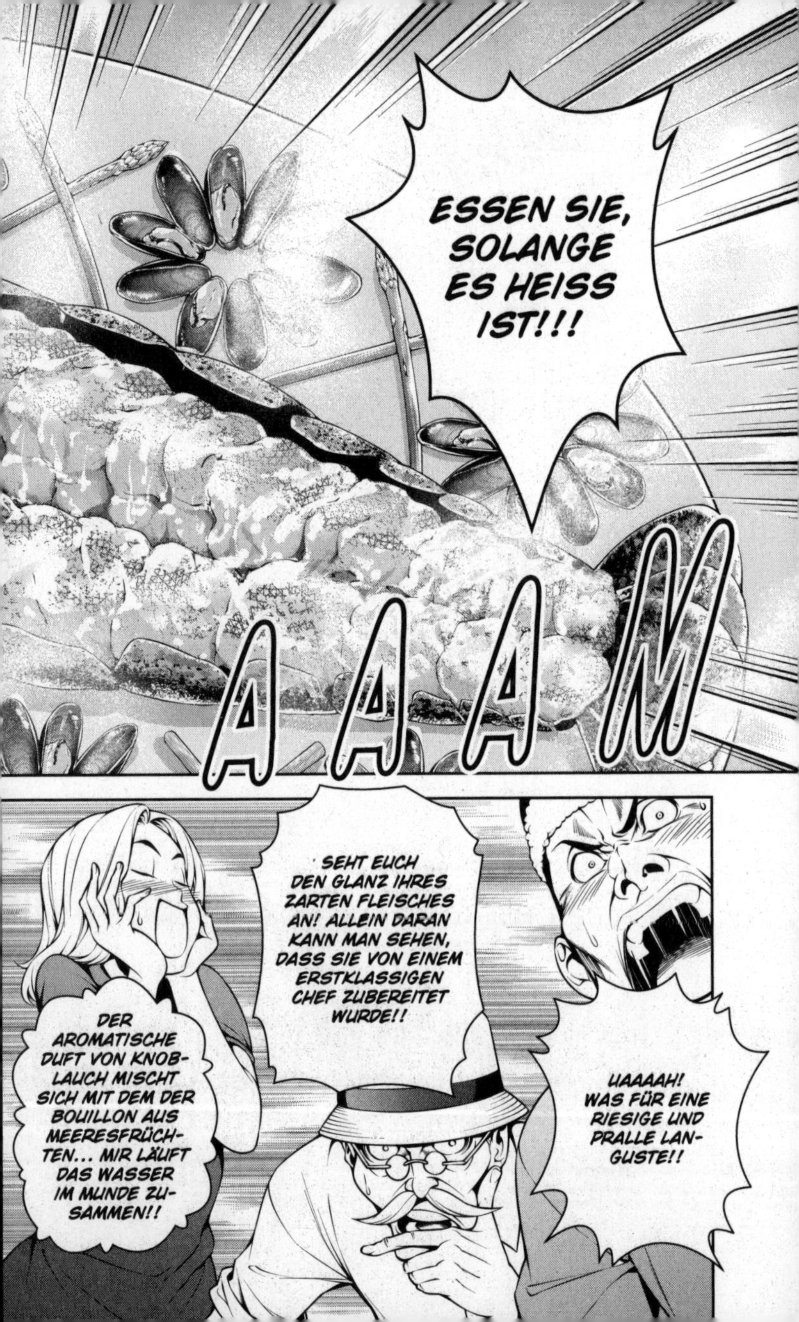

ESSEN SIE, SOLANGE ES HEISS IST!!!
AAAM
UAAAAH! WAS FÜR EINE RIESIGE UND PRALLE LANGUSTE!!
SEHT EUCH DEN GLANZ IHRES ZARTEN FLEISCHES AN! ALLEIN DARAN KANN MAN SEHEN, DASS SIE VON EINEM ERSTKLASSIGEN CHEF ZUBEREITET WURDE!!
DER AROMATISCHE DUFT VON KNOBLAUCH MISCHT SICH MIT DEM DER BOUILLON AUS MEERESFRÜCHTEN... MIR LÄUFT DAS WASSER IM MUNDE ZUSAMMEN!!

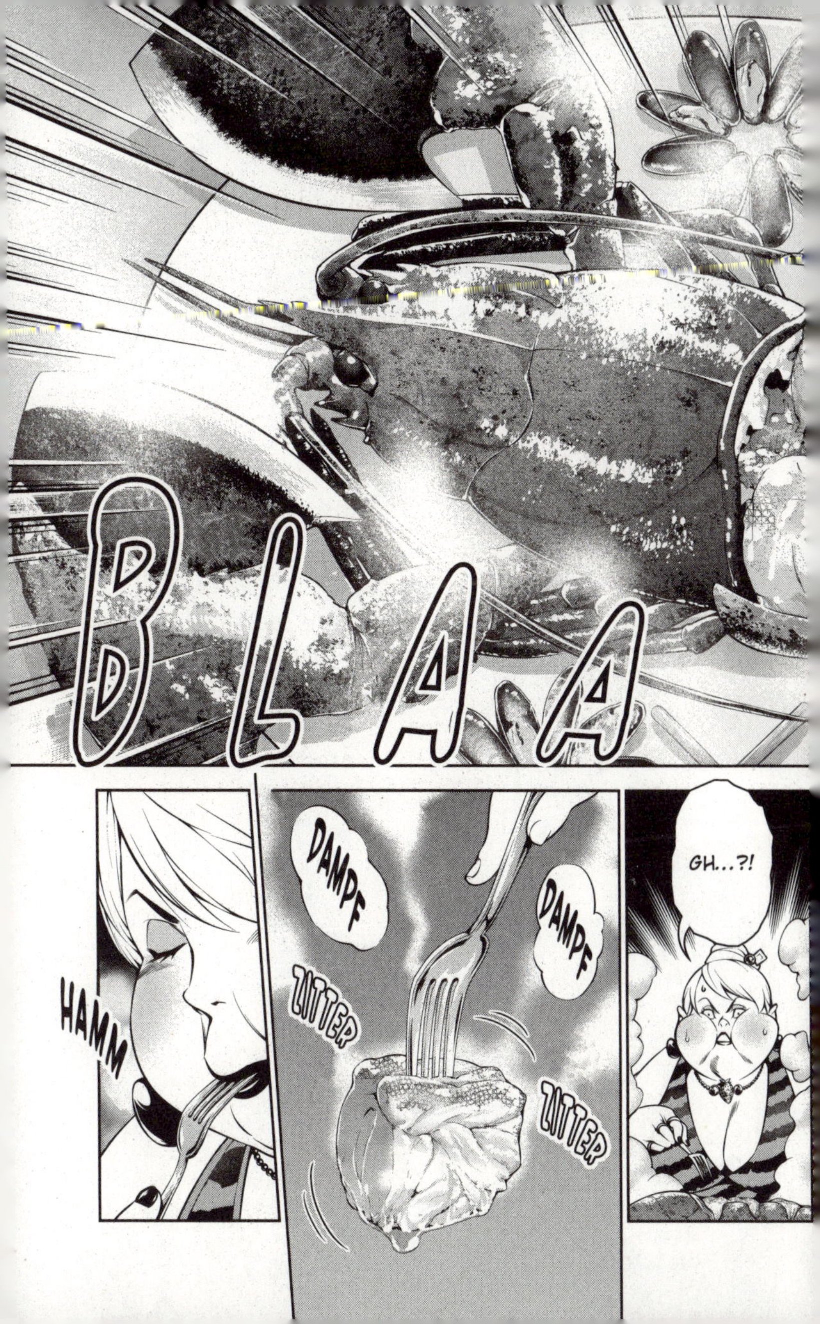
BLAA
HAMM
DAMPF
DAMPF
ZITTER
ZITTER
GH...?!

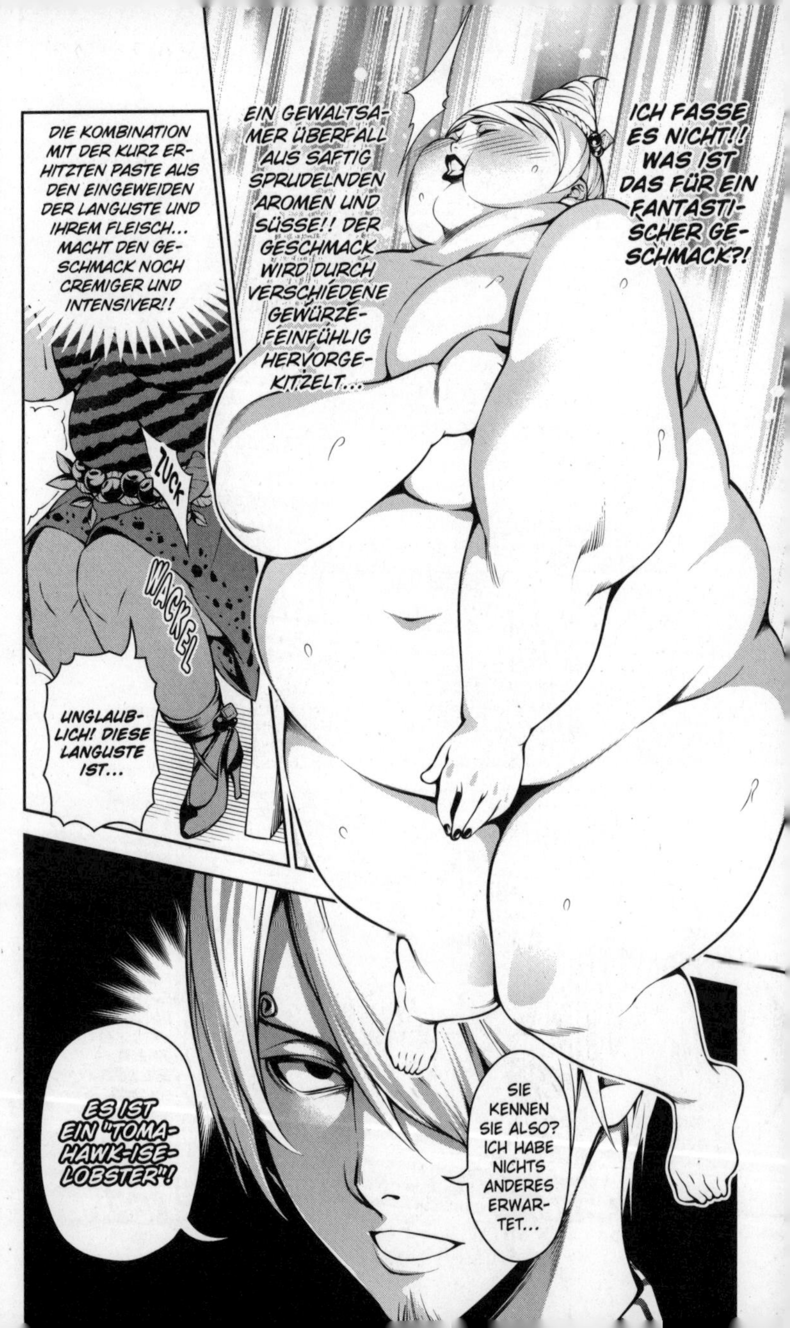
ICH FASSE ES NICHT!! WAS IST DAS FÜR EIN FANTASTISCHER GESCHMACK?!
EIN GEWALTSAMER ÜBERFALL AUS SAFTIG SPRUDELNDEN AROMEN UND SÜSSE!! DER GESCHMACK WIRD DURCH VERSCHIEDENE GEWÜRZE FEINFÜHLIG HERVORGEKITZELT...
DIE KOMBINATION MIT DER KURZ ERHITZTEN PASTE AUS DEN EINGEWEIDEN DER LANGUSTE UND IHREM FLEISCH... MACHT DEN GESCHMACK NOCH CREMIGER UND INTENSIVER!!
ZUCK
WACKEL
UNGLAUBLICH! DIESE LANGUSTE IST...
ES IST EIN "TOMAHAWK-ISE-LOBSTER"!
SIE KENNEN SIE ALSO? ICH HABE NICHTS ANDERES ERWARTET...

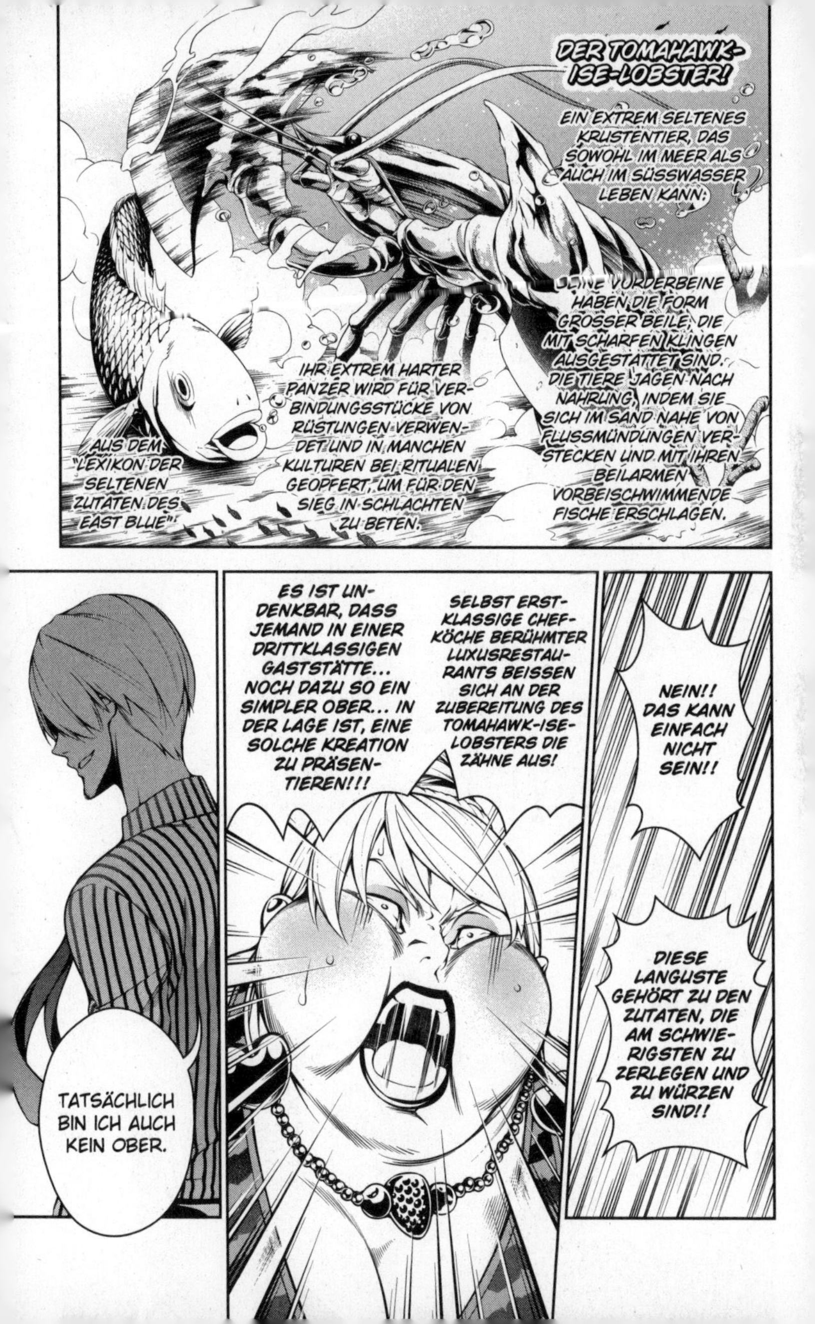
DER TOMAHAWK-ISE-LOBSTER!
EIN EXTREM SELTENES KRUSTENTIER, DAS SOWOHL IM MEER ALS AUCH IM SÜSSWASSER LEBEN KANN.
SEINE VORDERBEINE HABEN DIE FORM GROSSER BEILE, DIE MIT SCHARFEN KLINGEN AUSGESTATTET SIND. DIE TIERE JAGEN NACH NAHRUNG, INDEM SIE SICH IM SAND NAHE VON FLUSSMÜNDUNGEN VERSTECKEN UND MIT IHREN BEILARMEN VORBEISCHWIMMENDE FISCHE ERSCHLAGEN.
IHR EXTREM HARTER PANZER WIRD FÜR VERBINDUNGSSTÜCKE VON RÜSTUNGEN VERWENDET UND IN MANCHEN KULTUREN BEI RITUALEN GEOPFERT, UM FÜR DEN SIEG IN SCHLACHTEN ZU BETEN.
AUS DEM "LEXIKON DER SELTENEN ZUTATEN DES EAST BLUE"
NEIN!! DAS KANN EINFACH NICHT SEIN!!
DIESE LANGUSTE GEHÖRT ZU DEN ZUTATEN, DIE AM SCHWIERIGSTEN ZU ZERLEGEN UND ZU WÜRZEN SIND!!
SELBST ERSTKLASSIGE CHEFKÖCHE BERÜHMTER LUXUSRESTAURANTS BEISSEN SICH AN DER ZUBEREITUNG DES TOMAHAWK-ISE-LOBSTERS DIE ZÄHNE AUS!
ES IST UNDENKBAR, DASS JEMAND IN EINER DRITTKLASSIGEN GASTSTÄTTE... NOCH DAZU SO EIN SIMPLER OBER... IN DER LAGE IST, EINE SOLCHE KREATION ZU PRÄSENTIEREN!!!
TATSÄCHLICH BIN ICH AUCH KEIN OBER.

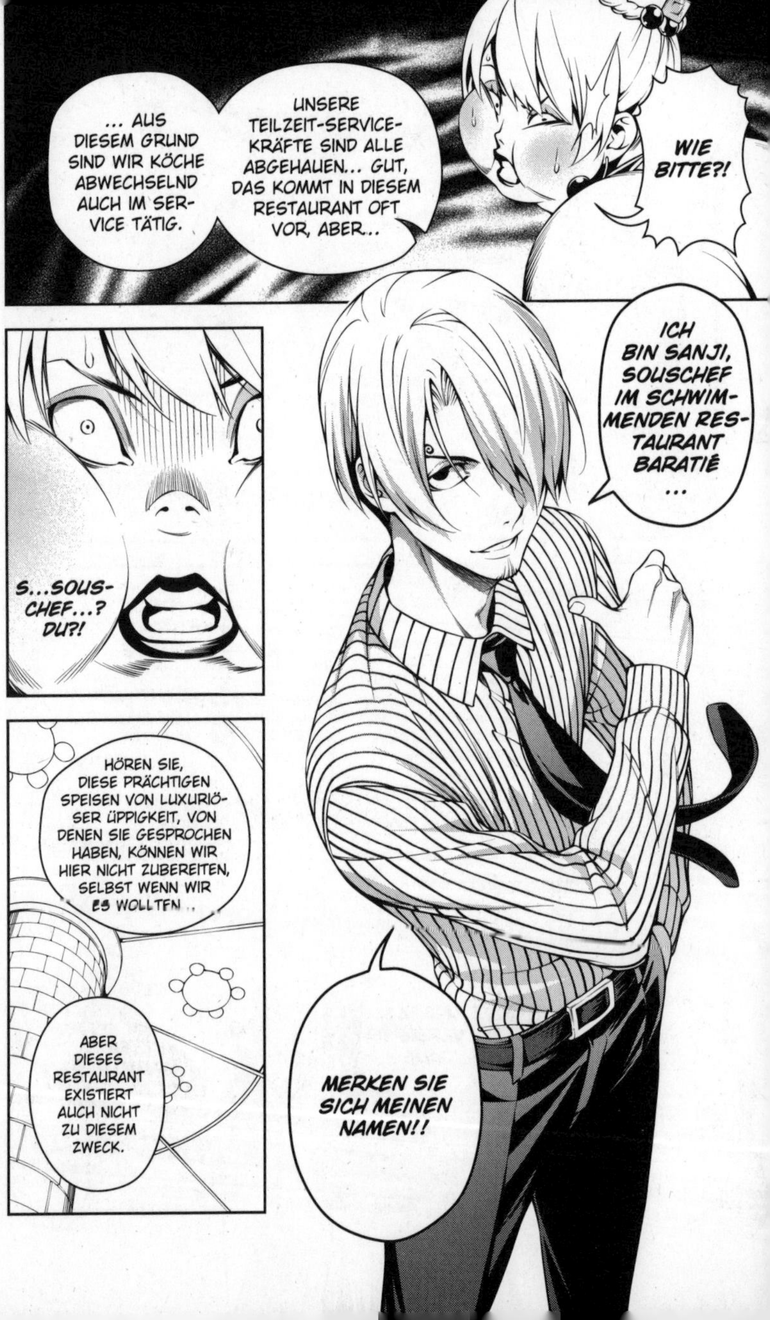
WIE BITTE?!
UNSERE TEILZEIT-SERVICE-KRÄFTE SIND ALLE ABGEHAUEN... GUT, DAS KOMMT IN DIESEM RESTAURANT OFT VOR, ABER...
... AUS DIESEM GRUND SIND WIR KÖCHE ABWECHSELND AUCH IM SERVICE TÄTIG.
ICH BIN SANJI, SOUSCHEF IM SCHWIMMENDEN RESTAURANT BARATIE ...
S...SOUS-CHEF...? DU?!
HÖREN SIE, DIESE PRÄCHTIGEN SPEISEN VON LUXURIÖSER ÜPPIGKEIT, VON DENEN SIE GESPROCHEN HABEN, KÖNNEN WIR HIER NICHT ZUBEREITEN, SELBST WENN WIR ES WOLLTEN...
ABER DIESES RESTAURANT EXISTIERT AUCH NICHT ZU DIESEM ZWECK.
MERKEN SIE SICH MEINEN NAMEN!!

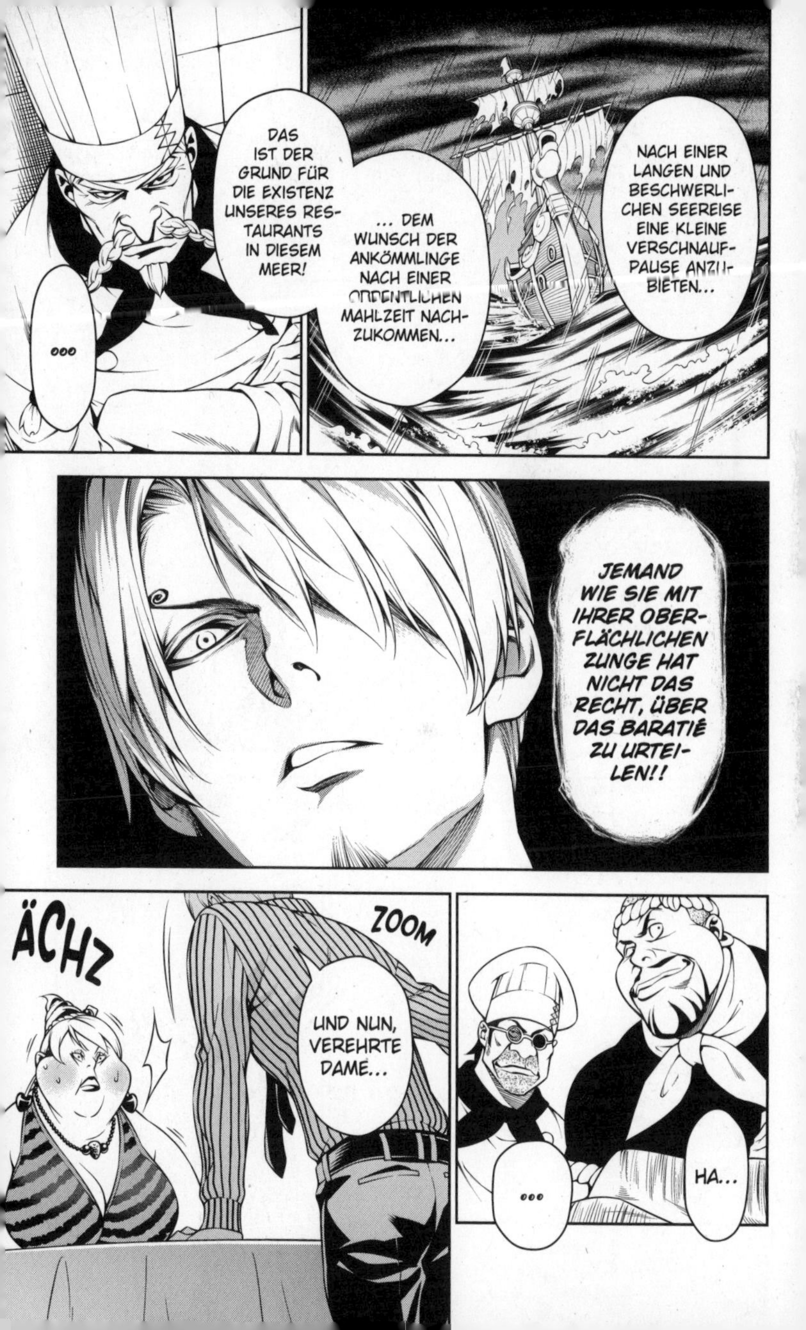

NACH EINER LANGEN UND BESCHWERLICHEN SEEREISE EINE KLEINE VERSCHNAUFPAUSE ANZUBIETEN...
... DEM WUNSCH DER ANKÖMMLINGE NACH EINER ORDENTLICHEN MAHLZEIT NACHZUKOMMEN...
DAS IST DER GRUND FÜR DIE EXISTENZ UNSERES RESTAURANTS IN DIESEM MEER!
...
JEMAND WIE SIE MIT IHRER OBERFLÄCHLICHEN ZUNGE HAT NICHT DAS RECHT, ÜBER DAS BARATIÉ ZU URTEILEN!!
HA...
...
ZOOM
UND NUN, VEREHRTE DAME...
ÄCHZ

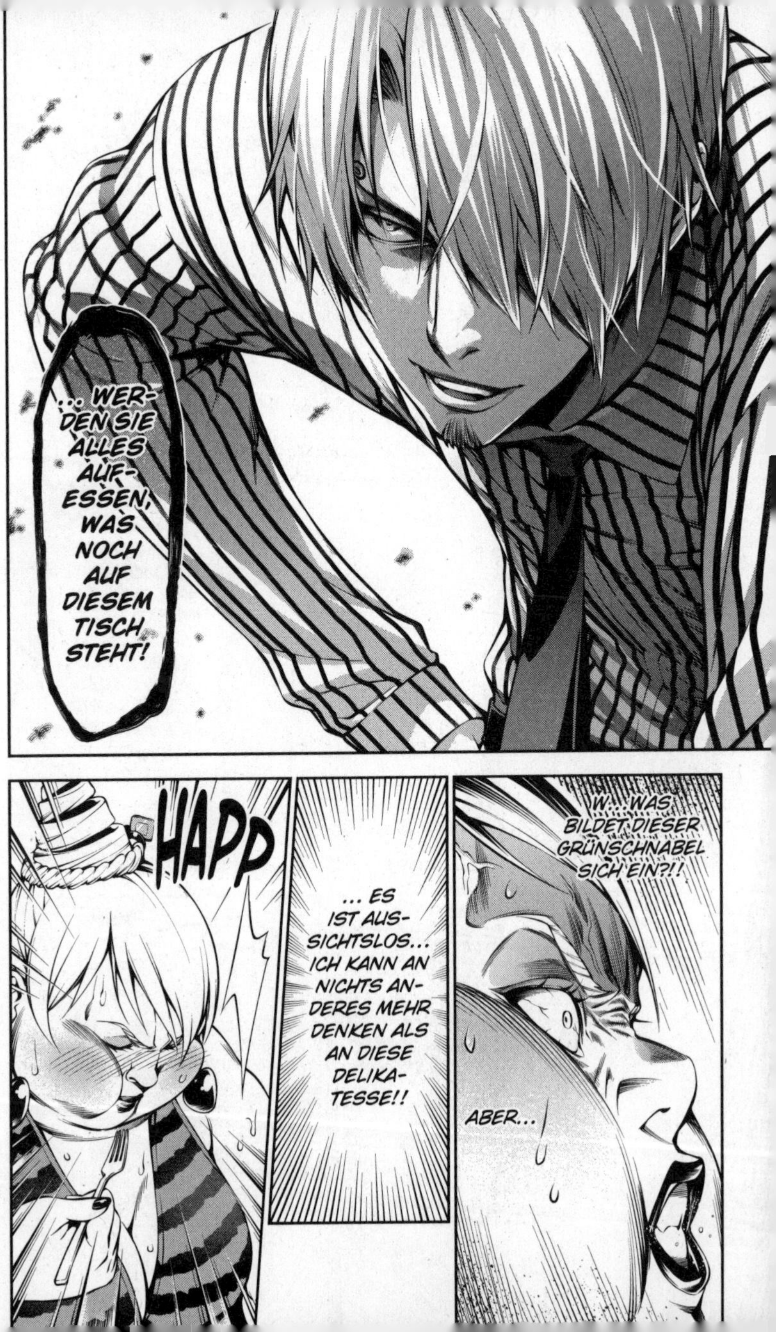
... WERDEN SIE ALLES AUFESSEN, WAS NOCH AUF DIESEM TISCH STEHT!
W... WAS BILDET DIESER GRÜNSCHNABEL SICH EIN?!!
ABER...
... ES IST AUSSICHTSLOS... ICH KANN AN NICHTS ANDERES MEHR DENKEN ALS AN DIESE DELIKATESSE!!
HAPP

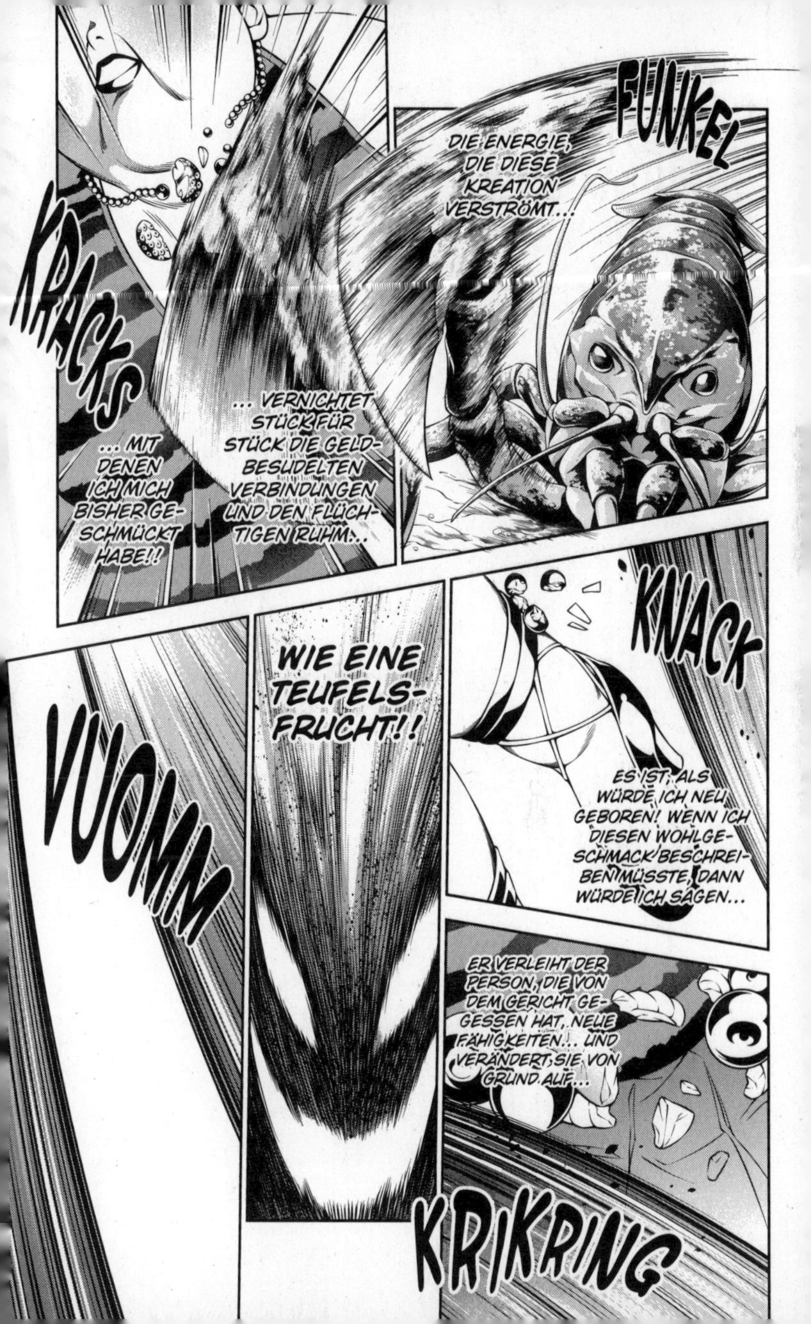
FUNKEL
DIE ENERGIE, DIE DIESE KREATION VERSTRÖMT...
... VERNICHTET STÜCK FÜR STÜCK DIE GELD-BESUDELTEN VERBINDUNGEN UND DEN FLÜCHTIGEN RUHM...
KRACKS
... MIT DENEN ICH MICH BISHER GESCHMÜCKT HABE!!
KNACK
ES IST, ALS WÜRDE ICH NEU GEBOREN! WENN ICH DIESEN WOHLGESCHMACK BESCHREIBEN MÜSSTE, DANN WÜRDE ICH SAGEN...
WIE EINE TEUFELSFRUCHT!!
VUOMM
ER VERLEIHT DER PERSON, DIE VON DEM GERICHT GEGESSEN HAT, NEUE FÄHIGKEITEN... UND VERÄNDERT SIE VON GRUND AUF...
KRIKRING

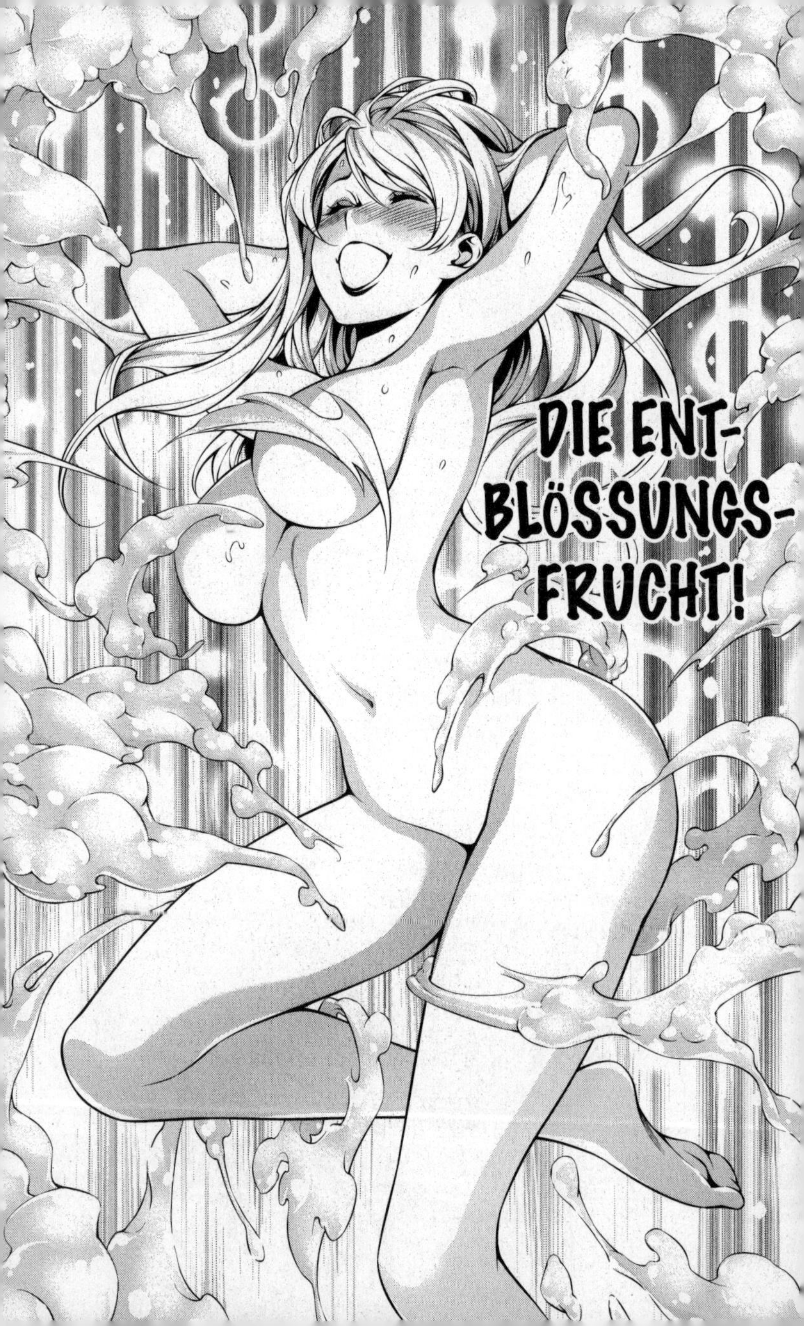
DIE ENT-
BLÖSSUNGS-
FRUCHT!

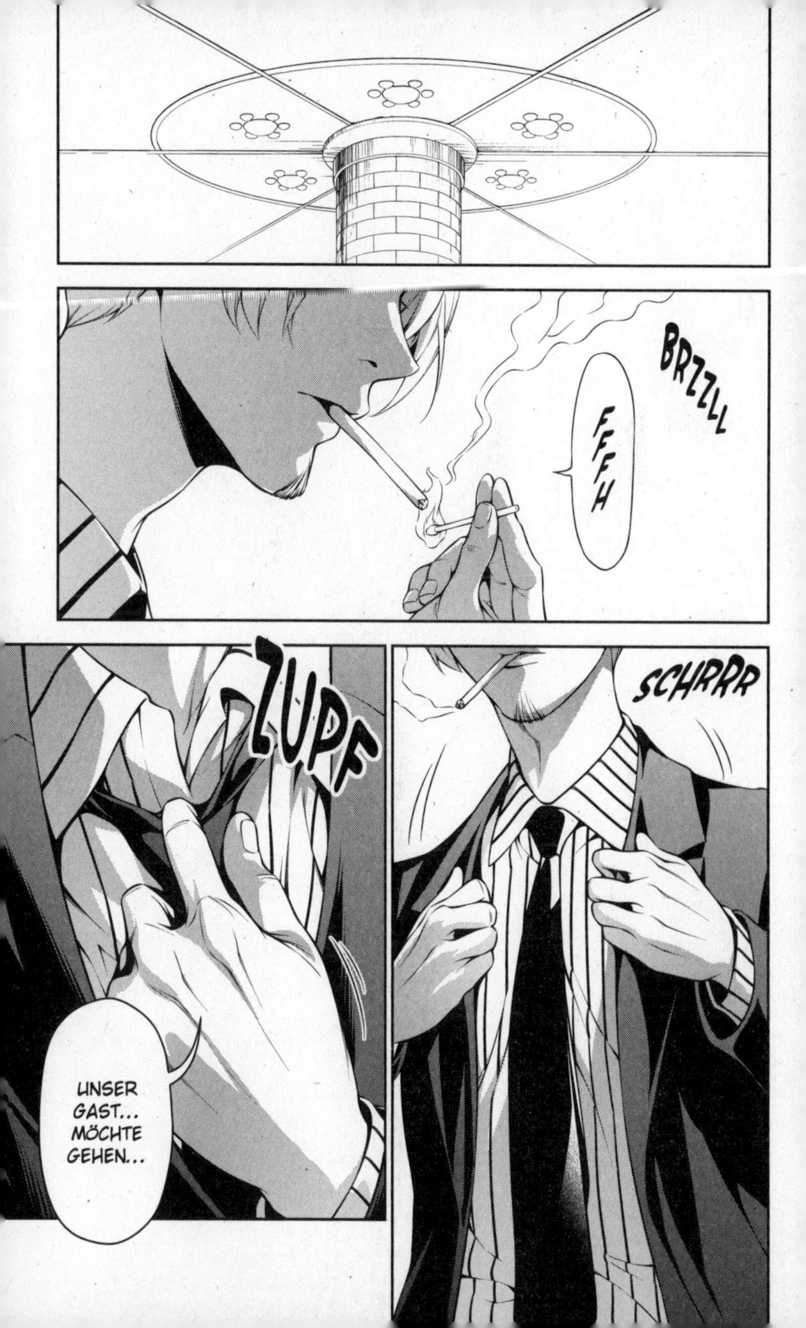
BRZZLL
FFFH
SCHRRR
ZUPF
UNSER GAST... MÖCHTE GEHEN...

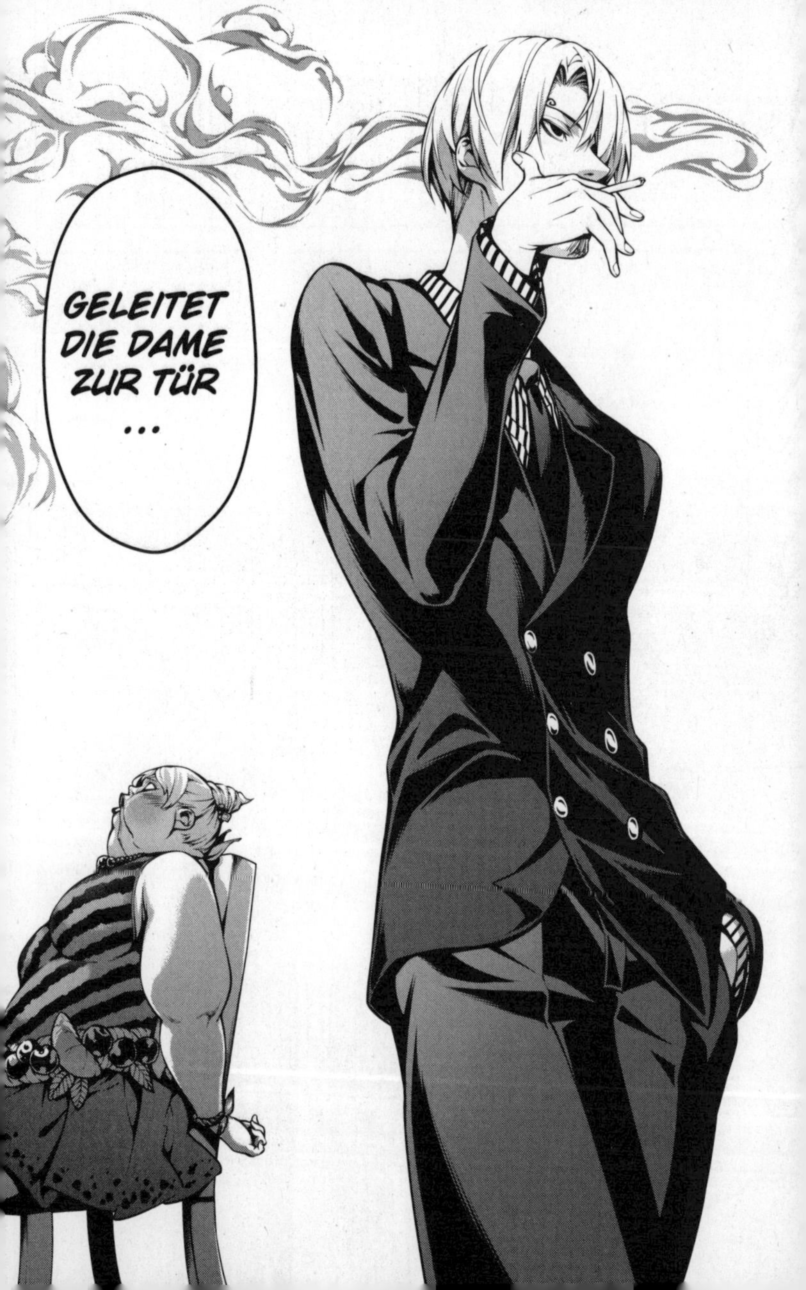
GELEITET DIE DAME ZUR TÜR ...

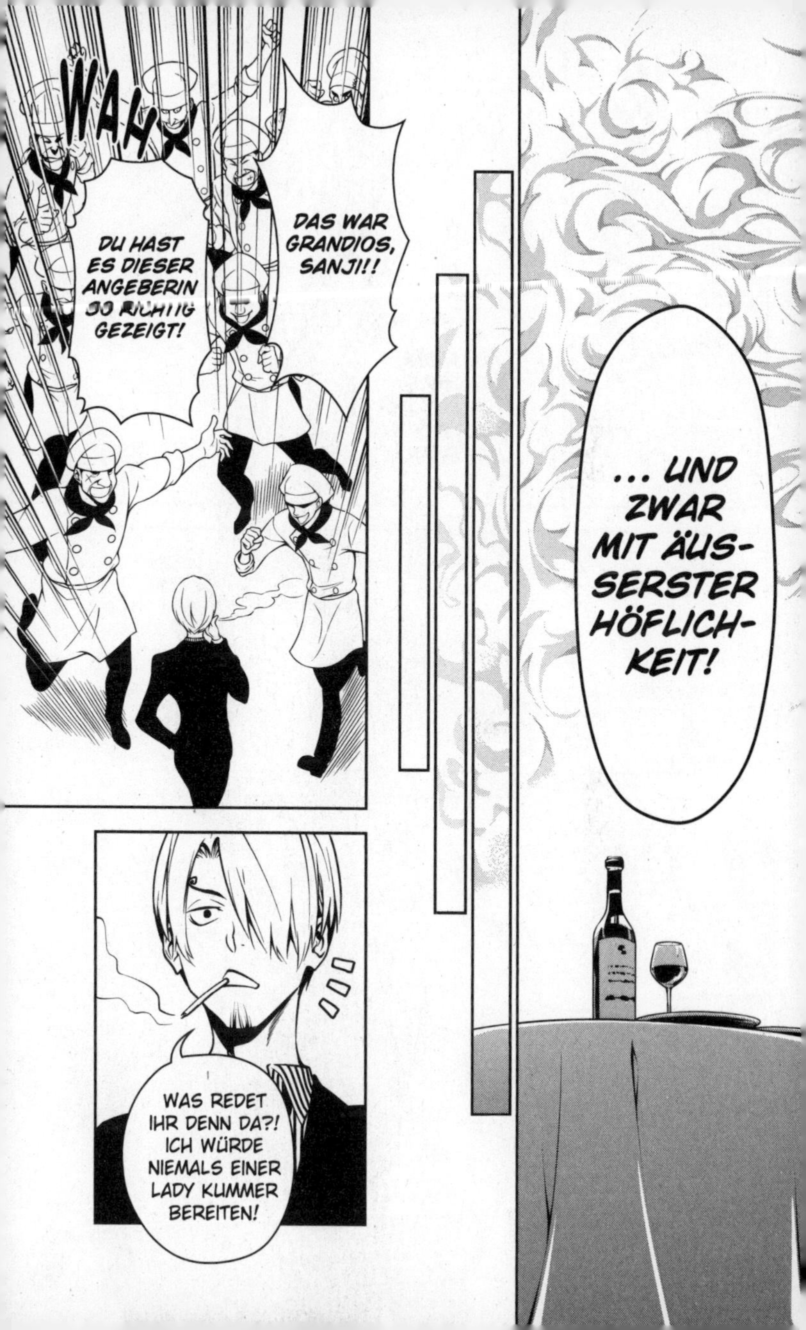
WAH
DAS WAR GRANDIOS, SANJI!!
DU HAST ES DIESER ANGEBERIN SO RICHTIG GEZEIGT!
WAS REDET IHR DENN DA?! ICH WÜRDE NIEMALS EINER LADY KUMMER BEREITEN!
... UND ZWAR MIT ÄUS-SERSTER HÖFLICH-KEIT!

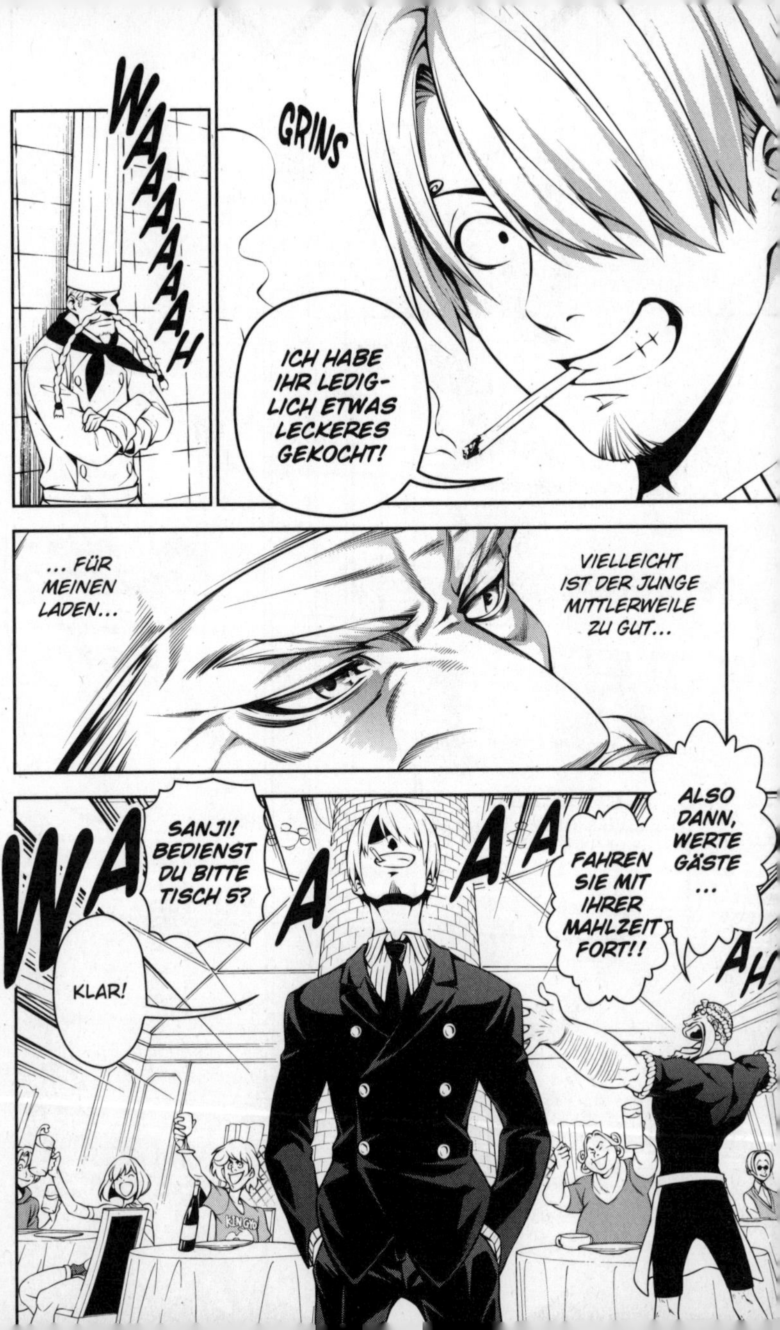
GRINS
ICH HABE IHR LEDIGLICH ETWAS LECKERES GEKOCHT!
WAAAAAAAH
VIELLEICHT IST DER JUNGE MITTLERWEILE ZU GUT...
... FÜR MEINEN LADEN...
ALSO DANN, WERTE GÄSTE ...
FAHREN SIE MIT IHRER MAHLZEIT FORT!!
WAAAAAH
SANJI! BEDIENST DU BITTE TISCH 5?
KLAR!

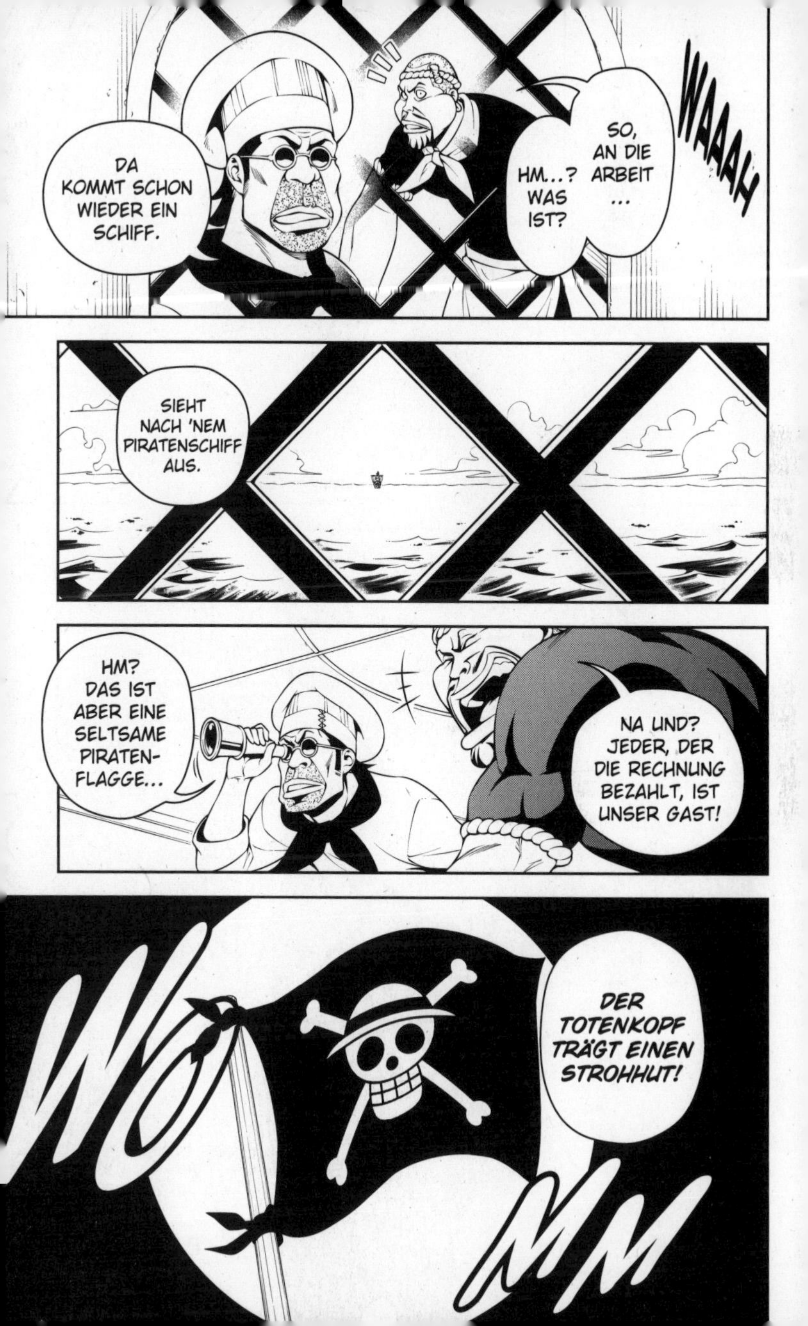
WAAAH
SO, AN DIE ARBEIT ...
HM...? WAS IST?
DA KOMMT SCHON WIEDER EIN SCHIFF.
SIEHT NACH 'NEM PIRATENSCHIFF AUS.
HM? DAS IST ABER EINE SELTSAME PIRATEN-FLAGGE...
NA UND? JEDER, DER DIE RECHNUNG BEZAHLT, IST UNSER GAST!
DER TOTENKOPF TRÄGT EINEN STROHHUT!
WOMM

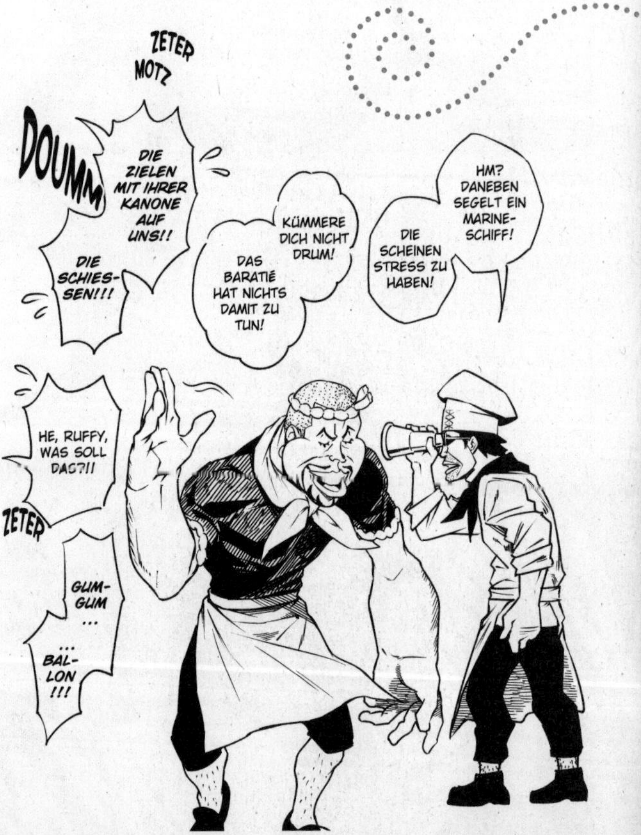
HM? DANEBEN SEGELT EIN MARINE-SCHIFF!
DIE SCHEINEN STRESS ZU HABEN!
KÜMMERE DICH NICHT DRUM!
DAS BARATIÉ HAT NICHTS DAMIT ZU TUN!
ZETER
MOTZ
DOUMM
DIE ZIELEN MIT IHRER KANONE AUF UNS!!
DIE SCHIES-SEN!!!
HE, RUFFY, WAS SOLL DAS?!!
ZETER
GUM-GUM ...
... BALLON !!!

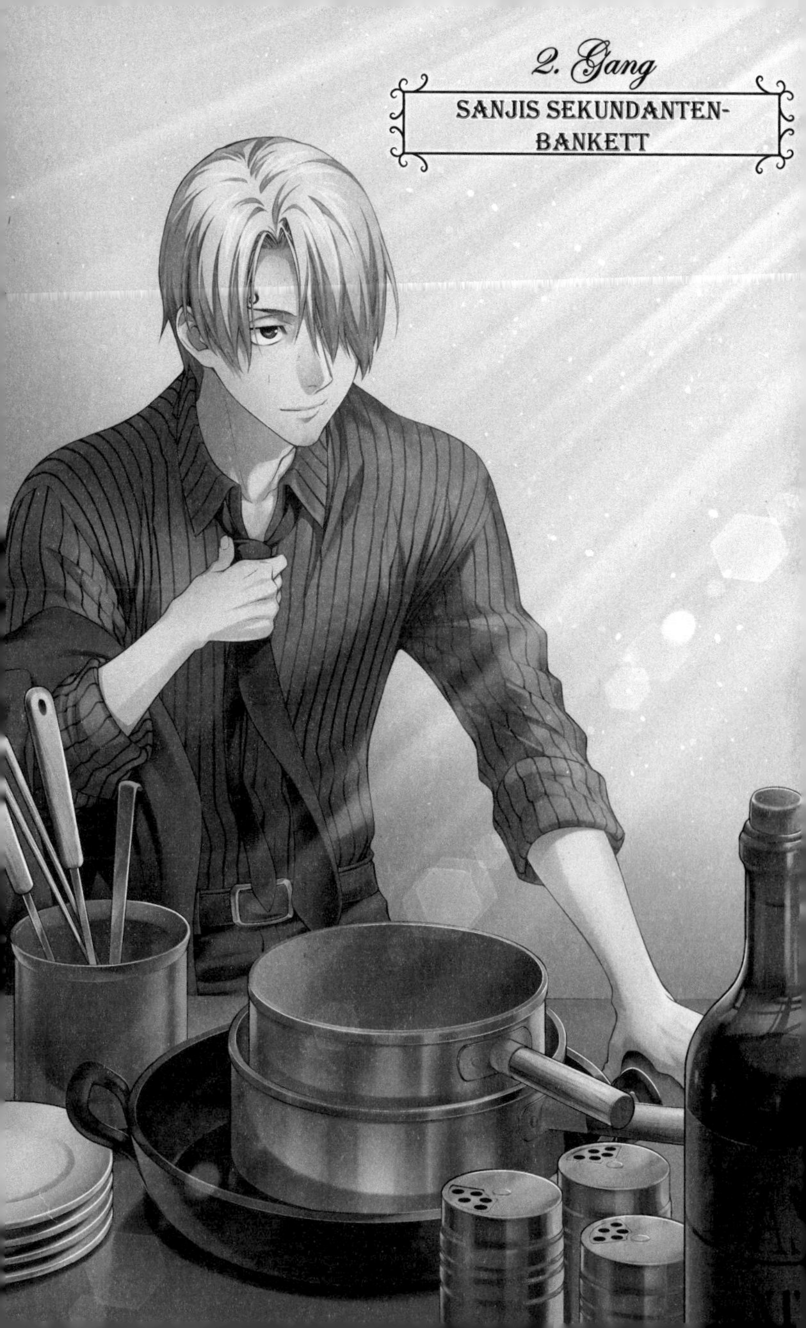
2. Gang
SANJIS SEKUNDANTEN-
BANKETT

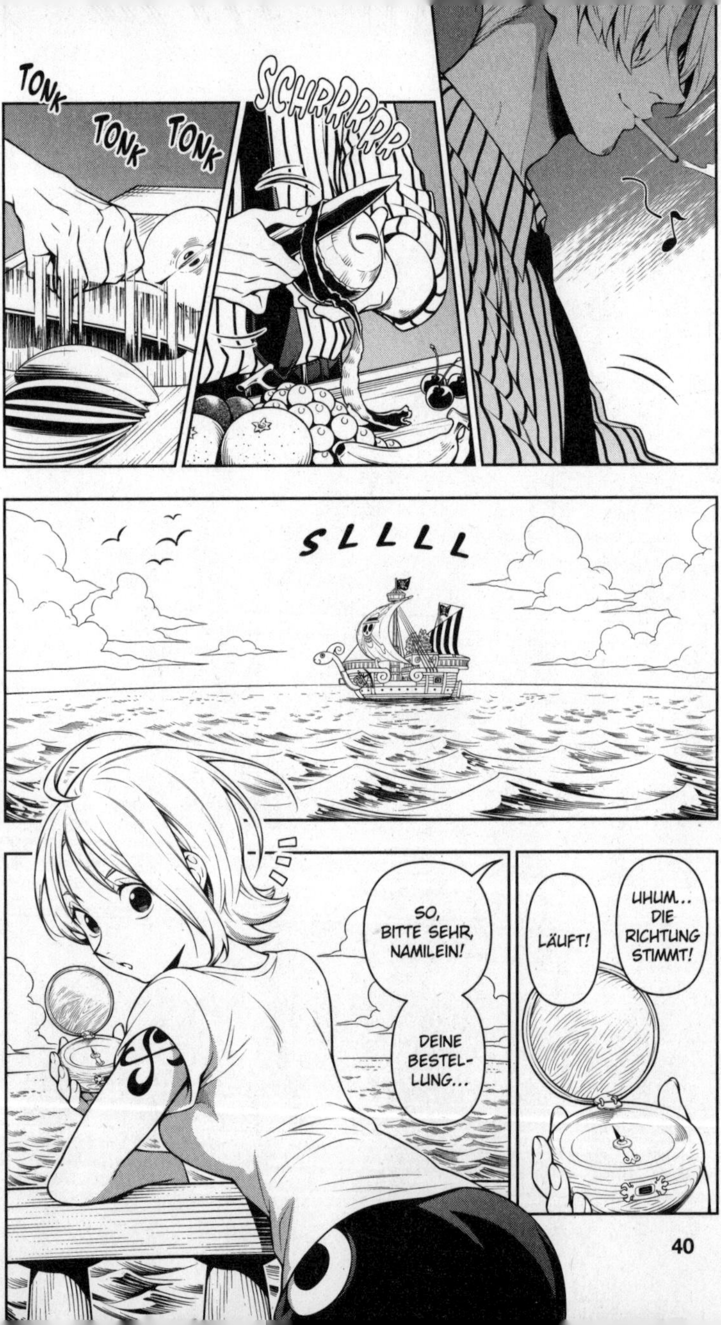
TONK
TONK
TONK
SCHRRRRRR
SLLLL
SO, BITTE SEHR, NAMILEIN!
DEINE BESTELLUNG...
LÄUFT!
UHUM.. DIE RICHTUNG STIMMT!

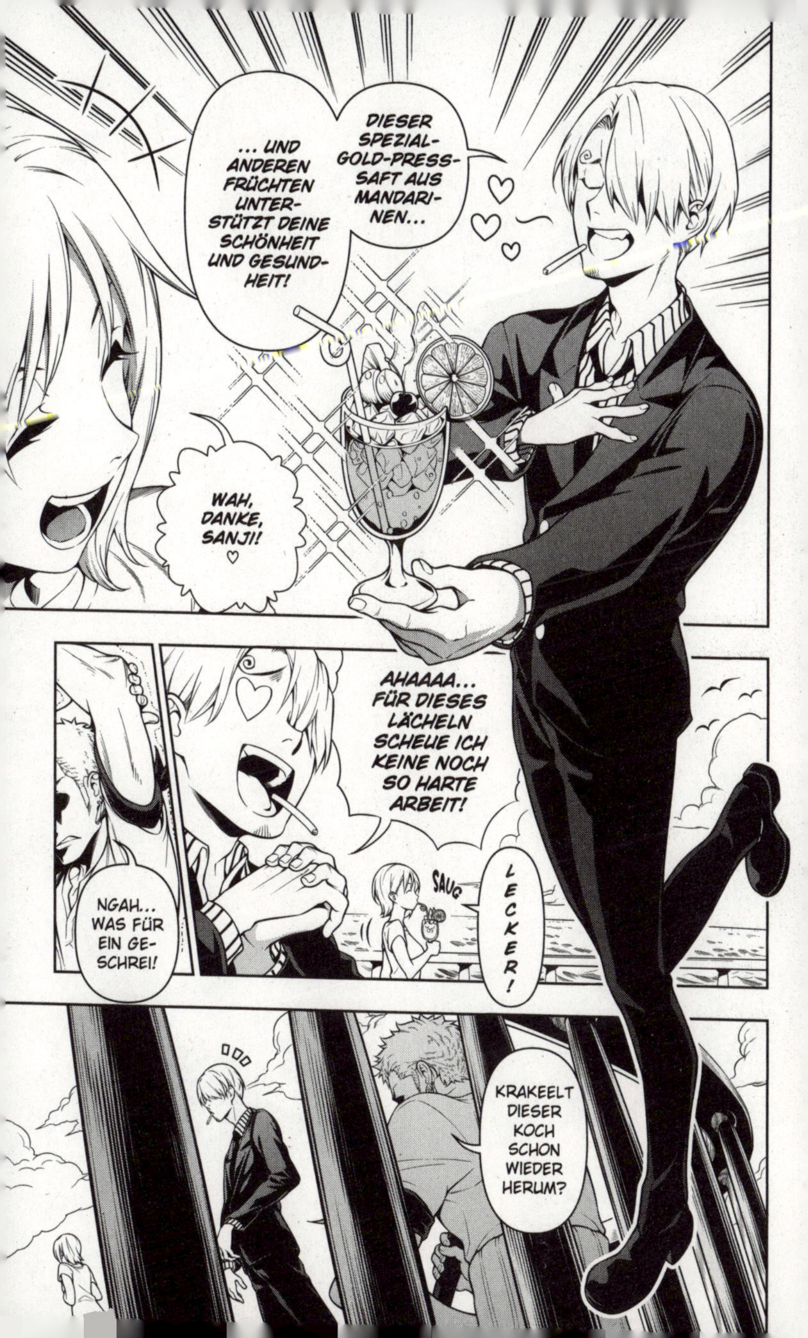

DIESER SPEZIAL-GOLD-PRESS-SAFT AUS MANDARINEN...
... UND ANDEREN FRÜCHTEN UNTERSTÜTZT DEINE SCHÖNHEIT UND GESUNDHEIT!
WAH, DANKE, SANJI! ♡
AHAAAA... FÜR DIESES LÄCHELN SCHEUE ICH KEINE NOCH SO HARTE ARBEIT!
LECKER!
SAUG
NGAH... WAS FÜR EIN GESCHREI!
KRAKEELT DIESER KOCH SCHON WIEDER HERUM?

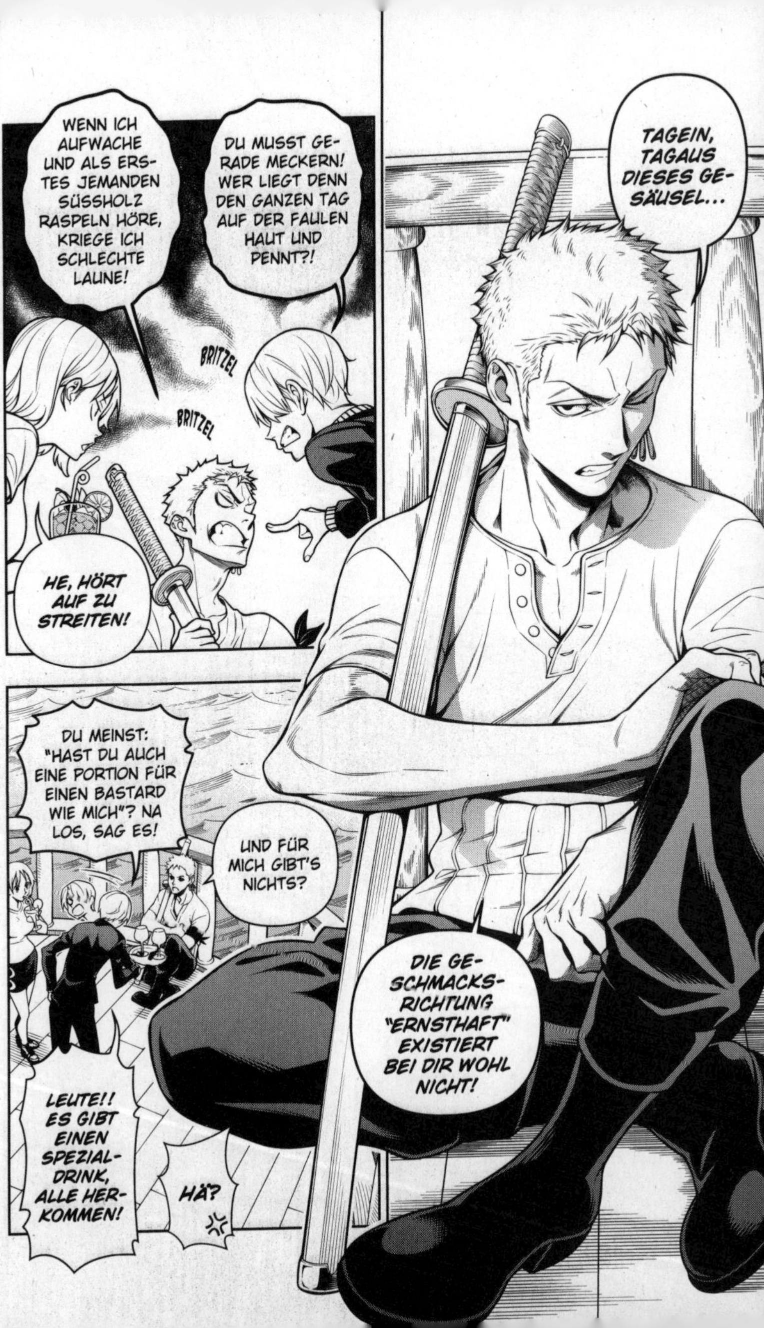

TAGEIN, TAGAUS DIESES GESÄUSEL...
DIE GESCHMACKSRICHTUNG "ERNSTHAFT" EXISTIERT BEI DIR WOHL NICHT!
WENN ICH AUFWACHE UND ALS ERSTES JEMANDEN SÜSSHOLZ RASPELN HÖRE, KRIEGE ICH SCHLECHTE LAUNE!
DU MUSST GERADE MECKERN! WER LIEGT DENN DEN GANZEN TAG AUF DER FAULEN HAUT UND PENNT?!
BRITZEL
BRITZEL
HE, HÖRT AUF ZU STREITEN!
UND FÜR MICH GIBT'S NICHTS?
DU MEINST: "HAST DU AUCH EINE PORTION FÜR EINEN BASTARD WIE MICH"? NA LOS, SAG ES!
LEUTE!! ES GIBT EINEN SPEZIALDRINK, ALLE HERKOMMEN!
HÄ?

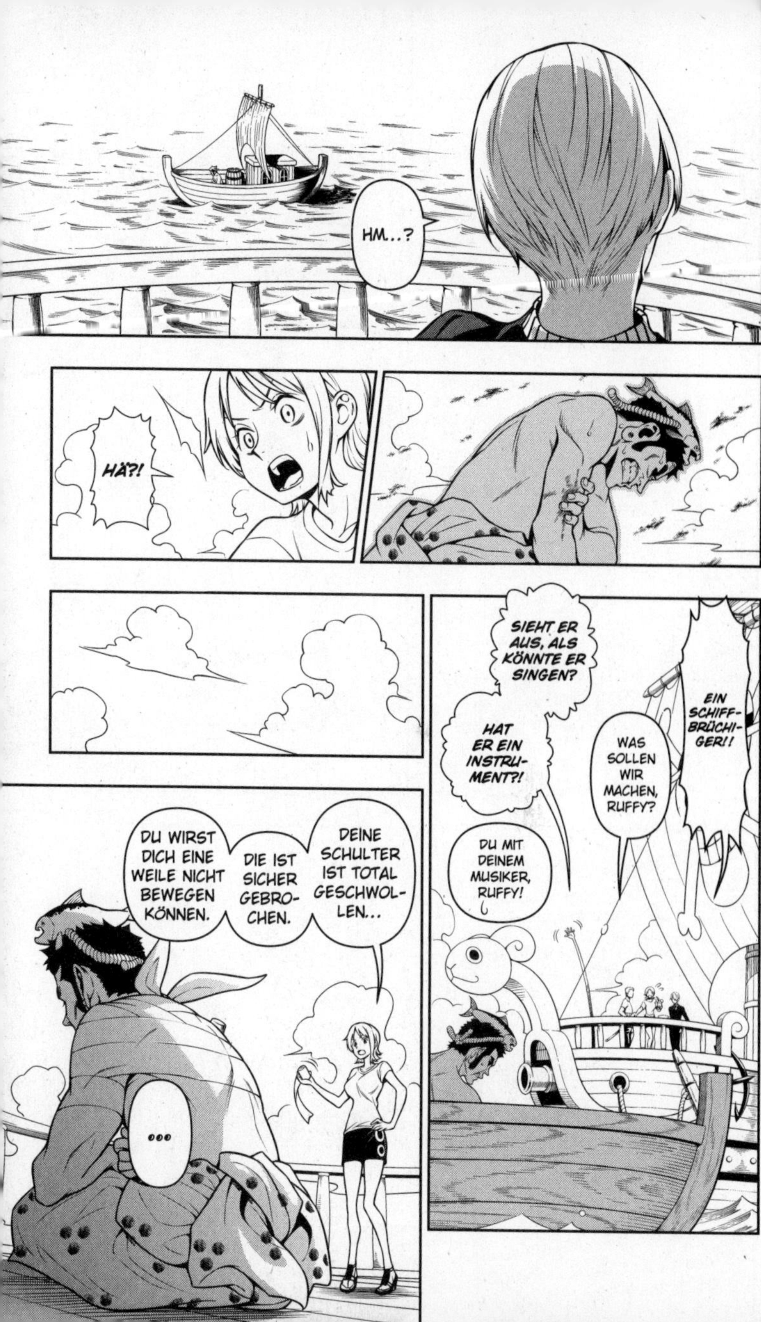
HM..?
HÄ?!
EIN SCHIFF-BRÜCHI-GER!!
WAS SOLLEN WIR MACHEN, RUFFY?
SIEHT ER AUS, ALS KÖNNTE ER SINGEN?
HAT ER EIN INSTRU-MENT?!
DU MIT DEINEM MUSIKER, RUFFY!
DEINE SCHULTER IST TOTAL GESCHWOL-LEN...
DIE IST SICHER GEBRO-CHEN.
DU WIRST DICH EINE WEILE NICHT BEWEGEN KÖNNEN.
...

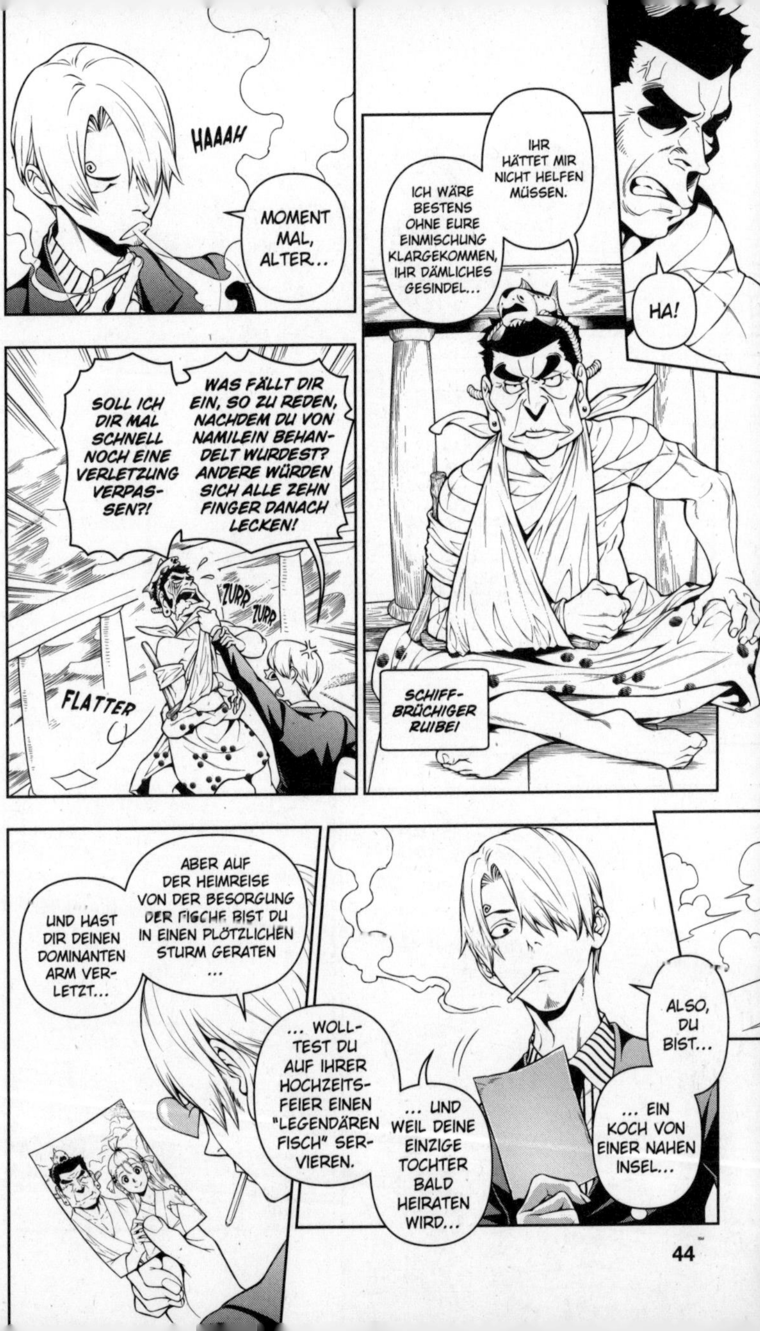
HA!
IHR HÄTTET MIR NICHT HELFEN MÜSSEN.
ICH WÄRE BESTENS OHNE EURE EINMISCHUNG KLARGEKOMMEN, IHR DÄMLICHES GESINDEL...
SCHIFF-BRÜCHIGER RUIBEI
HAAAH
MOMENT MAL, ALTER...
WAS FÄLLT DIR EIN, SO ZU REDEN, NACHDEM DU VON NAMILEIN BEHAN-DELT WURDEST? ANDERE WÜRDEN SICH ALLE ZEHN FINGER DANACH LECKEN!
SOLL ICH DIR MAL SCHNELL NOCH EINE VERLETZUNG VERPAS-SEN?!
ZURR
ZURR
FLATTER
ALSO, DU BIST...
... EIN KOCH VON EINER NAHEN INSEL...
... UND WEIL DEINE EINZIGE TOCHTER BALD HEIRATEN WIRD...
... WOLL-TEST DU AUF IHRER HOCHZEITS-FEIER EINEN "LEGENDÄREN FISCH" SER-VIEREN.
ABER AUF DER HEIMREISE VON DER BESORGUNG DER FISCHE BIST DU IN EINEN PLÖTZLICHEN STURM GERATEN ...
UND HAST DIR DEINEN DOMINANTEN ARM VER-LETZT...

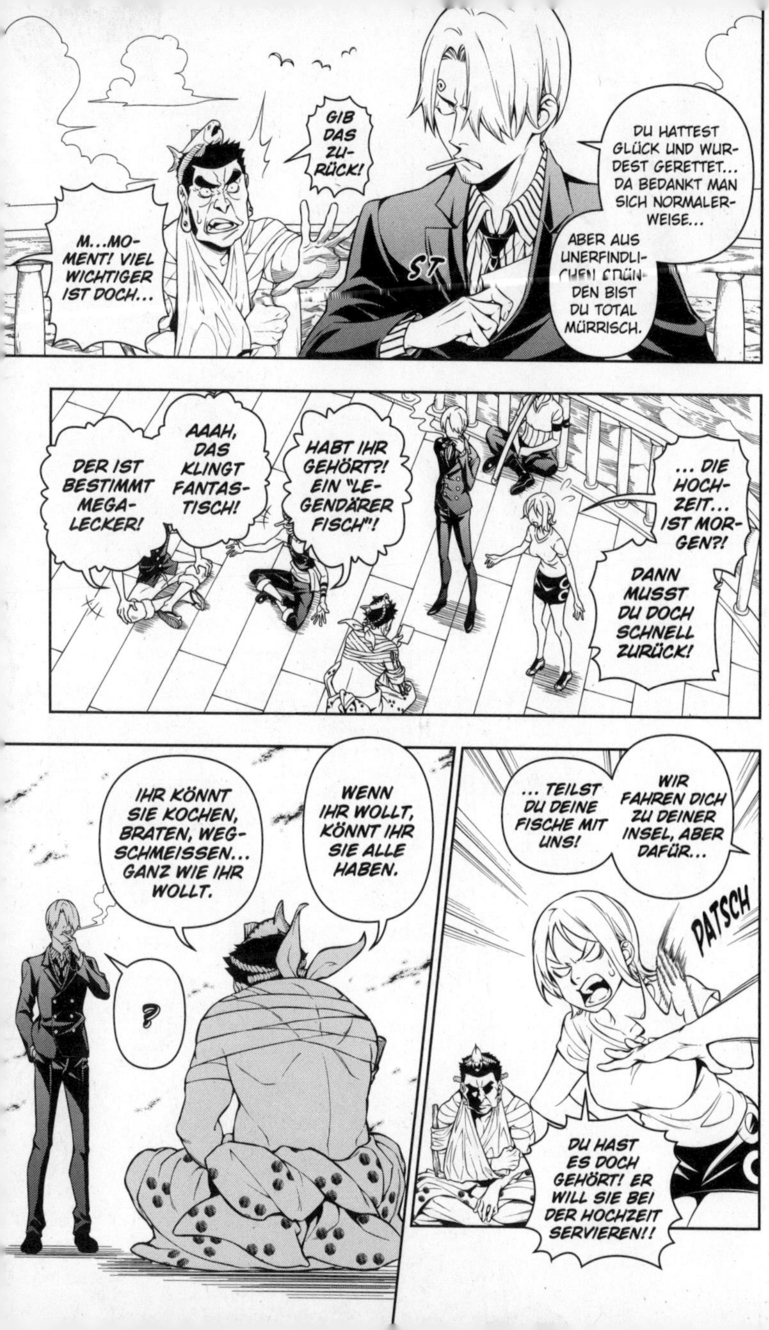
DU HATTEST GLÜCK UND WURDEST GERETTET... DA BEDANKT MAN SICH NORMALERWEISE...
ABER AUS UNERFINDLICHEN GRÜNDEN BIST DU TOTAL MÜRRISCH.
ST
GIB DAS ZURÜCK!
M...MOMENT! VIEL WICHTIGER IST DOCH...
... DIE HOCHZEIT... IST MORGEN?!
DANN MUSST DU DOCH SCHNELL ZURÜCK!
HABT IHR GEHÖRT?! EIN "LEGENDÄRER FISCH"!
AAAH, DAS KLINGT FANTASTISCH!
DER IST BESTIMMT MEGALECKER!
WIR FAHREN DICH ZU DEINER INSEL, ABER DAFÜR...
... TEILST DU DEINE FISCHE MIT UNS!
PATSCH
DU HAST ES DOCH GEHÖRT! ER WILL SIE BEI DER HOCHZEIT SERVIEREN!!
WENN IHR WOLLT, KÖNNT IHR SIE ALLE HABEN.
IHR KÖNNT SIE KOCHEN, BRATEN, WEGSCHMEISSEN... GANZ WIE IHR WOLLT.
?

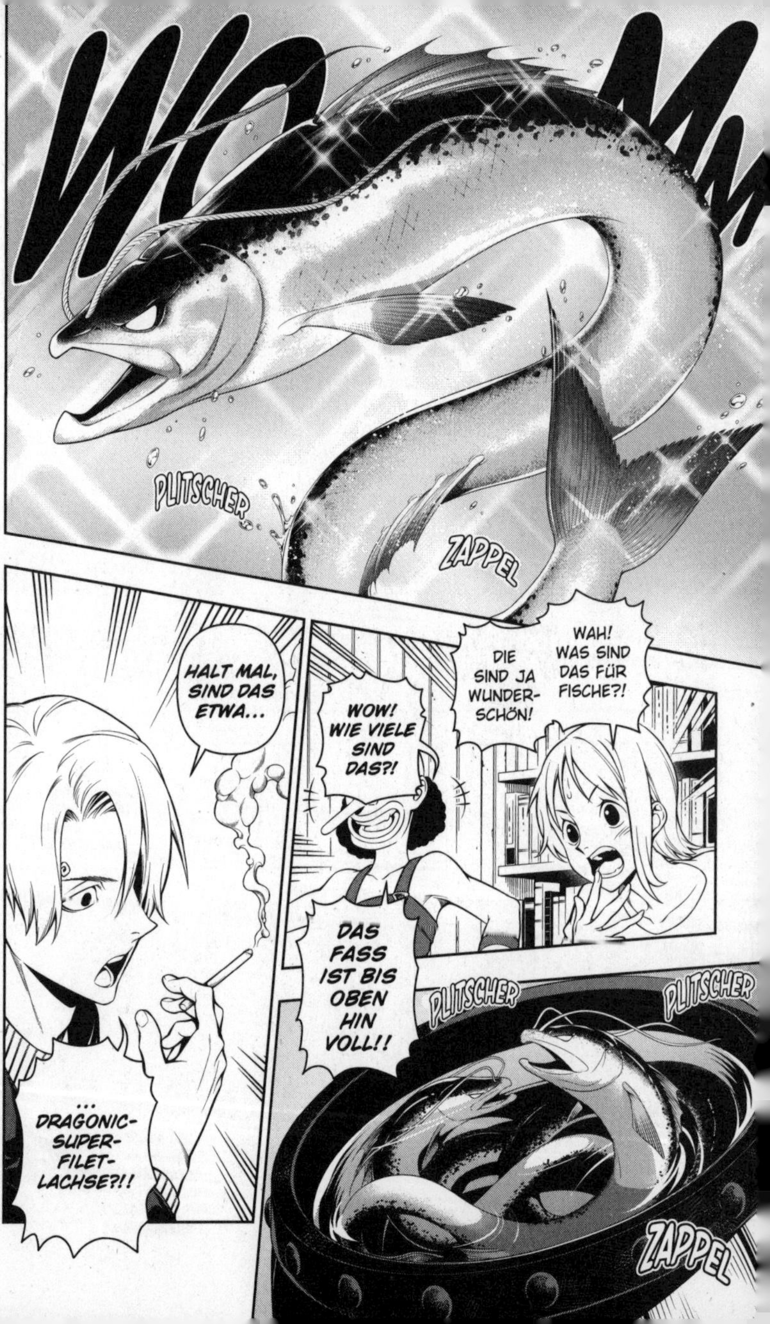
WO
MM
PLITSCHER
ZAPPEL
WAH! WAS SIND DAS FÜR FISCHE?!
DIE SIND JA WUNDER-SCHÖN!
WOW! WIE VIELE SIND DAS?!
HALT MAL, SIND DAS ETWA...
DAS FASS IST BIS OBEN HIN VOLL!!
PLITSCHER
PLITSCHER
ZAPPEL
... DRAGONIC-SUPER-FILET-LACHSE?!!

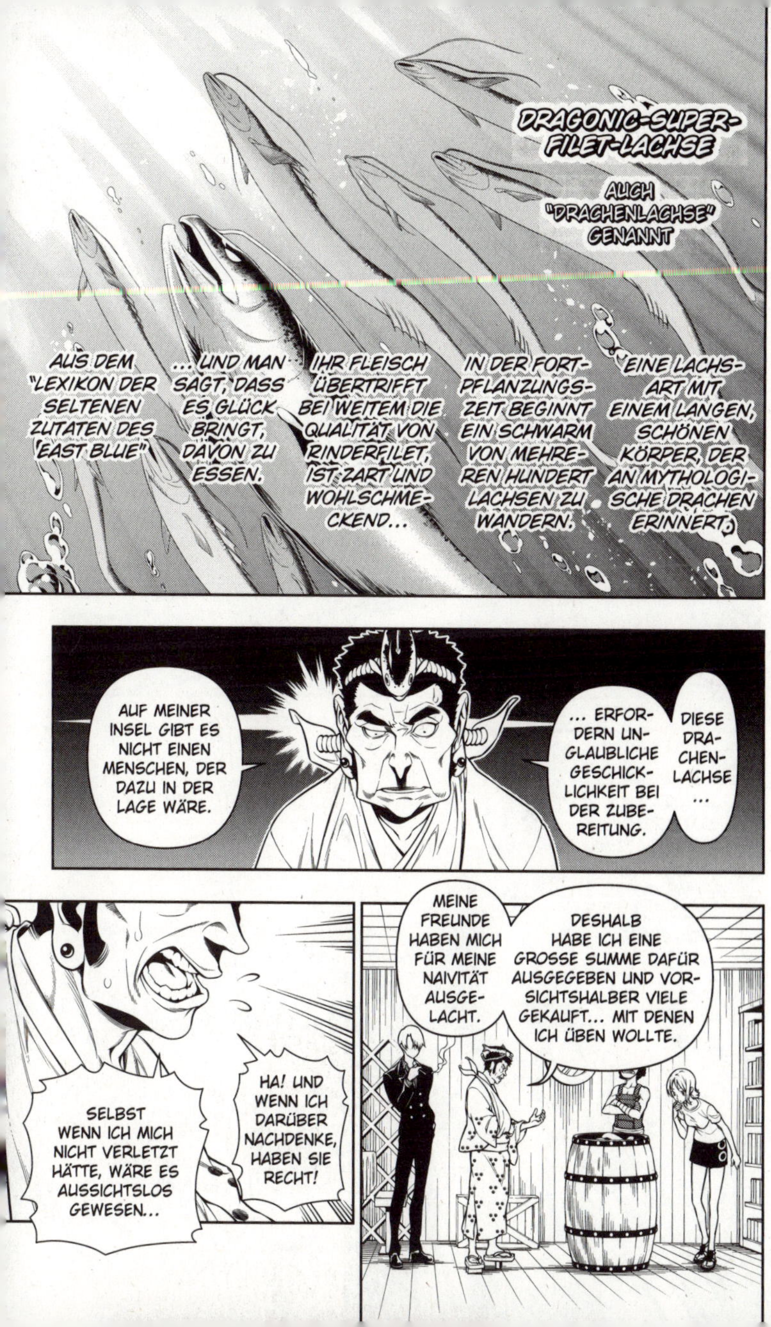
DRAGONIC-SUPER-FILET-LACHSE
AUCH "DRACHENLACHSE" GENANNT
"EINE LACHSART MIT EINEM LANGEN, SCHÖNEN KÖRPER, DER AN MYTHOLOGISCHE DRACHEN ERINNERT.
IN DER FORTPFLANZUNGSZEIT BEGINNT EIN SCHWARM VON MEHREREN HUNDERT LACHSEN ZU WANDERN.
IHR FLEISCH ÜBERTRIFFT BEI WEITEM DIE QUALITÄT VON RINDERFILET, IST ZART UND WOHLSCHMECKEND...
... UND MAN SAGT, DASS ES GLÜCK BRINGT, DAVON ZU ESSEN.
AUS DEM "LEXIKON DER SELTENEN ZUTATEN DES EAST BLUE"
DIESE DRACHENLACHSE ...
... ERFORDERN UNGLAUBLICHE GESCHICKLICHKEIT BEI DER ZUBEREITUNG.
AUF MEINER INSEL GIBT ES NICHT EINEN MENSCHEN, DER DAZU IN DER LAGE WÄRE.
DESHALB HABE ICH EINE GROSSE SUMME DAFÜR AUSGEGEBEN UND VORSICHTSHALBER VIELE GEKAUFT... MIT DENEN ICH ÜBEN WOLLTE.
MEINE FREUNDE HABEN MICH FÜR MEINE NAIVITÄT AUSGELACHT.
HA! UND WENN ICH DARÜBER NACHDENKE, HABEN SIE RECHT!
SELBST WENN ICH MICH NICHT VERLETZT HÄTTE, WÄRE ES AUSSICHTSLOS GEWESEN...

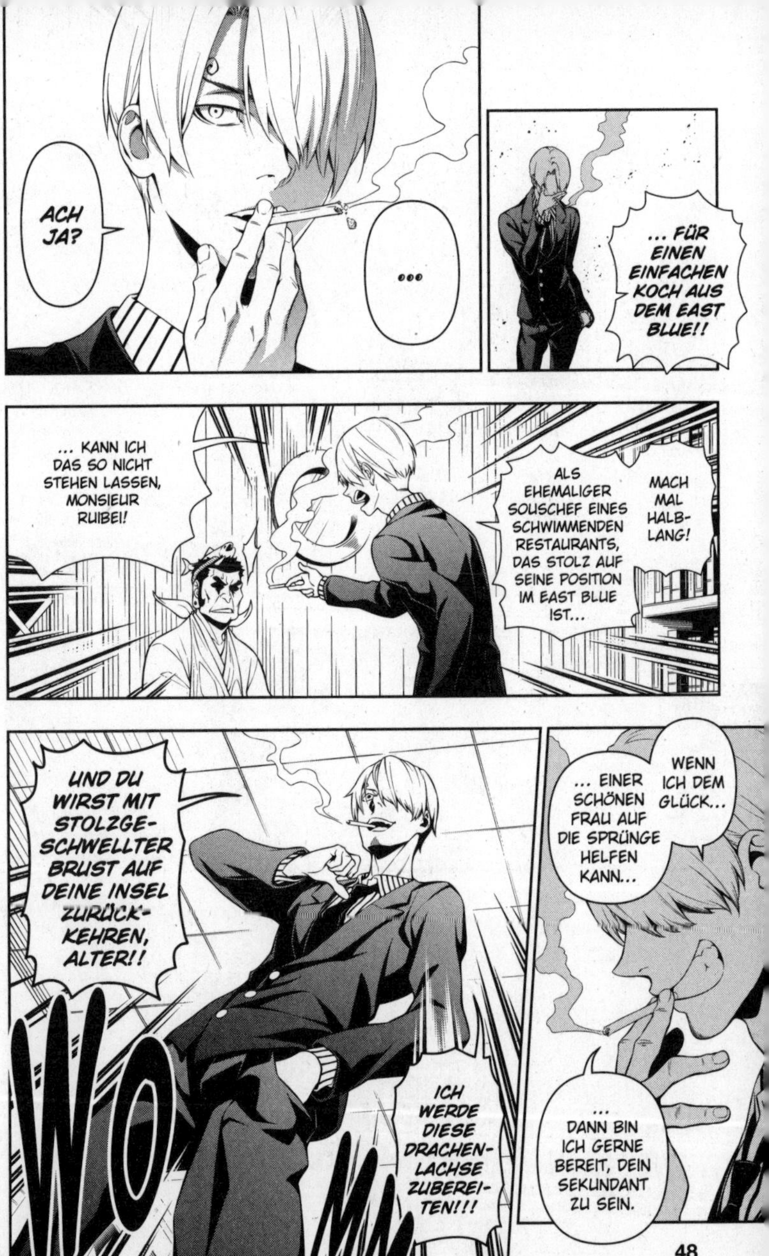
... FÜR EINEN EINFACHEN KOCH AUS DEM EAST BLUE!!
...
ACH JA?
MACH MAL HALB-LANG!
ALS EHEMALIGER SOUSCHEF EINES SCHWIMMENDEN RESTAURANTS, DAS STOLZ AUF SEINE POSITION IM EAST BLUE IST...
... KANN ICH DAS SO NICHT STEHEN LASSEN, MONSIEUR RUIBEI!
WENN ICH DEM GLÜCK...
... EINER SCHÖNEN FRAU AUF DIE SPRÜNGE HELFEN KANN...
... DANN BIN ICH GERNE BEREIT, DEIN SEKUNDANT ZU SEIN.
ICH WERDE DIESE DRACHEN-LACHSE ZUBEREI-TEN!!!
UND DU WIRST MIT STOLZGE-SCHWELLTER BRUST AUF DEINE INSEL ZURÜCK-KEHREN, ALTER!!
WOMM

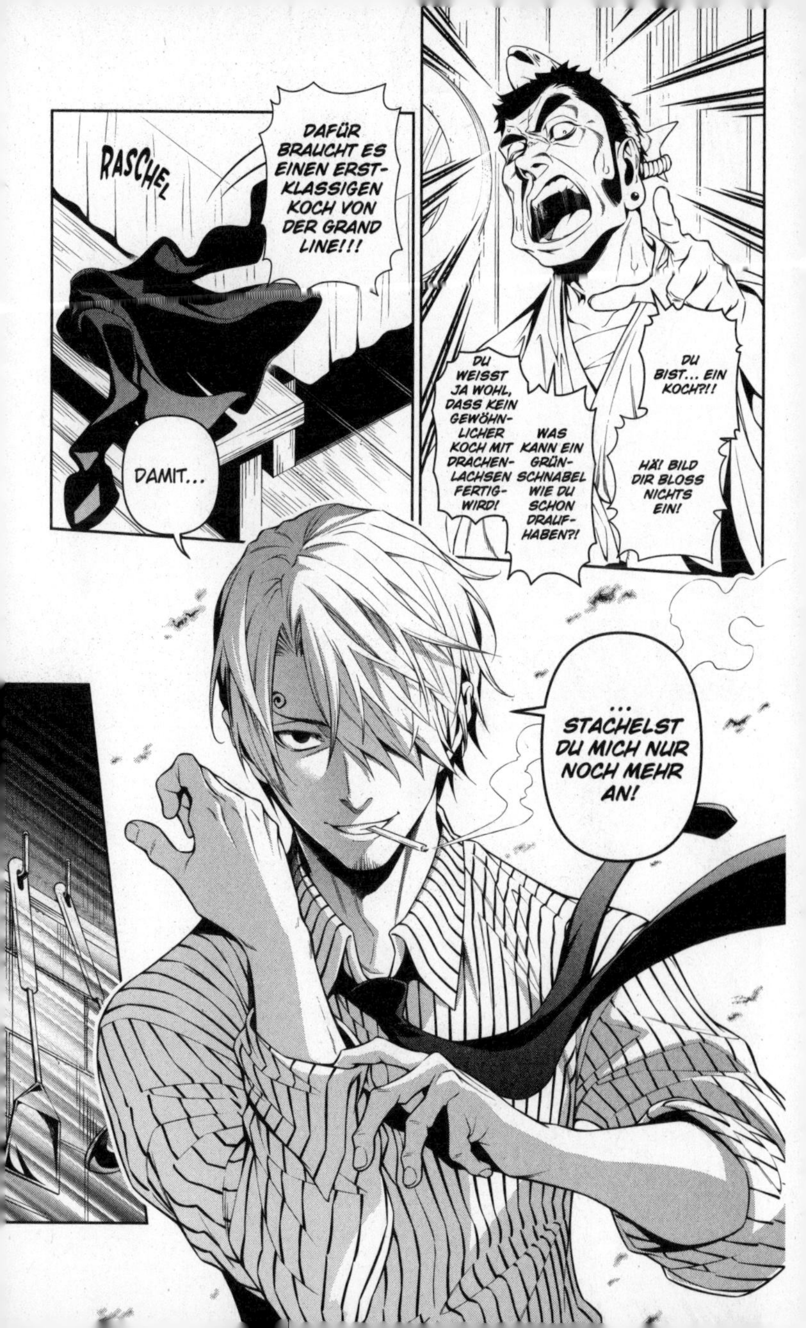
DU BIST… EIN KOCH?!!
HÄ! BILD DIR BLOSS NICHTS EIN!
WAS KANN EIN GRÜNSCHNABEL WIE DU SCHON DRAUFHABEN?!
DU WEISST JA WOHL, DASS KEIN GEWÖHNLICHER KOCH MIT DRACHENLACHSEN FERTIGWIRD!
DAFÜR BRAUCHT ES EINEN ERSTKLASSIGEN KOCH VON DER GRAND LINE!!!
RASCHEL
DAMIT…
… STACHELST DU MICH NUR NOCH MEHR AN!

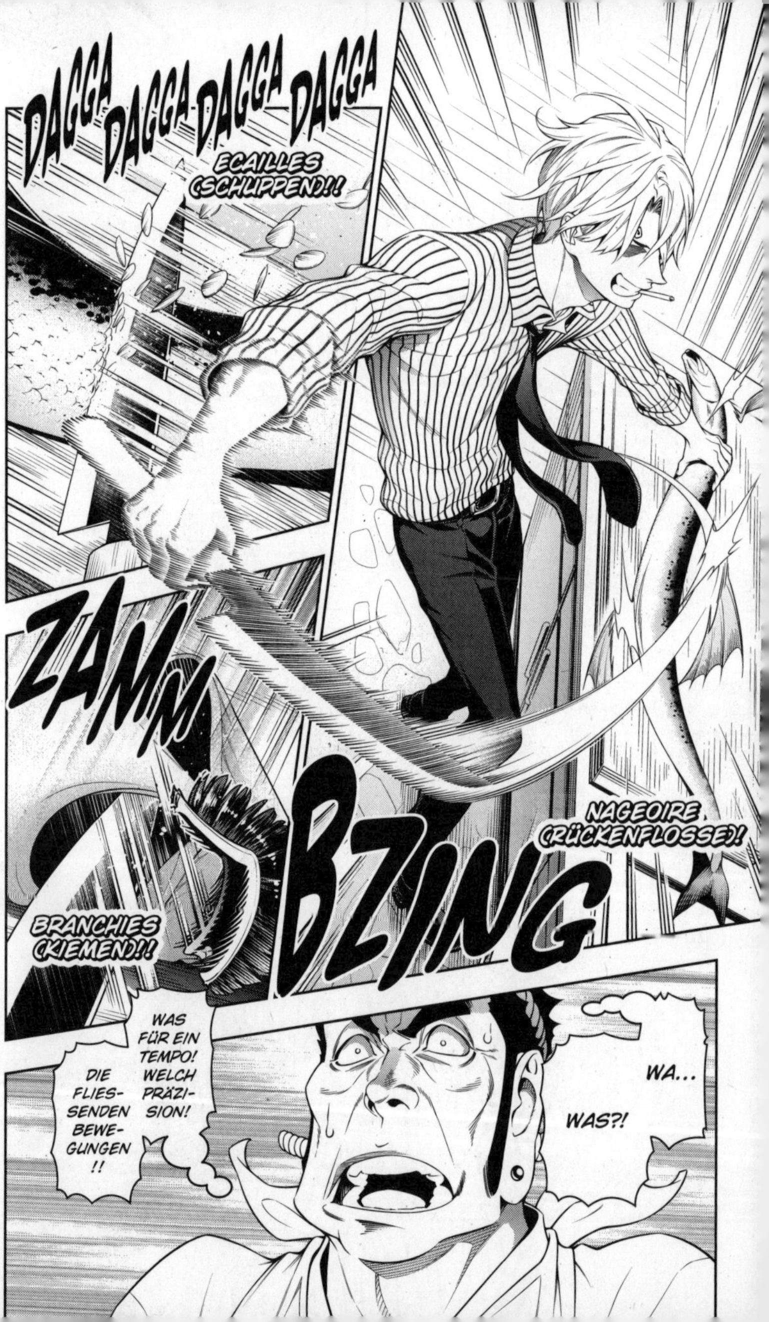
DAGGA DAGGA DAGGA DAGGA
ECAILLES (SCHUPPEN)!!
ZAMM
NAGEOIRE (RÜCKENFLOSSE)!
BZING
BRANCHIES (KIEMEN)!!
WA...
WAS?!
WAS FÜR EIN TEMPO! WELCH PRÄZI-SION!
DIE FLIES-SENDEN BEWE-GUNGEN !!

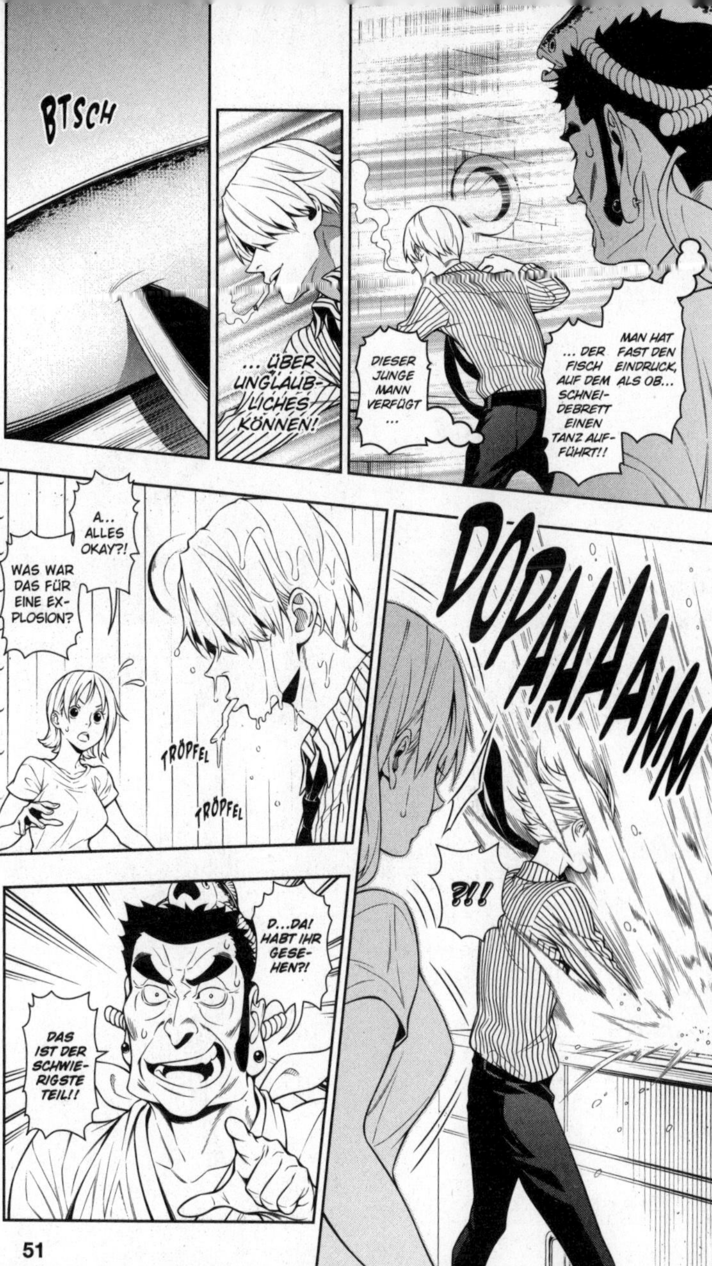
MAN HAT FAST DEN EINDRUCK, ALS OB…
… DER FISCH AUF DEM SCHNEI-DEBRETT EINEN TANZ AUF-FÜHRT!!
DIESER JUNGE MANN VERFÜGT …
… ÜBER UNGLAUB-LICHES KÖNNEN!
BTSCH
DOPAAAAMM
?!!
A… ALLES OKAY?!
WAS WAR DAS FÜR EINE EX-PLOSION?
TRÖPFEL
TRÖPFEL
D…DA! HABT IHR GESE-HEN?!
DAS IST DER SCHWIE-RIGSTE TEIL!!

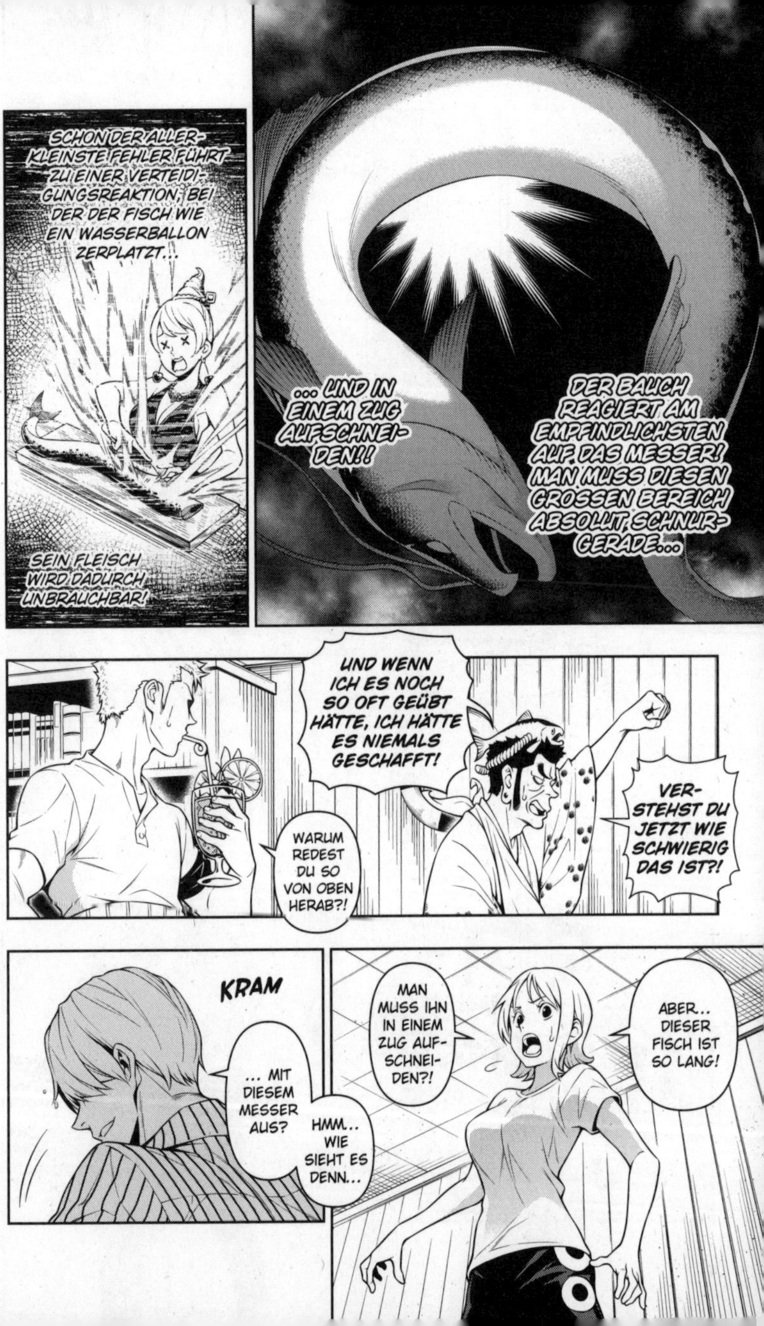
DER BAUCH REAGIERT AM EMPFINDLICHSTEN AUF DAS MESSER! MAN MUSS DIESEN GROSSEN BEREICH ABSOLUT SCHNURGERADE...
... UND IN EINEM ZUG AUFSCHNEIDEN!!
SCHON DER ALLERKLEINSTE FEHLER FÜHRT ZU EINER VERTEIDIGUNGSREAKTION, BEI DER DER FISCH WIE EIN WASSERBALLON ZERPLATZT...
SEIN FLEISCH WIRD DADURCH UNBRAUCHBAR!
UND WENN ICH ES NOCH SO OFT GEÜBT HÄTTE, ICH HÄTTE ES NIEMALS GESCHAFFT!
VERSTEHST DU JETZT WIE SCHWIERIG DAS IST?!
WARUM REDEST DU SO VON OBEN HERAB?!
ABER... DIESER FISCH IST SO LANG!
MAN MUSS IHN IN EINEM ZUG AUFSCHNEIDEN?!
KRAM
HMM.. WIE SIEHT ES DENN...
... MIT DIESEM MESSER AUS?

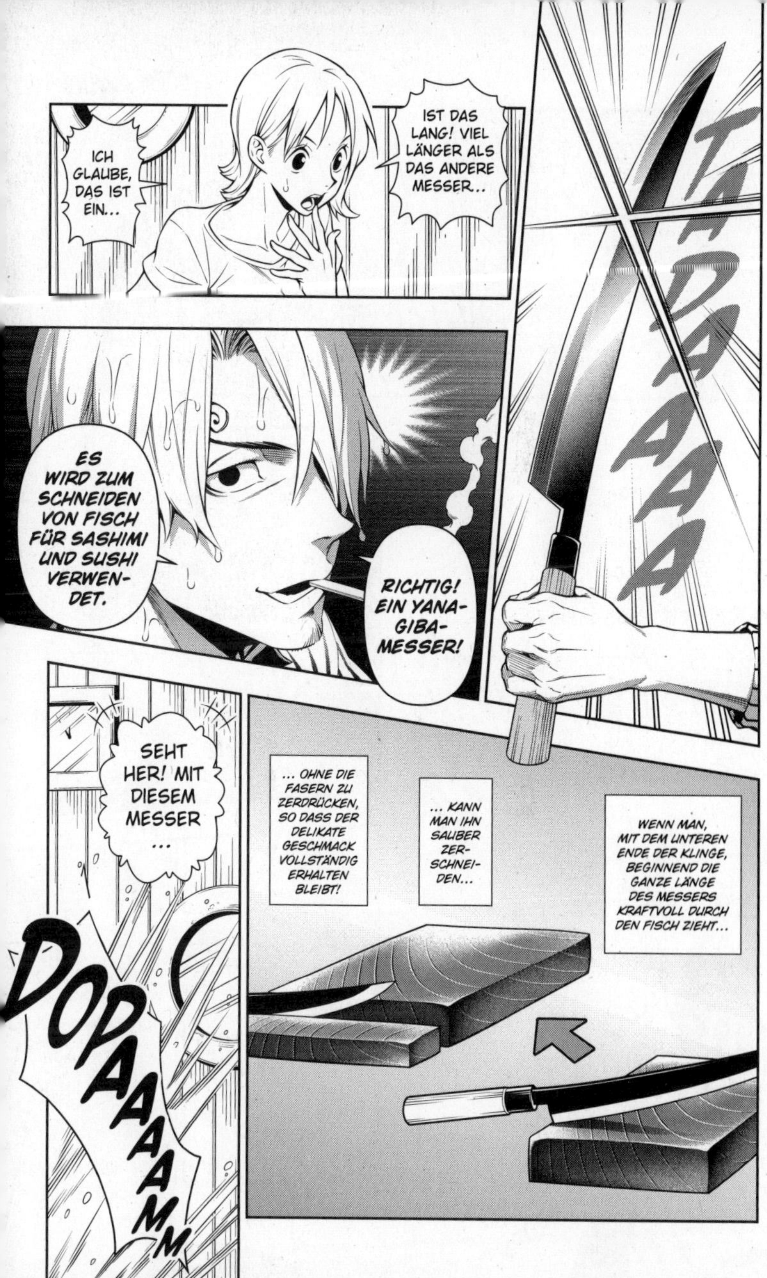
TATAAAAA
IST DAS LANG! VIEL LÄNGER ALS DAS ANDERE MESSER...
ICH GLAUBE, DAS IST EIN...
RICHTIG! EIN YANA-GIBA-MESSER!
ES WIRD ZUM SCHNEIDEN VON FISCH FÜR SASHIMI UND SUSHI VERWEN-DET.
SEHT HER! MIT DIESEM MESSER ...
DOPAAAAMM
WENN MAN, MIT DEM UNTEREN ENDE DER KLINGE, BEGINNEND DIE GANZE LÄNGE DES MESSERS KRAFTVOLL DURCH DEN FISCH ZIEHT...
... KANN MAN IHN SAUBER ZER-SCHNEI-DEN...
... OHNE DIE FASERN ZU ZERDRÜCKEN, SO DASS DER DELIKATE GESCHMACK VOLLSTÄNDIG ERHALTEN BLEIBT!

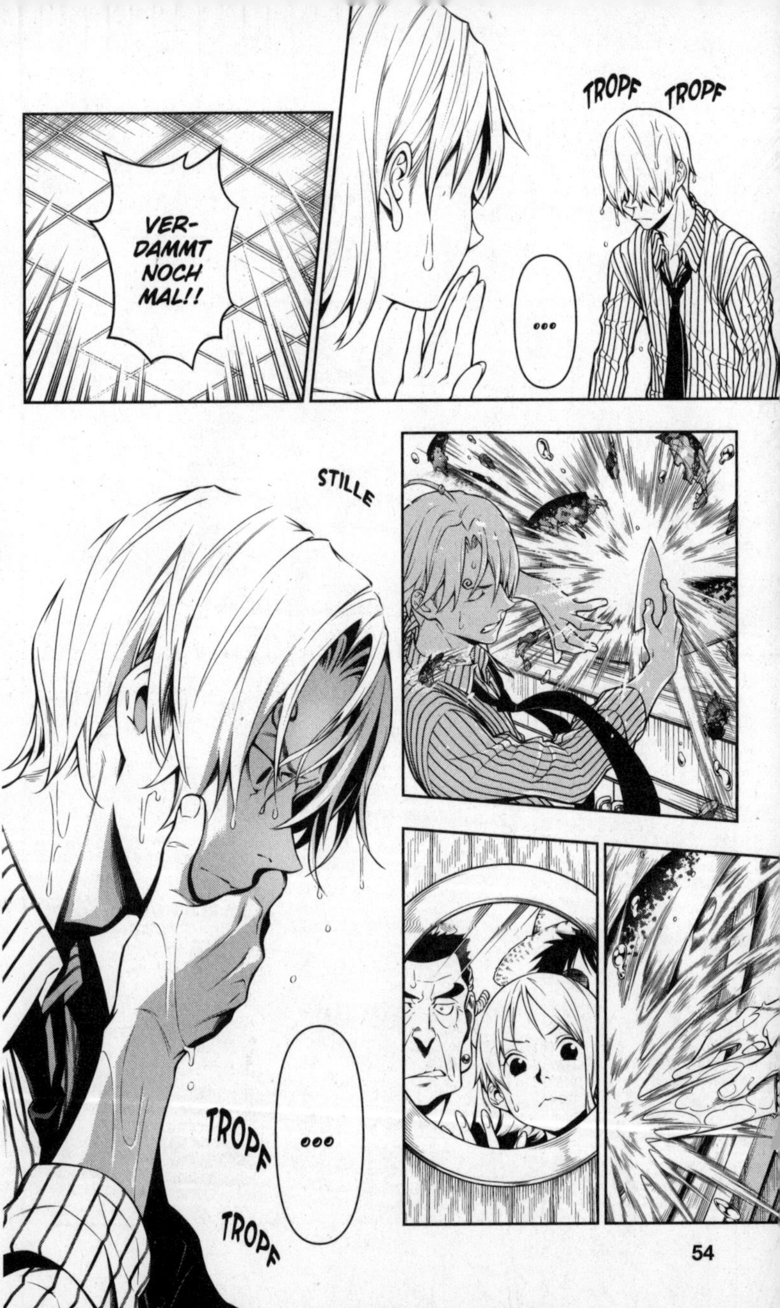
TROPF
TROPF
...
VER-DAMMT NOCH MAL!!
STILLE
...
TROPF
TROPF

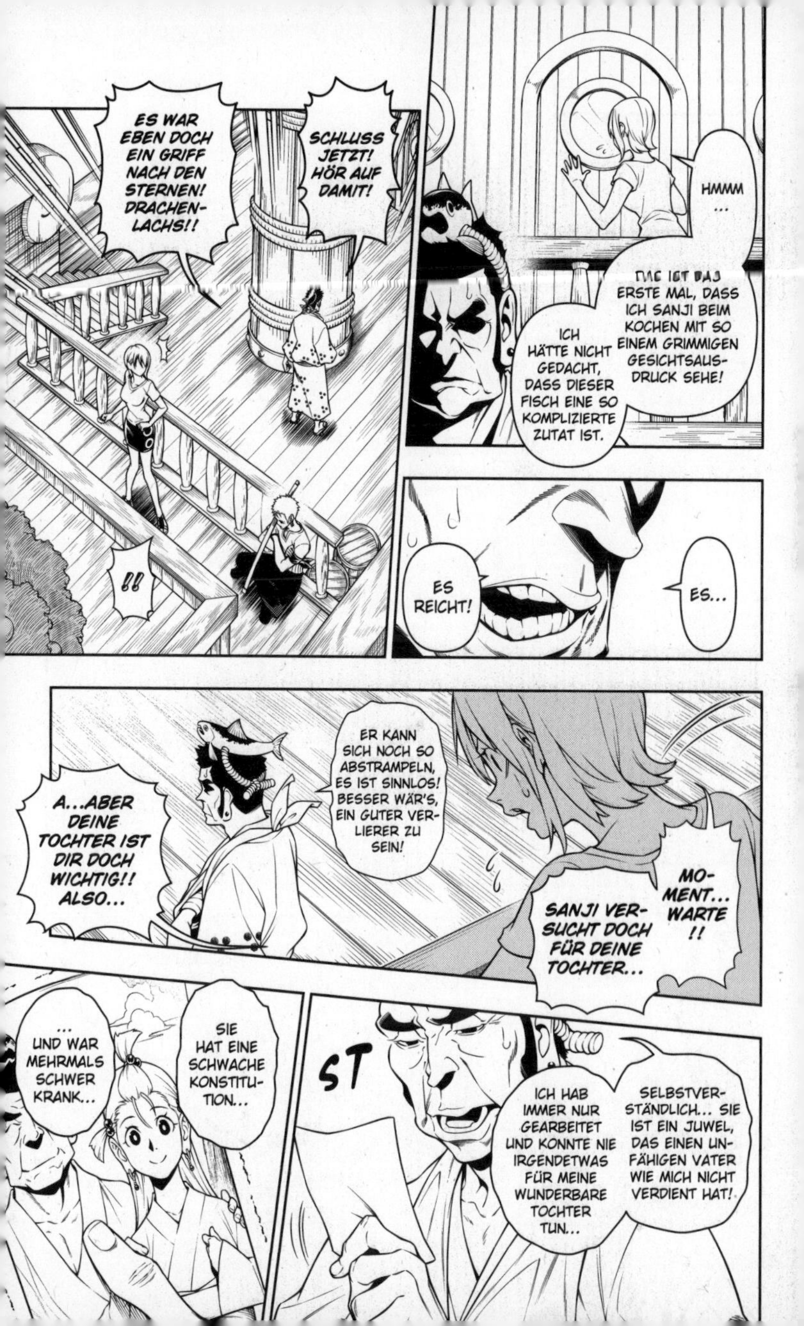
HMMM ...
DAS IST DAS ERSTE MAL, DASS ICH SANJI BEIM KOCHEN MIT SO EINEM GRIMMIGEN GESICHTSAUSDRUCK SEHE!
ICH HÄTTE NICHT GEDACHT, DASS DIESER FISCH EINE SO KOMPLIZIERTE ZUTAT IST.
ES...
ES REICHT!
SCHLUSS JETZT! HÖR AUF DAMIT!
ES WAR EBEN DOCH EIN GRIFF NACH DEN STERNEN! DRACHENLACHS!!
!!
MOMENT... WARTE!!
SANJI VERSUCHT DOCH FÜR DEINE TOCHTER...
ER KANN SICH NOCH SO ABSTRAMPELN, ES IST SINNLOS! BESSER WÄR'S, EIN GUTER VERLIERER ZU SEIN!
A...ABER DEINE TOCHTER IST DIR DOCH WICHTIG!! ALSO...
SELBSTVERSTÄNDLICH... SIE IST EIN JUWEL, DAS EINEN UNFÄHIGEN VATER WIE MICH NICHT VERDIENT HAT!
ICH HAB IMMER NUR GEARBEITET UND KONNTE NIE IRGENDETWAS FÜR MEINE WUNDERBARE TOCHTER TUN...
ST
SIE HAT EINE SCHWACHE KONSTITUTION...
... UND WAR MEHRMALS SCHWER KRANK...

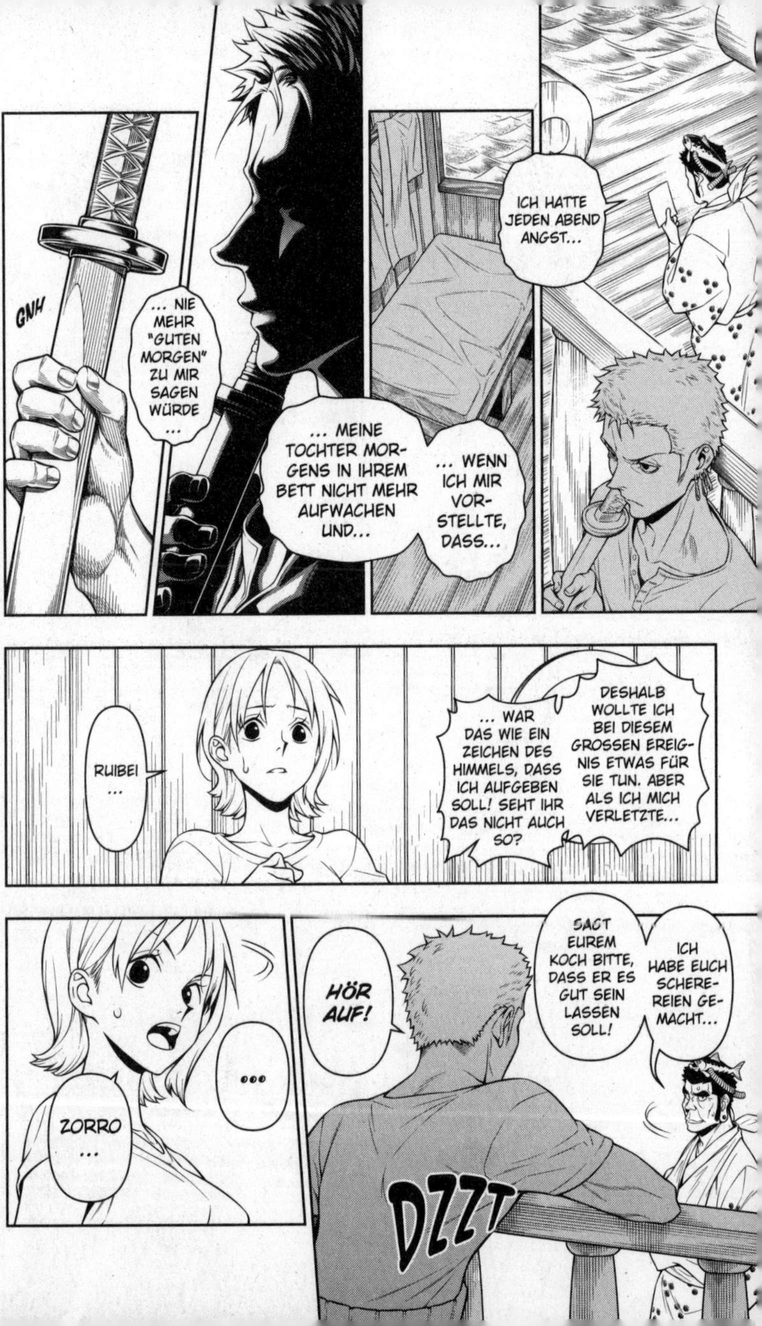

ICH HATTE JEDEN ABEND ANGST...
... WENN ICH MIR VORSTELLTE, DASS...
... MEINE TOCHTER MORGENS IN IHREM BETT NICHT MEHR AUFWACHEN UND...
... NIE MEHR "GUTEN MORGEN" ZU MIR SAGEN WÜRDE ...
GNH
DESHALB WOLLTE ICH BEI DIESEM GROSSEN EREIGNIS ETWAS FÜR SIE TUN. ABER ALS ICH MICH VERLETZTE...
... WAR DAS WIE EIN ZEICHEN DES HIMMELS, DASS ICH AUFGEBEN SOLL! SEHT IHR DAS NICHT AUCH SO?
RUIBEI ...
ICH HABE EUCH SCHEREREIEN GEMACHT...
SAGT EUREM KOCH BITTE, DASS ER ES GUT SEIN LASSEN SOLL!
HÖR AUF!
DZZT
...
ZORRO ...

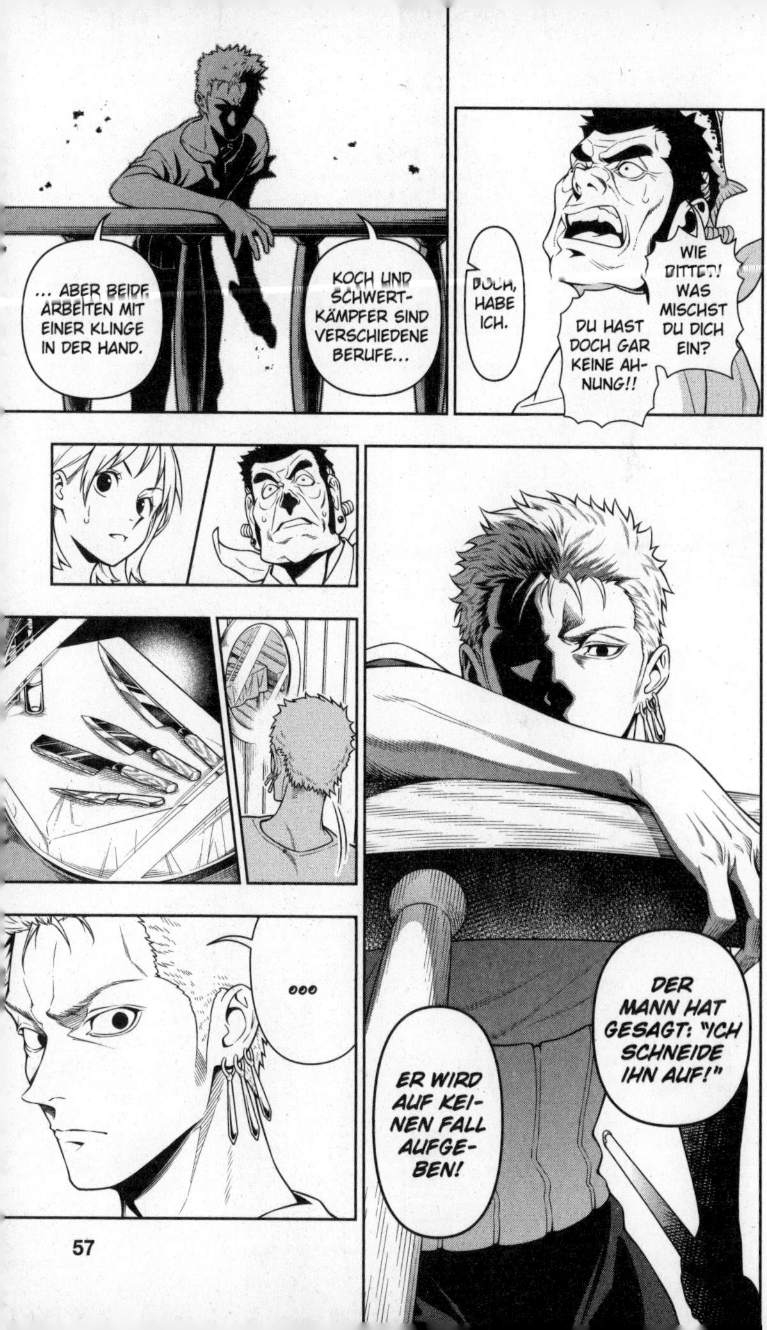
WIE BITTE?! WAS MISCHST DU DICH EIN?
DU HAST DOCH GAR KEINE AHNUNG!!
DOCH, HABE ICH.
KOCH UND SCHWERT-KÄMPFER SIND VERSCHIEDENE BERUFE...
... ABER BEIDE ARBEITEN MIT EINER KLINGE IN DER HAND.
DER MANN HAT GESAGT: "ICH SCHNEIDE IHN AUF!"
ER WIRD AUF KEINEN FALL AUFGEBEN!
...

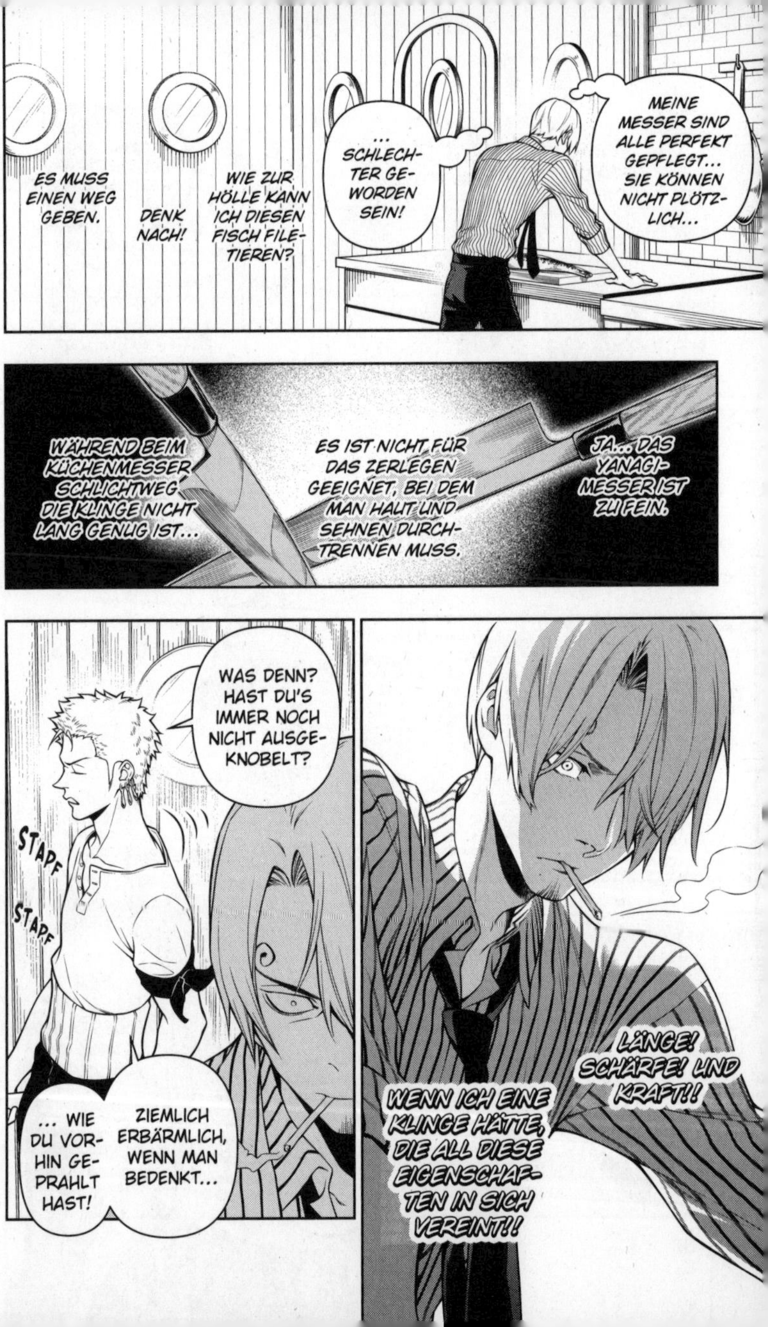
MEINE MESSER SIND ALLE PERFEKT GEPFLEGT... SIE KÖNNEN NICHT PLÖTZLICH...
... SCHLECHTER GEWORDEN SEIN!
WIE ZUR HÖLLE KANN ICH DIESEN FISCH FILETIEREN?
DENK NACH!
ES MUSS EINEN WEG GEBEN.
JA... DAS YANAGI-MESSER IST ZU FEIN.
ES IST NICHT FÜR DAS ZERLEGEN GEEIGNET, BEI DEM MAN HAUT UND SEHNEN DURCHTRENNEN MUSS.
WÄHREND BEIM KÜCHENMESSER SCHLICHTWEG DIE KLINGE NICHT LANG GENUG IST...
LÄNGE! SCHÄRFE! UND KRAFT!!
WENN ICH EINE KLINGE HÄTTE, DIE ALL DIESE EIGENSCHAFTEN IN SICH VEREINT!!
WAS DENN? HAST DU'S IMMER NOCH NICHT AUSGEKNOBELT?
STAPF
STAPF
ZIEMLICH ERBÄRMLICH, WENN MAN BEDENKT...
... WIE DU VORHIN GEPRAHLT HAST!

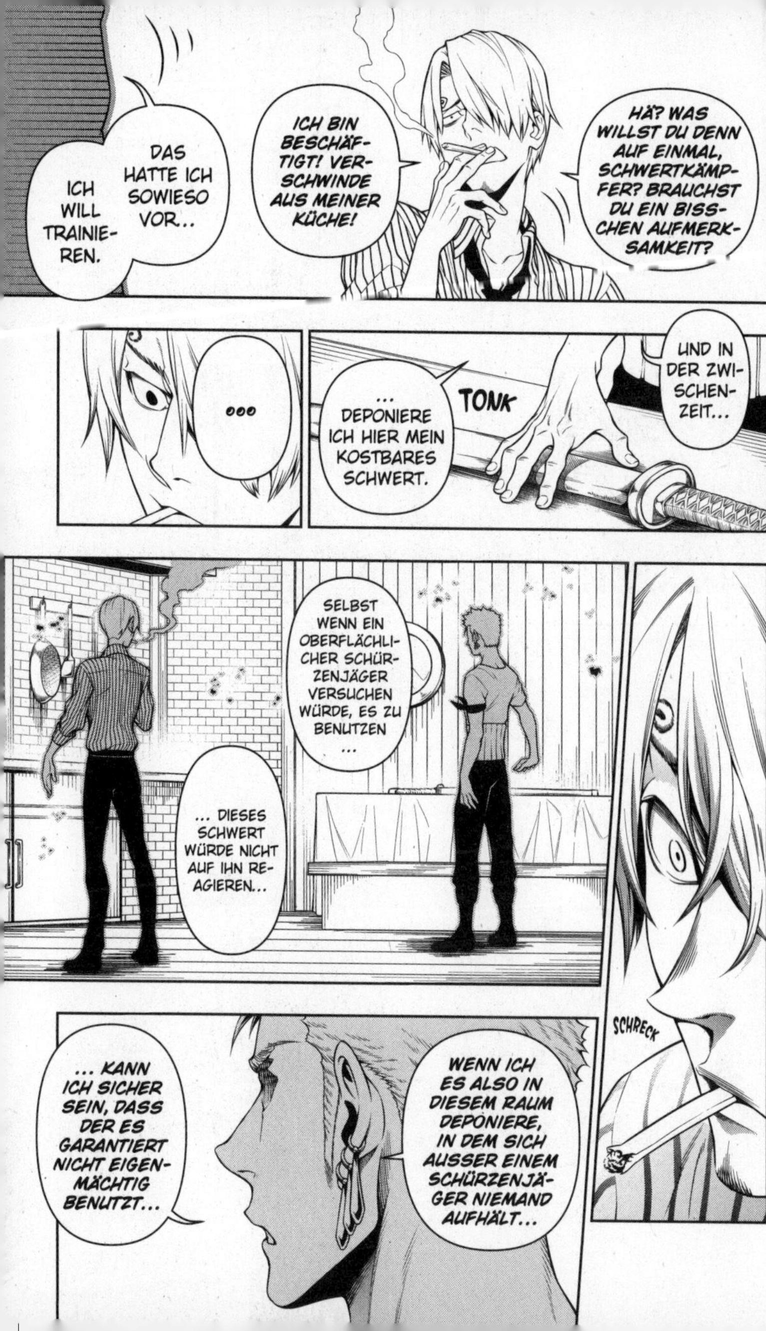
HÄ? WAS WILLST DU DENN AUF EINMAL, SCHWERTKÄMPFER? BRAUCHST DU EIN BISSCHEN AUFMERKSAMKEIT?
ICH BIN BESCHÄFTIGT! VERSCHWINDE AUS MEINER KÜCHE!
DAS HATTE ICH SOWIESO VOR...
ICH WILL TRAINIEREN.
UND IN DER ZWISCHENZEIT...
TONK
... DEPONIERE ICH HIER MEIN KOSTBARES SCHWERT.
...
SELBST WENN EIN OBERFLÄCHLICHER SCHÜRZENJÄGER VERSUCHEN WÜRDE, ES ZU BENUTZEN ...
... DIESES SCHWERT WÜRDE NICHT AUF IHN REAGIEREN...
SCHRECK
WENN ICH ES ALSO IN DIESEM RAUM DEPONIERE, IN DEM SICH AUSSER EINEM SCHÜRZENJÄGER NIEMAND AUFHÄLT...
... KANN ICH SICHER SEIN, DASS DER ES GARANTIERT NICHT EIGENMÄCHTIG BENUTZT...

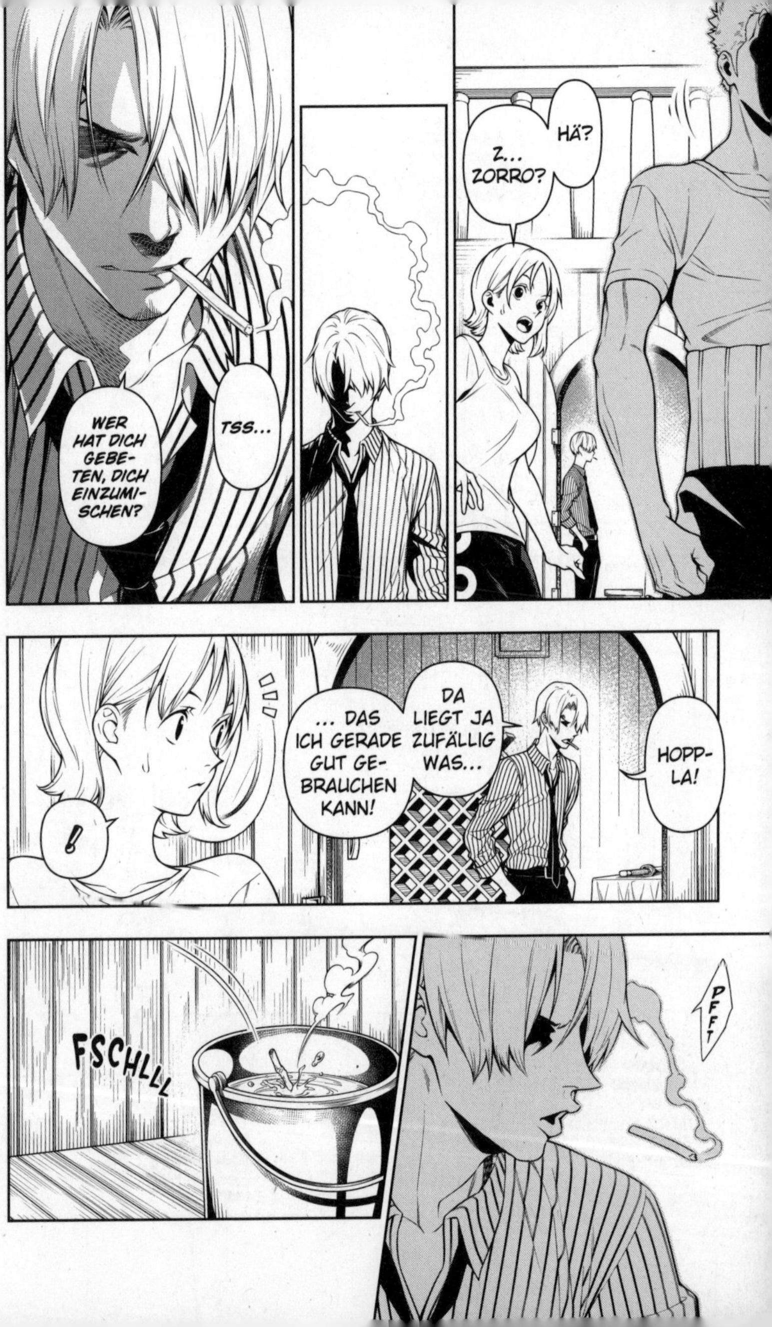

HÄ?
Z... ZORRO?
TSS...
WER HAT DICH GEBE-TEN, DICH EINZUMI-SCHEN?
HOPP-LA!
DA LIEGT JA ZUFÄLLIG WAS...
... DAS ICH GERADE GUT GE-BRAUCHEN KANN!
!
PFFT
FSCHLLL

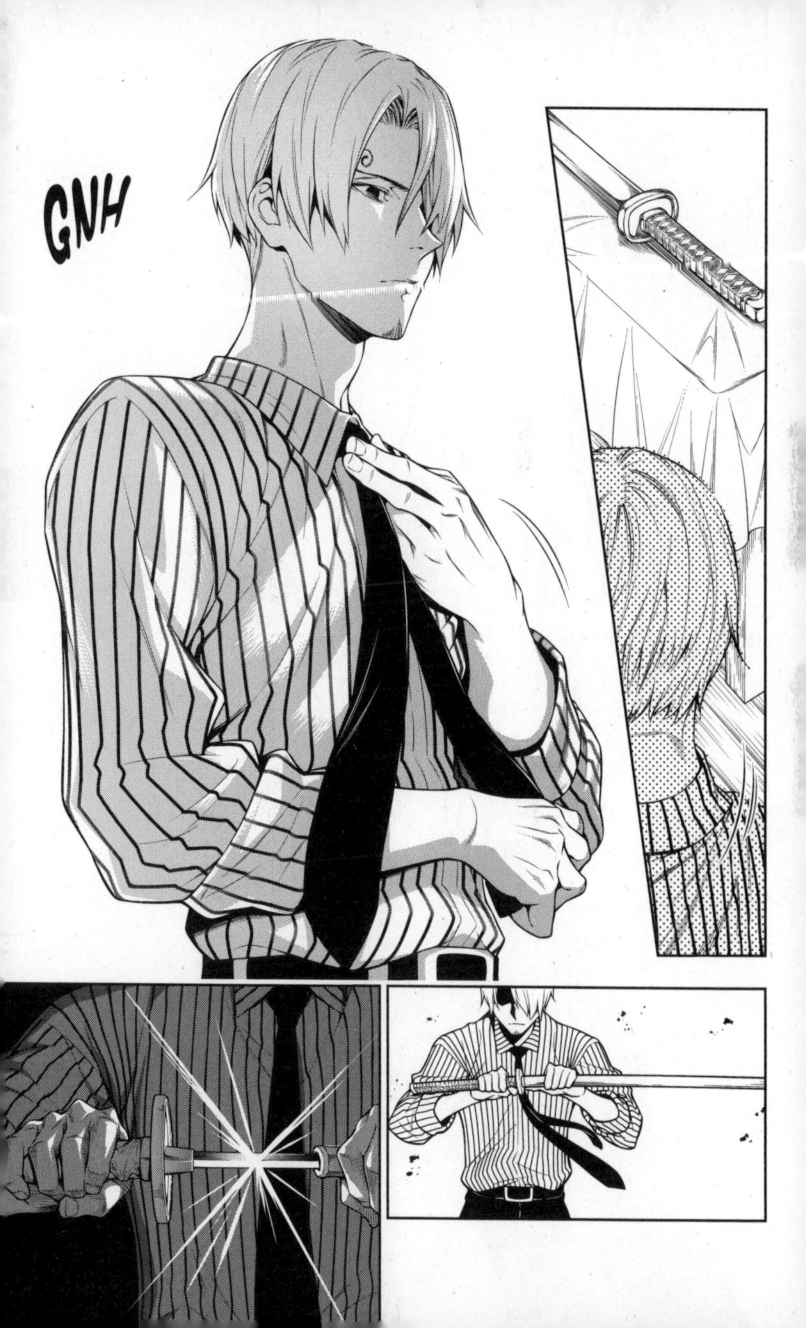
GNH

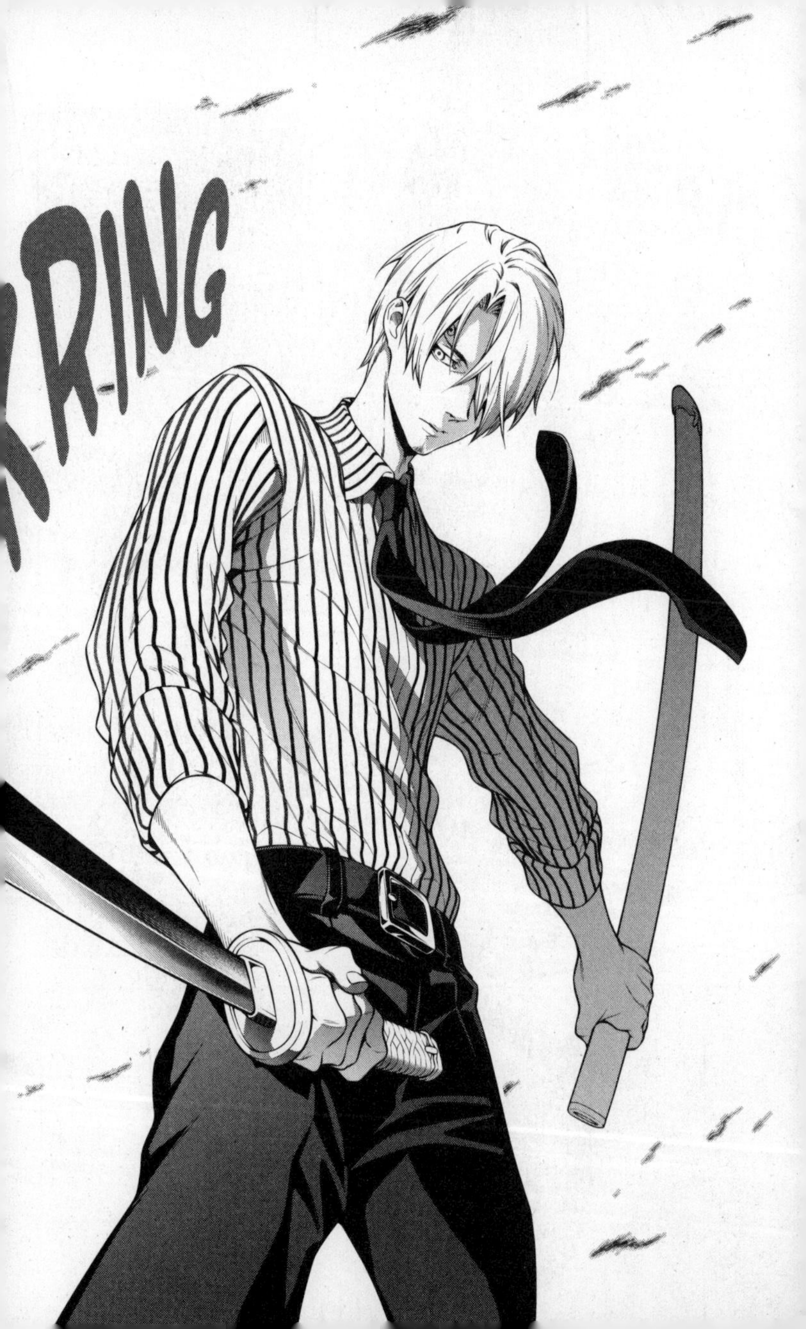
RING

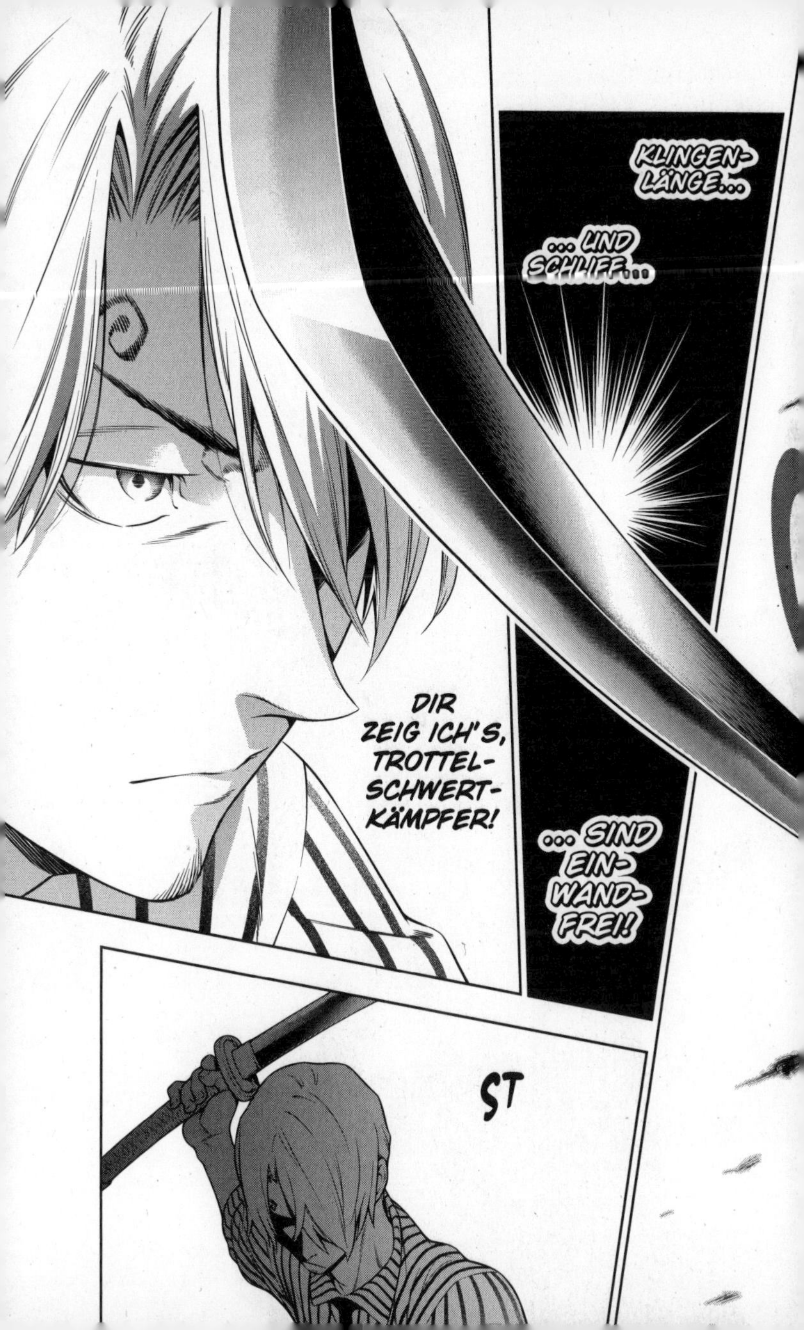
KLINGEN-
LÄNGE...
... UND
SCHLIFF...
... SIND
EIN-
WAND-
FREI!
DIR
ZEIG ICH'S,
TROTTEL-
SCHWERT-
KÄMPFER!
ST

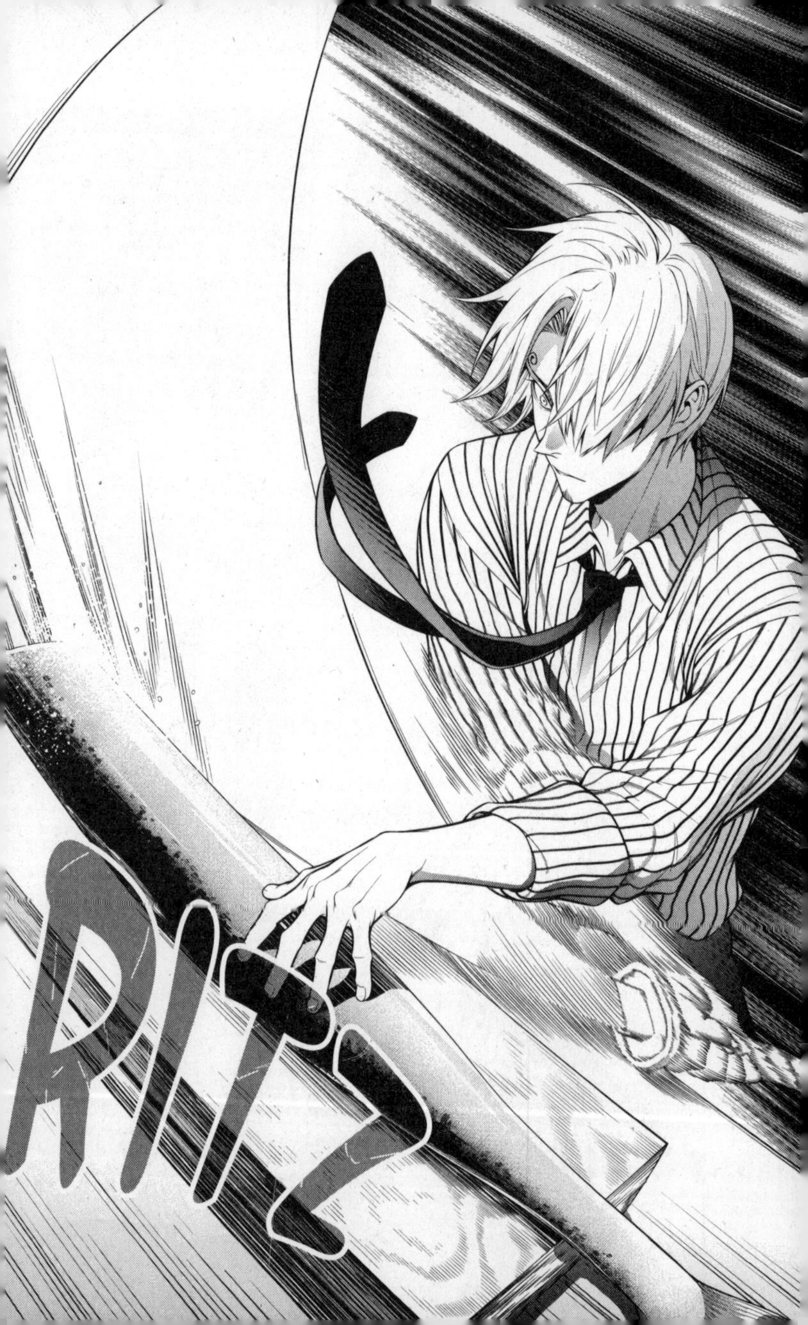
RITZ

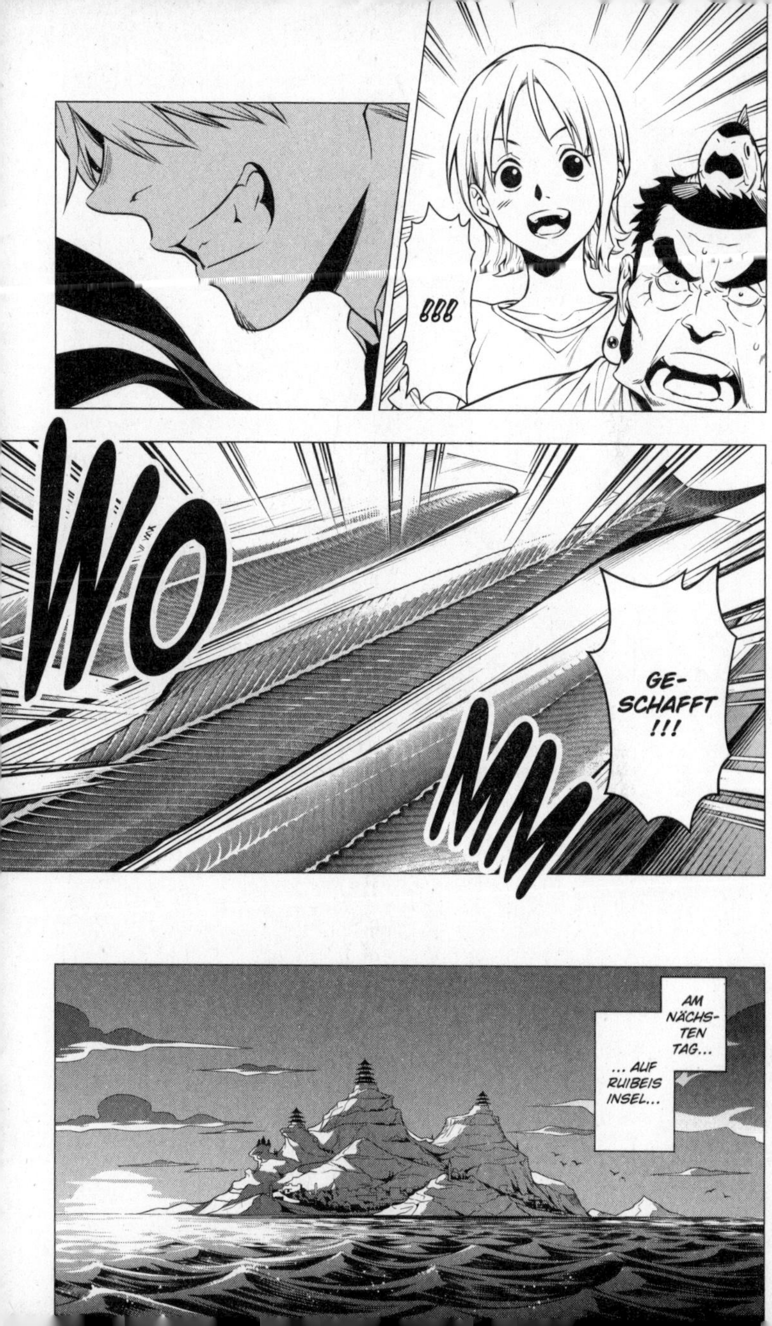

BBB
WOMMM
GE-
SCHAFFT
!!!
AM NÄCHS-TEN TAG...
... AUF RUIBEIS INSEL...

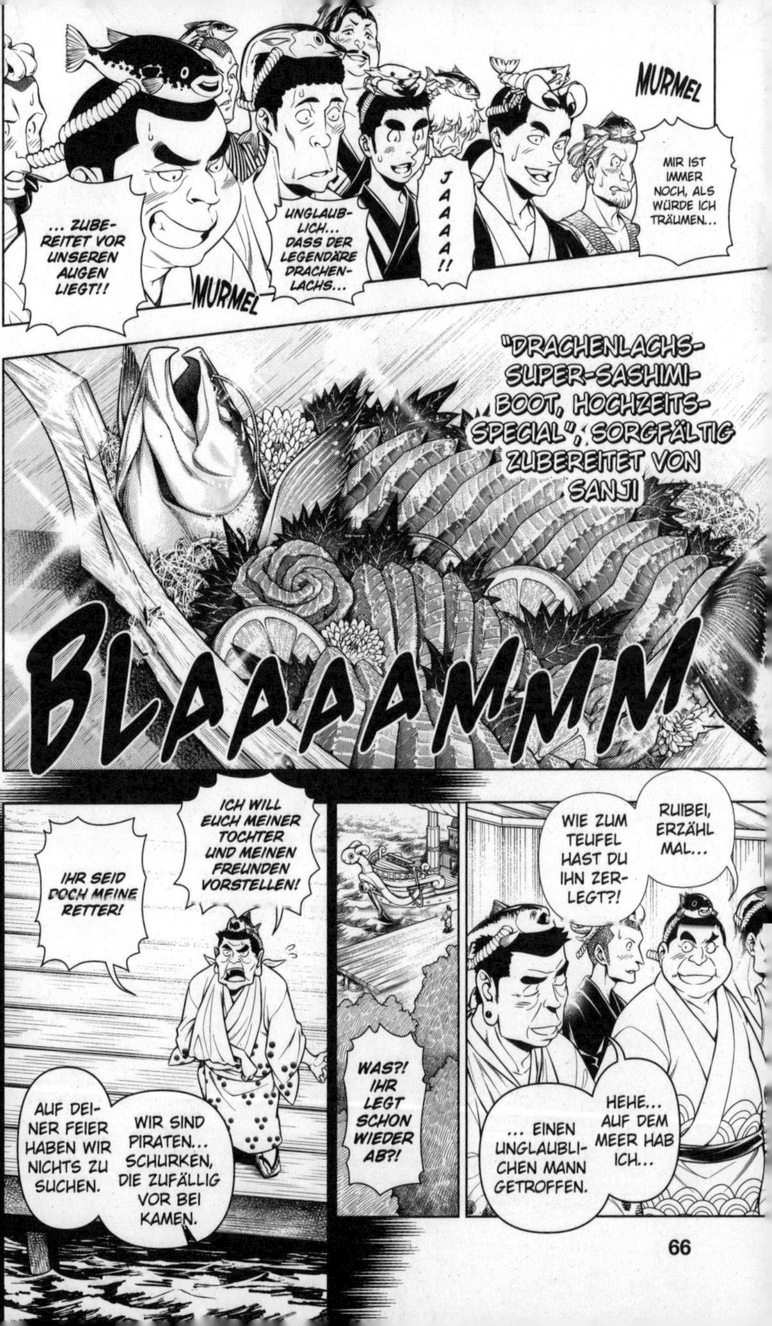
MURMEL
MIR IST IMMER NOCH, ALS WÜRDE ICH TRÄUMEN...
JAAAAA!!
UNGLAUBLICH... DASS DER LEGENDÄRE DRACHENLACHS...
... ZUBEREITET VOR UNSEREN AUGEN LIEGT!!
MURMEL
"DRACHENLACHS-SUPER-SASHIMI-BOOT, HOCHZEITS-SPECIAL", SORGFÄLTIG ZUBEREITET VON SANJI
BLAAAAMMM
RUIBEI, ERZÄHL MAL...
WIE ZUM TEUFEL HAST DU IHN ZERLEGT?!
HEHE... AUF DEM MEER HAB ICH...
... EINEN UNGLAUBLICHEN MANN GETROFFEN.
WAS?! IHR LEGT SCHON WIEDER AB?!
ICH WILL EUCH MEINER TOCHTER UND MEINEN FREUNDEN VORSTELLEN!
IHR SEID DOCH MEINE RETTER!
WIR SIND PIRATEN... SCHURKEN, DIE ZUFÄLLIG VOR BEI KAMEN.
AUF DEINER FEIER HABEN WIR NICHTS ZU SUCHEN.

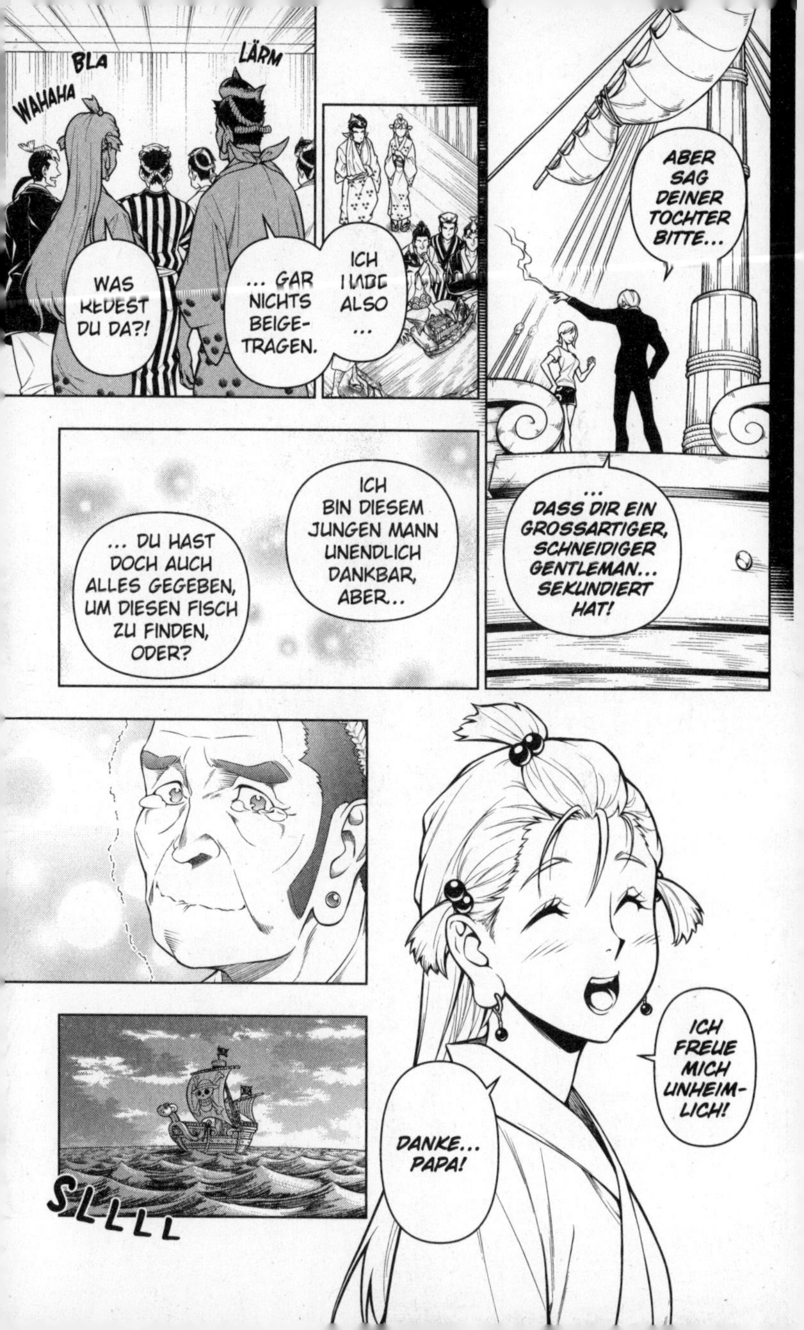

ABER SAG DEINER TOCHTER BITTE...
... DASS DIR EIN GROSSARTIGER, SCHNEIDIGER GENTLEMAN... SEKUNDIERT HAT!
ICH HABE ALSO ...
... GAR NICHTS BEIGE-TRAGEN.
LÄRM
BLA
WAHAHA
WAS REDEST DU DA?!
ICH BIN DIESEM JUNGEN MANN UNENDLICH DANKBAR, ABER...
... DU HAST DOCH AUCH ALLES GEGEBEN, UM DIESEN FISCH ZU FINDEN, ODER?
ICH FREUE MICH UNHEIM-LICH!
DANKE... PAPA!
SLLLL

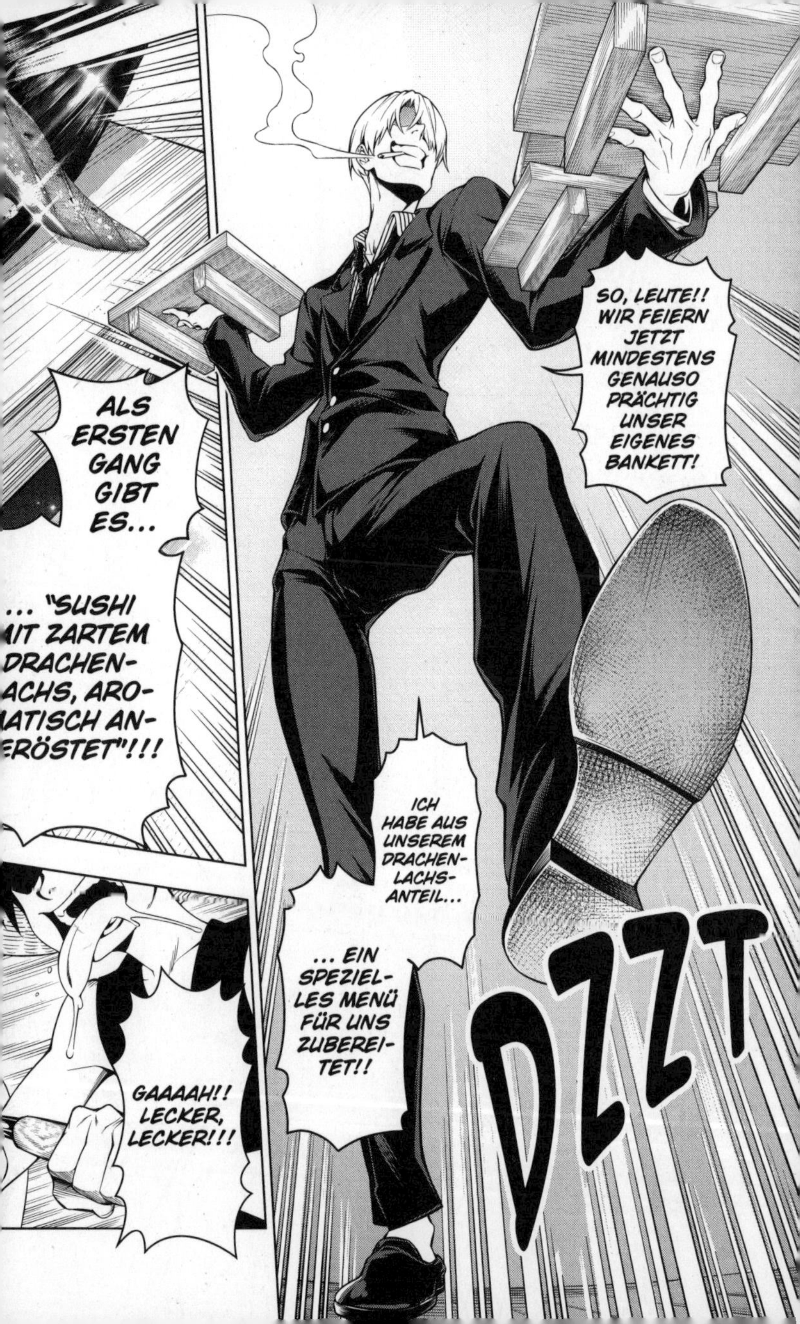
SO, LEUTE!! WIR FEIERN JETZT MINDESTENS GENAUSO PRÄCHTIG UNSER EIGENES BANKETT!
ICH HABE AUS UNSEREM DRACHENLACHS-ANTEIL...
... EIN SPEZIELLES MENÜ FÜR UNS ZUBEREITET!!
DZZT
ALS ERSTEN GANG GIBT ES...
... "SUSHI AIT ZARTEM DRACHEN-ACHS, ARO-ATISCH AN-ERÖSTET"!!!
GAAAAH!! LECKER, LECKER!!!

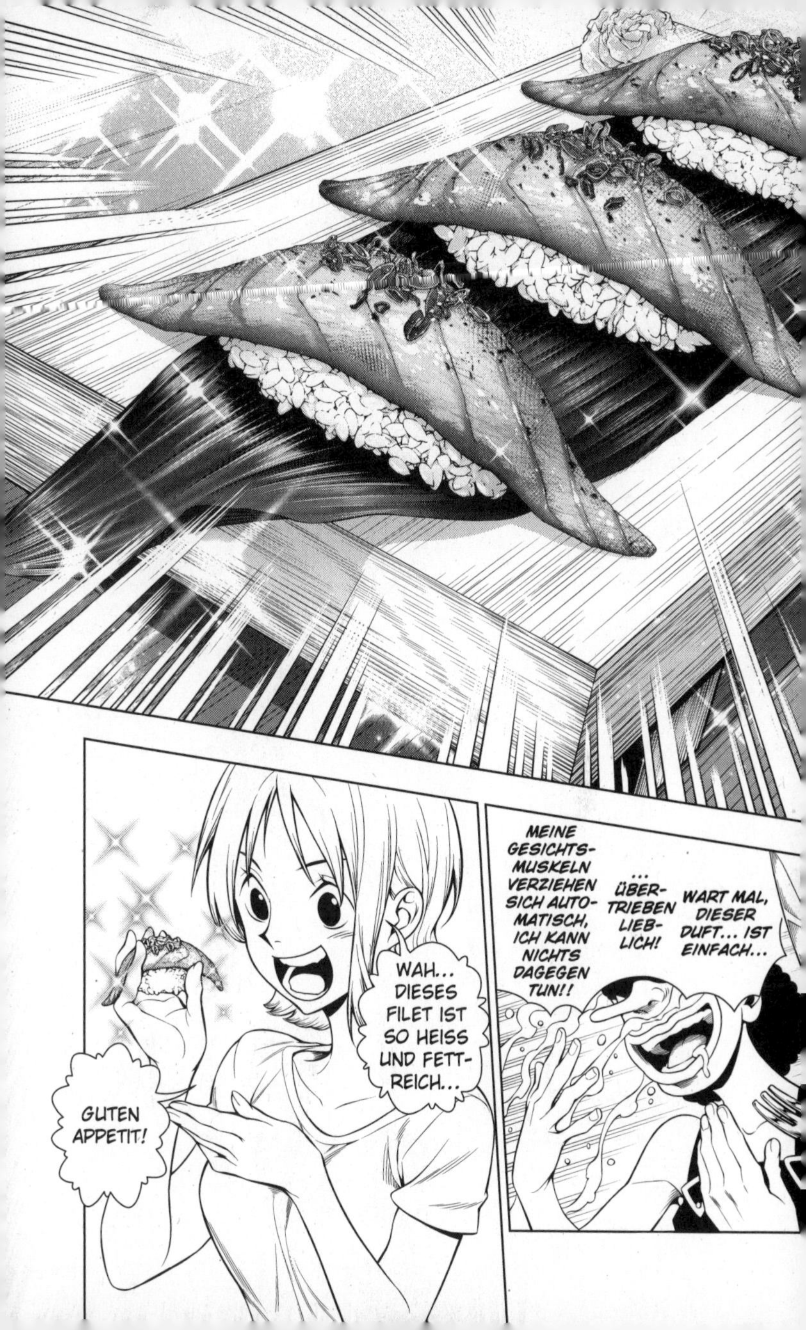
WART MAL, DIESER DUFT... IST EINFACH...
... ÜBERTRIEBEN LIEBLICH!
MEINE GESICHTSMUSKELN VERZIEHEN SICH AUTOMATISCH, ICH KANN NICHTS DAGEGEN TUN!!
WAH... DIESES FILET IST SO HEISS UND FETTREICH...
GUTEN APPETIT!

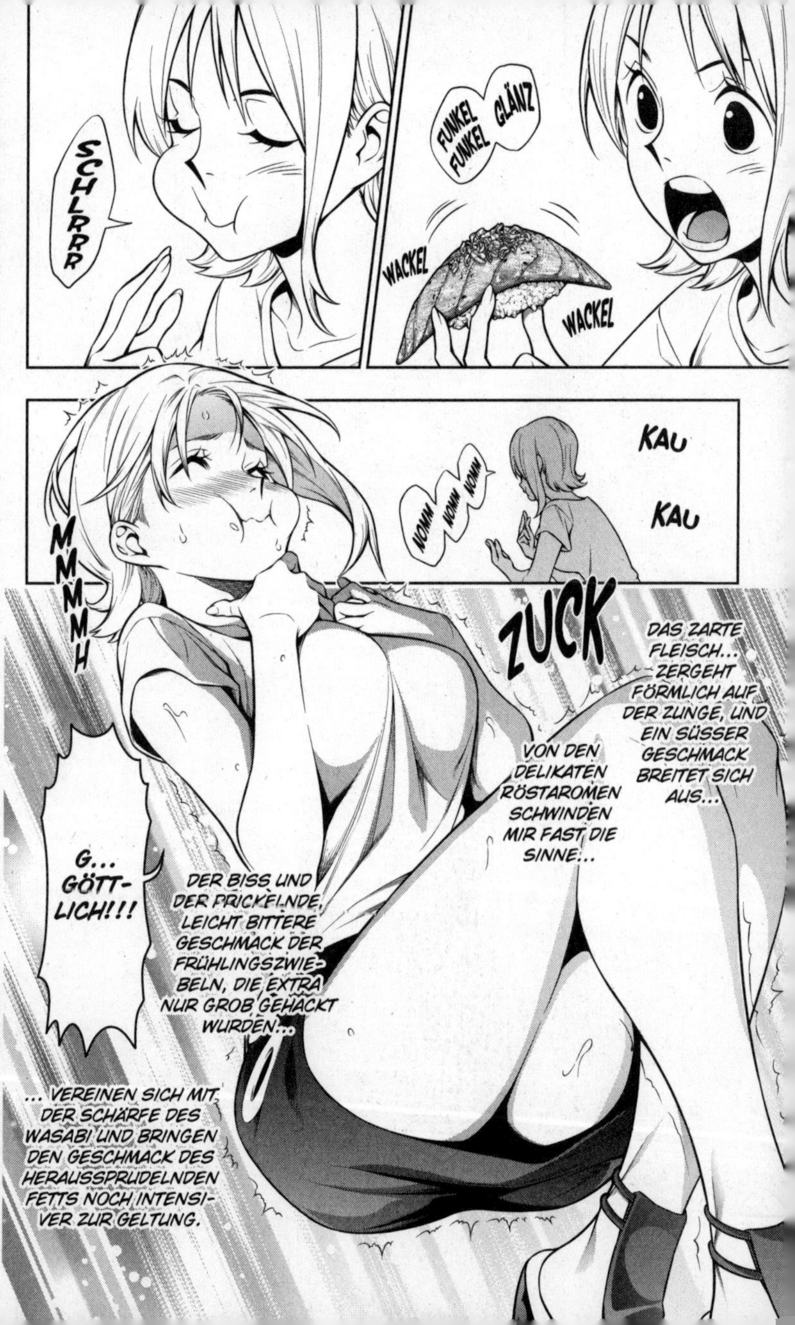
FUNKEL FUNKEL GLÄNZ
WACKEL
WACKEL
SCHLRRR
KAU
KAU
NOMM NOMM NOMM
MMMMH
ZUCK
DAS ZARTE FLEISCH... ZERGEHT FÖRMLICH AUF DER ZUNGE, UND EIN SÜSSER GESCHMACK BREITET SICH AUS...
VON DEN DELIKATEN RÖSTAROMEN SCHWINDEN MIR FAST DIE SINNE...
DER BISS UND DER PRICKELNDE, LEICHT BITTERE GESCHMACK DER FRÜHLINGSZWIEBELN, DIE EXTRA NUR GROB GEHACKT WURDEN...
G... GÖTTLICH!!!
... VEREINEN SICH MIT DER SCHÄRFE DES WASABI UND BRINGEN DEN GESCHMACK DES HERAUSSPRUDELNDEN FETTS NOCH INTENSIVER ZUR GELTUNG.

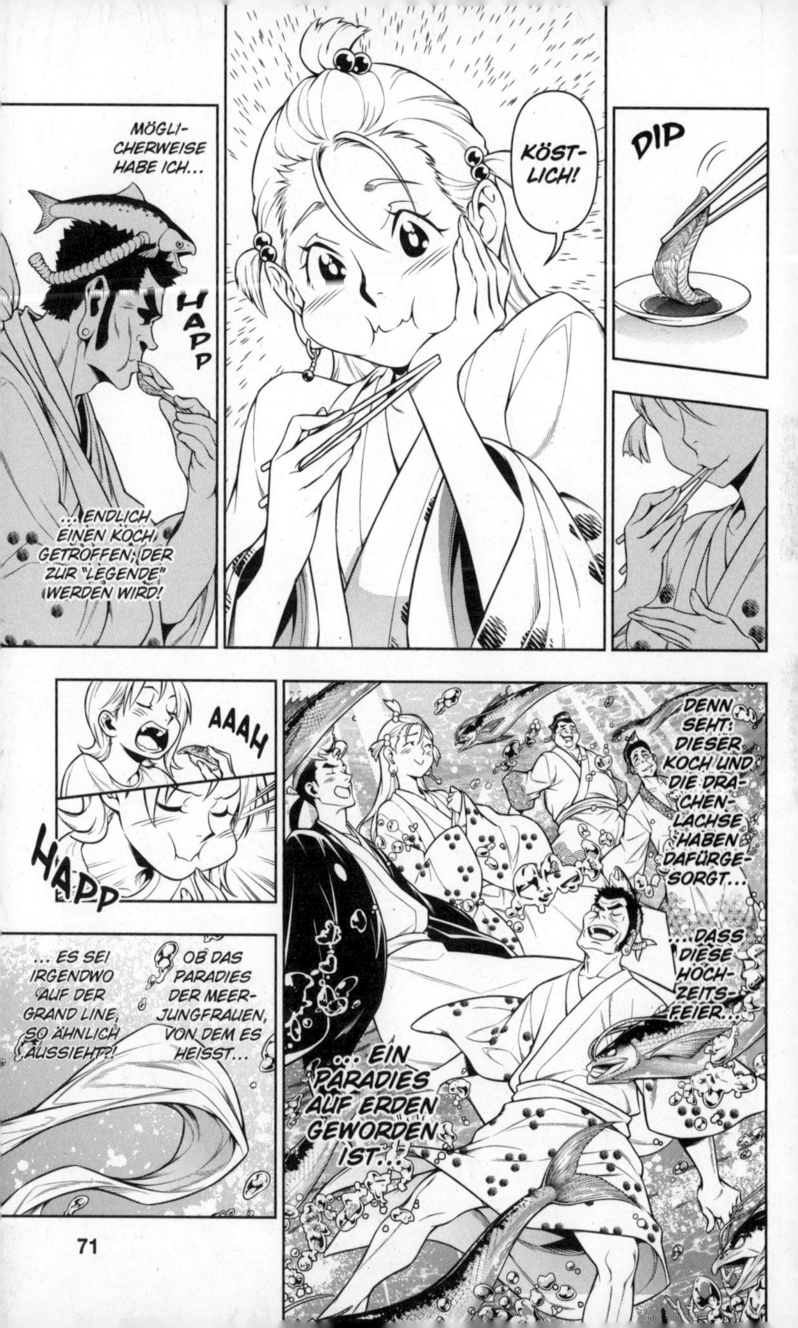
DIP
KÖST-LICH!
MÖGLI-CHERWEISE HABE ICH...
HAPP
... ENDLICH EINEN KOCH GETROFFEN, DER ZUR "LEGENDE" WERDEN WIRD!
AAAH
HAPP
OB DAS PARADIES DER MEER-JUNGFRAUEN, VON DEM ES HEISST...
... ES SEI IRGENDWO AUF DER GRAND LINE, SO ÄHNLICH AUSSIEHT?!
DENN SEHT: DIESER KOCH UND DIE DRA-CHEN-LACHSE HABEN DAFÜRGE-SORGT...
... DASS DIESE HOCH-ZEITS-FEIER...
... EIN PARADIES AUF ERDEN GEWORDEN IST..!

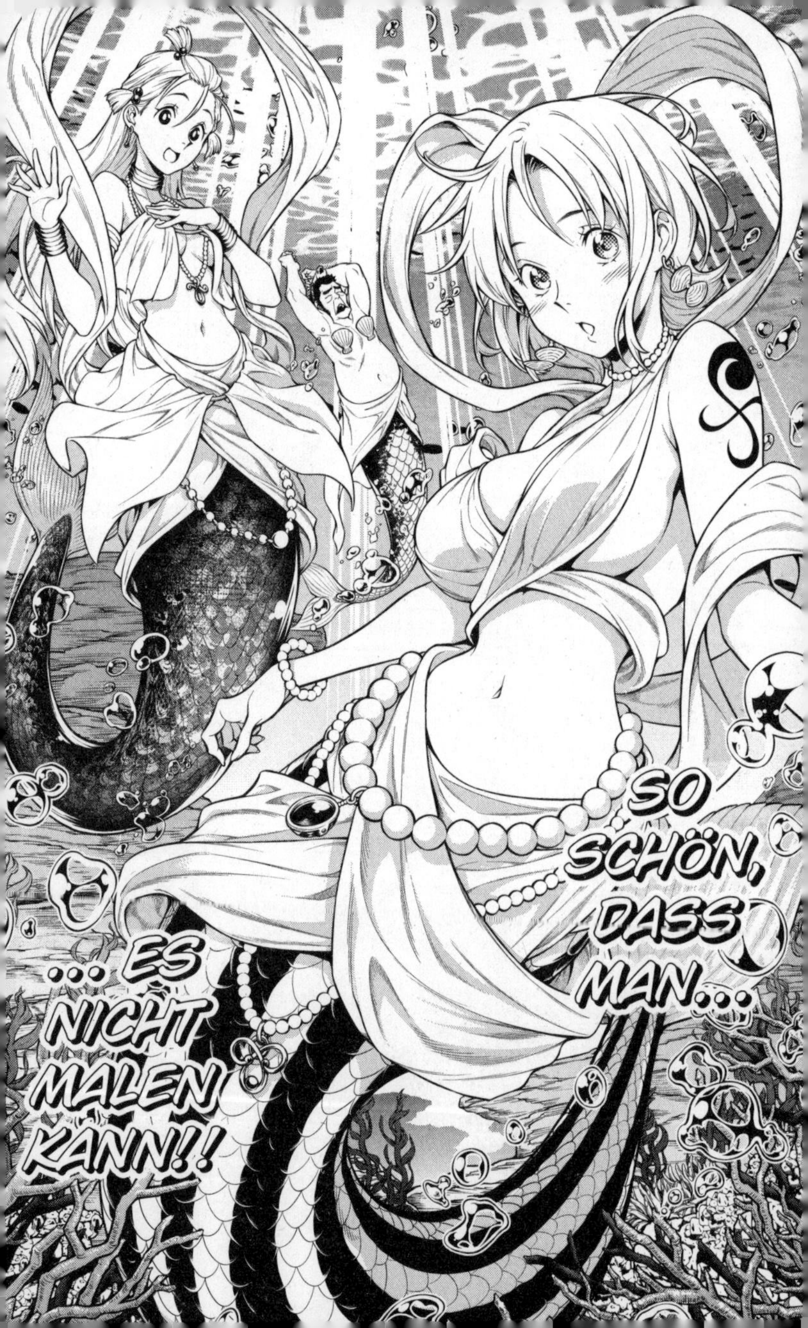
SO SCHÖN, DASS MAN...
... ES NICHT MALEN KANN!!

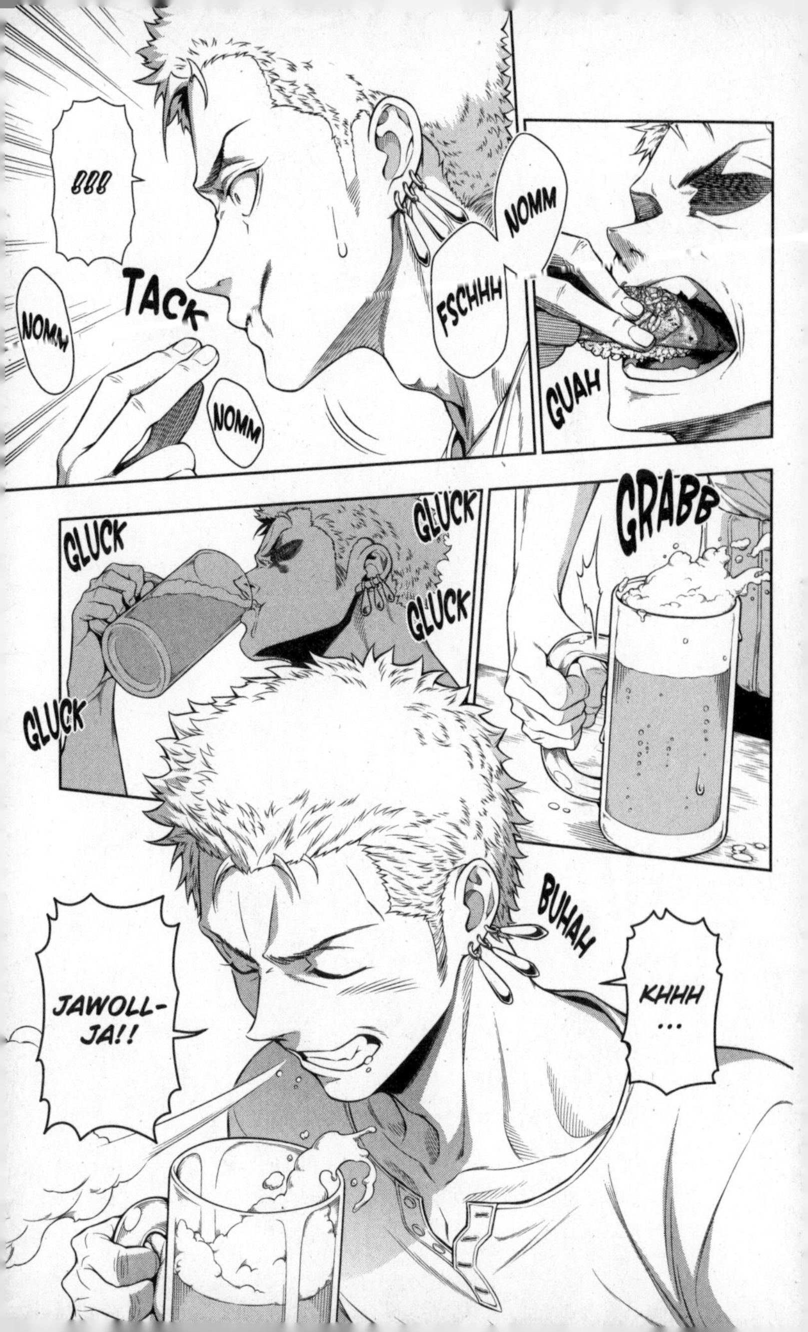

NOMM
FSCHHH
GUAH
ßßß
TACK
NOMM
NOMM
GRABB
GLUCK
GLUCK
GLUCK
GLUCK
KHHH …
BUHAH
JAWOLL-JA!!

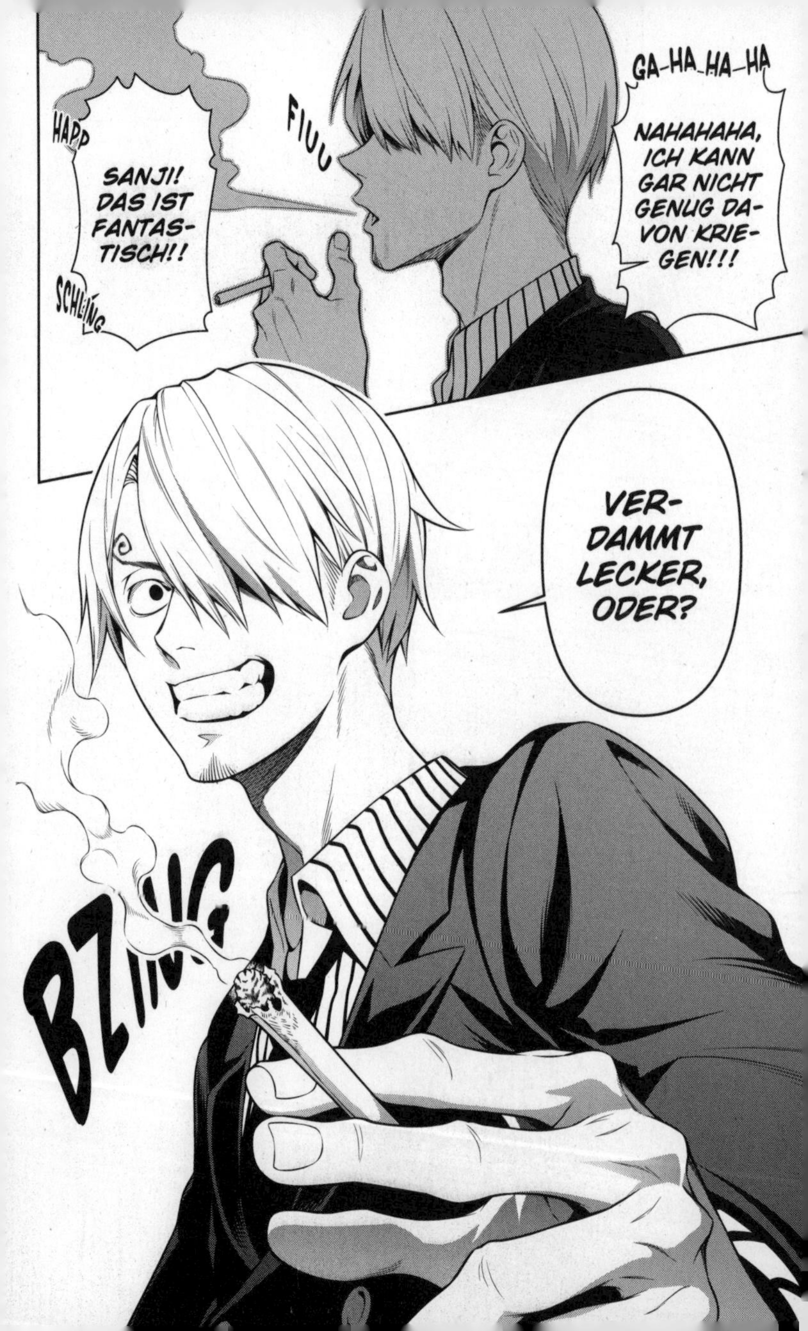
GA-HA-HA-HA
NAHAHAHA, ICH KANN GAR NICHT GENUG DA-VON KRIE-GEN!!!
FIUU
HAPP
SANJI! DAS IST FANTAS-TISCH!!
SCHLING
VER-DAMMT LECKER, ODER?
BZING

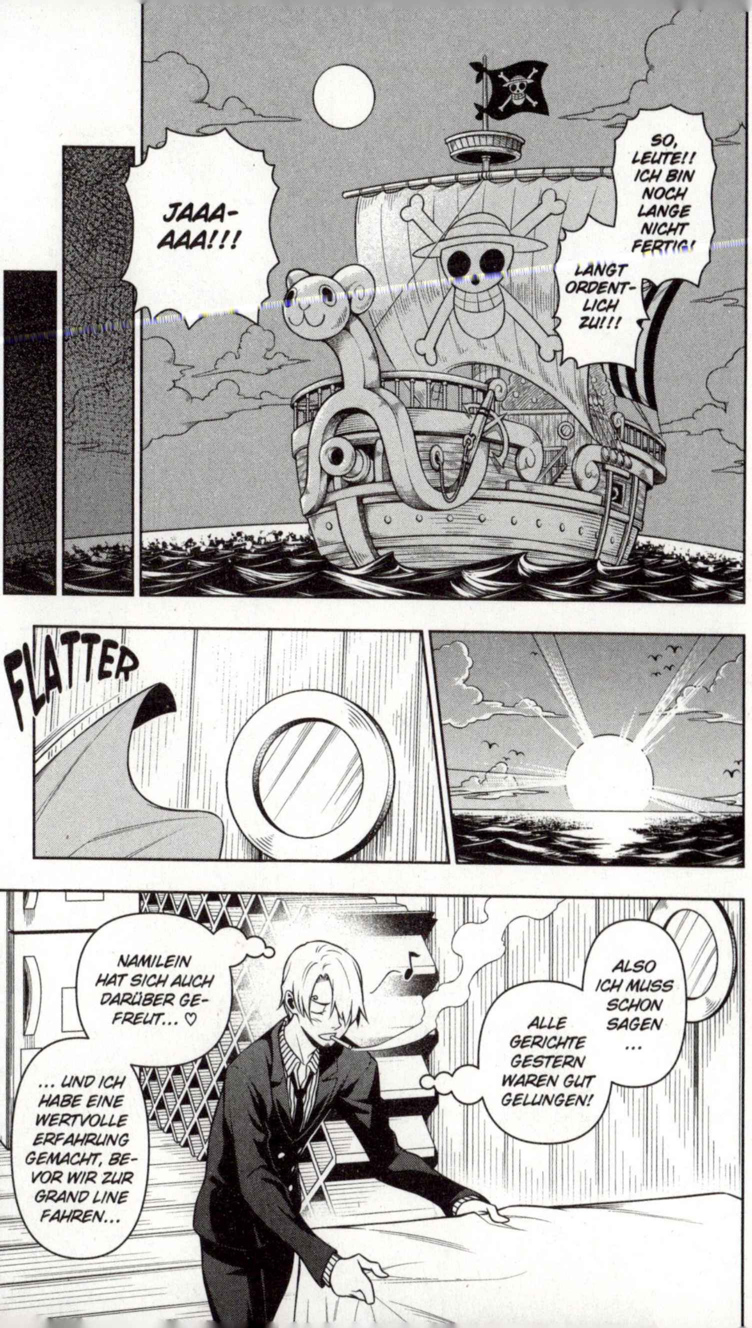
SO, LEUTE!! ICH BIN NOCH LANGE NICHT FERTIG!
LANGT ORDENTLICH ZU!!!
JAAA-AAA!!!
FLATTER
ALSO ICH MUSS SCHON SAGEN ...
ALLE GERICHTE GESTERN WAREN GUT GELUNGEN!
NAMILEIN HAT SICH AUCH DARÜBER GEFREUT... ♡
... UND ICH HABE EINE WERTVOLLE ERFAHRUNG GEMACHT, BEVOR WIR ZUR GRAND LINE FAHREN...

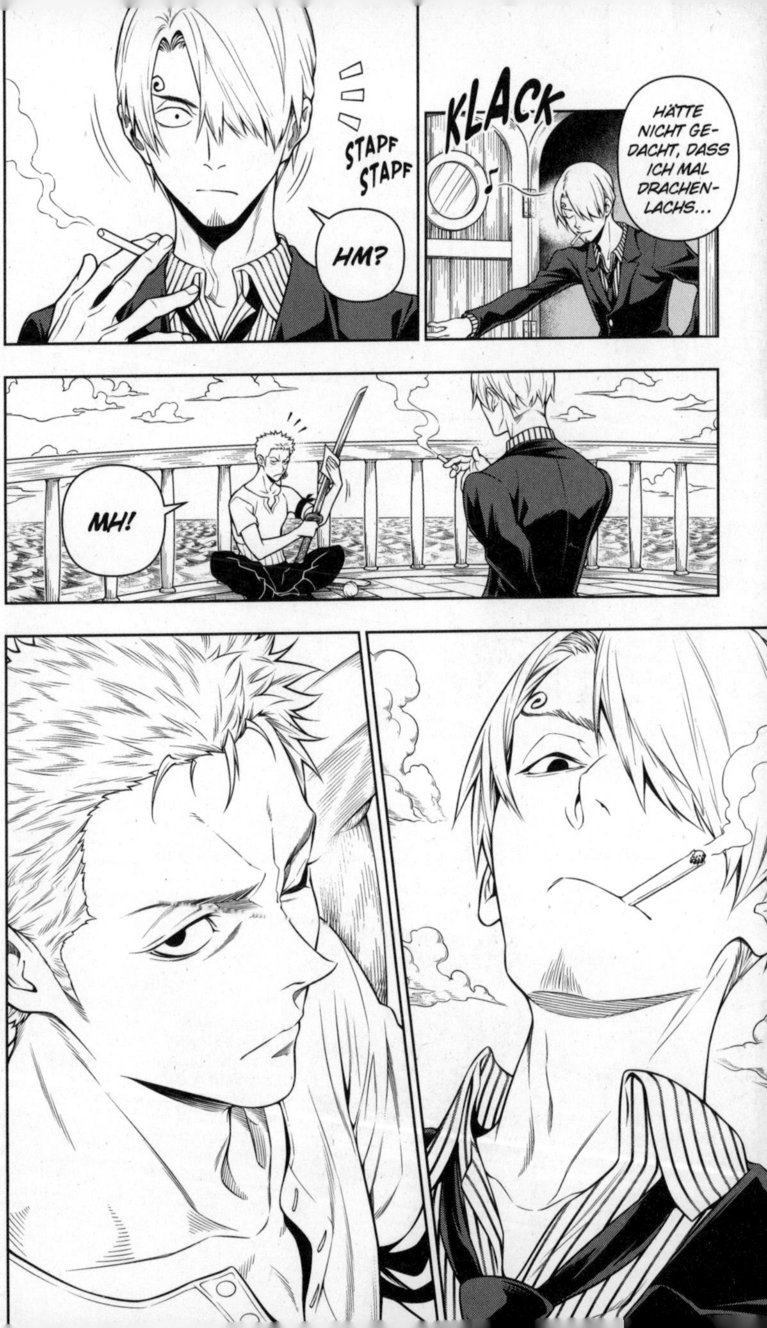
KLACK
HÄTTE NICHT GE-DACHT, DASS ICH MAL DRACHEN-LACHS...
STAPF STAPF
HM?
MH!

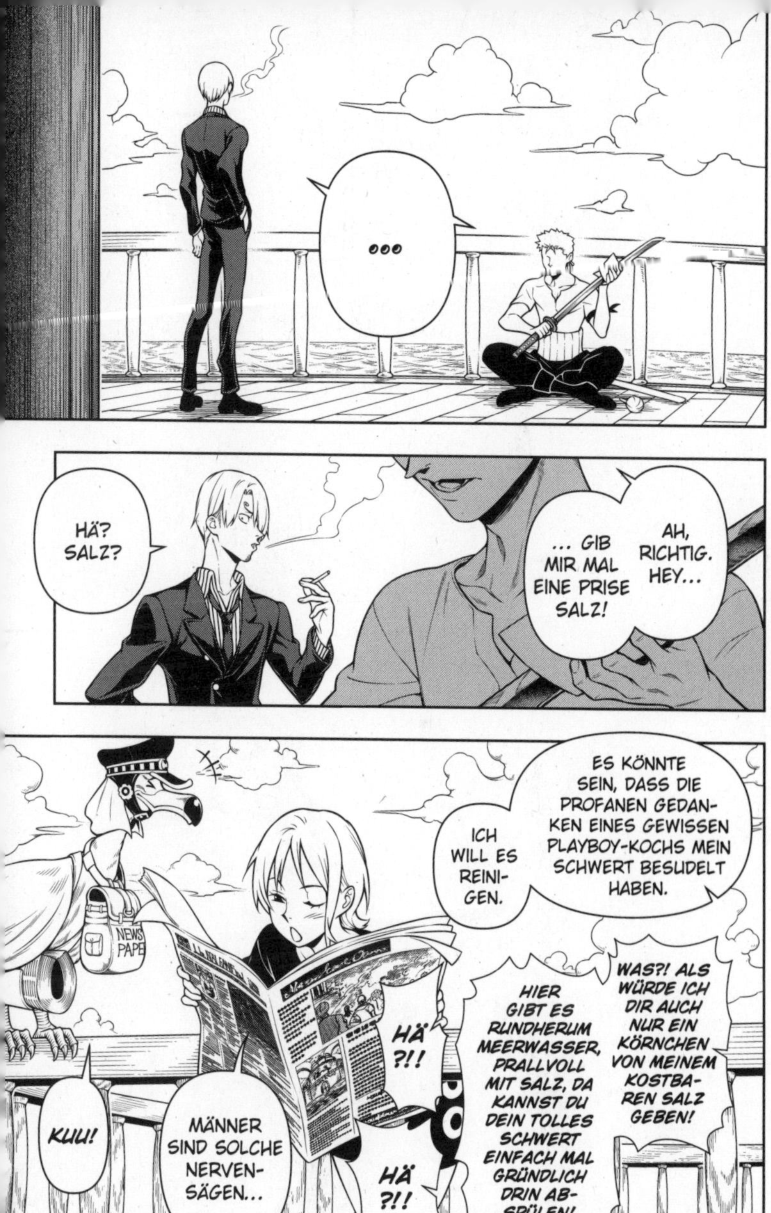
...
AH, RICHTIG. HEY...
... GIB MIR MAL EINE PRISE SALZ!
HÄ? SALZ?
ES KÖNNTE SEIN, DASS DIE PROFANEN GEDANKEN EINES GEWISSEN PLAYBOY-KOCHS MEIN SCHWERT BESUDELT HABEN.
ICH WILL ES REINIGEN.
WAS?! ALS WÜRDE ICH DIR AUCH NUR EIN KÖRNCHEN VON MEINEM KOSTBAREN SALZ GEBEN!
HIER GIBT ES RUNDHERUM MEERWASSER, PRALLVOLL MIT SALZ, DA KANNST DU DEIN TOLLES SCHWERT EINFACH MAL GRÜNDLICH DRIN ABSPÜLEN!
HÄ?!!
HÄ?!!
MÄNNER SIND SOLCHE NERVENSÄGEN...
KUU!

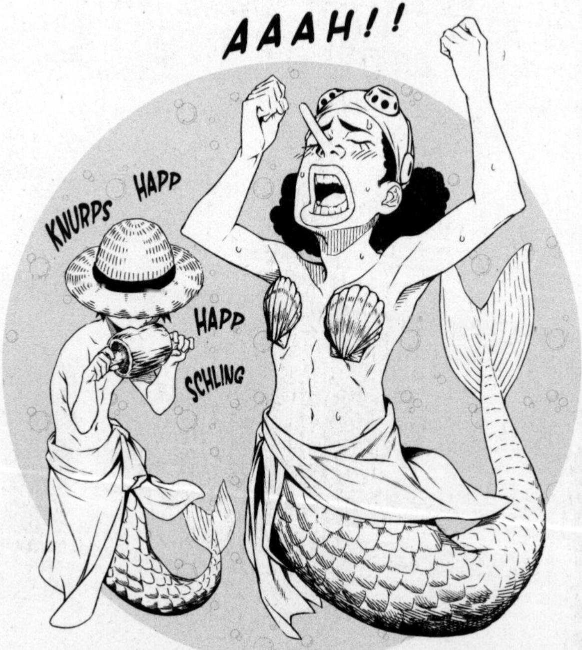
AAAH!!
HAPP
KNURPS
HAPP
SCHLING

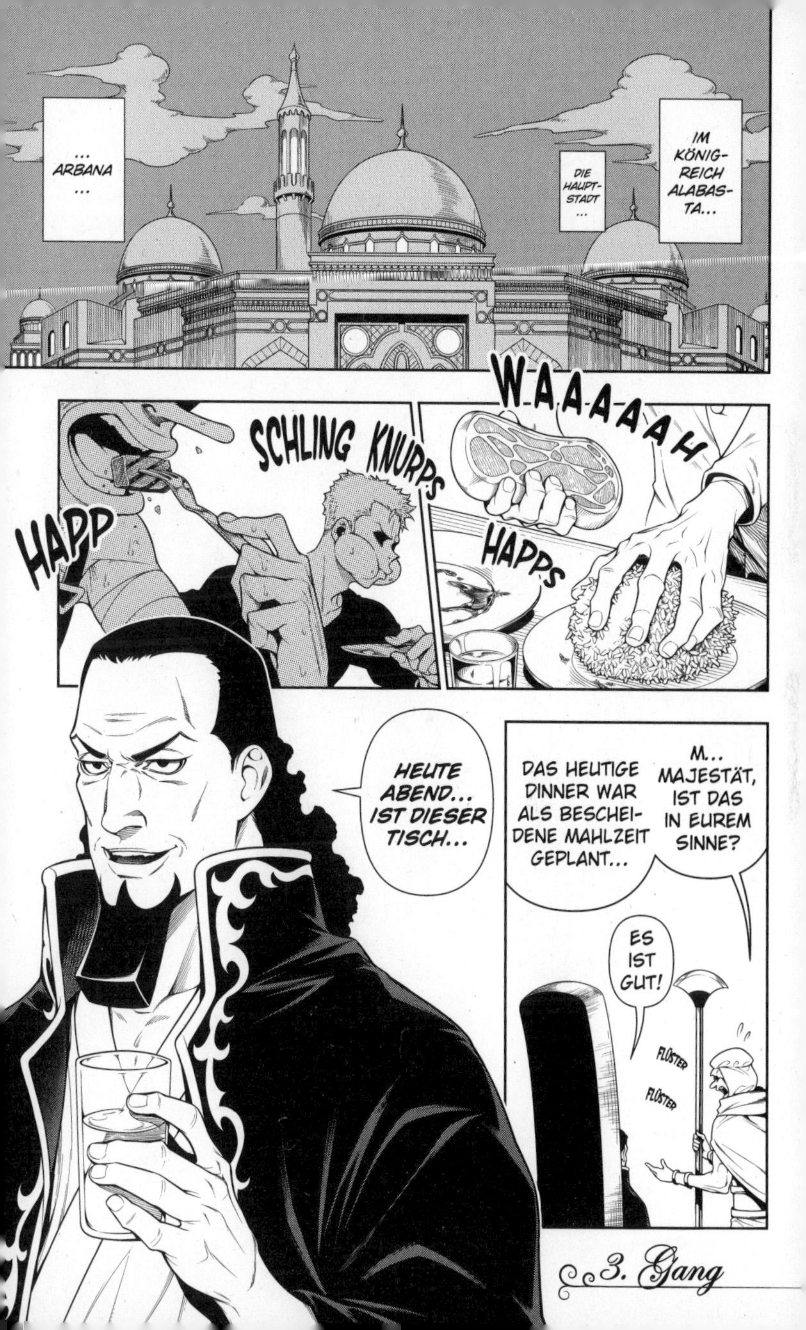
IM KÖNIG-REICH ALABAS-TA...
DIE HAUPT-STADT ...
... ARBANA ...
WAAAAAAH
HAPPS
SCHLING KNURPS
HAPP
M... MAJESTÄT, IST DAS IN EUREM SINNE?
DAS HEUTIGE DINNER WAR ALS BESCHEI-DENE MAHLZEIT GEPLANT...
ES IST GUT!
FLÜSTER
FLÜSTER
HEUTE ABEND... IST DIESER TISCH...
3. Gang

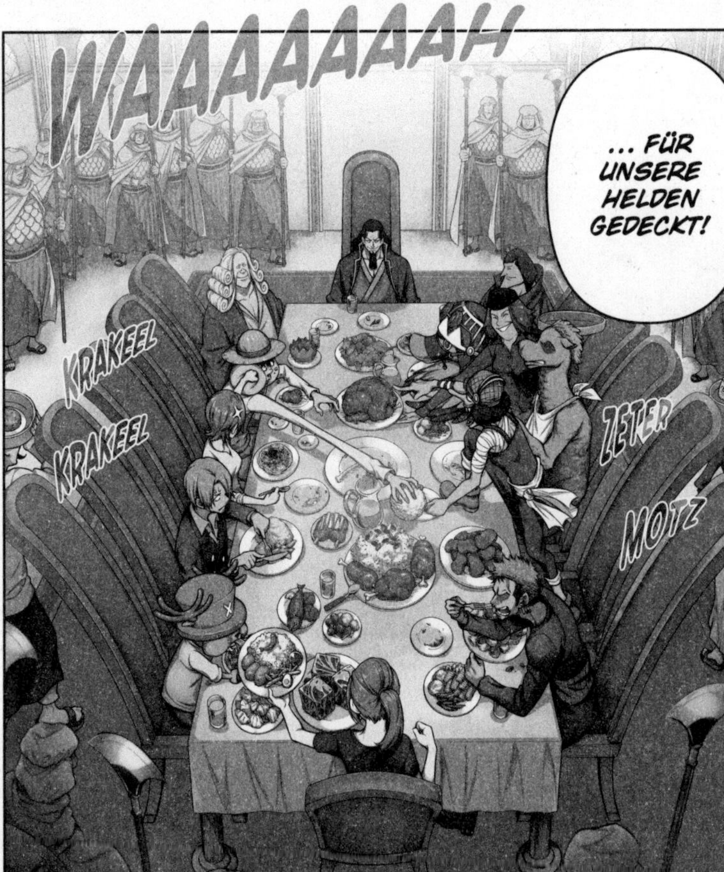

3. Gang

BEAUTIFUL DESSERT

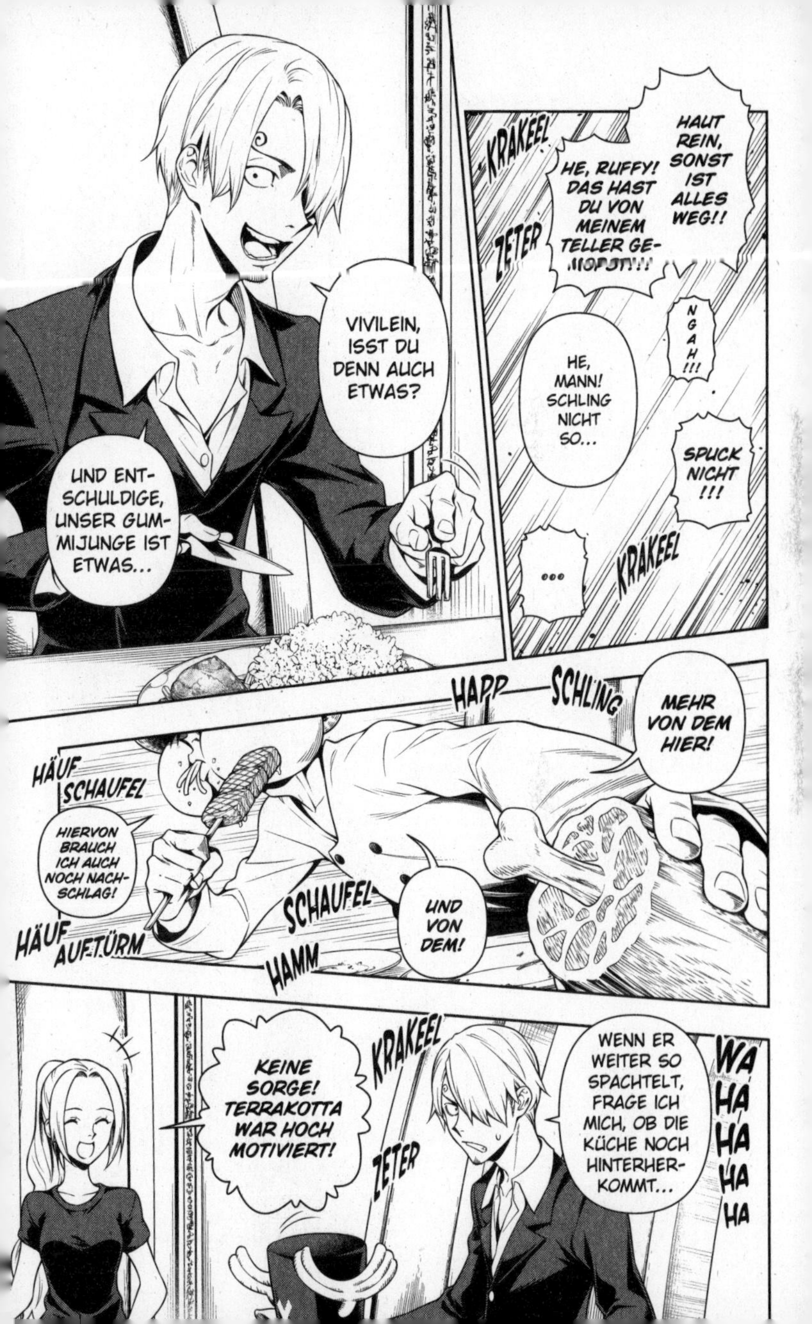
HAUT REIN, SONST IST ALLES WEG!!
HE, RUFFY! DAS HAST DU VON MEINEM TELLER GE-MOPST!!!
KRAKEEL
ZETER
NGAH!!!
HE, MANN! SCHLING NICHT SO…
SPUCK NICHT!!!
…
KRAKEEL
VIVILEIN, ISST DU DENN AUCH ETWAS?
UND ENT-SCHULDIGE, UNSER GUM-MIJUNGE IST ETWAS…
MEHR VON DEM HIER!
SCHLING
HAPP
HÄUF
SCHAUFEL
HIERVON BRAUCH ICH AUCH NOCH NACH-SCHLAG!
UND VON DEM!
SCHAUFEL
HAMM
HÄUF
AUFTÜRM
WAHAHAHAHA
WENN ER WEITER SO SPACHTELT, FRAGE ICH MICH, OB DIE KÜCHE NOCH HINTERHER-KOMMT…
KRAKEEL
ZETER
KEINE SORGE! TERRAKOTTA WAR HOCH MOTIVIERT!

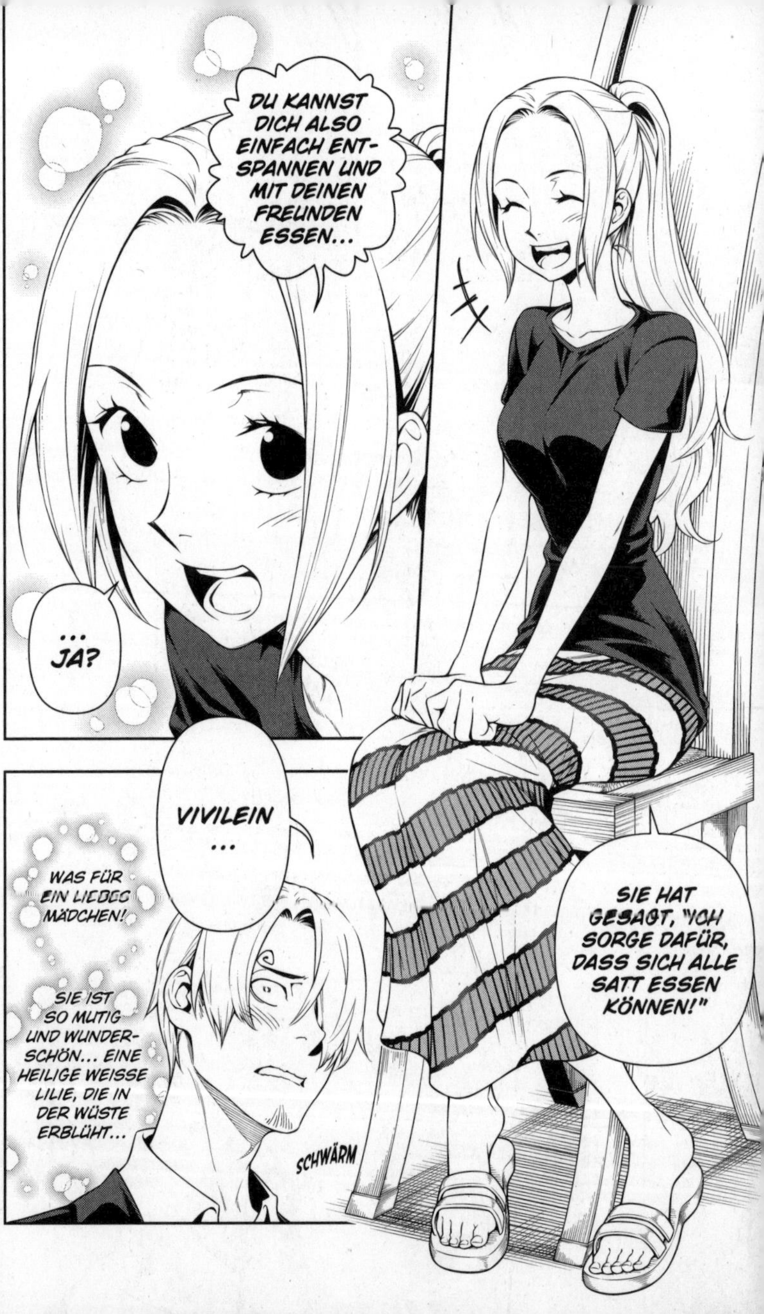
DU KANNST DICH ALSO EINFACH ENT-SPANNEN UND MIT DEINEN FREUNDEN ESSEN...
... JA?
SIE HAT GESAGT, "ICH SORGE DAFÜR, DASS SICH ALLE SATT ESSEN KÖNNEN!"
VIVILEIN ...
WAS FÜR EIN LIEBES MÄDCHEN!
SIE IST SO MUTIG UND WUNDER-SCHÖN... EINE HEILIGE WEISSE LILIE, DIE IN DER WÜSTE ERBLÜHT...
SCHWÄRM

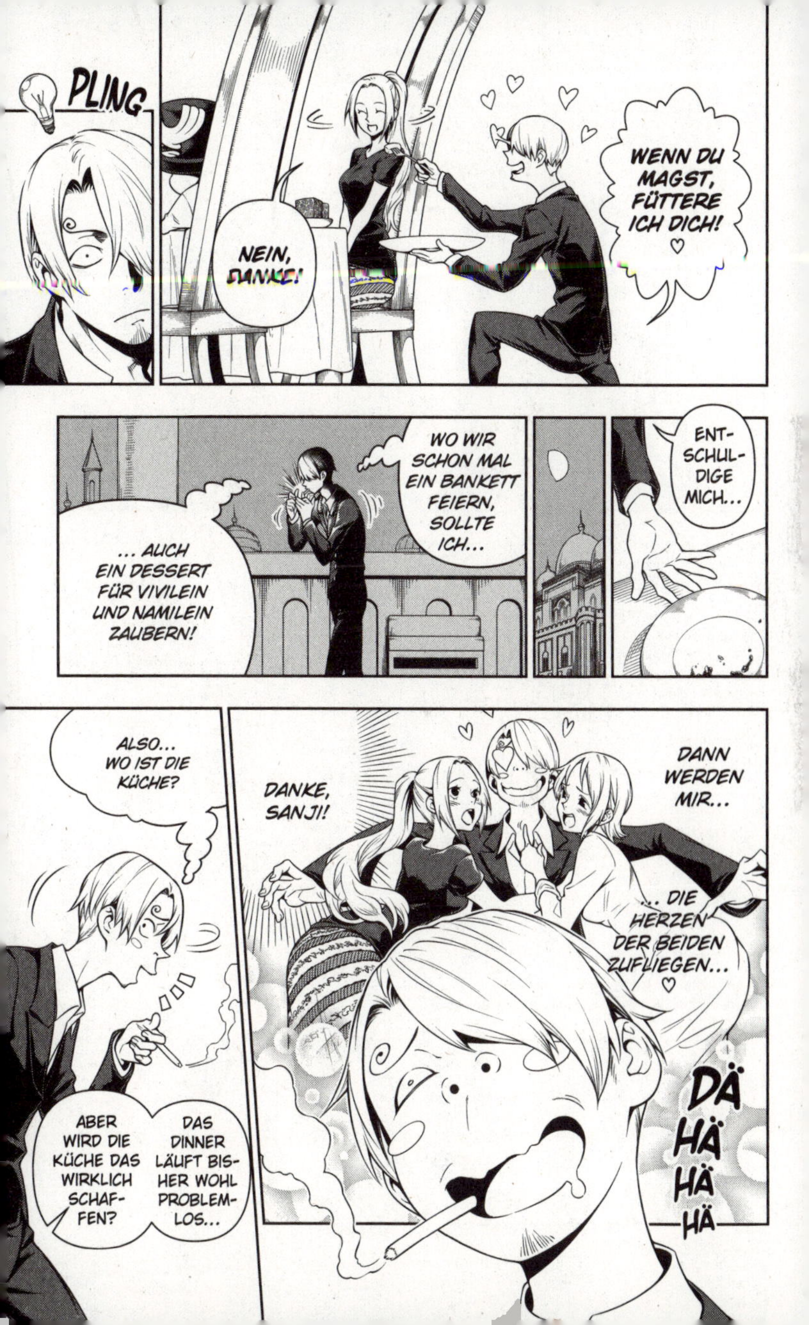
PLING
WENN DU MAGST, FÜTTERE ICH DICH! ♡
NEIN, DANKE!
ENT-SCHUL-DIGE MICH...
WO WIR SCHON MAL EIN BANKETT FEIERN, SOLLTE ICH...
... AUCH EIN DESSERT FÜR VIVILEIN UND NAMILEIN ZAUBERN!
DANN WERDEN MIR...
... DIE HERZEN DER BEIDEN ZUFLIEGEN... ♡
DANKE, SANJI!
DÄ HÄ HÄ HÄ
ALSO... WO IST DIE KÜCHE?
DAS DINNER LÄUFT BISHER WOHL PROBLEMLOS...
ABER WIRD DIE KÜCHE DAS WIRKLICH SCHAFFEN?

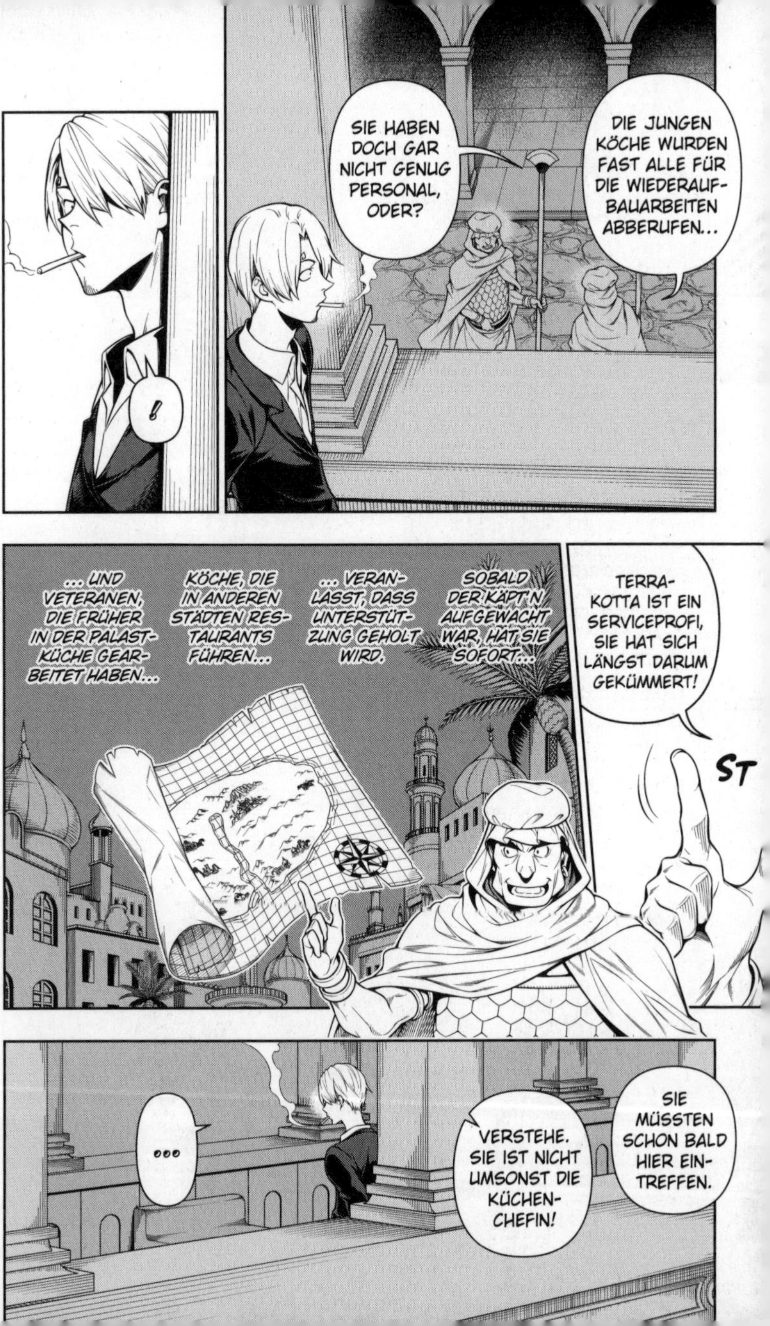
DIE JUNGEN KÖCHE WURDEN FAST ALLE FÜR DIE WIEDERAUFBAUARBEITEN ABBERUFEN…
SIE HABEN DOCH GAR NICHT GENUG PERSONAL, ODER?
!
TERRAKOTTA IST EIN SERVICEPROFI, SIE HAT SICH LÄNGST DARUM GEKÜMMERT!
ST
SOBALD DER KÄPT'N AUFGEWACHT WAR, HAT SIE SOFORT…
… VERANLASST, DASS UNTERSTÜTZUNG GEHOLT WIRD.
KÖCHE, DIE IN ANDEREN STÄDTEN RESTAURANTS FÜHREN…
… UND VETERANEN, DIE FRÜHER IN DER PALASTKÜCHE GEARBEITET HABEN…
SIE MÜSSTEN SCHON BALD HIER EINTREFFEN.
VERSTEHE. SIE IST NICHT UMSONST DIE KÜCHENCHEFIN!
…

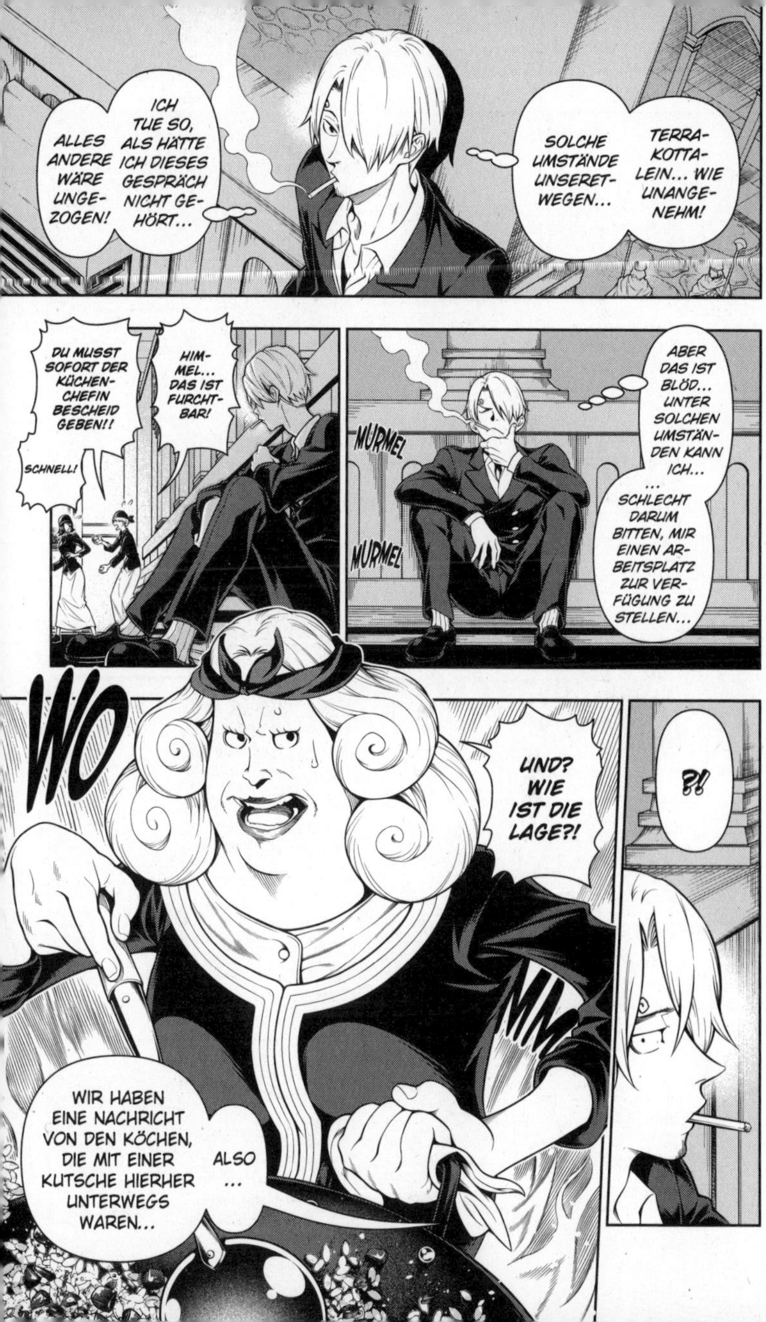

TERRAKOTTALEIN… WIE UNANGENEHM!
SOLCHE UMSTÄNDE UNSERETWEGEN…
ICH TUE SO, ALS HÄTTE ICH DIESES GESPRÄCH NICHT GEHÖRT…
ALLES ANDERE WÄRE UNGEZOGEN!
ABER DAS IST BLÖD… UNTER SOLCHEN UMSTÄNDEN KANN ICH…
… SCHLECHT DARUM BITTEN, MIR EINEN ARBEITSPLATZ ZUR VERFÜGUNG ZU STELLEN…
MURMEL
MURMEL
HIMMEL… DAS IST FURCHTBAR!
DU MUSST SOFORT DER KÜCHENCHEFIN BESCHEID GEBEN!!
SCHNELL!
?!
UND? WIE IST DIE LAGE?!
WO
MM
ALSO …
WIR HABEN EINE NACHRICHT VON DEN KÖCHEN, DIE MIT EINER KUTSCHE HIERHER UNTERWEGS WAREN…

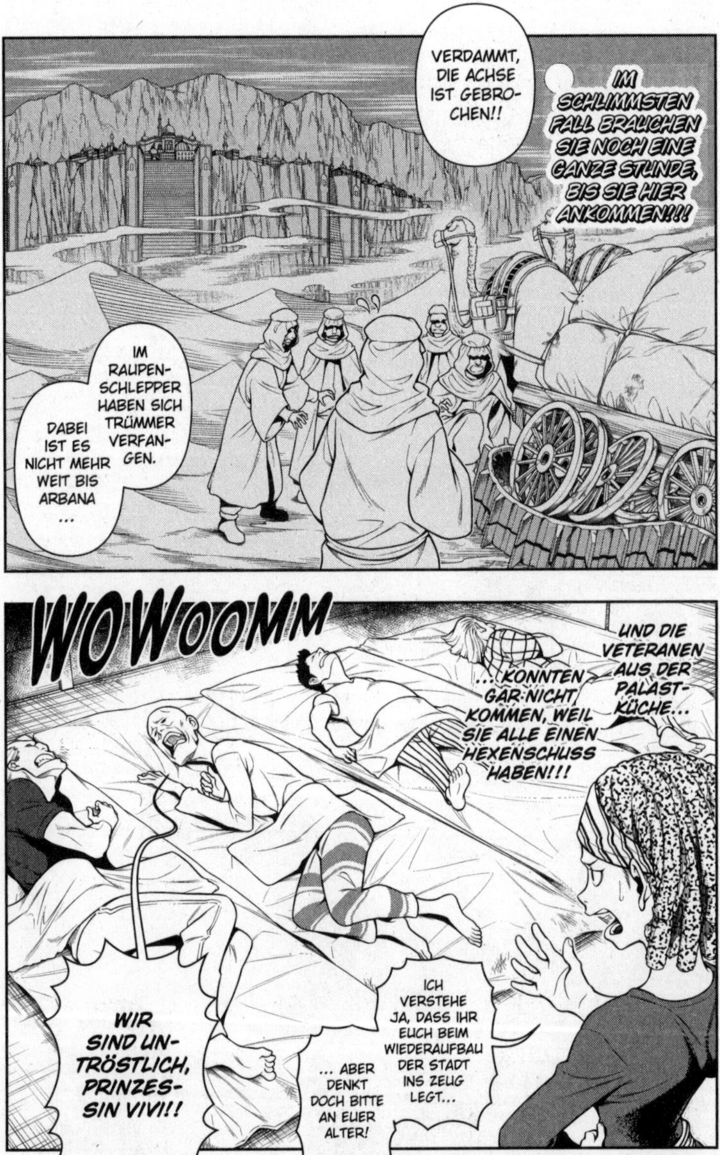
VERDAMMT, DIE ACHSE IST GEBRO-CHEN!!
IM SCHLIMMSTEN FALL BRAUCHEN SIE NOCH EINE GANZE STUNDE, BIS SIE HIER ANKOMMEN!!!
IM RAUPEN-SCHLEPPER HABEN SICH TRÜMMER VERFAN-GEN.
DABEI IST ES NICHT MEHR WEIT BIS ARBANA ...
WOWOOMM
UND DIE VETERANEN AUS DER PALAST-KÜCHE...
... KONNTEN GAR NICHT KOMMEN, WEIL SIE ALLE EINEN HEXENSCHUSS HABEN!!!
ICH VERSTEHE JA, DASS IHR EUCH BEIM WIEDERAUFBAU DER STADT INS ZEUG LEGT...
... ABER DENKT DOCH BITTE AN EUER ALTER!
WIR SIND UN-TRÖSTLICH, PRINZES-SIN VIVI!!

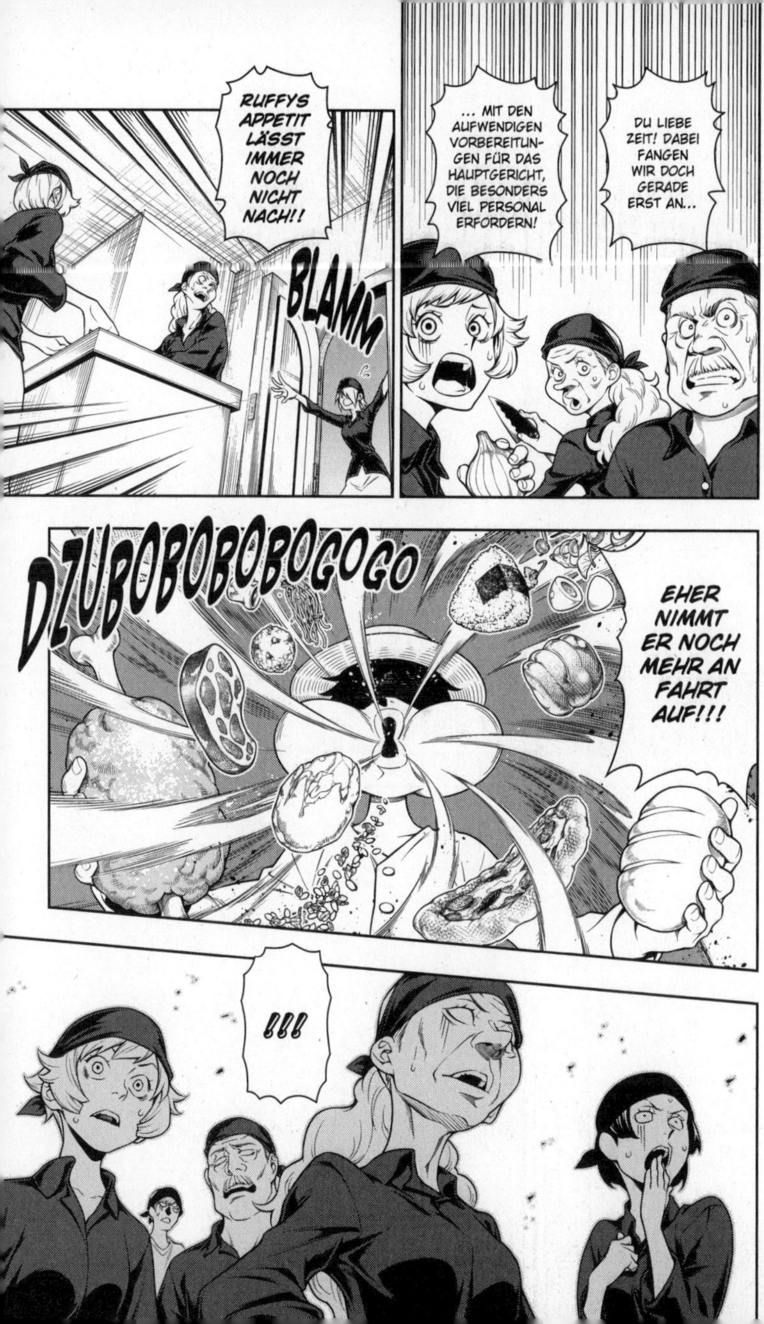
DU LIEBE ZEIT! DABEI FANGEN WIR DOCH GERADE ERST AN...
... MIT DEN AUFWENDIGEN VORBEREITUNGEN FÜR DAS HAUPTGERICHT, DIE BESONDERS VIEL PERSONAL ERFORDERN!
RUFFYS APPETIT LÄSST IMMER NOCH NICHT NACH!!
BLAMM
EHER NIMMT ER NOCH MEHR AN FAHRT AUF!!!
DZUBOBOBOBOGOGO
!!!

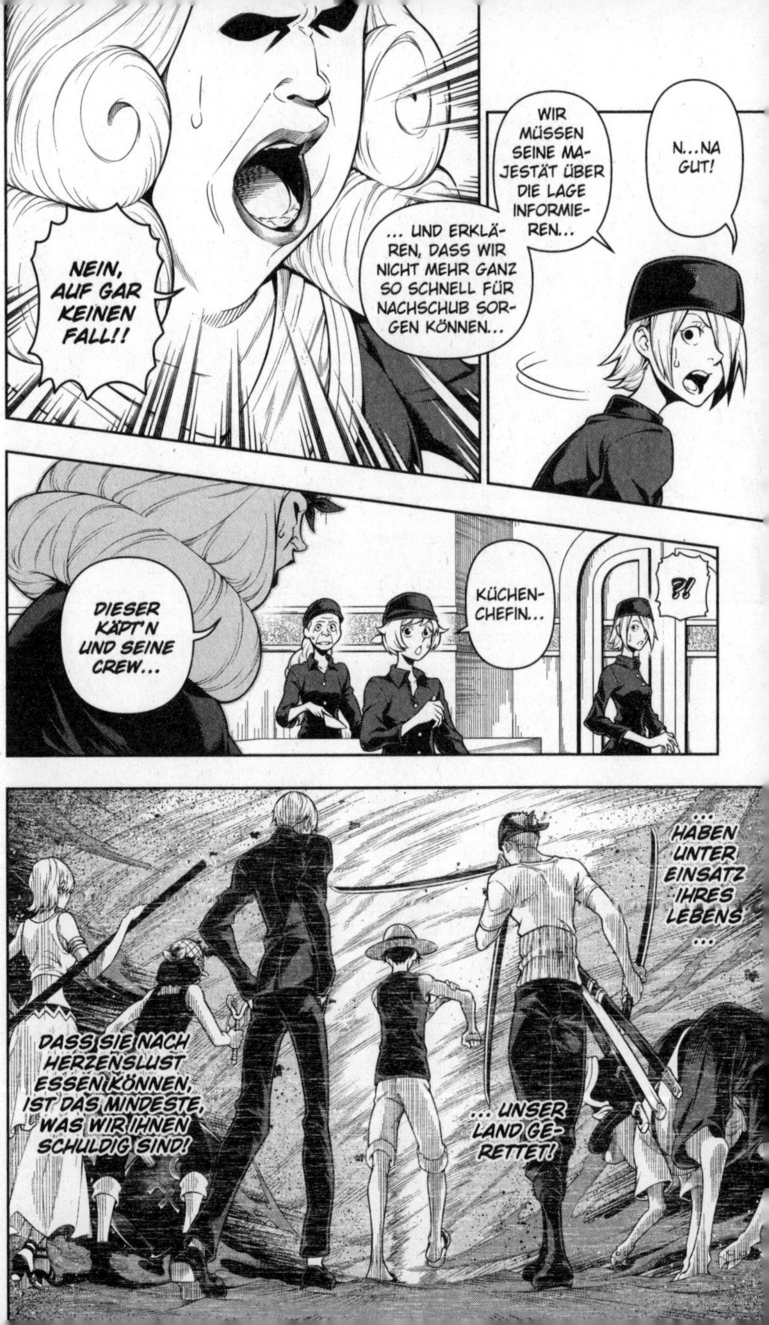

WIR MÜSSEN SEINE MAJESTÄT ÜBER DIE LAGE INFORMIEREN...
... UND ERKLÄREN, DASS WIR NICHT MEHR GANZ SO SCHNELL FÜR NACHSCHUB SORGEN KÖNNEN...
NEIN, AUF GAR KEINEN FALL!!
N...NA GUT!
?!
KÜCHENCHEFIN...
DIESER KÄPT'N UND SEINE CREW...
... HABEN UNTER EINSATZ IHRES LEBENS...
... UNSER LAND GERETTET!
DASS SIE NACH HERZENSLUST ESSEN KÖNNEN, IST DAS MINDESTE, WAS WIR IHNEN SCHULDIG SIND!

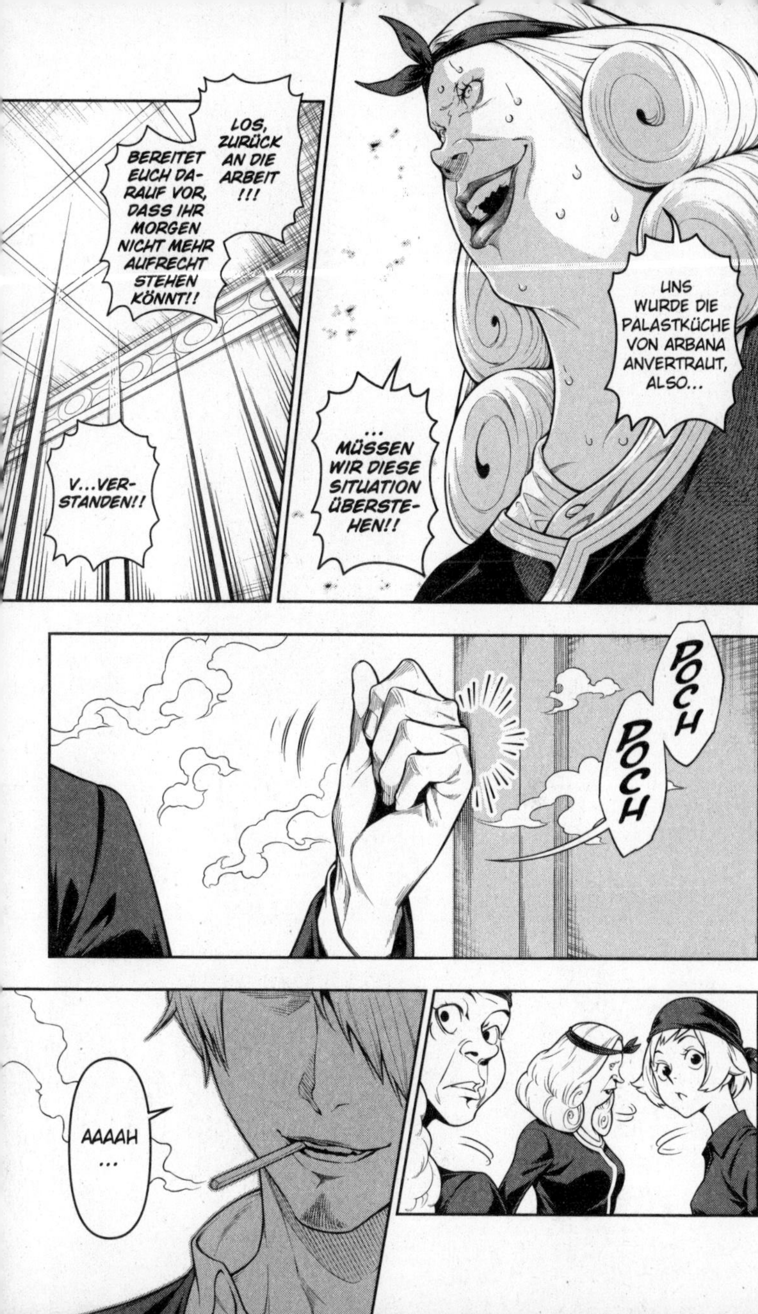
UNS WURDE DIE PALASTKÜCHE VON ARBANA ANVERTRAUT, ALSO...
... MÜSSEN WIR DIESE SITUATION ÜBERSTEHEN!!
LOS, ZURÜCK AN DIE ARBEIT!!!
BEREITET EUCH DARAUF VOR, DASS IHR MORGEN NICHT MEHR AUFRECHT STEHEN KÖNNT!!
V...VERSTANDEN!!
DOCH
DOCH
AAAAH ...

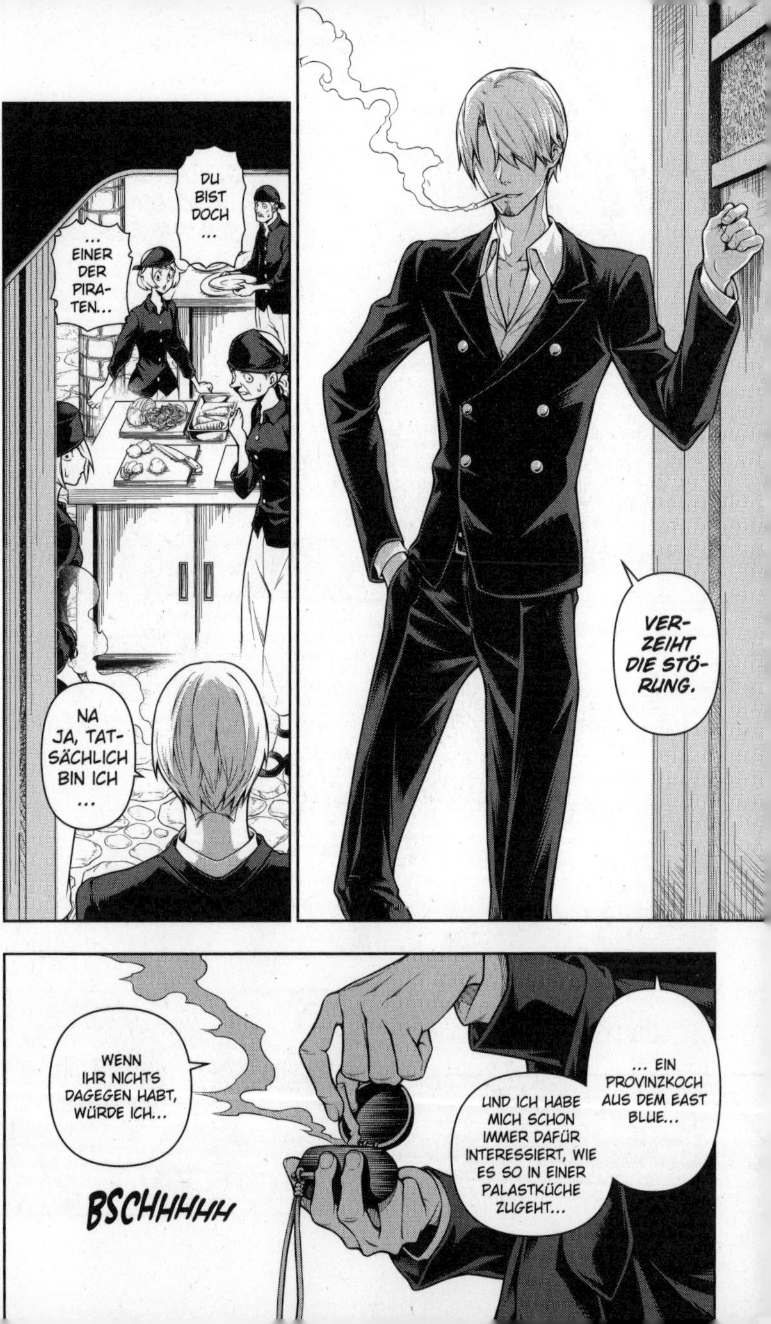
VER-ZEIHT DIE STÖ-RUNG.
DU BIST DOCH ...
... EINER DER PIRA-TEN...
NA JA, TAT-SÄCHLICH BIN ICH ...
... EIN PROVINZKOCH AUS DEM EAST BLUE...
UND ICH HABE MICH SCHON IMMER DAFÜR INTERESSIERT, WIE ES SO IN EINER PALASTKÜCHE ZUGEHT...
WENN IHR NICHTS DAGEGEN HABT, WÜRDE ICH...
BSCHHHHH

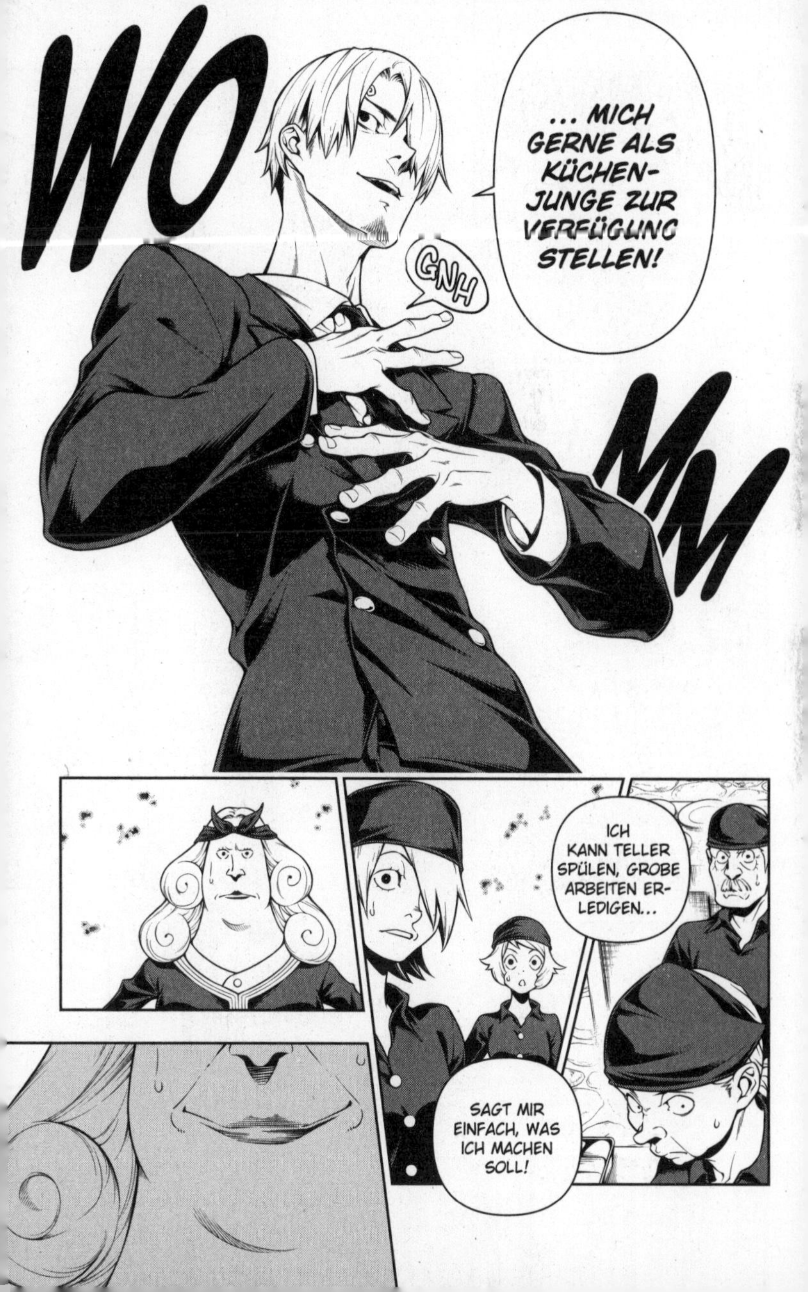
... MICH GERNE ALS KÜCHENJUNGE ZUR VERFÜGUNG STELLEN!
GNH
WO
MM
ICH KANN TELLER SPÜLEN, GROBE ARBEITEN ERLEDIGEN...
SAGT MIR EINFACH, WAS ICH MACHEN SOLL!

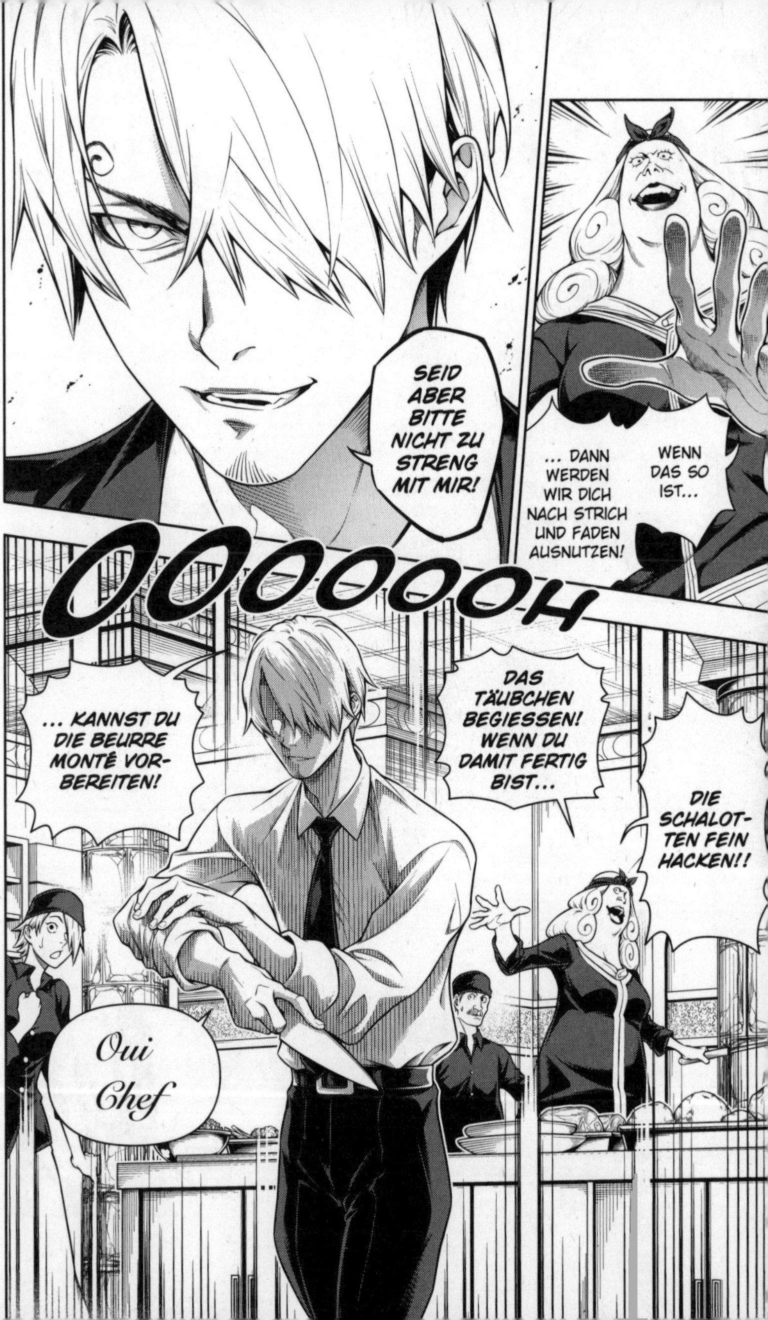
WENN DAS SO IST...
... DANN WERDEN WIR DICH NACH STRICH UND FADEN AUSNUTZEN!
SEID ABER BITTE NICHT ZU STRENG MIT MIR!
OOOOOOOH
DIE SCHALOTTEN FEIN HACKEN!!
DAS TÄUBCHEN BEGIESSEN! WENN DU DAMIT FERTIG BIST...
... KANNST DU DIE BEURRE MONTÉ VORBEREITEN!
Oui Chef

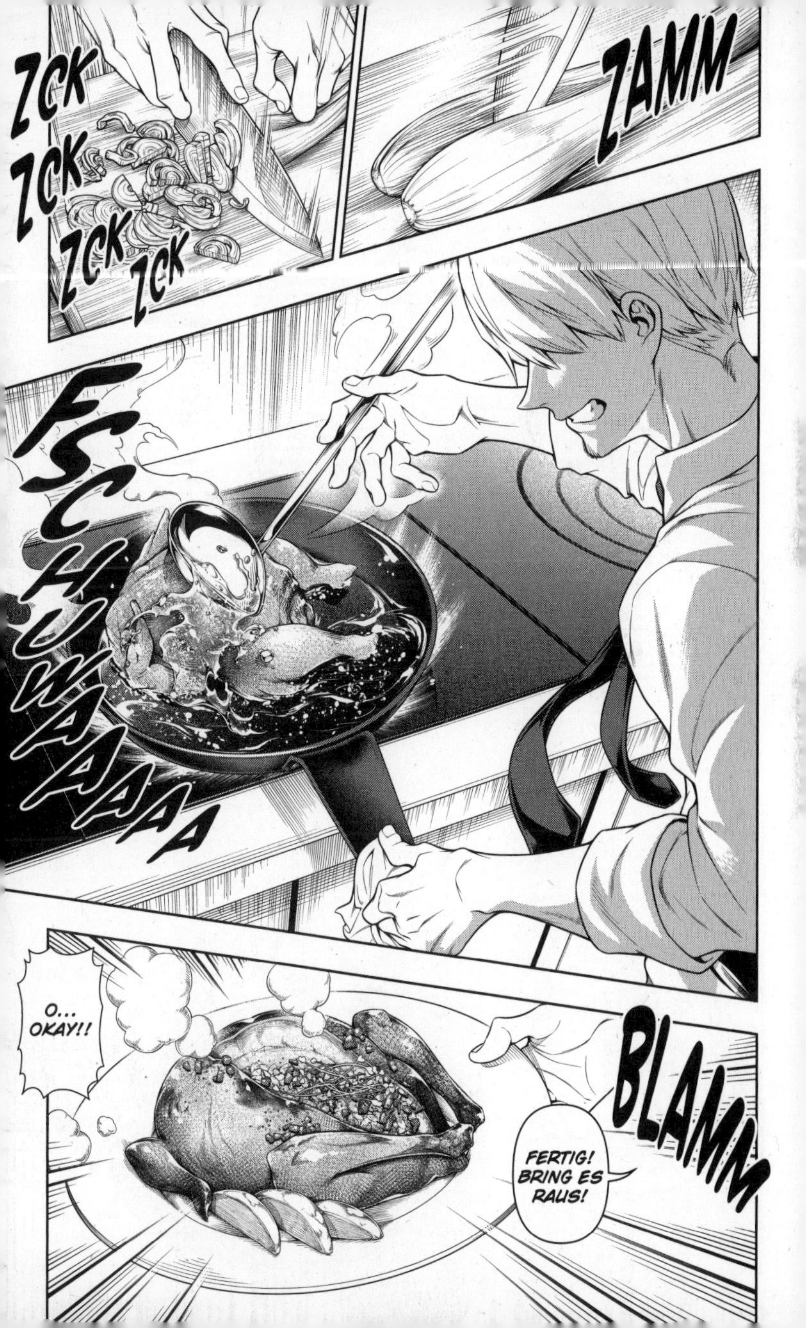
ZAMM
ZCK ZCK ZCK ZCK
FSCHUWAAAAA
BLAMM
FERTIG! BRING ES RAUS!
O... OKAY!!

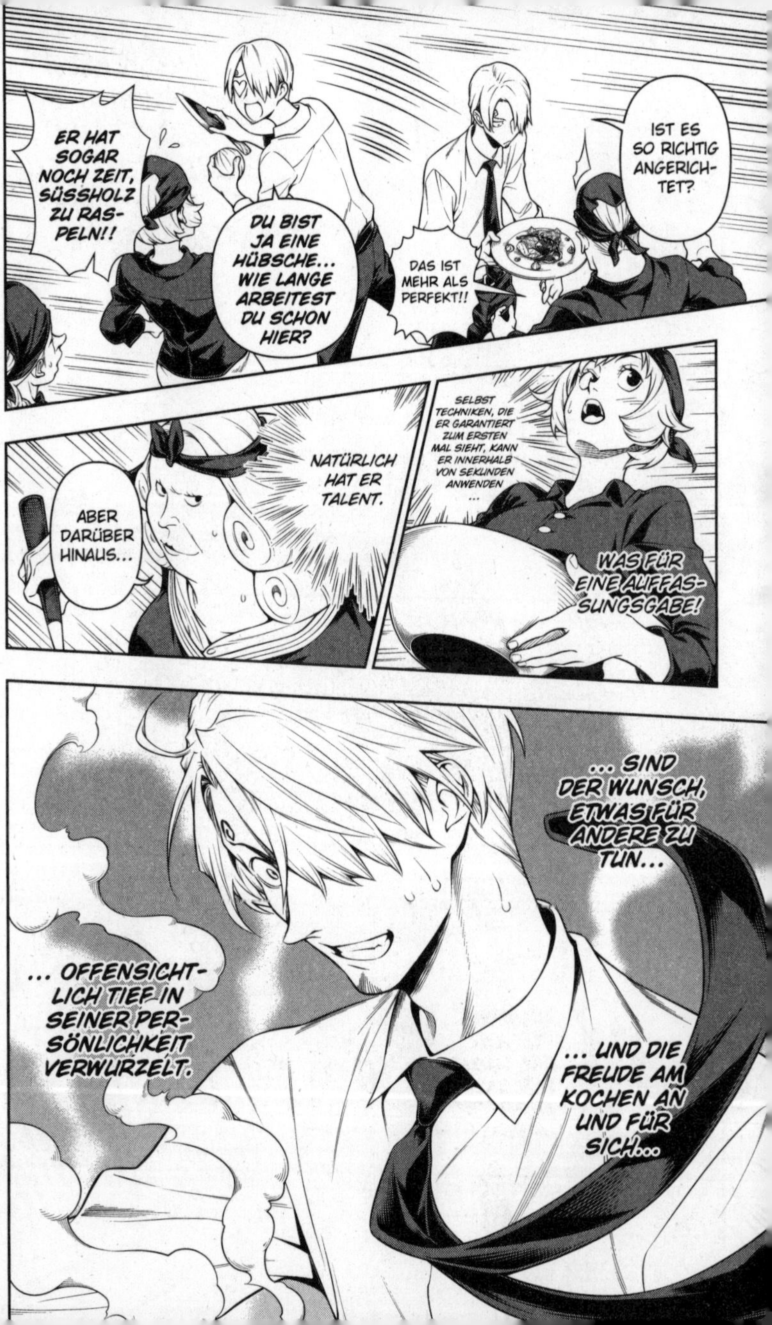
IST ES SO RICHTIG ANGERICHTET?
DAS IST MEHR ALS PERFEKT!!
DU BIST JA EINE HÜBSCHE… WIE LANGE ARBEITEST DU SCHON HIER?
ER HAT SOGAR NOCH ZEIT, SÜSSHOLZ ZU RASPELN!!
SELBST TECHNIKEN, DIE ER GARANTIERT ZUM ERSTEN MAL SIEHT, KANN ER INNERHALB VON SEKUNDEN ANWENDEN …
WAS FÜR EINE AUFFASSUNGSGABE!
NATÜRLICH HAT ER TALENT.
ABER DARÜBER HINAUS…
… SIND DER WUNSCH, ETWAS FÜR ANDERE ZU TUN…
… UND DIE FREUDE AM KOCHEN AN UND FÜR SICH…
… OFFENSICHTLICH TIEF IN SEINER PERSÖNLICHKEIT VERWURZELT.

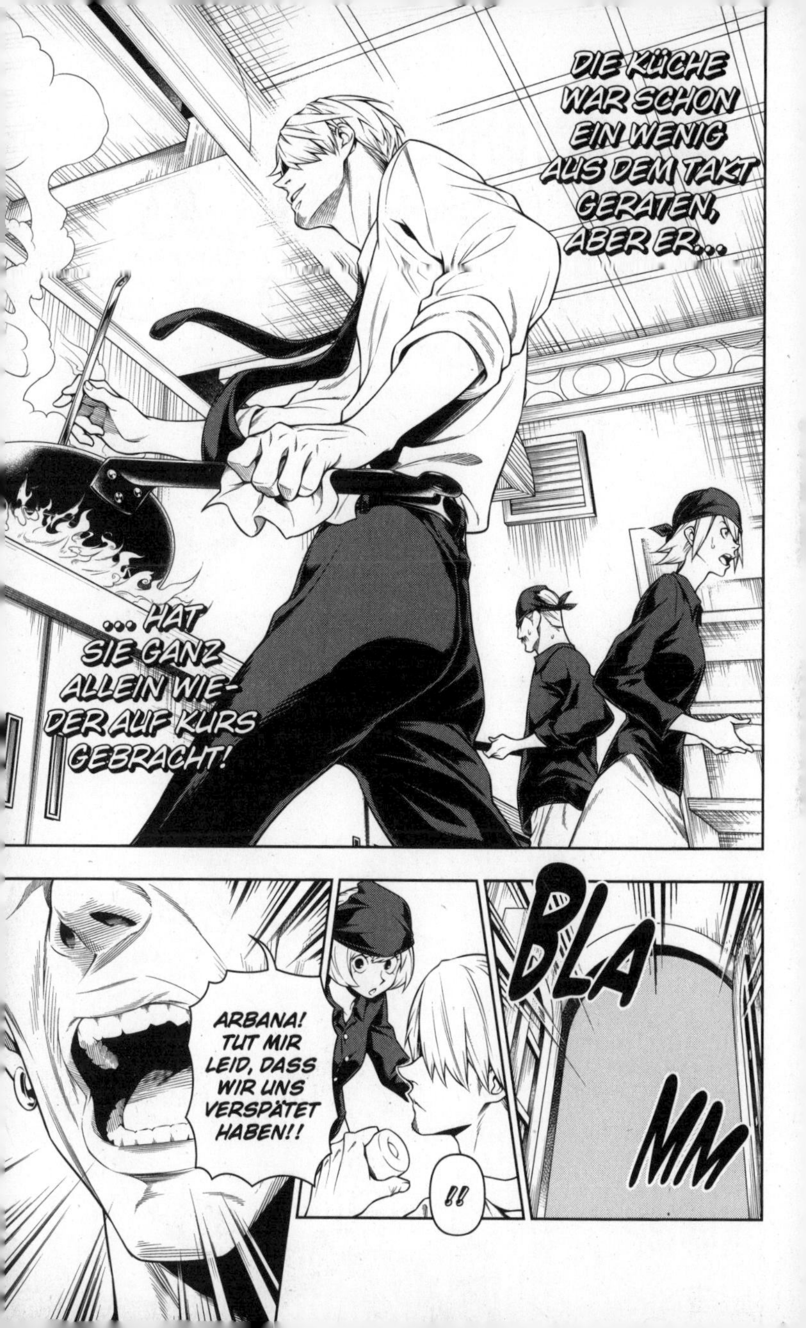
DIE KÜCHE WAR SCHON EIN WENIG AUS DEM TAKT GERATEN, ABER ER...
... HAT SIE GANZ ALLEIN WIEDER AUF KURS GEBRACHT!
BLAMM
!!
ARBANA! TUT MIR LEID, DASS WIR UNS VERSPÄTET HABEN!!

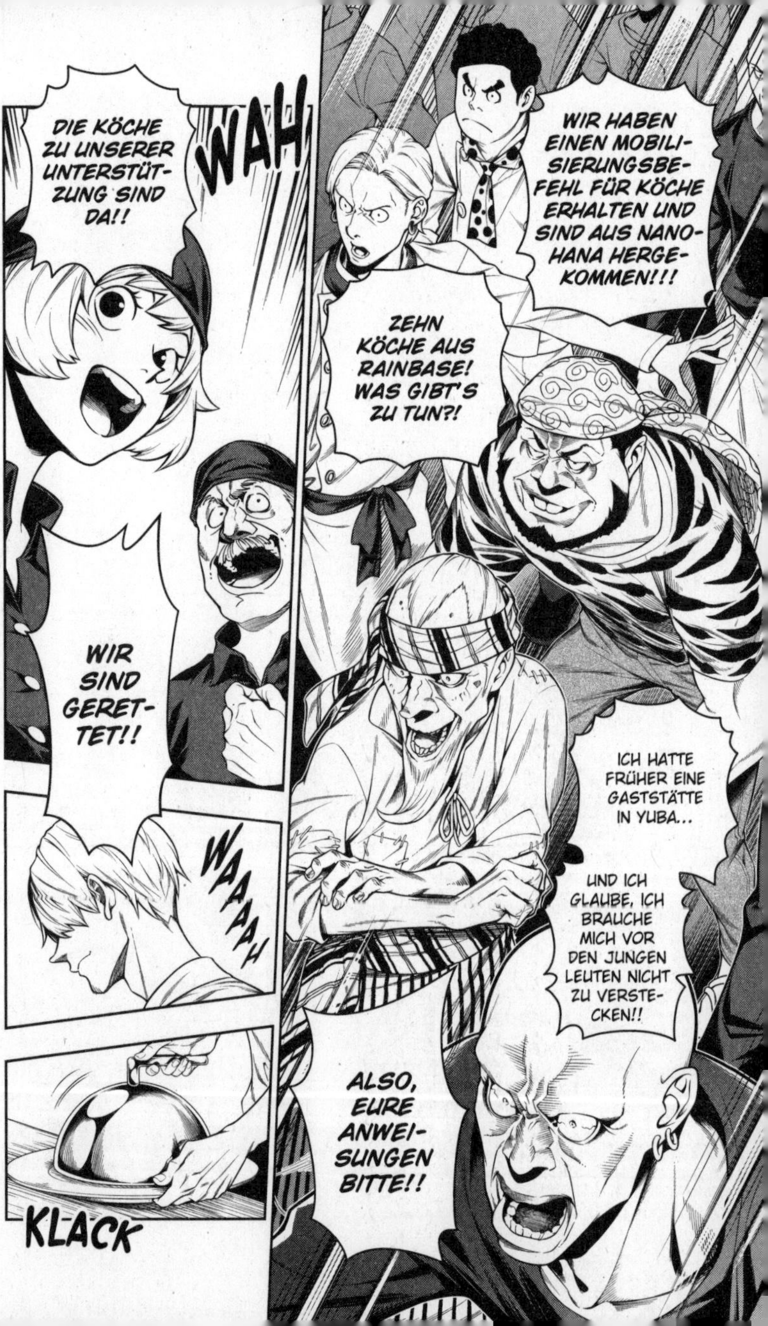
WIR HABEN EINEN MOBILISIERUNGSBEFEHL FÜR KÖCHE ERHALTEN UND SIND AUS NANOHANA HERGEKOMMEN!!!
ZEHN KÖCHE AUS RAINBASE! WAS GIBT'S ZU TUN?!
ICH HATTE FRÜHER EINE GASTSTÄTTE IN YUBA...
UND ICH GLAUBE, ICH BRAUCHE MICH VOR DEN JUNGEN LEUTEN NICHT ZU VERSTECKEN!!
ALSO, EURE ANWEISUNGEN BITTE!!
WAH
DIE KÖCHE ZU UNSERER UNTERSTÜTZUNG SIND DA!!
WIR SIND GERETTET!!
WAAAAAH
KLACK

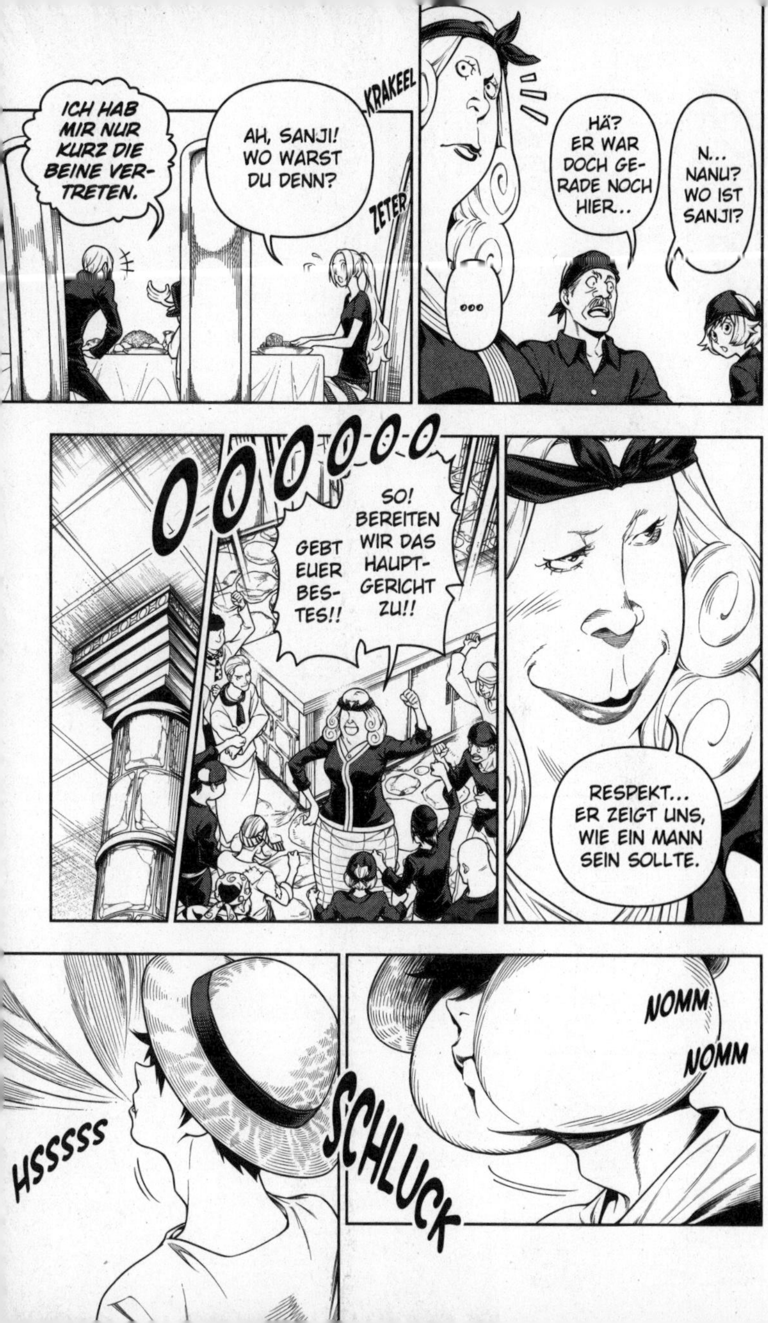
N... NANU? WO IST SANJI?
HÄ? ER WAR DOCH GERADE NOCH HIER...
...
KRAKEEL
ZETER
AH, SANJI! WO WARST DU DENN?
ICH HAB MIR NUR KURZ DIE BEINE VERTRETEN.
RESPEKT... ER ZEIGT UNS, WIE EIN MANN SEIN SOLLTE.
SO! BEREITEN WIR DAS HAUPTGERICHT ZU!!
GEBT EUER BESTES!!
O-O-O-O-O-O
NOMM
NOMM
SCHLUCK
HSSSSS

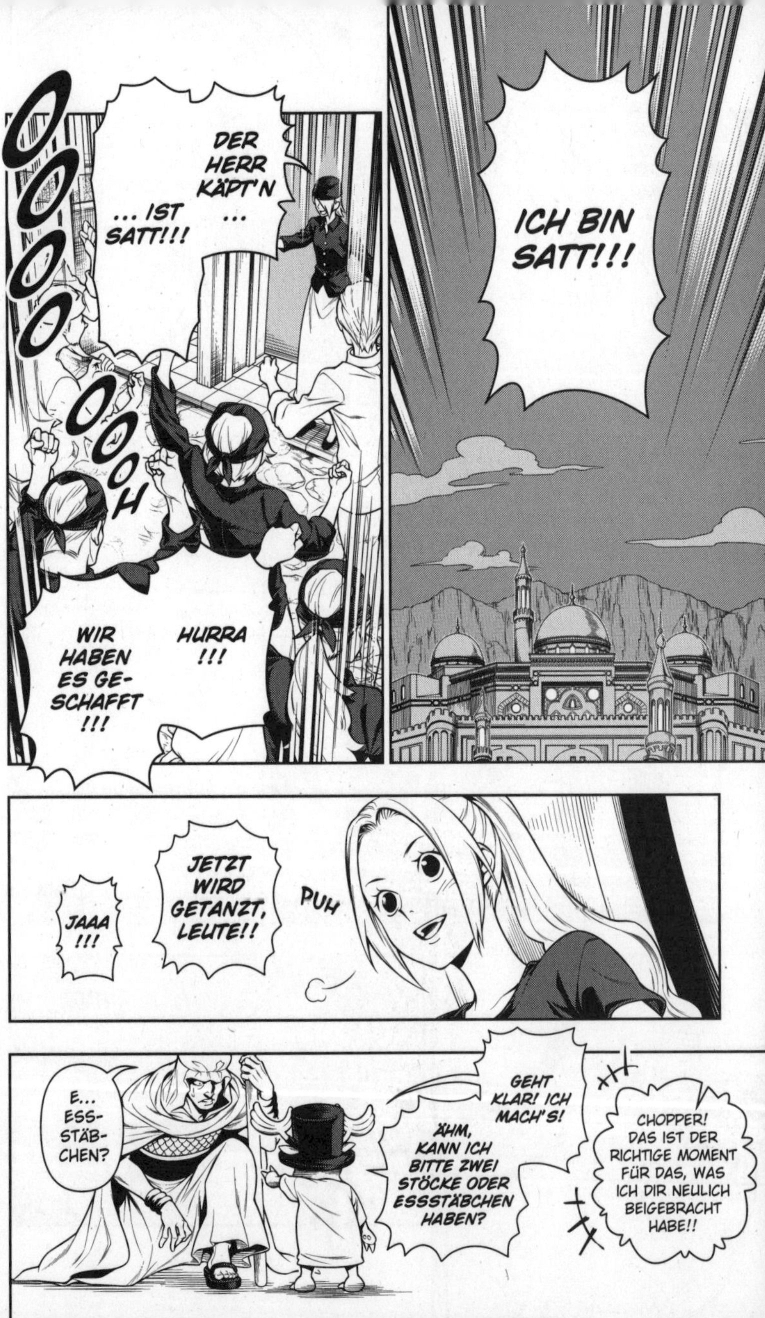
ICH BIN SATT!!!
DER HERR KÄPT'N ...
... IST SATT!!!
OOOOOOOOOH
HURRA !!!
WIR HABEN ES GE-SCHAFFT !!!
PUH
JETZT WIRD GETANZT, LEUTE!!
JAAA !!!
CHOPPER! DAS IST DER RICHTIGE MOMENT FÜR DAS, WAS ICH DIR NEULICH BEIGEBRACHT HABE!!
GEHT KLAR! ICH MACH'S!
ÄHM, KANN ICH BITTE ZWEI STÖCKE ODER ESSSTÄBCHEN HABEN?
E... ESS-STÄB-CHEN?

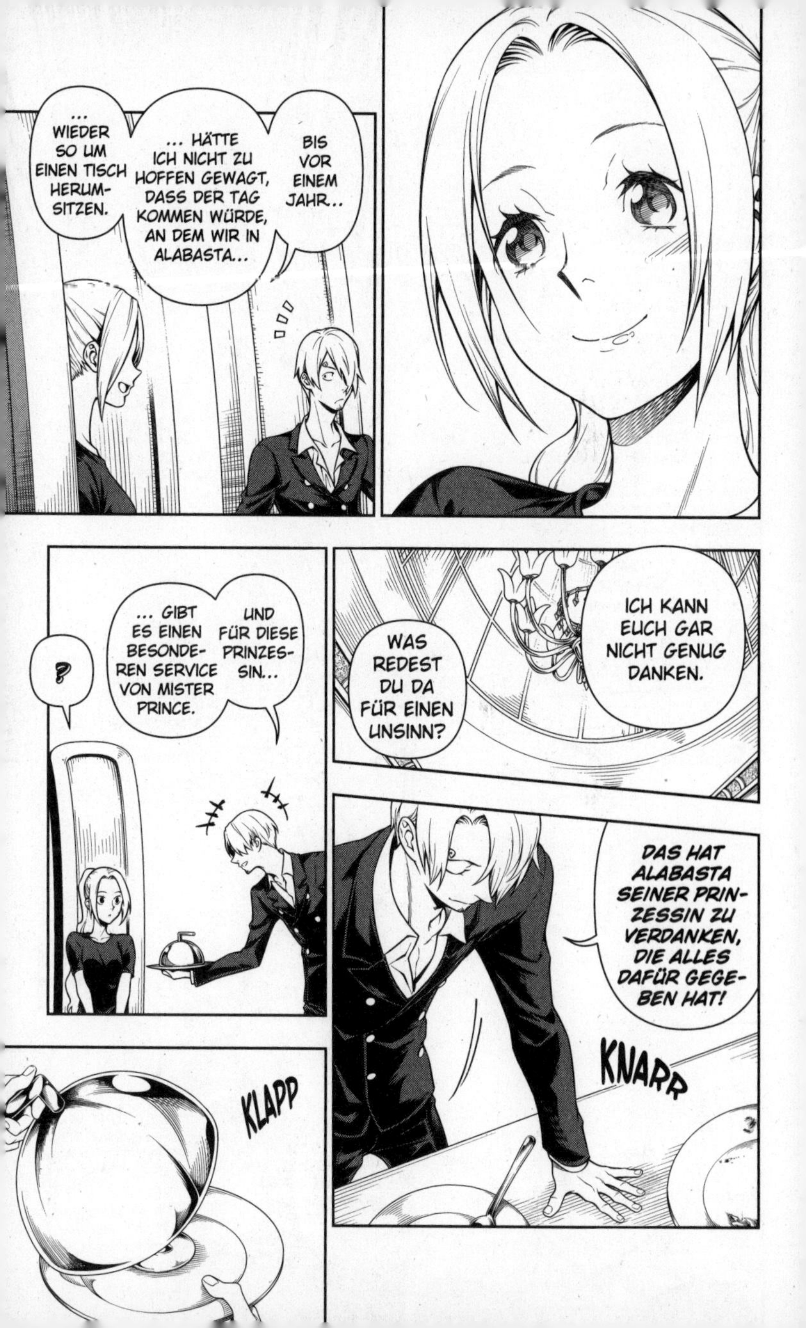
BIS VOR EINEM JAHR...
... HÄTTE ICH NICHT ZU HOFFEN GEWAGT, DASS DER TAG KOMMEN WÜRDE, AN DEM WIR IN ALABASTA...
... WIEDER SO UM EINEN TISCH HERUMSITZEN.
ICH KANN EUCH GAR NICHT GENUG DANKEN.
WAS REDEST DU DA FÜR EINEN UNSINN?
DAS HAT ALABASTA SEINER PRINZESSIN ZU VERDANKEN, DIE ALLES DAFÜR GEGEBEN HAT!
KNARR
UND FÜR DIESE PRINZESSIN...
... GIBT ES EINEN BESONDEREN SERVICE VON MISTER PRINCE.
?
KLAPP

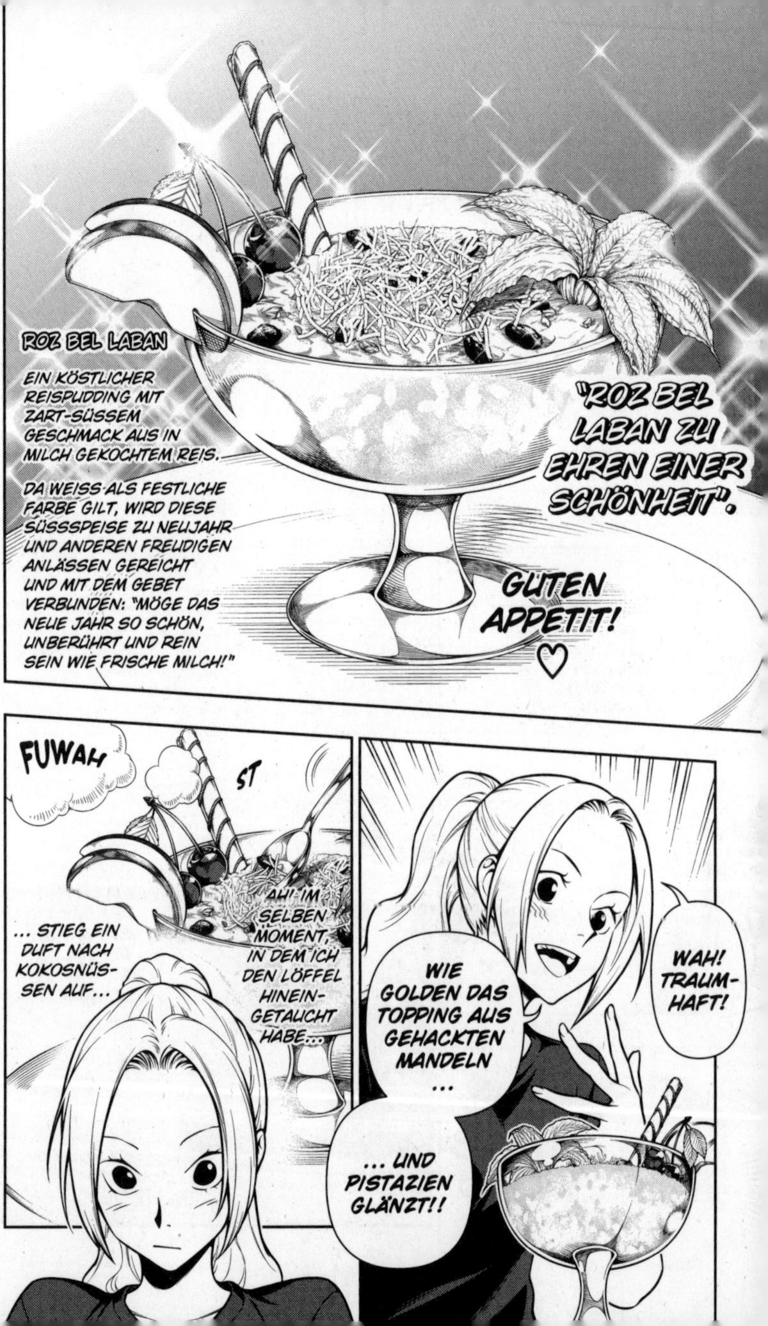
ROZ BEL LABAN
EIN KÖSTLICHER REISPUDDING MIT ZART-SÜSSEM GESCHMACK AUS IN MILCH GEKOCHTEM REIS.
DA WEISS ALS FESTLICHE FARBE GILT, WIRD DIESE SÜSSSPEISE ZU NEUJAHR UND ANDEREN FREUDIGEN ANLÄSSEN GEREICHT UND MIT DEM GEBET VERBUNDEN: "MÖGE DAS NEUE JAHR SO SCHÖN, UNBERÜHRT UND REIN SEIN WIE FRISCHE MILCH!"
"ROZ BEL LABAN ZU EHREN EINER SCHÖNHEIT".
GUTEN APPETIT! ♡
WAH! TRAUM-HAFT!
WIE GOLDEN DAS TOPPING AUS GEHACKTEN MANDELN ...
... UND PISTAZIEN GLÄNZT!!
FUWAH
ST
AH! IM SELBEN MOMENT, IN DEM ICH DEN LÖFFEL HINEIN-GETAUCHT HABE...
... STIEG EIN DUFT NACH KOKOSNÜS-SEN AUF...

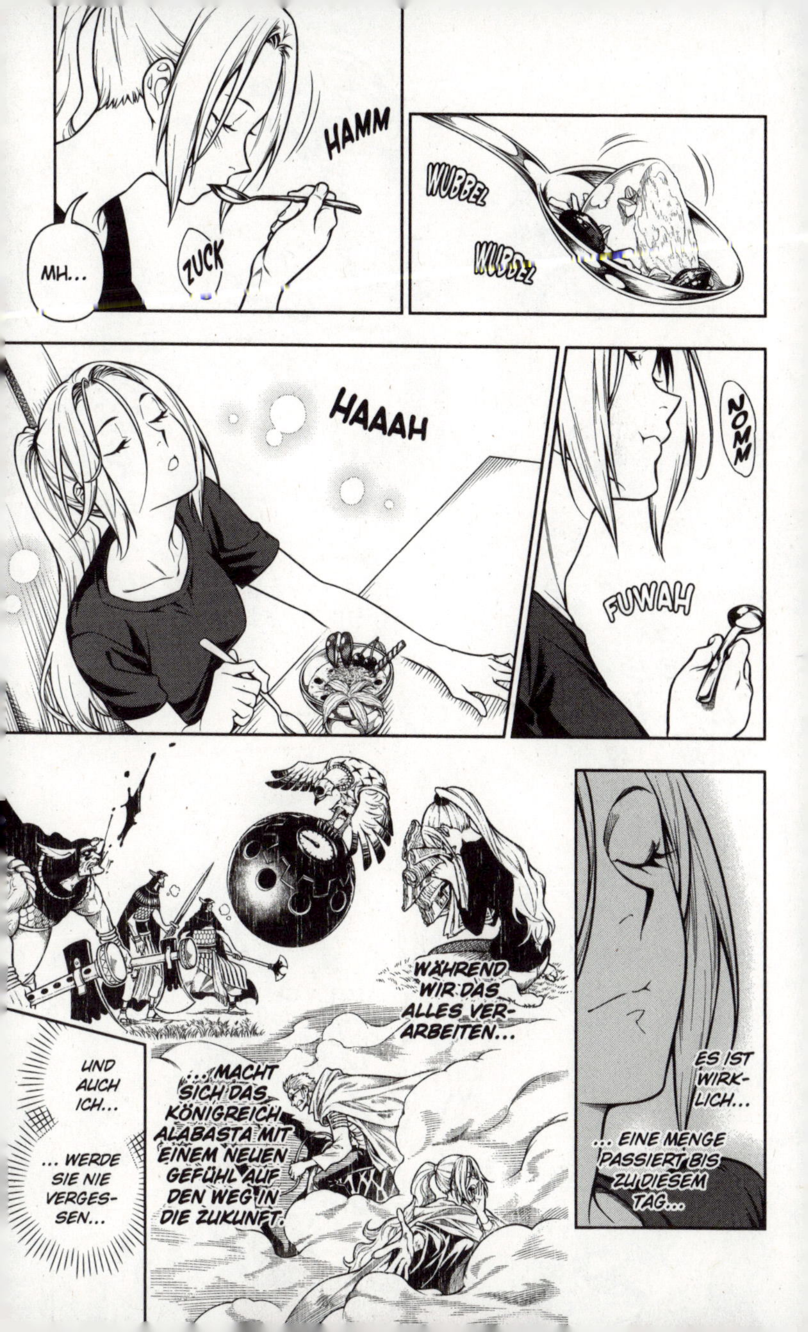

HAMM
MH...
ZUCK
WUBBEL
WUBBEL
NOMM
FUWAH
HAAAH
ES IST WIRKLICH...
... EINE MENGE PASSIERT BIS ZU DIESEM TAG...
WÄHREND WIR DAS ALLES VERARBEITEN...
... MACHT SICH DAS KÖNIGREICH ALABASTA MIT EINEM NEUEN GEFÜHL AUF DEN WEG IN DIE ZUKUNFT.
UND AUCH ICH...
... WERDE SIE NIE VERGESSEN...

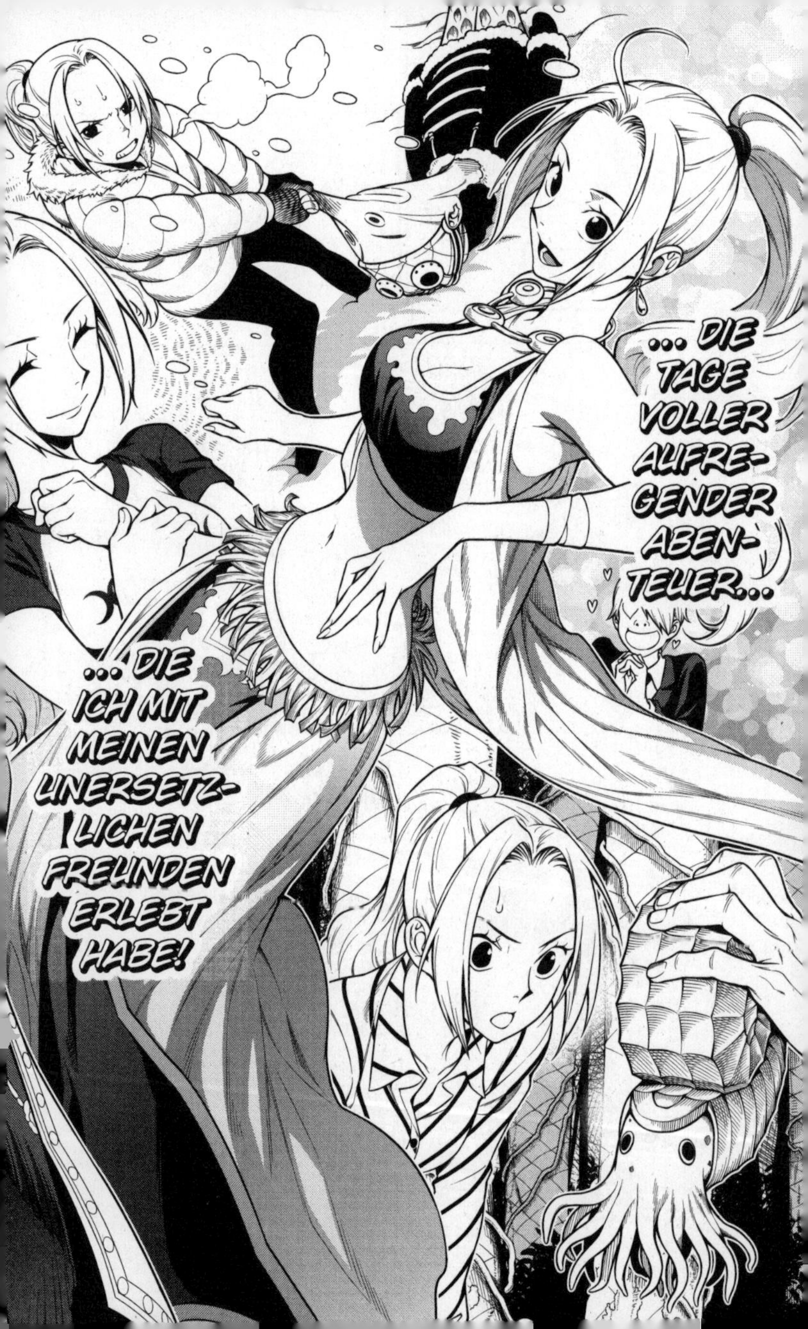
... DIE TAGE VOLLER AUFRE-GENDER ABEN-TEUER...
... DIE ICH MIT MEINEN UNERSETZ-LICHEN FREUNDEN ERLEBT HABE!

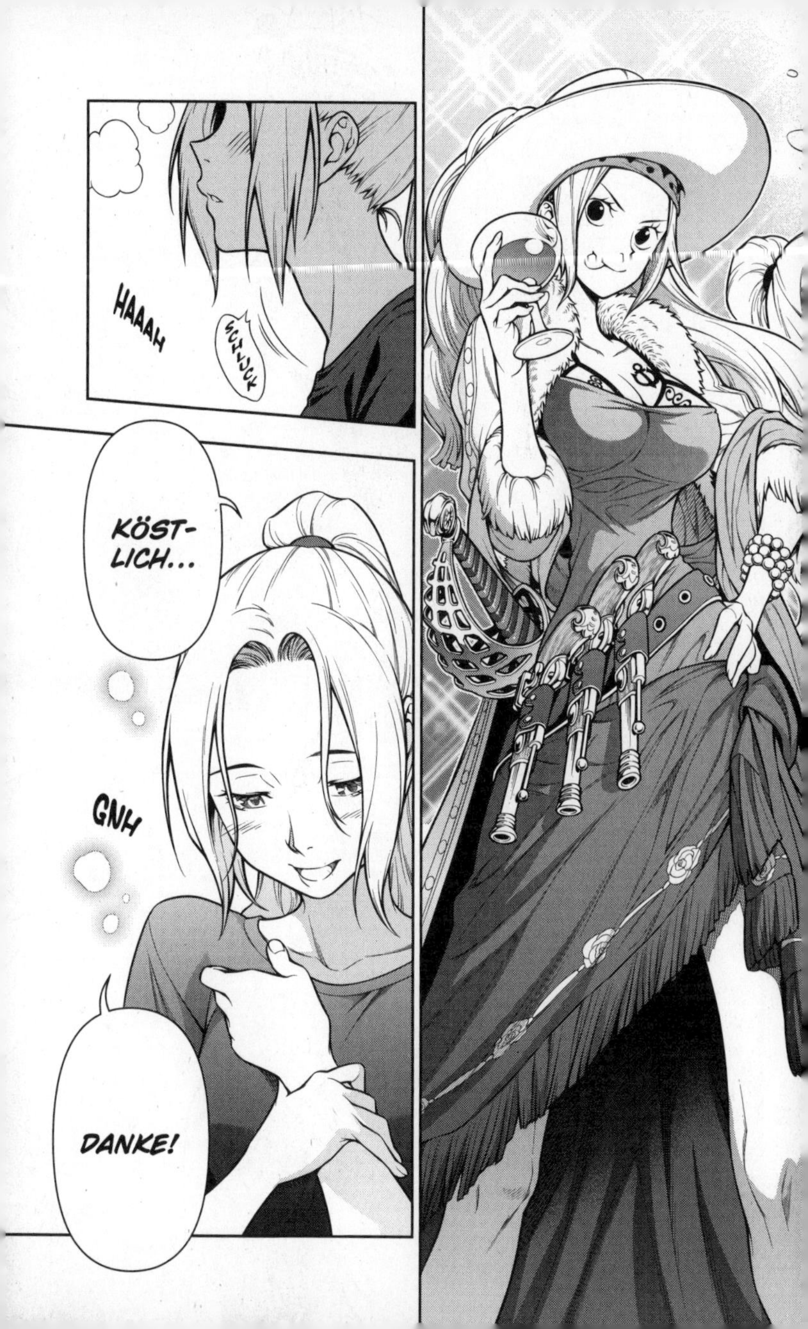

SCHLUCK
HAAAH
KÖST-
LICH...
GNH
DANKE!

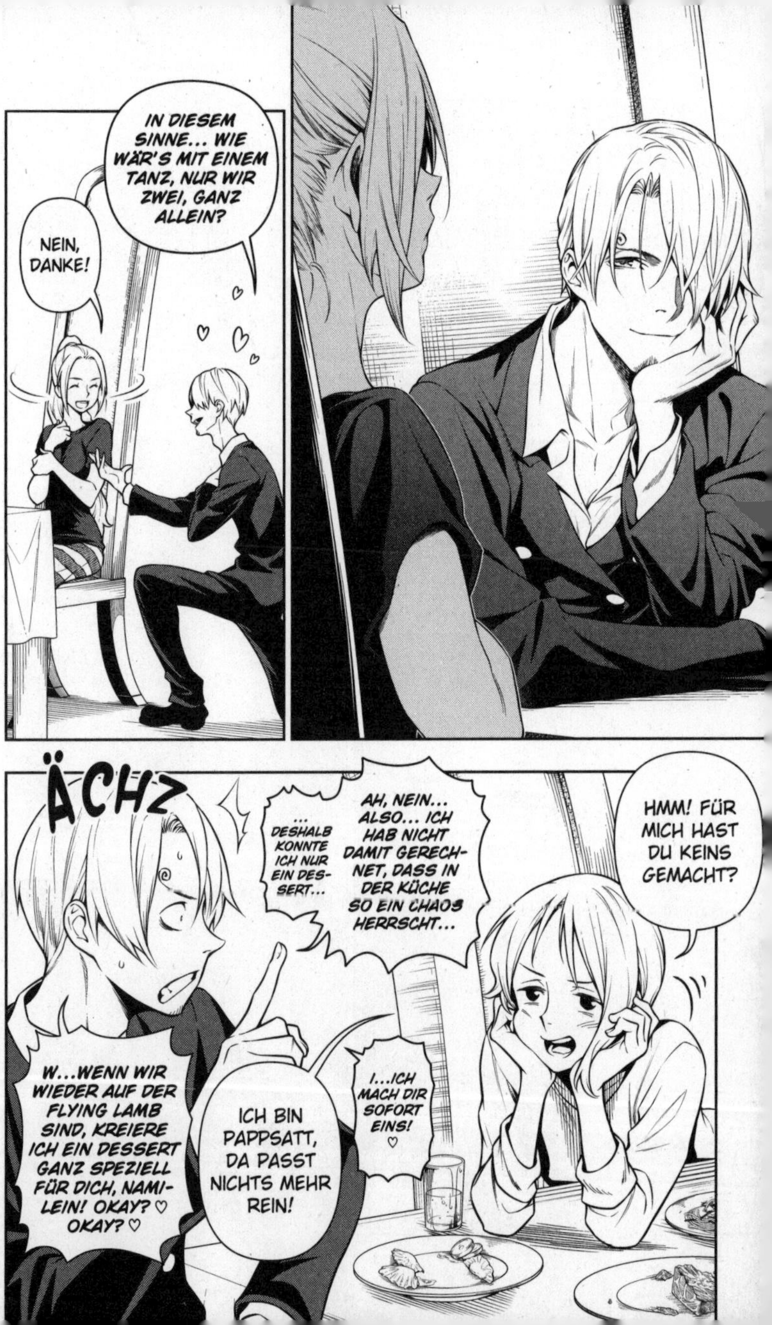
IN DIESEM SINNE… WIE WÄR'S MIT EINEM TANZ, NUR WIR ZWEI, GANZ ALLEIN?
NEIN, DANKE!
ÄCHZ
HMM! FÜR MICH HAST DU KEINS GEMACHT?
AH, NEIN… ALSO… ICH HAB NICHT DAMIT GERECHNET, DASS IN DER KÜCHE SO EIN CHAOS HERRSCHT…
…DESHALB KONNTE ICH NUR EIN DESSERT…
I…ICH MACH DIR SOFORT EINS! ♡
ICH BIN PAPPSATT, DA PASST NICHTS MEHR REIN!
W…WENN WIR WIEDER AUF DER FLYING LAMB SIND, KREIERE ICH EIN DESSERT GANZ SPEZIELL FÜR DICH, NAMILEIN! OKAY? ♡ OKAY? ♡

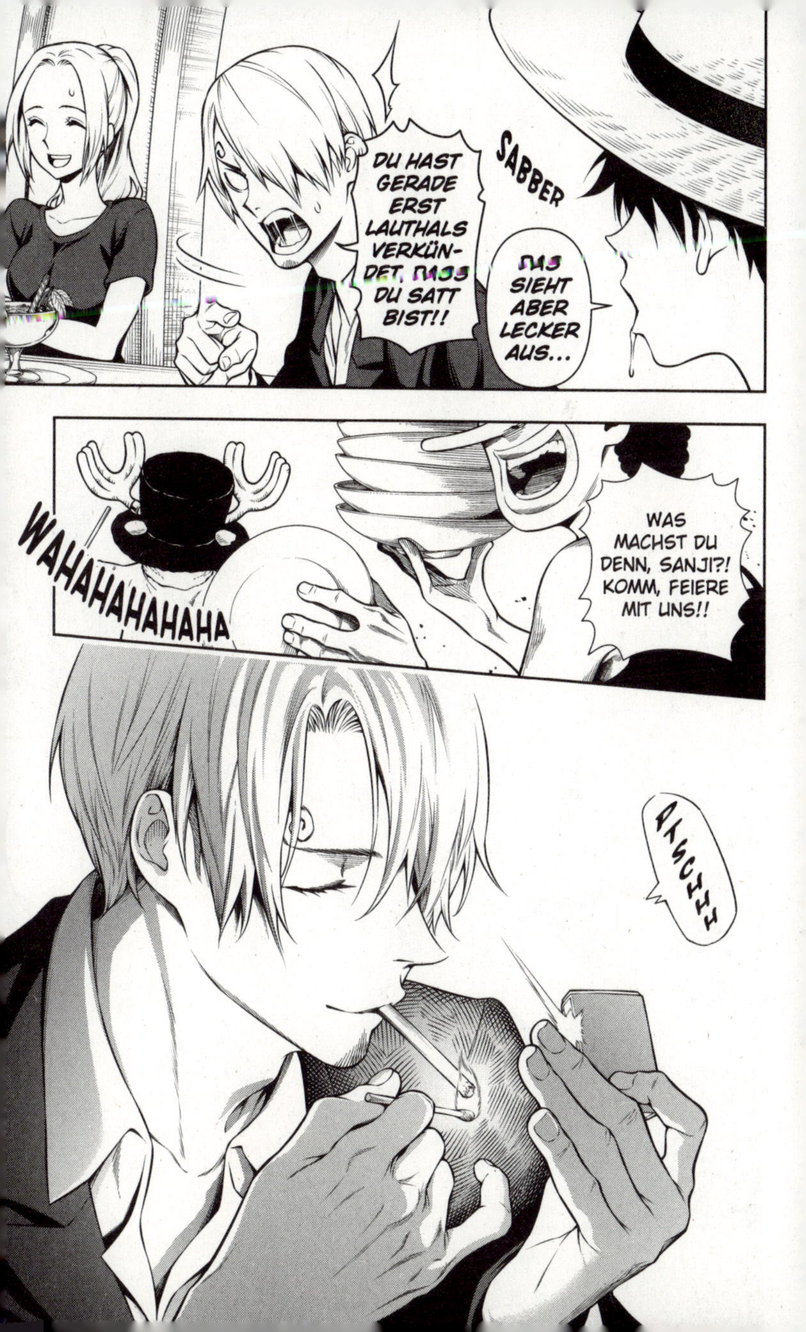
SABBER
DAS SIEHT ABER LECKER AUS...
DU HAST GERADE ERST LAUTHALS VERKÜNDET, DASS DU SATT BIST!!
WAS MACHST DU DENN, SANJI?! KOMM, FEIERE MIT UNS!!
WAHAHAHAHAHAHA
DZSCHHH

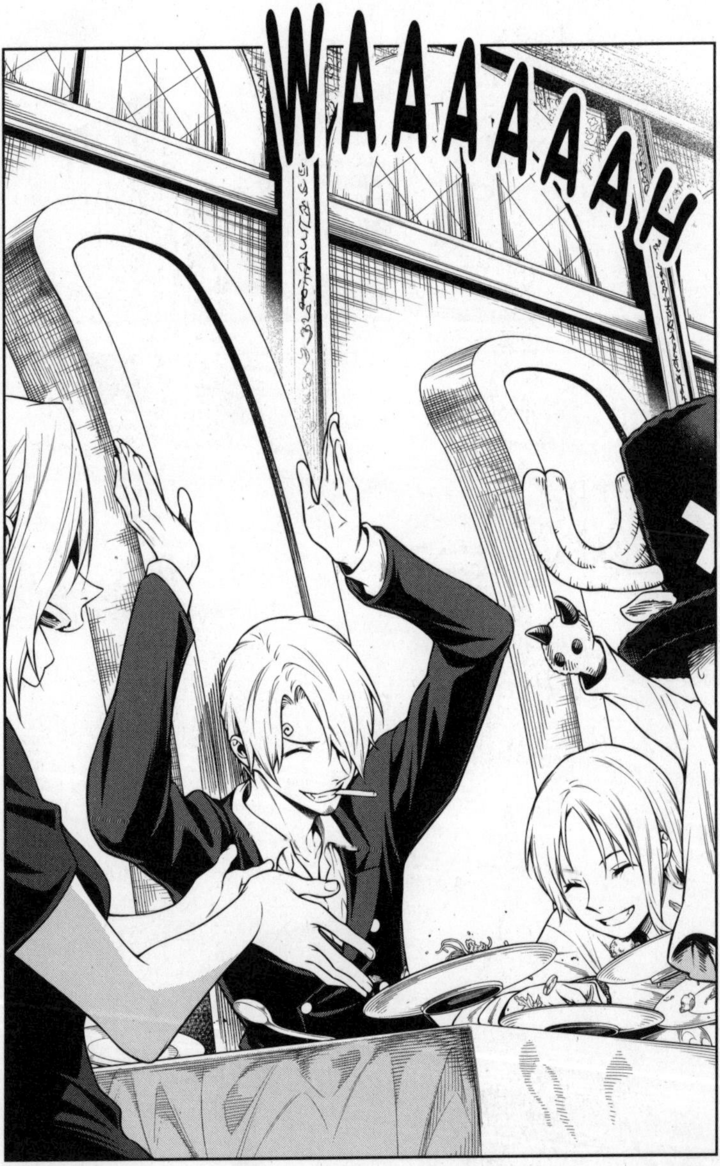
WAAAAAAH

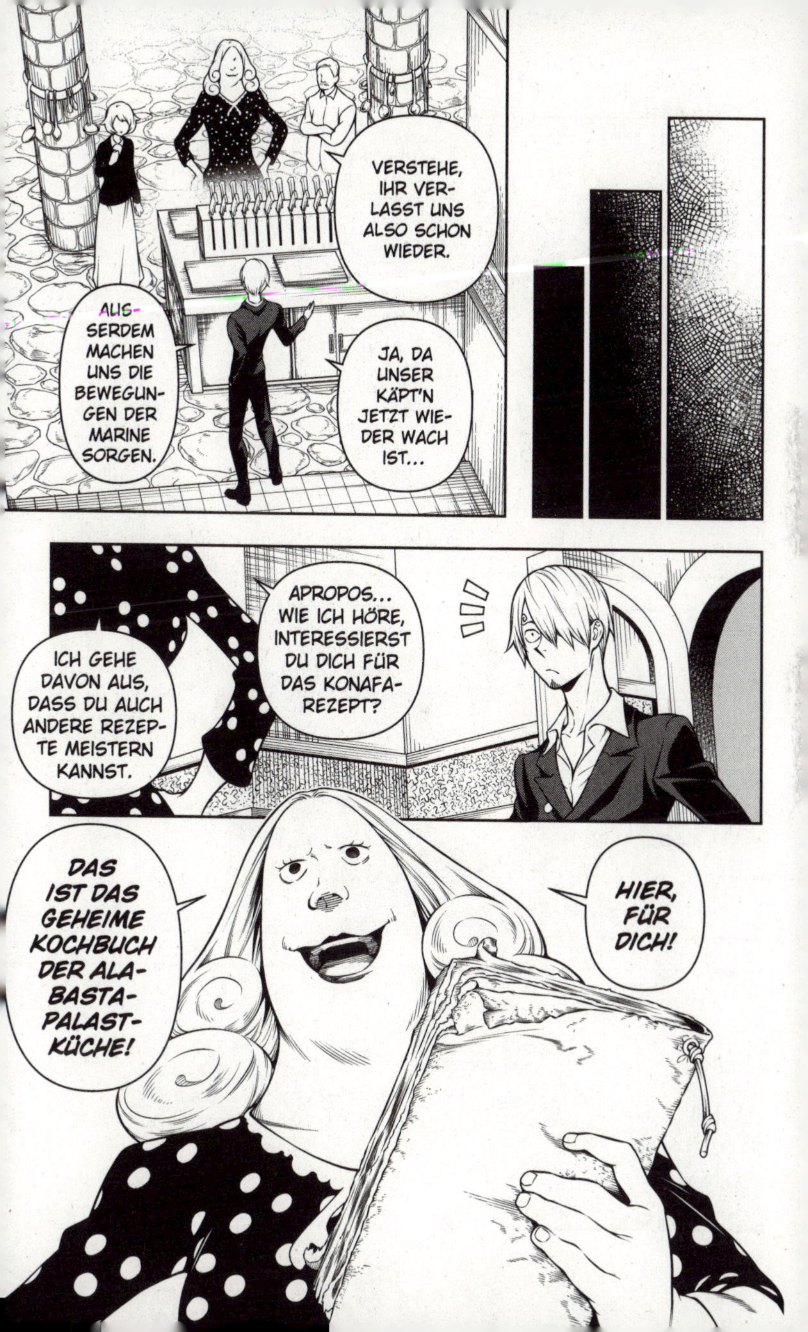
VERSTEHE, IHR VERLASST UNS ALSO SCHON WIEDER.
JA, DA UNSER KÄPT'N JETZT WIEDER WACH IST…
AUSSERDEM MACHEN UNS DIE BEWEGUNGEN DER MARINE SORGEN.
APROPOS… WIE ICH HÖRE, INTERESSIERST DU DICH FÜR DAS KONAFA-REZEPT?
ICH GEHE DAVON AUS, DASS DU AUCH ANDERE REZEPTE MEISTERN KANNST.
HIER, FÜR DICH!
DAS IST DAS GEHEIME KOCHBUCH DER ALABASTA-PALAST-KÜCHE!

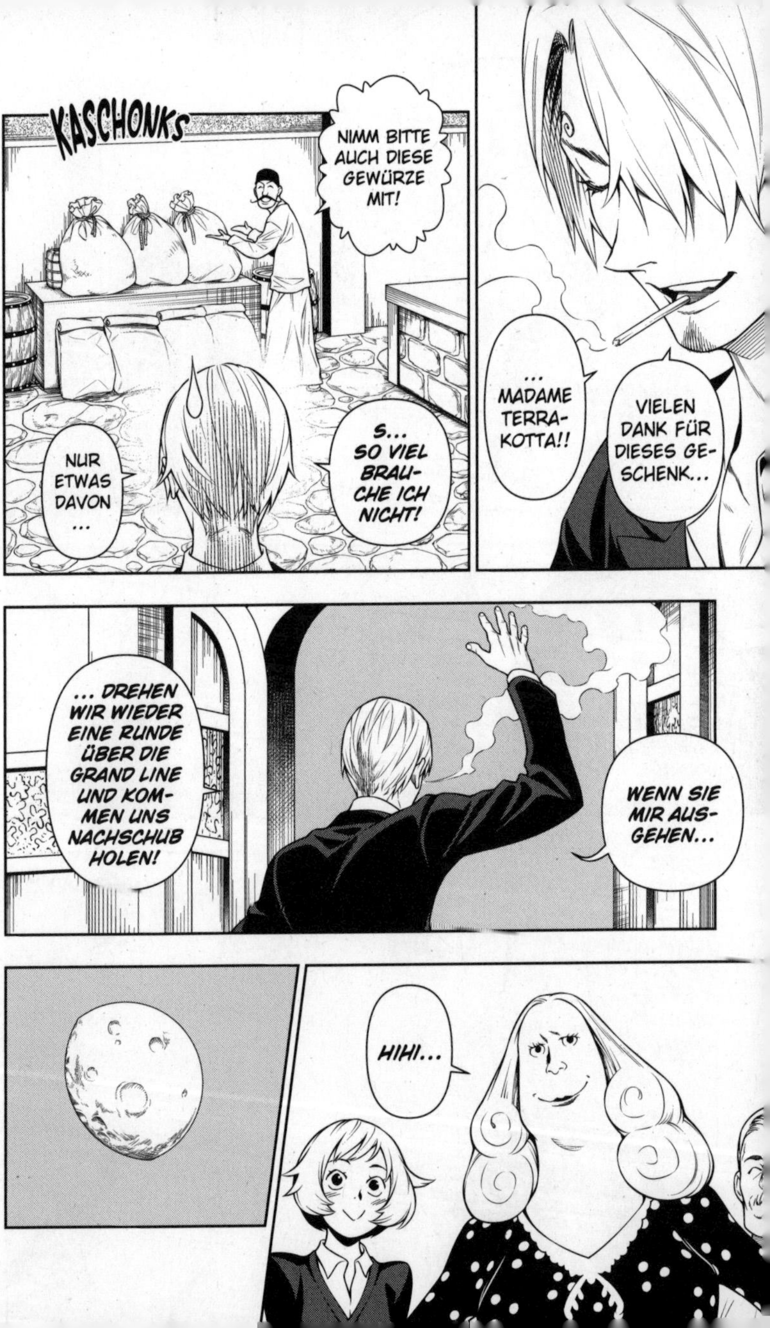
VIELEN DANK FÜR DIESES GESCHENK...
... MADAME TERRAKOTTA!!
KASCHONKS
NIMM BITTE AUCH DIESE GEWÜRZE MIT!
S... SO VIEL BRAUCHE ICH NICHT!
NUR ETWAS DAVON ...
WENN SIE MIR AUSGEHEN...
... DREHEN WIR WIEDER EINE RUNDE ÜBER DIE GRAND LINE UND KOMMEN UNS NACHSCHUB HOLEN!
HIHI...

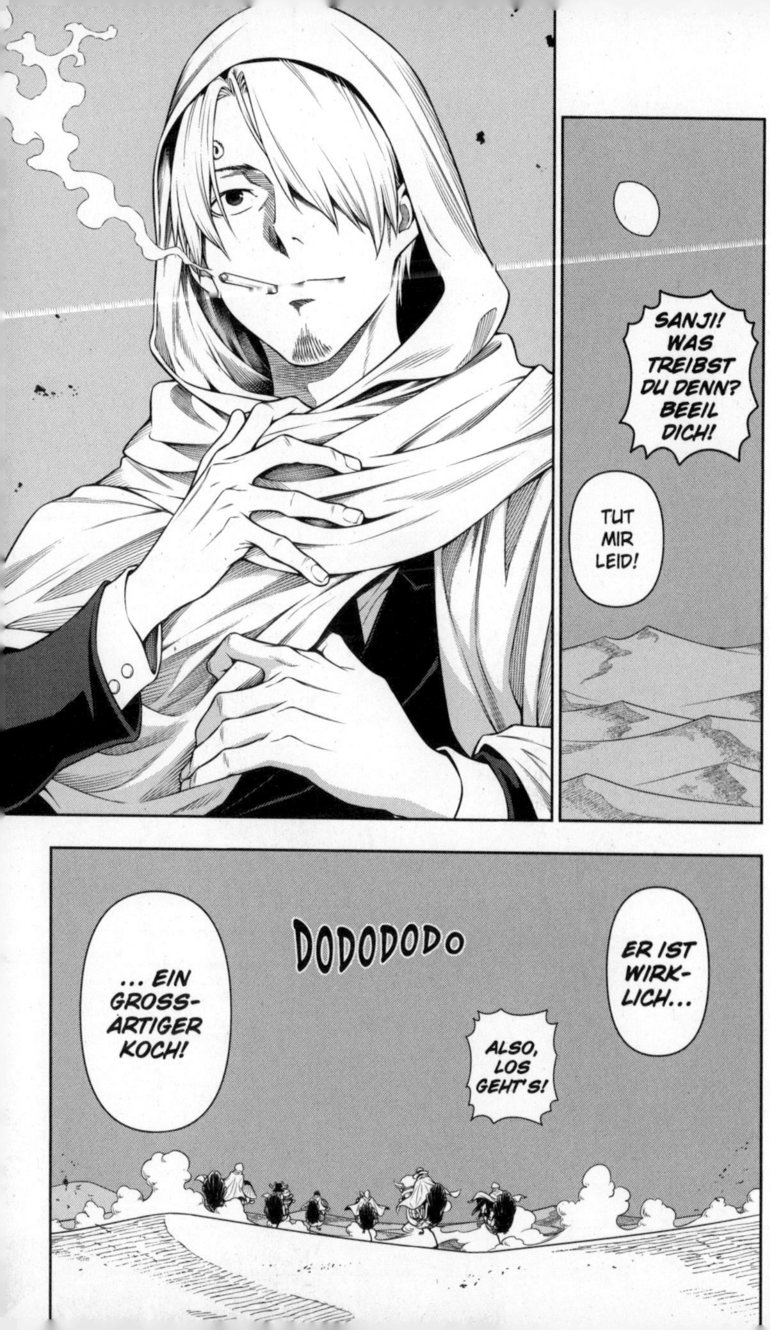
SANJI! WAS TREIBST DU DENN? BEEIL DICH!
TUT MIR LEID!
ER IST WIRKLICH...
ALSO, LOS GEHT'S!
DODODODO
... EIN GROSSARTIGER KOCH!

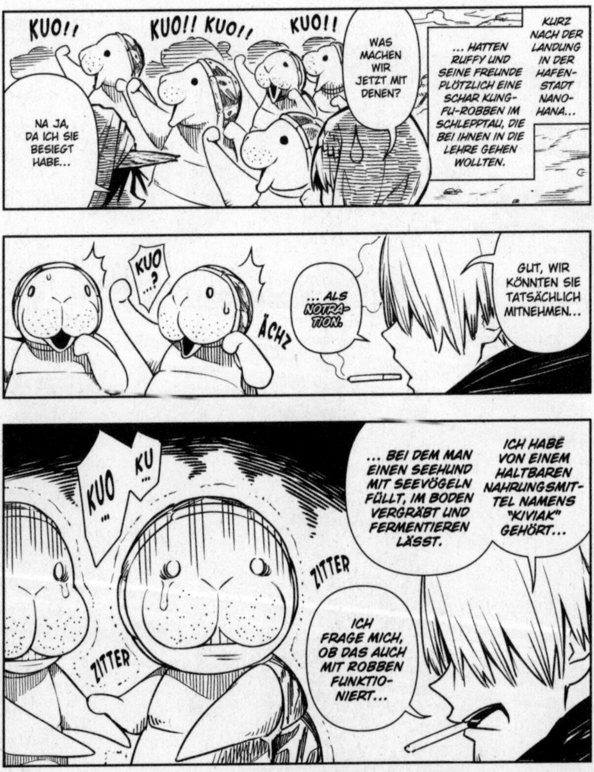
KURZ NACH DER LANDUNG IN DER HAFENSTADT NANOHANA...
... HATTEN RUFFY UND SEINE FREUNDE PLÖTZLICH EINE SCHAR KUNG-FU-ROBBEN IM SCHLEPPTAU, DIE BEI IHNEN IN DIE LEHRE GEHEN WOLLTEN.
WAS MACHEN WIR JETZT MIT DENEN?
KUO!!
KUO!! KUO!!
KUO!!
NA JA, DA ICH SIE BESIEGT HABE...
GUT, WIR KÖNNTEN SIE TATSÄCHLICH MITNEHMEN...
... ALS NOTRATION.
ÄCHZ
KUO ...?
ICH HABE VON EINEM HALTBAREN NAHRUNGSMITTEL NAMENS "KIVIAK" GEHÖRT...
... BEI DEM MAN EINEN SEEHUND MIT SEEVÖGELN FÜLLT, IM BODEN VERGRÄBT UND FERMENTIEREN LÄSST.
ICH FRAGE MICH, OB DAS AUCH MIT ROBBEN FUNKTIONIERT...
ZITTER
KU ...
KUO ...
ZITTER

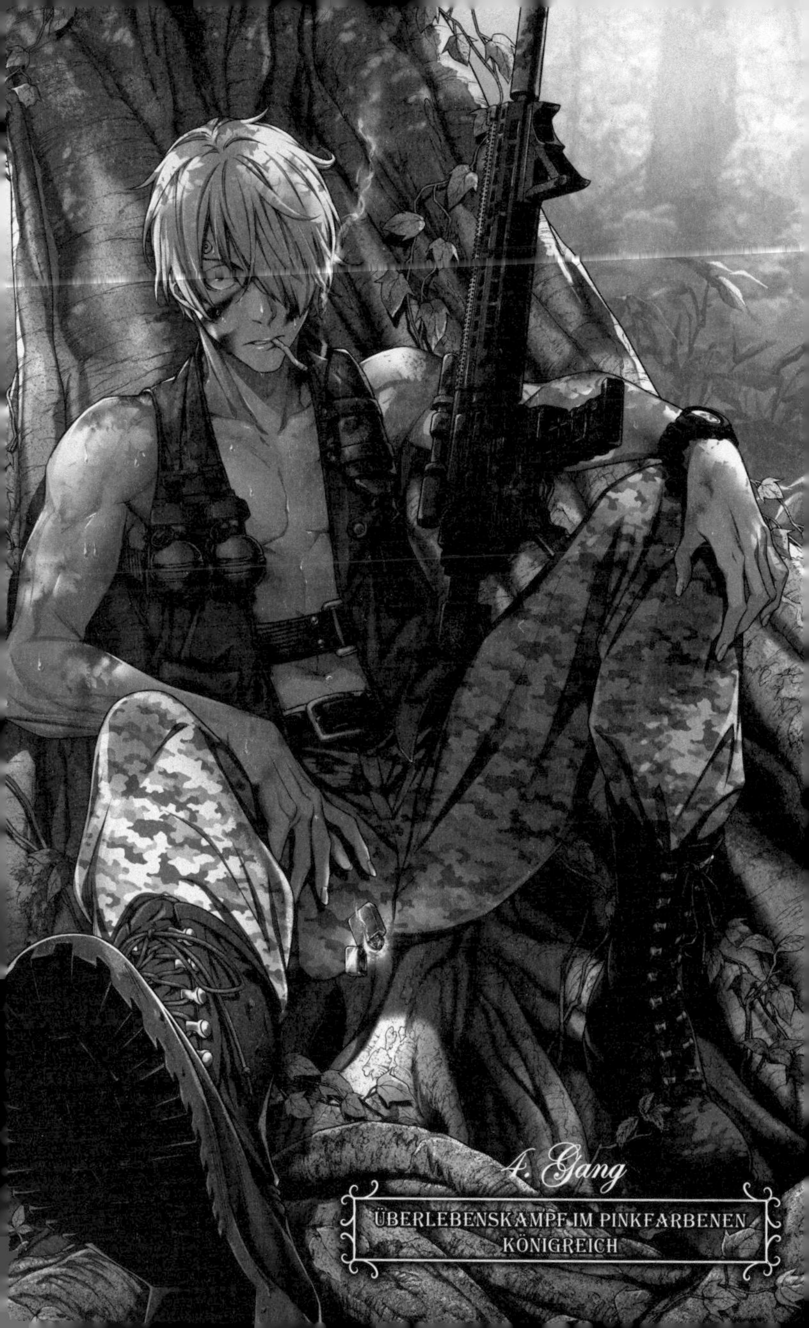
4. Gang
ÜBERLEBENSKAMPF IM PINKFARBENEN
KÖNIGREICH

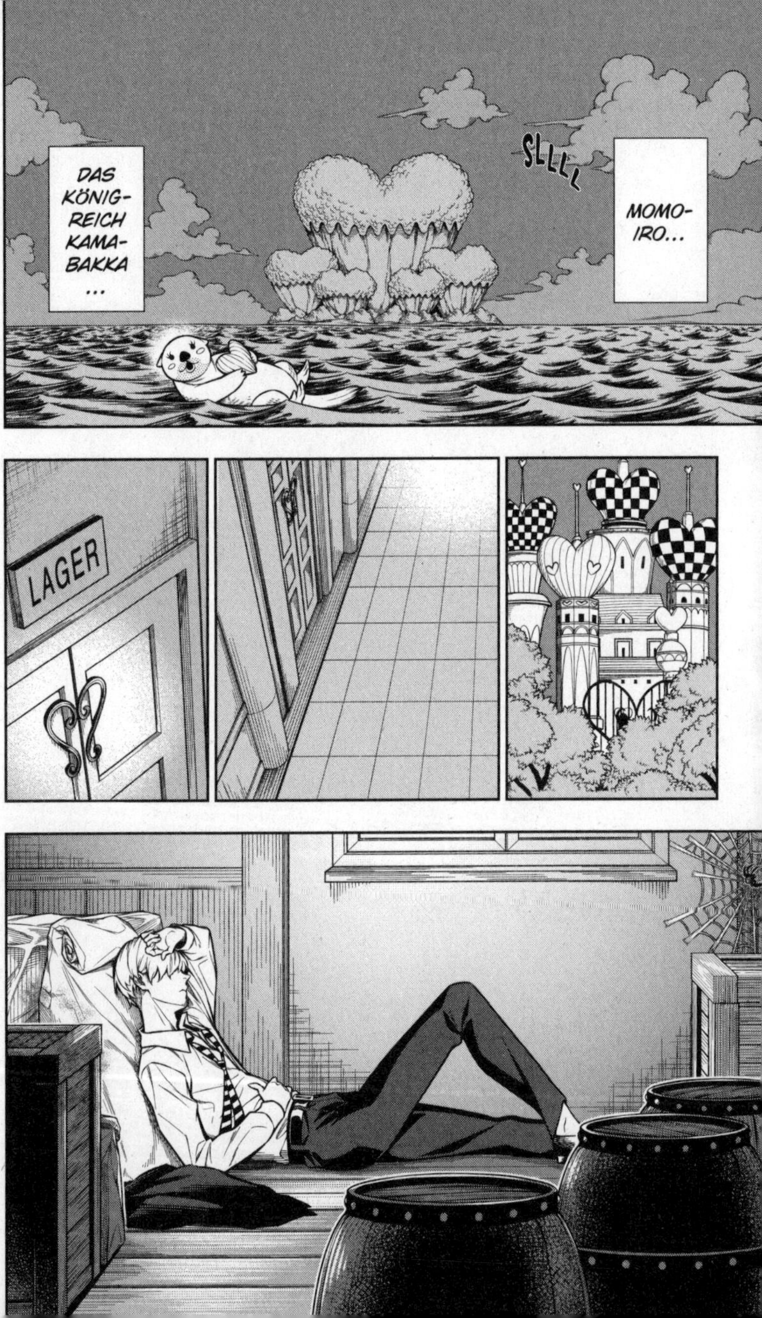
MOMO-
IRO...
SLLLL
DAS
KÖNIG-
REICH
KAMA-
BAKKA
...
LAGER

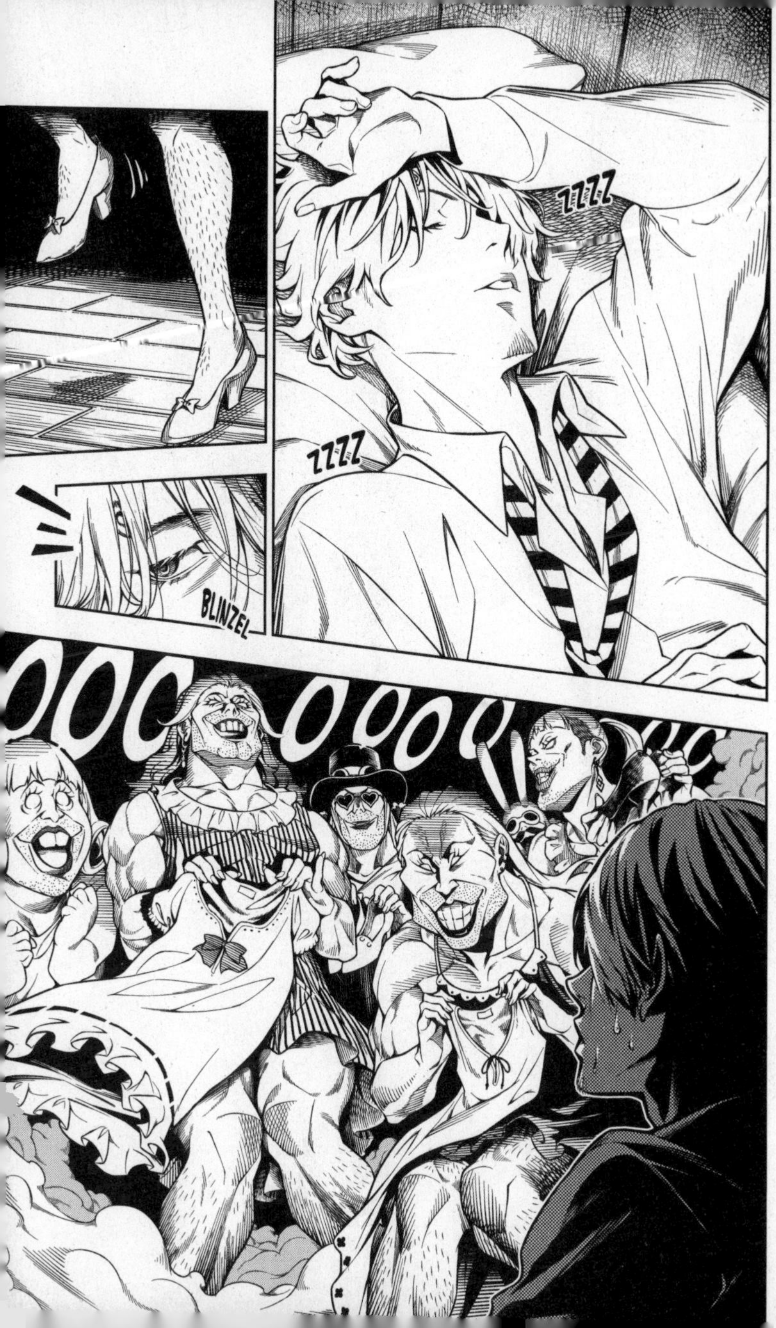
ZZZZ
ZZZZ
BLINZEL
OOOOOOOOOO

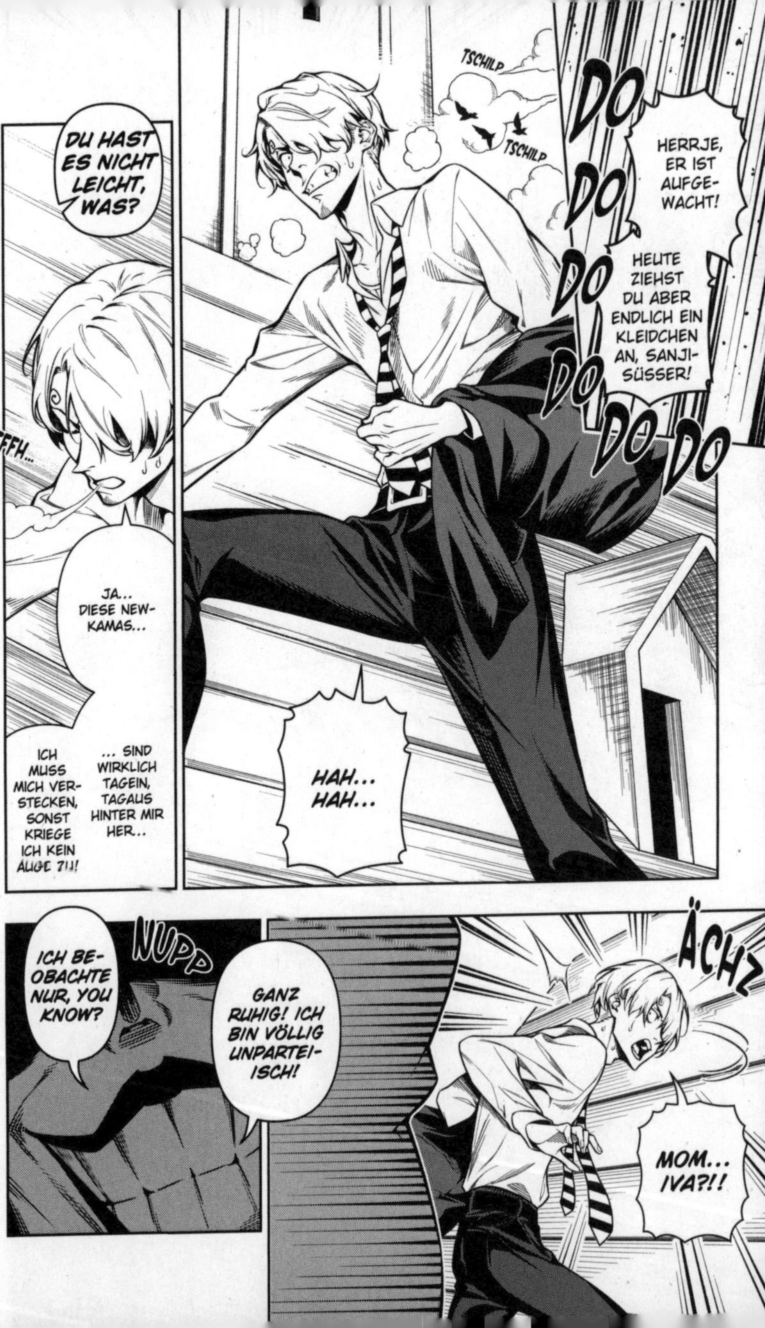
TSCHILP
TSCHILP
DO DO DO DO DO DO
HERRJE, ER IST AUFGE-WACHT!
HEUTE ZIEHST DU ABER ENDLICH EIN KLEIDCHEN AN, SANJI-SÜSSER!
HAH... HAH...
DU HAST ES NICHT LEICHT, WAS?
FFFH...
JA... DIESE NEW-KAMAS...
... SIND WIRKLICH TAGEIN, TAGAUS HINTER MIR HER...
ICH MUSS MICH VER-STECKEN, SONST KRIEGE ICH KEIN AUGE ZU!
ÄCHZ
MOM... IVA?!!
NUPP
GANZ RUHIG! ICH BIN VÖLLIG UNPARTEI-ISCH!
ICH BE-OBACHTE NUR, YOU KNOW?

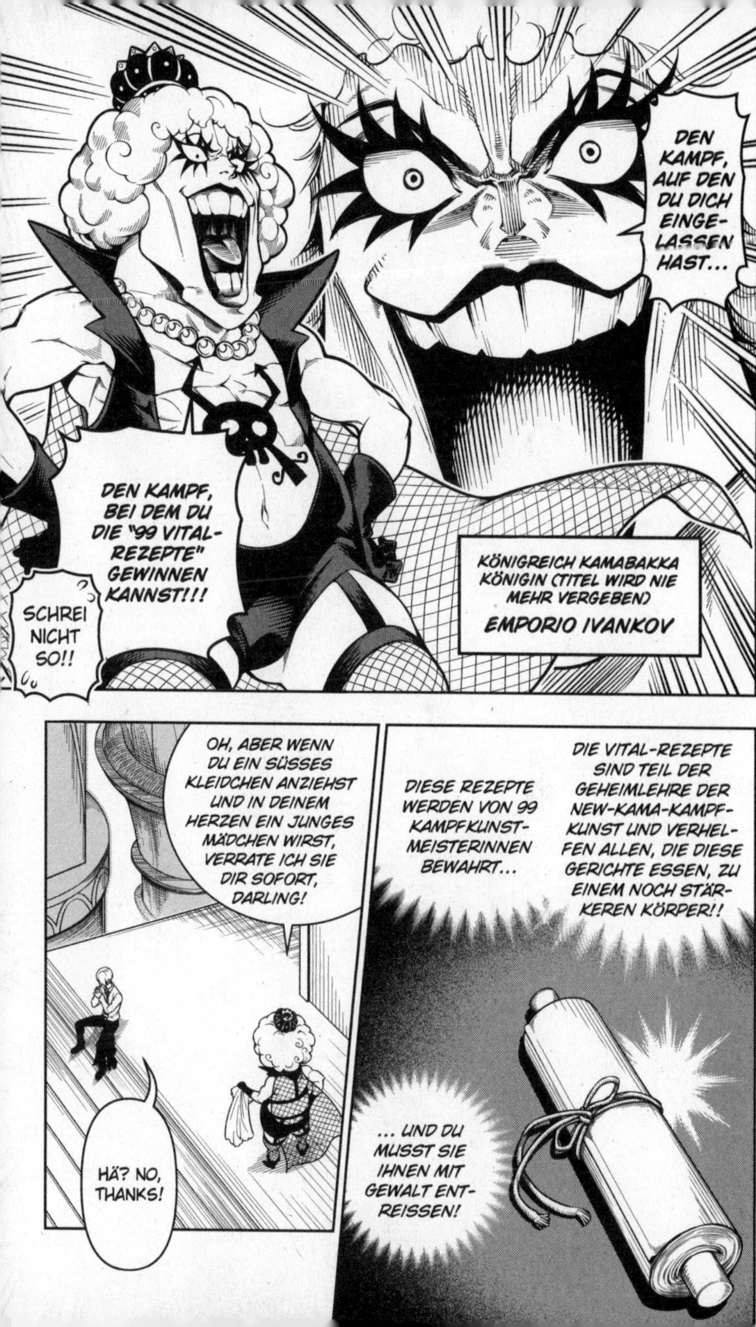
DEN KAMPF, AUF DEN DU DICH EINGELASSEN HAST…
DEN KAMPF, BEI DEM DU DIE "99 VITAL-REZEPTE" GEWINNEN KANNST!!!
KÖNIGREICH KAMABAKKA KÖNIGIN (TITEL WIRD NIE MEHR VERGEBEN) EMPORIO IVANKOV
SCHREI NICHT SO!!
DIE VITAL-REZEPTE SIND TEIL DER GEHEIMLEHRE DER NEW-KAMA-KAMPFKUNST UND VERHELFEN ALLEN, DIE DIESE GERICHTE ESSEN, ZU EINEM NOCH STÄRKEREN KÖRPER!!
DIESE REZEPTE WERDEN VON 99 KAMPFKUNSTMEISTERINNEN BEWAHRT…
… UND DU MUSST SIE IHNEN MIT GEWALT ENTREISSEN!
OH, ABER WENN DU EIN SÜSSES KLEIDCHEN ANZIEHST UND IN DEINEM HERZEN EIN JUNGES MÄDCHEN WIRST, VERRATE ICH SIE DIR SOFORT, DARLING!
HÄ? NO, THANKS!

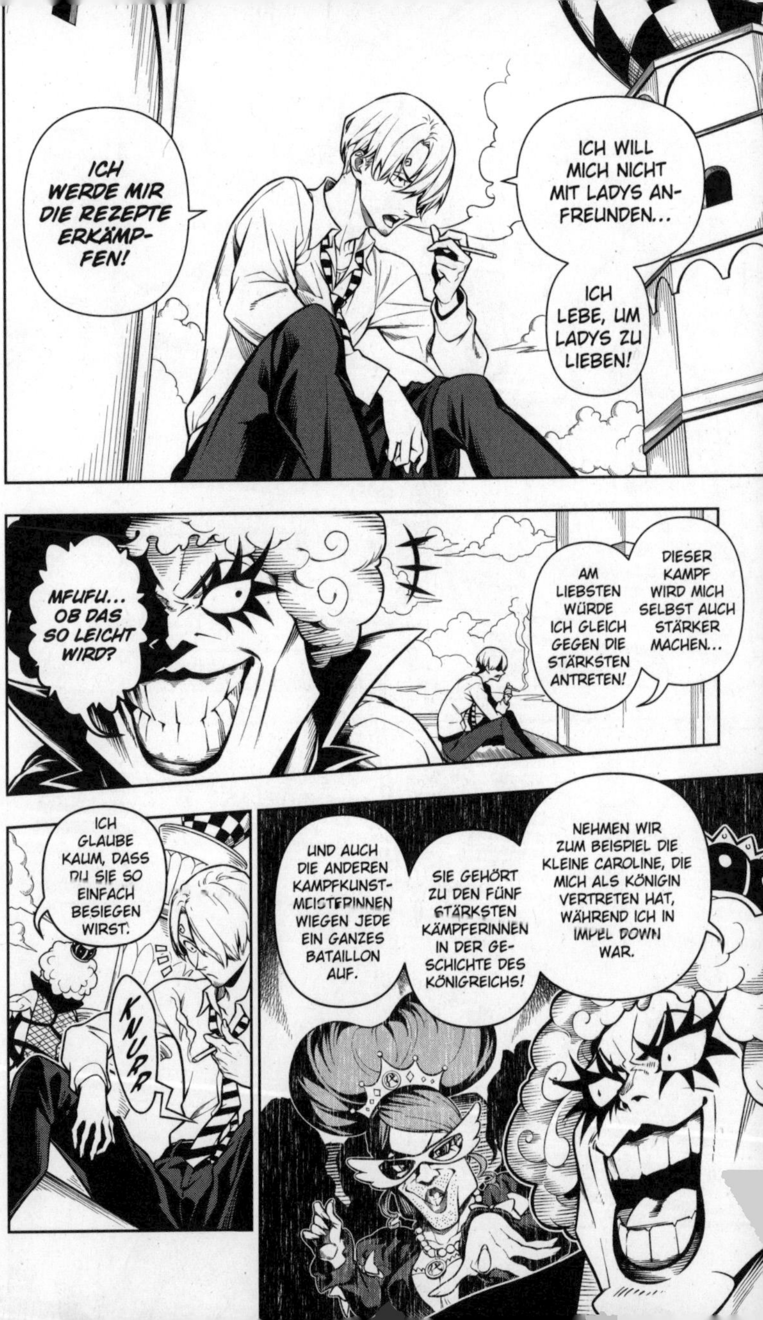
ICH WILL MICH NICHT MIT LADYS ANFREUNDEN...
ICH LEBE, UM LADYS ZU LIEBEN!
ICH WERDE MIR DIE REZEPTE ERKÄMPFEN!
DIESER KAMPF WIRD MICH SELBST AUCH STÄRKER MACHEN...
AM LIEBSTEN WÜRDE ICH GLEICH GEGEN DIE STÄRKSTEN ANTRETEN!
MFUFU... OB DAS SO LEICHT WIRD?
NEHMEN WIR ZUM BEISPIEL DIE KLEINE CAROLINE, DIE MICH ALS KÖNIGIN VERTRETEN HAT, WÄHREND ICH IN IMPEL DOWN WAR.
SIE GEHÖRT ZU DEN FÜNF STÄRKSTEN KÄMPFERINNEN IN DER GESCHICHTE DES KÖNIGREICHS!
UND AUCH DIE ANDEREN KAMPFKUNSTMEISTERINNEN WIEGEN JEDE EIN GANZES BATAILLON AUF.
ICH GLAUBE KAUM, DASS DU SIE SO EINFACH BESIEGEN WIRST.
KNURR

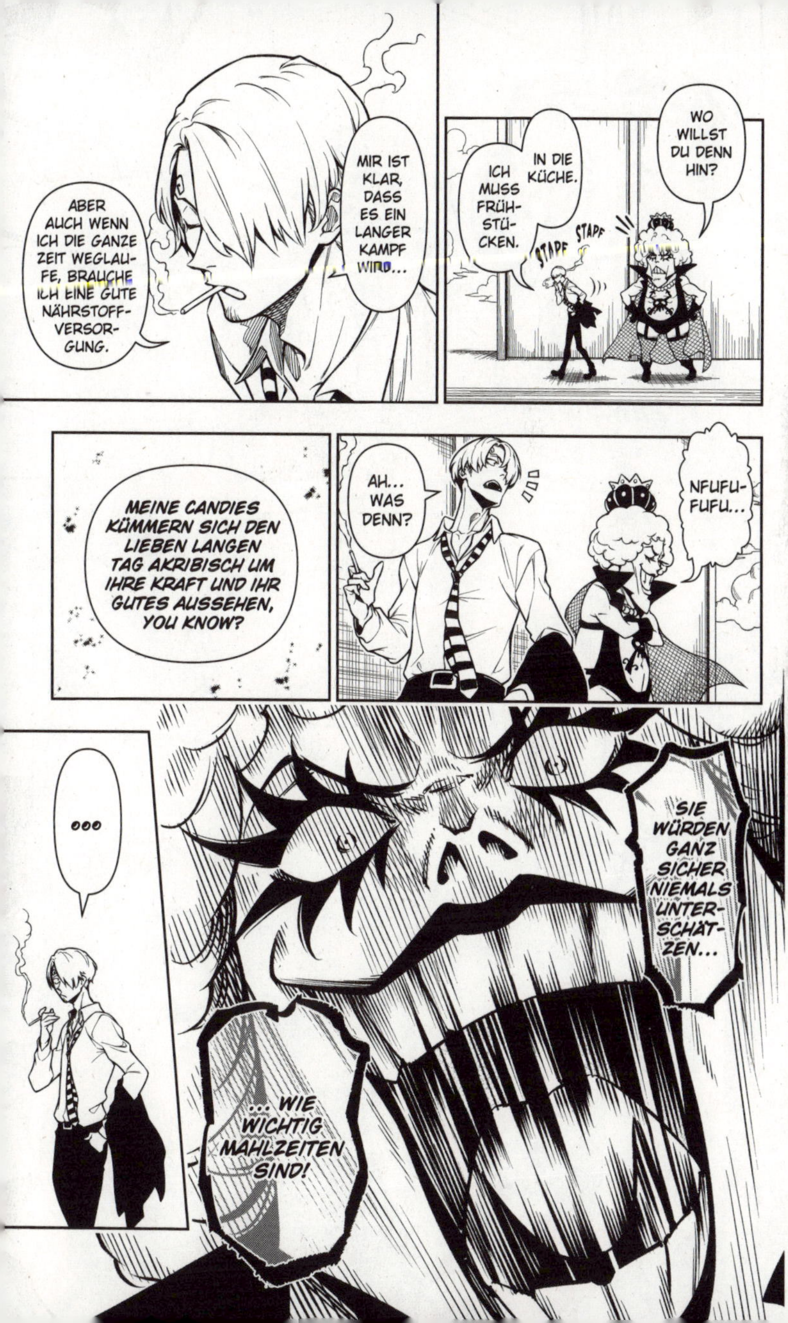
WO WILLST DU DENN HIN?
IN DIE KÜCHE.
ICH MUSS FRÜH-STÜ-CKEN.
STAPF STAPF
MIR IST KLAR, DASS ES EIN LANGER KAMPF WIRD...
ABER AUCH WENN ICH DIE GANZE ZEIT WEGLAU-FE, BRAUCHE ICH EINE GUTE NÄHRSTOFF-VERSOR-GUNG.
NFUFU-FUFU...
AH... WAS DENN?
MEINE CANDIES KÜMMERN SICH DEN LIEBEN LANGEN TAG AKRIBISCH UM IHRE KRAFT UND IHR GUTES AUSSEHEN, YOU KNOW?
SIE WÜRDEN GANZ SICHER NIEMALS UNTER-SCHÄT-ZEN...
...WIE WICHTIG MAHLZEITEN SIND!
...

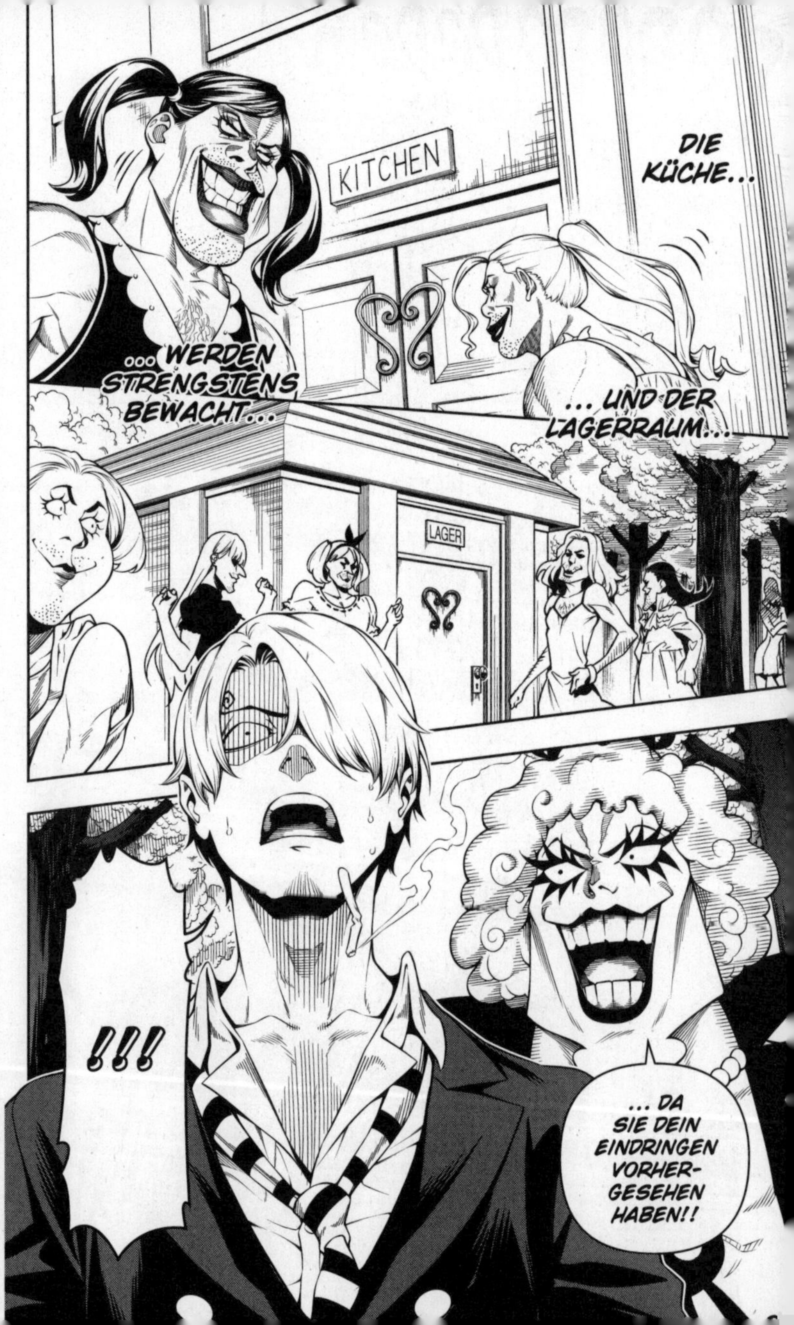
KITCHEN
DIE KÜCHE...
... UND DER LAGERRAUM...
... WERDEN STRENGSTENS BEWACHT...
LAGER
!!!
... DA SIE DEIN EINDRINGEN VORHER-GESEHEN HABEN!!

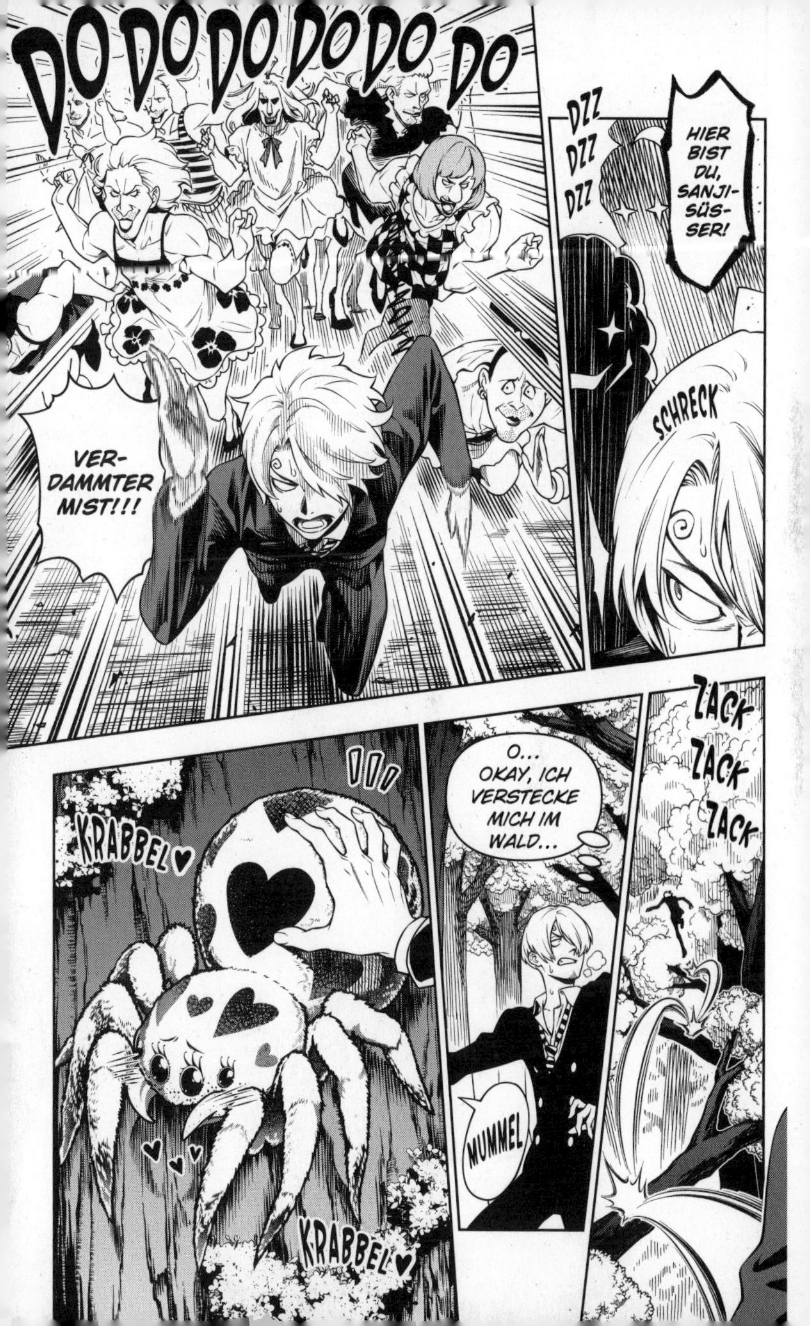
DO DO DO DO DO DO
HIER BIST DU, SANJI-SÜSSER!
DZZ DZZ DZZ
SCHRECK
VER-DAMMTER MIST!!!
ZACK ZACK ZACK
O... OKAY, ICH VERSTECKE MICH IM WALD...
MUMMEL
KRABBEL♥
KRABBEL♥

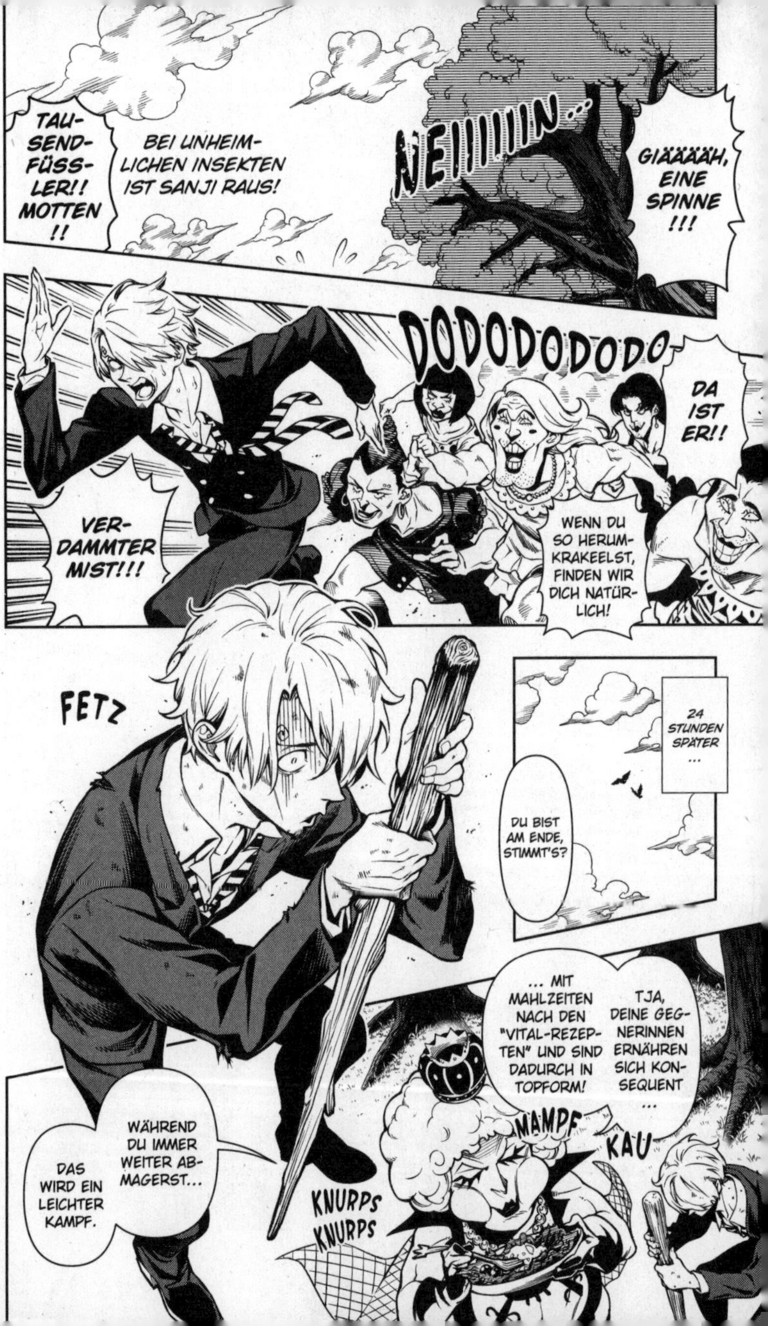
GIÄÄÄÄH, EINE SPINNE!!!
NEIIIIIN ...
BEI UNHEIMLICHEN INSEKTEN IST SANJI RAUS!
TAUSENDFÜSSLER!! MOTTEN!!
DODODODODO
DA IST ER!!
WENN DU SO HERUMKRAKEELST, FINDEN WIR DICH NATÜRLICH!
VERDAMMTER MIST!!!
24 STUNDEN SPÄTER ...
DU BIST AM ENDE, STIMMT'S?
FETZ
TJA, DEINE GEGNERINNEN ERNÄHREN SICH KONSEQUENT ...
... MIT MAHLZEITEN NACH DEN "VITAL-REZEPTEN" UND SIND DADURCH IN TOPFORM!
MAMPF
KAU
WÄHREND DU IMMER WEITER ABMAGERST...
DAS WIRD EIN LEICHTER KAMPF.
KNURPS
KNURPS

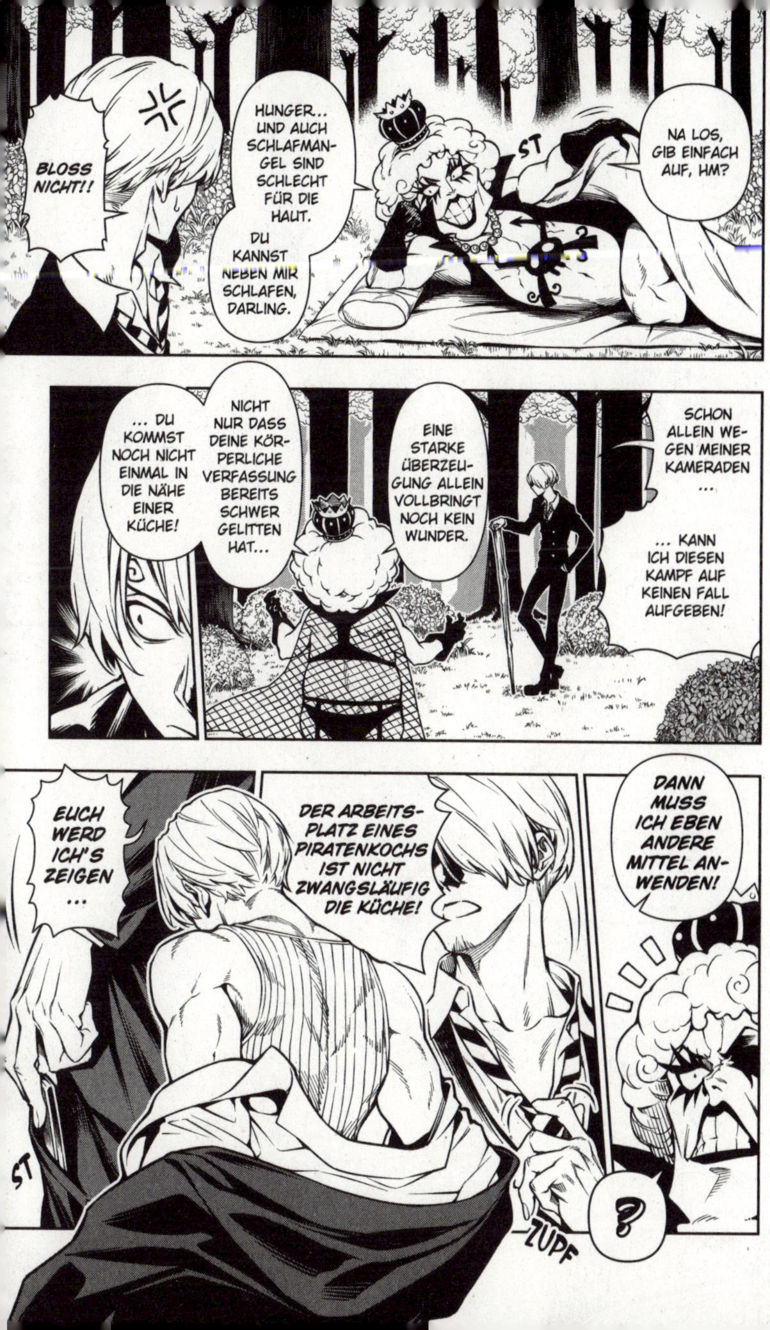
NA LOS, GIB EINFACH AUF, HM?
ST
HUNGER... UND AUCH SCHLAFMANGEL SIND SCHLECHT FÜR DIE HAUT.
DU KANNST NEBEN MIR SCHLAFEN, DARLING.
BLOSS NICHT!!
SCHON ALLEIN WEGEN MEINER KAMERADEN ...
... KANN ICH DIESEN KAMPF AUF KEINEN FALL AUFGEBEN!
EINE STARKE ÜBERZEUGUNG ALLEIN VOLLBRINGT NOCH KEIN WUNDER.
NICHT NUR DASS DEINE KÖRPERLICHE VERFASSUNG BEREITS SCHWER GELITTEN HAT...
... DU KOMMST NOCH NICHT EINMAL IN DIE NÄHE EINER KÜCHE!
DANN MUSS ICH EBEN ANDERE MITTEL ANWENDEN!
?
ZUPF
DER ARBEITSPLATZ EINES PIRATENKOCHS IST NICHT ZWANGSLÄUFIG DIE KÜCHE!
EUCH WERD ICH'S ZEIGEN ...
ST

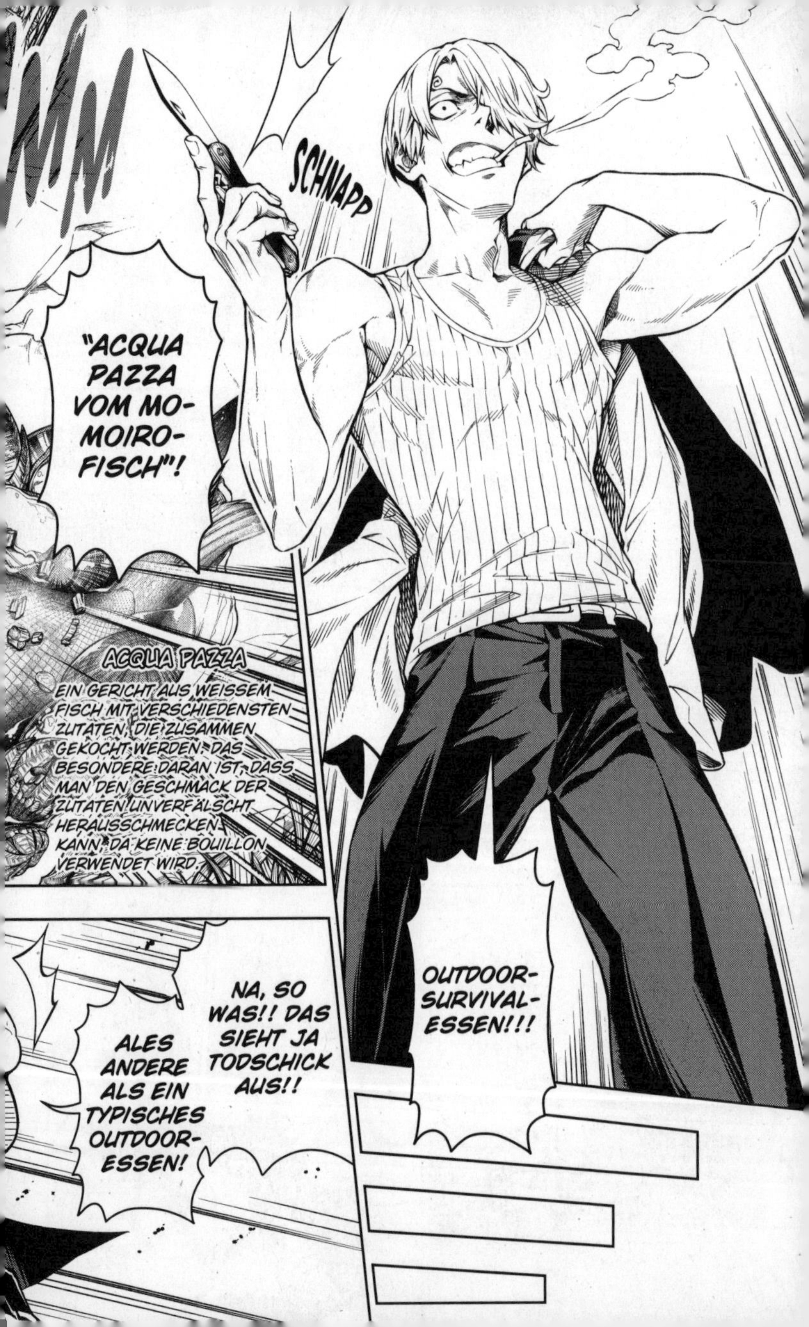
SCHNAPP
"ACQUA PAZZA VOM MOMOIRO-FISCH"!
ACQUA PAZZA
EIN GERICHT AUS WEISSEM FISCH MIT VERSCHIEDENSTEN ZUTATEN, DIE ZUSAMMEN GEKOCHT WERDEN. DAS BESONDERE DARAN IST, DASS MAN DEN GESCHMACK DER ZUTATEN UNVERFÄLSCHT HERAUSSCHMECKEN KANN, DA KEINE BOUILLON VERWENDET WIRD.
OUTDOOR-SURVIVAL-ESSEN!!!
NA, SO WAS!! DAS SIEHT JA TODSCHICK AUS!!
ALES ANDERE ALS EIN TYPISCHES OUTDOOR-ESSEN!

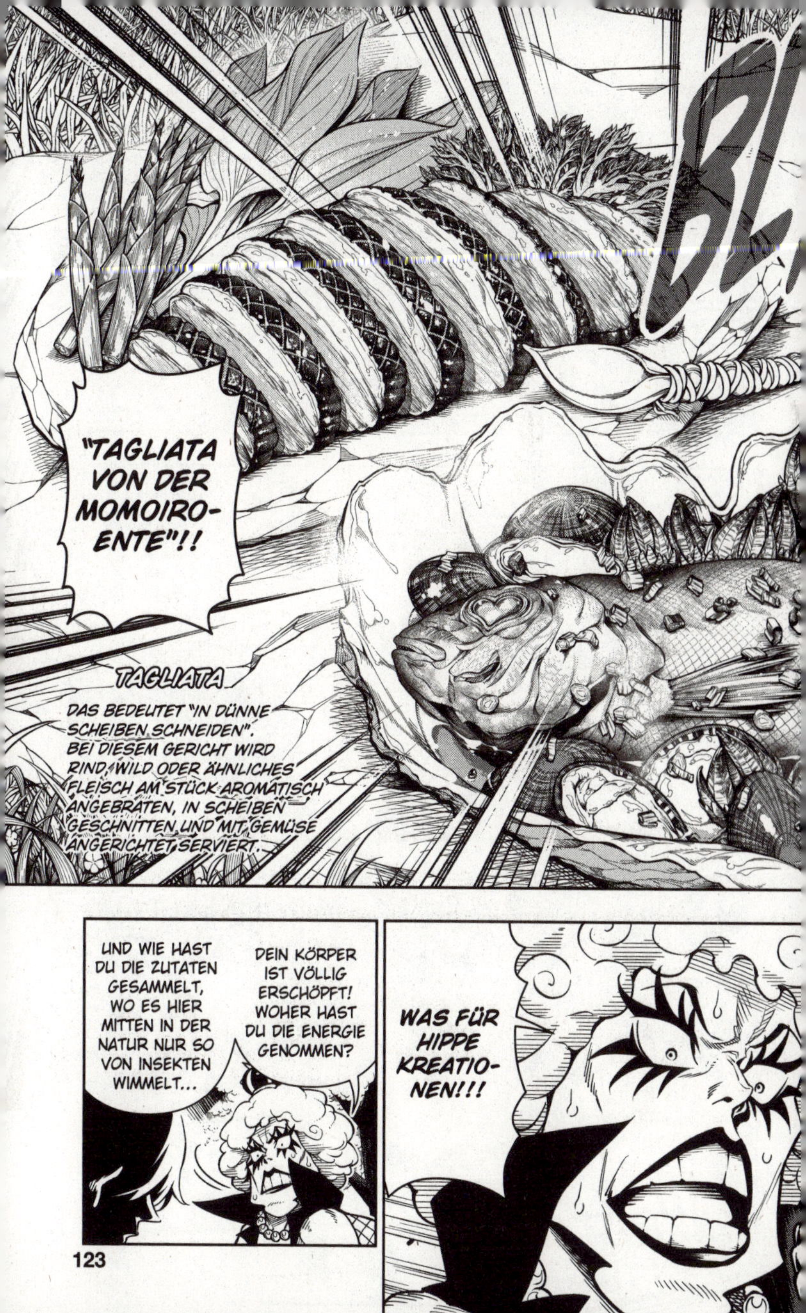
"TAGLIATA VON DER MOMOIRO-ENTE"!!
TAGLIATA
DAS BEDEUTET "IN DÜNNE SCHEIBEN SCHNEIDEN". BEI DIESEM GERICHT WIRD RIND, WILD ODER ÄHNLICHES FLEISCH AM STÜCK AROMATISCH ANGEBRATEN, IN SCHEIBEN GESCHNITTEN UND MIT GEMÜSE ANGERICHTET SERVIERT.
WAS FÜR HIPPE KREATIONEN!!!
DEIN KÖRPER IST VÖLLIG ERSCHÖPFT! WOHER HAST DU DIE ENERGIE GENOMMEN?
UND WIE HAST DU DIE ZUTATEN GESAMMELT, WO ES HIER MITTEN IN DER NATUR NUR SO VON INSEKTEN WIMMELT...

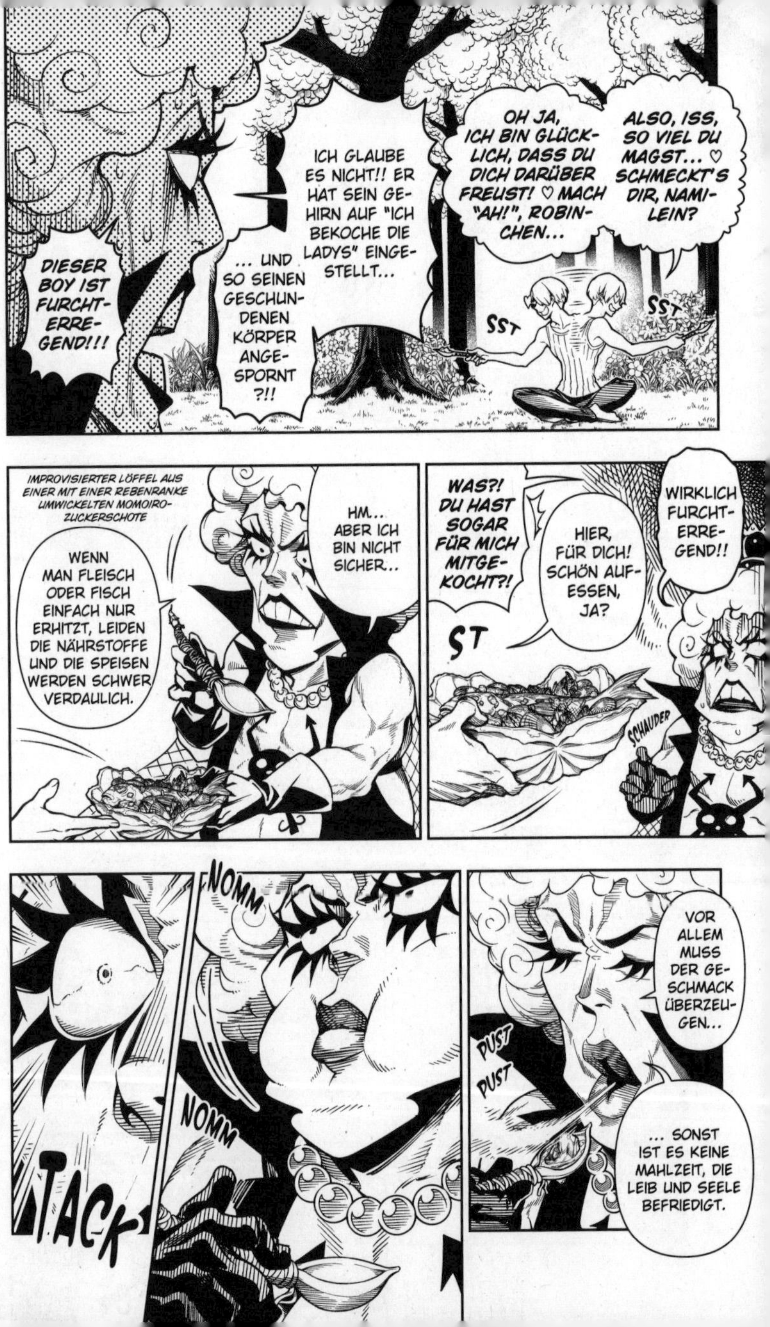
ALSO, ISS, SO VIEL DU MAGST... ♡ SCHMECKT'S DIR, NAMILEIN?
OH JA, ICH BIN GLÜCKLICH, DASS DU DICH DARÜBER FREUST! ♡ MACH "AH!", ROBINCHEN...
SST
SST
ICH GLAUBE ES NICHT!! ER HAT SEIN GEHIRN AUF "ICH BEKOCHE DIE LADYS" EINGESTELLT...
... UND SO SEINEN GESCHUNDENEN KÖRPER ANGESPORNT?!!
DIESER BOY IST FURCHTERREGEND!!!
WIRKLICH FURCHTERREGEND!!
HIER, FÜR DICH! SCHÖN AUFESSEN, JA?
WAS?! DU HAST SOGAR FÜR MICH MITGEKOCHT?!
ST
SCHAUDER
HM... ABER ICH BIN NICHT SICHER...
WENN MAN FLEISCH ODER FISCH EINFACH NUR ERHITZT, LEIDEN DIE NÄHRSTOFFE UND DIE SPEISEN WERDEN SCHWER VERDAULICH.
IMPROVISIERTER LÖFFEL AUS EINER MIT EINER REBENRANKE UMWICKELTEN MOMOIRO-ZUCKERSCHOTE
VOR ALLEM MUSS DER GESCHMACK ÜBERZEUGEN...
PUST
PUST
... SONST IST ES KEINE MAHLZEIT, DIE LEIB UND SEELE BEFRIEDIGT.
NOMM
NOMM
TACK

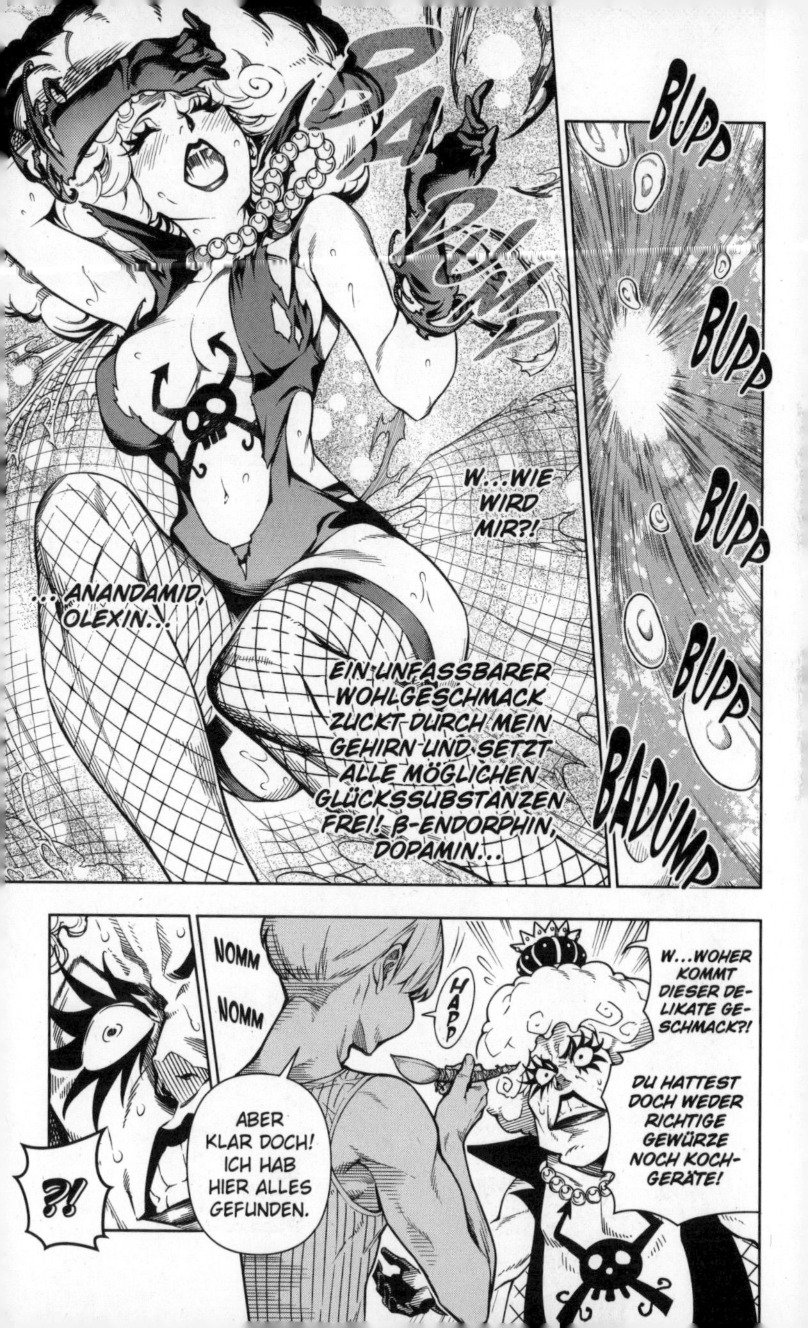
BADUMP
BUPP
BUPP
BUPP
BUPP
BADUMP
W...WIE WIRD MIR?!
EIN UNFASSBARER WOHLGESCHMACK ZUCKT DURCH MEIN GEHIRN UND SETZT ALLE MÖGLICHEN GLÜCKSSUBSTANZEN FREI! β-ENDORPHIN, DOPAMIN...
...ANANDAMID, OLEXIN...
HAPP
W...WOHER KOMMT DIESER DELIKATE GESCHMACK?!
DU HATTEST DOCH WEDER RICHTIGE GEWÜRZE NOCH KOCHGERÄTE!
NOMM NOMM
ABER KLAR DOCH! ICH HAB HIER ALLES GEFUNDEN.
?!

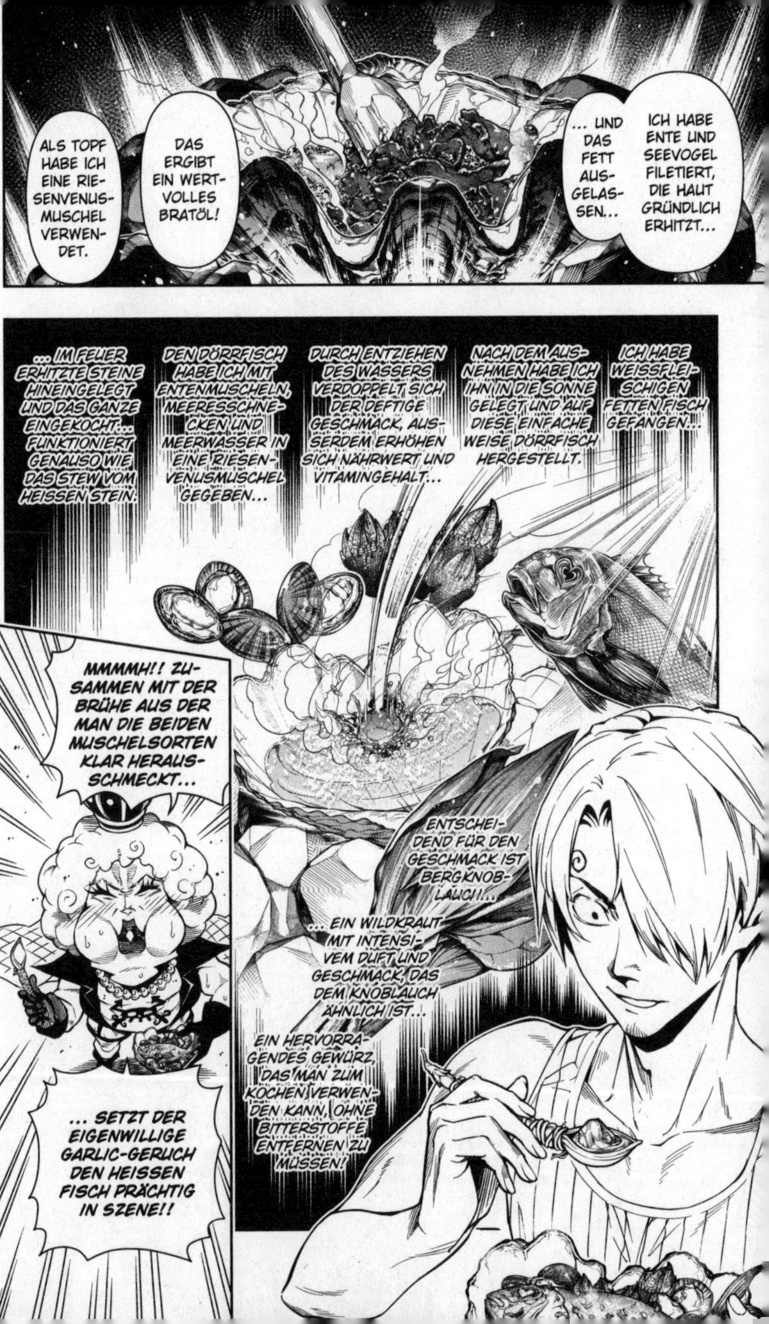
ICH HABE ENTE UND SEEVOGEL FILETIERT, DIE HAUT GRÜNDLICH ERHITZT...
... UND DAS FETT AUSGELASSEN...
DAS ERGIBT EIN WERTVOLLES BRATÖL!
ALS TOPF HABE ICH EINE RIESENVENUSMUSCHEL VERWENDET.
ICH HABE WEISSFLEISCHIGEN FETTEN FISCH GEFANGEN...
NACH DEM AUSNEHMEN HABE ICH IHN IN DIE SONNE GELEGT UND AUF DIESE EINFACHE WEISE DÖRRFISCH HERGESTELLT.
DURCH ENTZIEHEN DES WASSERS VERDOPPELT SICH DER DEFTIGE GESCHMACK, AUSSERDEM ERHÖHEN SICH NÄHRWERT UND VITAMINGEHALT...
DEN DÖRRFISCH HABE ICH MIT ENTENMUSCHELN, MEERESSCHNECKEN UND MEERWASSER IN EINE RIESENVENUSMUSCHEL GEGEBEN...
... IM FEUER ERHITZTE STEINE HINEINGELEGT UND DAS GANZE EINGEKOCHT... FUNKTIONIERT GENAUSO WIE DAS STEW VOM HEISSEN STEIN.
ENTSCHEIDEND FÜR DEN GESCHMACK IST BERGKNOBLAUCH!!...
... EIN WILDKRAUT MIT INTENSIVEM DUFT UND GESCHMACK, DAS DEM KNOBLAUCH ÄHNLICH IST...
EIN HERVORRAGENDES GEWÜRZ, DAS MAN ZUM KOCHEN VERWENDEN KANN, OHNE BITTERSTOFFE ENTFERNEN ZU MÜSSEN!
MMMMH!! ZUSAMMEN MIT DER BRÜHE AUS DER MAN DIE BEIDEN MUSCHELSORTEN KLAR HERAUSSCHMECKT...
... SETZT DER EIGENWILLIGE GARLIC-GERUCH DEN HEISSEN FISCH PRÄCHTIG IN SZENE!!

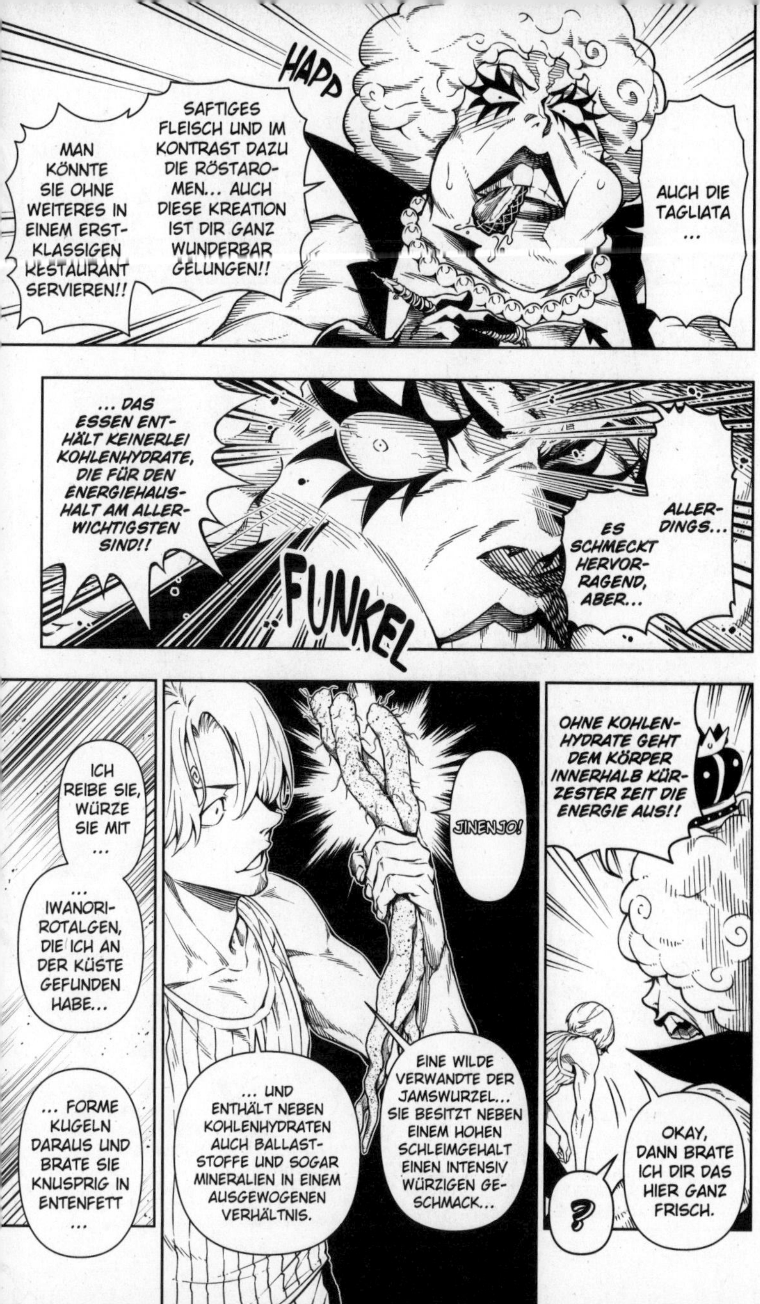
AUCH DIE TAGLIATA ...
HAPP
SAFTIGES FLEISCH UND IM KONTRAST DAZU DIE RÖSTAROMEN... AUCH DIESE KREATION IST DIR GANZ WUNDERBAR GELUNGEN!!
MAN KÖNNTE SIE OHNE WEITERES IN EINEM ERSTKLASSIGEN RESTAURANT SERVIEREN!!
ALLERDINGS...
ES SCHMECKT HERVORRAGEND, ABER...
FUNKEL
... DAS ESSEN ENTHÄLT KEINERLEI KOHLENHYDRATE, DIE FÜR DEN ENERGIEHAUSHALT AM ALLERWICHTIGSTEN SIND!!
OHNE KOHLENHYDRATE GEHT DEM KÖRPER INNERHALB KÜRZESTER ZEIT DIE ENERGIE AUS!!
OKAY, DANN BRATE ICH DIR DAS HIER GANZ FRISCH.
?
JINENJO!
EINE WILDE VERWANDTE DER JAMSWURZEL... SIE BESITZT NEBEN EINEM HOHEN SCHLEIMGEHALT EINEN INTENSIV WÜRZIGEN GESCHMACK...
... UND ENTHÄLT NEBEN KOHLENHYDRATEN AUCH BALLASTSTOFFE UND SOGAR MINERALIEN IN EINEM AUSGEWOGENEN VERHÄLTNIS.
ICH REIBE SIE, WÜRZE SIE MIT ...
... IWANORI-ROTALGEN, DIE ICH AN DER KÜSTE GEFUNDEN HABE...
... FORME KUGELN DARAUS UND BRATE SIE KNUSPRIG IN ENTENFETT ...

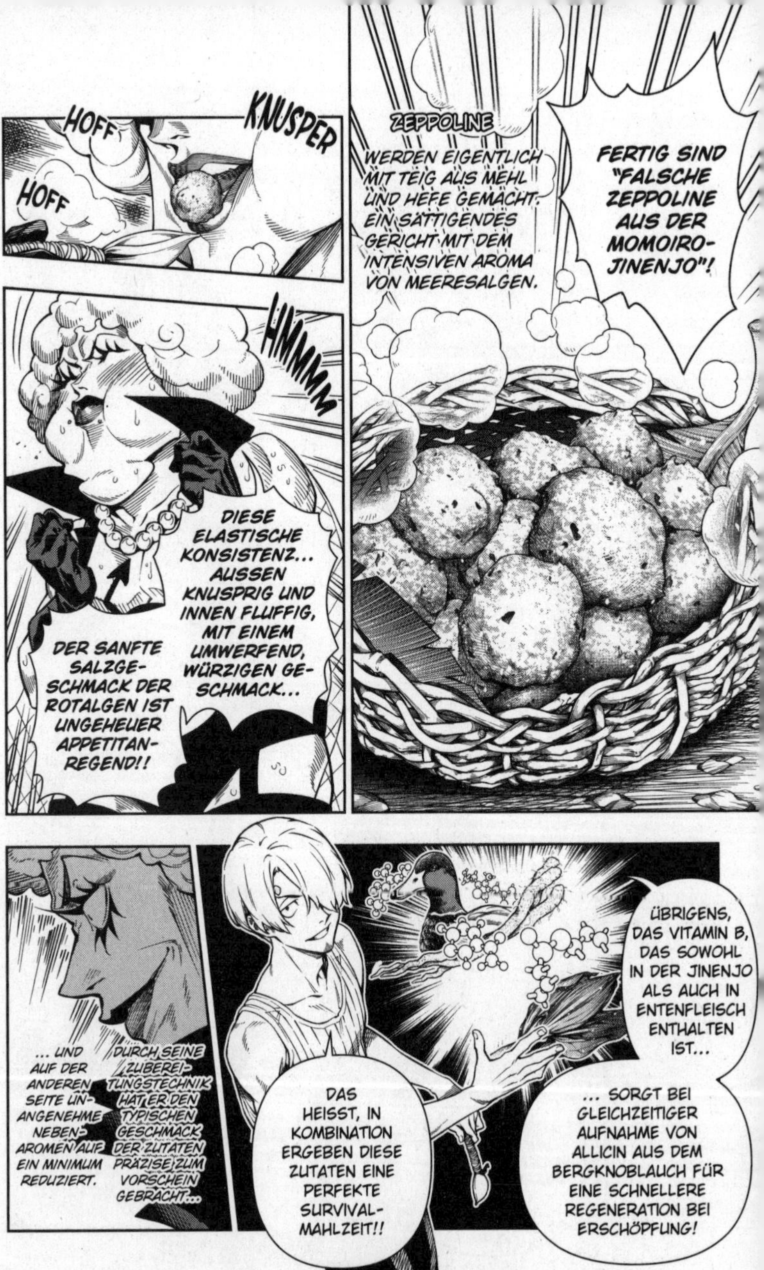
FERTIG SIND "FALSCHE ZEPPOLINE AUS DER MOMOIRO-JINENJO"!
ZEPPOLINE
WERDEN EIGENTLICH MIT TEIG AUS MEHL UND HEFE GEMACHT. EIN SÄTTIGENDES GERICHT MIT DEM INTENSIVEN AROMA VON MEERESALGEN.
KNUSPER
HOFF
HOFF
HMMMMM
DIESE ELASTISCHE KONSISTENZ... AUSSEN KNUSPRIG UND INNEN FLUFFIG, MIT EINEM UMWERFEND, WÜRZIGEN GESCHMACK...
DER SANFTE SALZGESCHMACK DER ROTALGEN IST UNGEHEUER APPETITANREGEND!!
ÜBRIGENS, DAS VITAMIN B, DAS SOWOHL IN DER JINENJO ALS AUCH IN ENTENFLEISCH ENTHALTEN IST...
... SORGT BEI GLEICHZEITIGER AUFNAHME VON ALLICIN AUS DEM BERGKNOBLAUCH FÜR EINE SCHNELLERE REGENERATION BEI ERSCHÖPFUNG!
DAS HEISST, IN KOMBINATION ERGEBEN DIESE ZUTATEN EINE PERFEKTE SURVIVAL-MAHLZEIT!!
DURCH SEINE ZUBEREITUNGSTECHNIK HAT ER DEN TYPISCHEN GESCHMACK DER ZUTATEN PRÄZISE ZUM VORSCHEIN GEBRACHT...
... UND AUF DER ANDEREN SEITE UNANGENEHME NEBENAROMEN AUF EIN MINIMUM REDUZIERT.

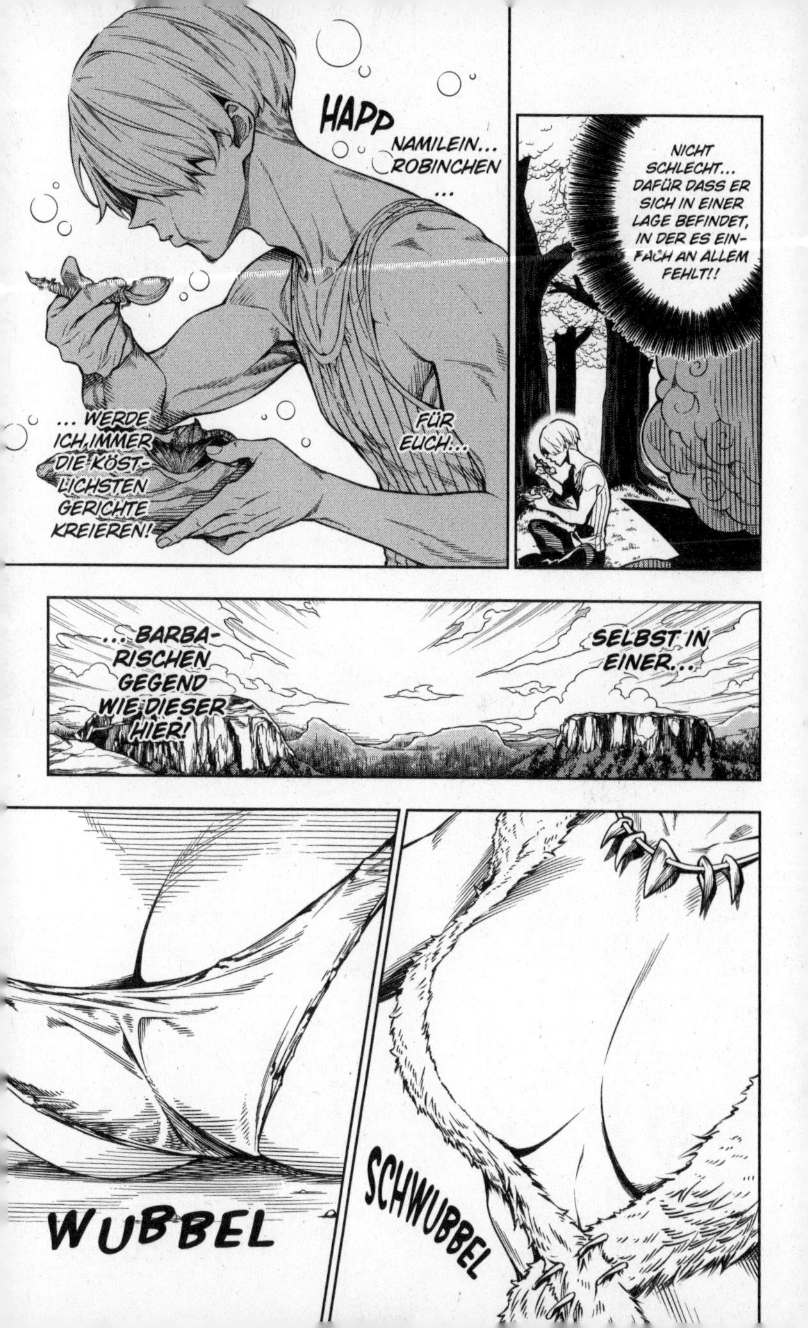
NICHT SCHLECHT... DAFÜR DASS ER SICH IN EINER LAGE BEFINDET, IN DER ES EINFACH AN ALLEM FEHLT!!
HAPP
NAMILEIN... ROBINCHEN ...
FÜR EUCH...
... WERDE ICH IMMER DIE KÖSTLICHSTEN GERICHTE KREIEREN!
SELBST IN EINER...
... BARBARISCHEN GEGEND WIE DIESER HIER!
SCHWUBBEL
WUBBEL

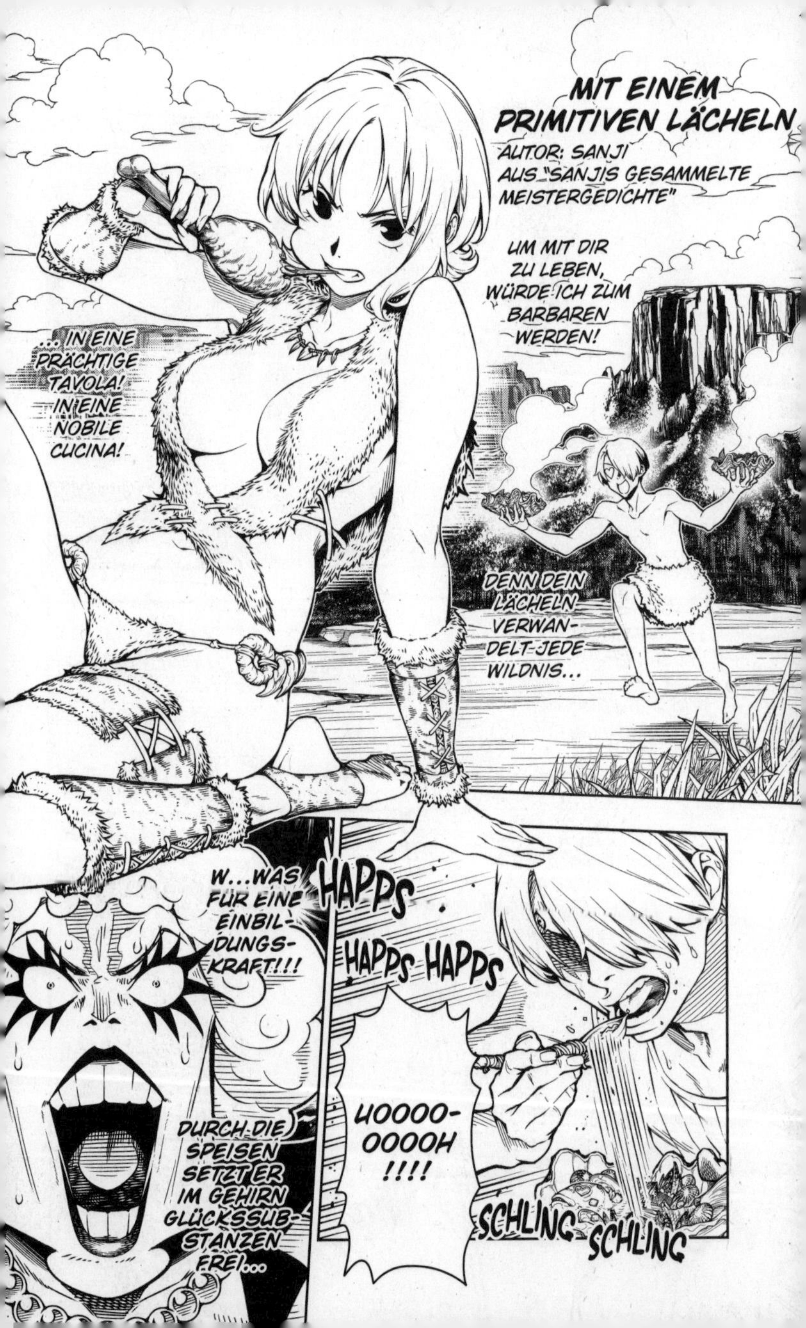
MIT EINEM PRIMITIVEN LÄCHELN
AUTOR: SANJI
AUS "SANJIS GESAMMELTE MEISTERGEDICHTE"
UM MIT DIR ZU LEBEN, WÜRDE ICH ZUM BARBAREN WERDEN!
DENN DEIN LÄCHELN VERWANDELT JEDE WILDNIS...
... IN EINE PRÄCHTIGE TAVOLA! IN EINE NOBILE CUCINA!
HAPPS
HAPPS HAPPS
SCHLING SCHLING
UOOOO-OOOOH!!!!
W...WAS FÜR EINE EINBILDUNGSKRAFT!!!!
DURCH DIE SPEISEN SETZT ER IM GEHIRN GLÜCKSSUBSTANZEN FREI...

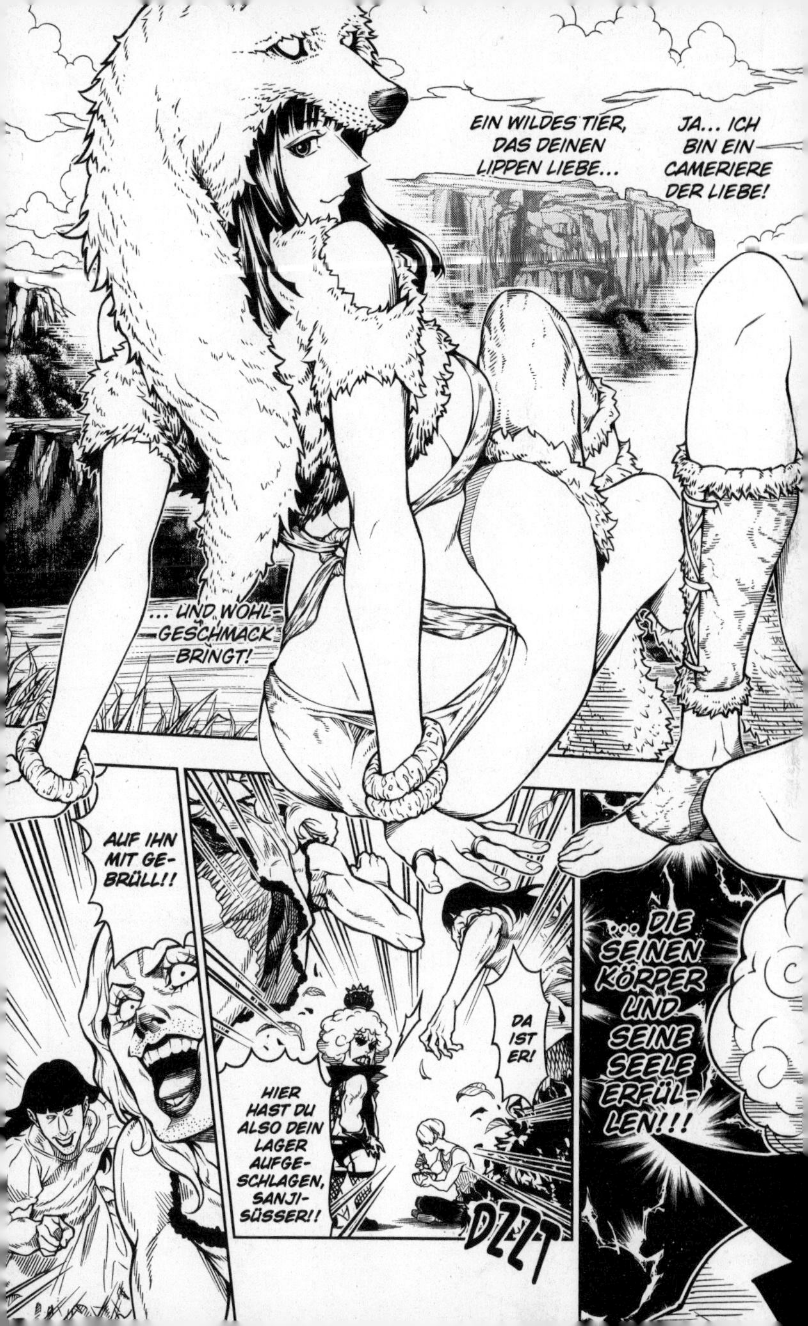
JA... ICH BIN EIN CAMERIERE DER LIEBE!
EIN WILDES TIER, DAS DEINEN LIPPEN LIEBE...
... UND WOHL-GESCHMACK BRINGT!
... DIE SEINEN KÖRPER UND SEINE SEELE ERFÜL-LEN!!!
DZZZT
DA IST ER!
HIER HAST DU ALSO DEIN LAGER AUFGE-SCHLAGEN, SANJI-SÜSSER!!
AUF IHN MIT GE-BRÜLL!!

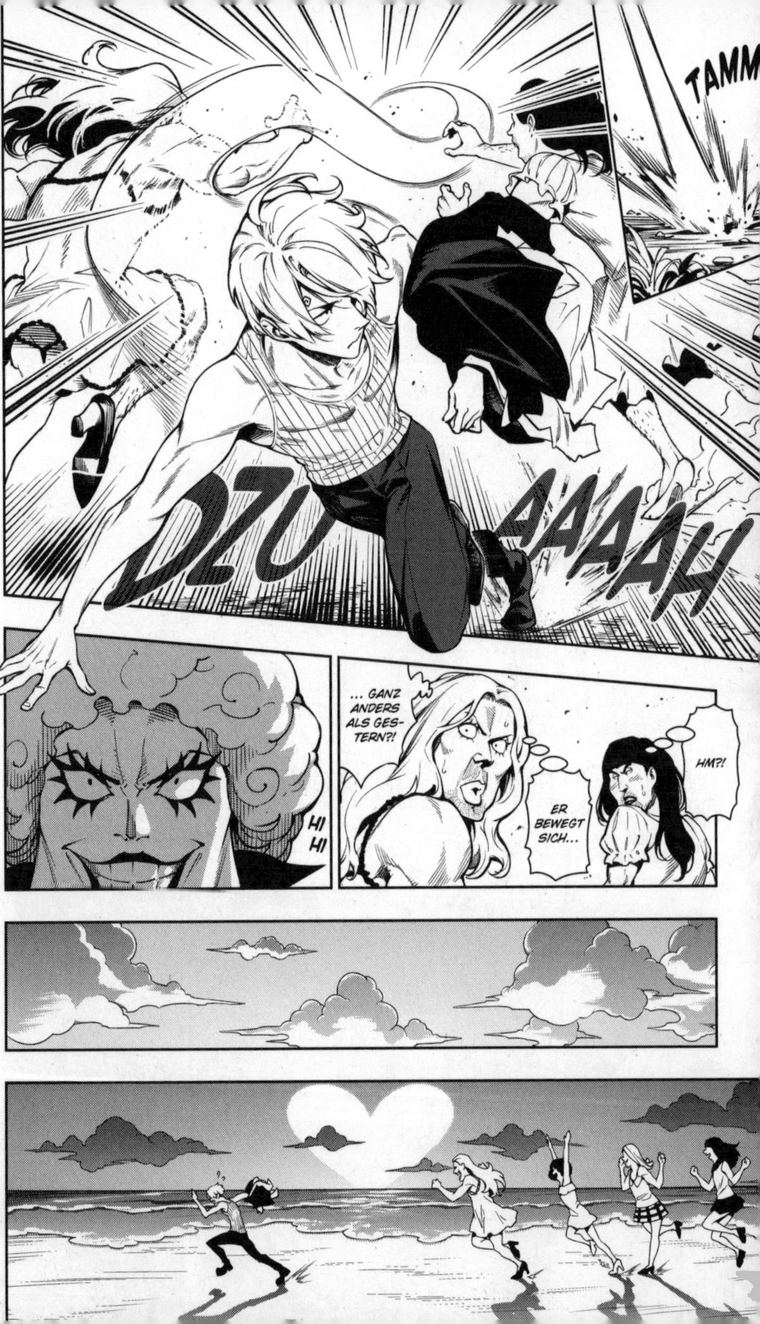
TAMM
DZU
AAAAH
HM?!
ER BEWEGT SICH...
... GANZ ANDERS ALS GESTERN?!
HI HI

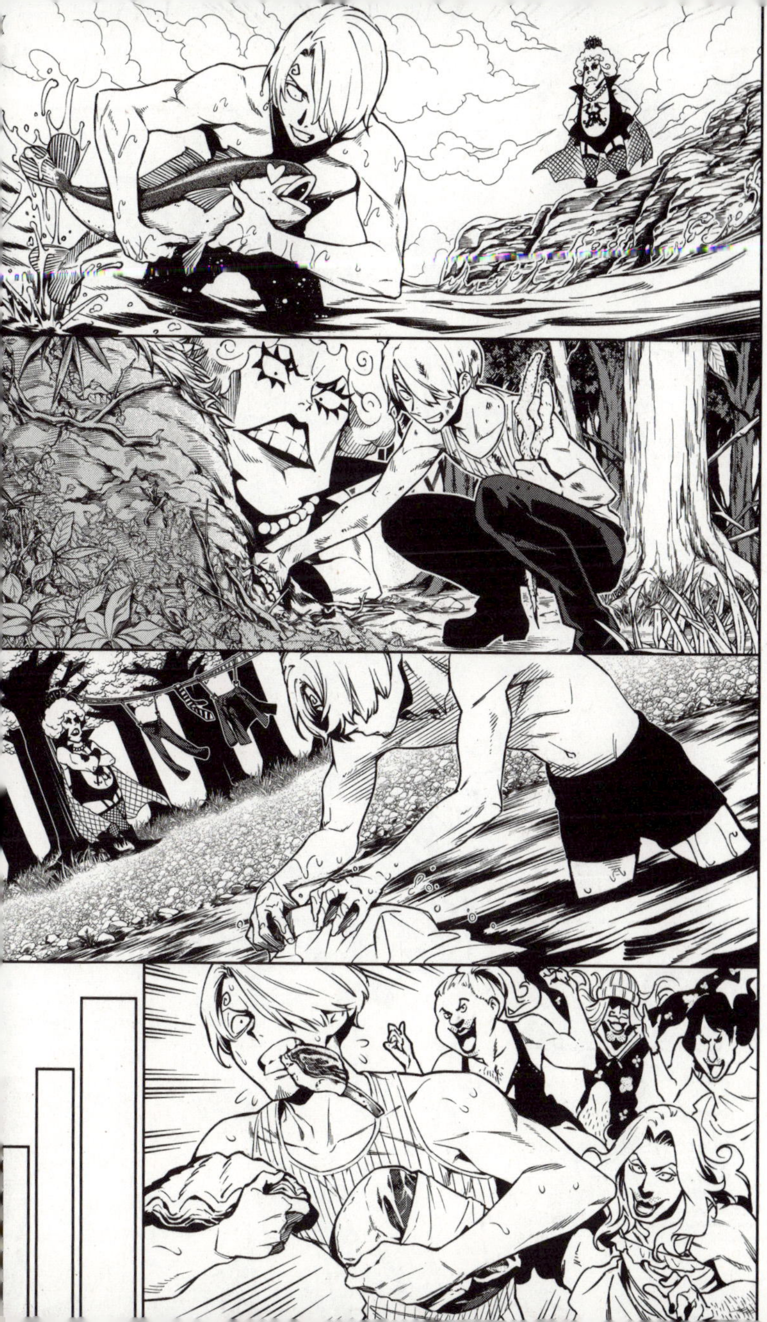

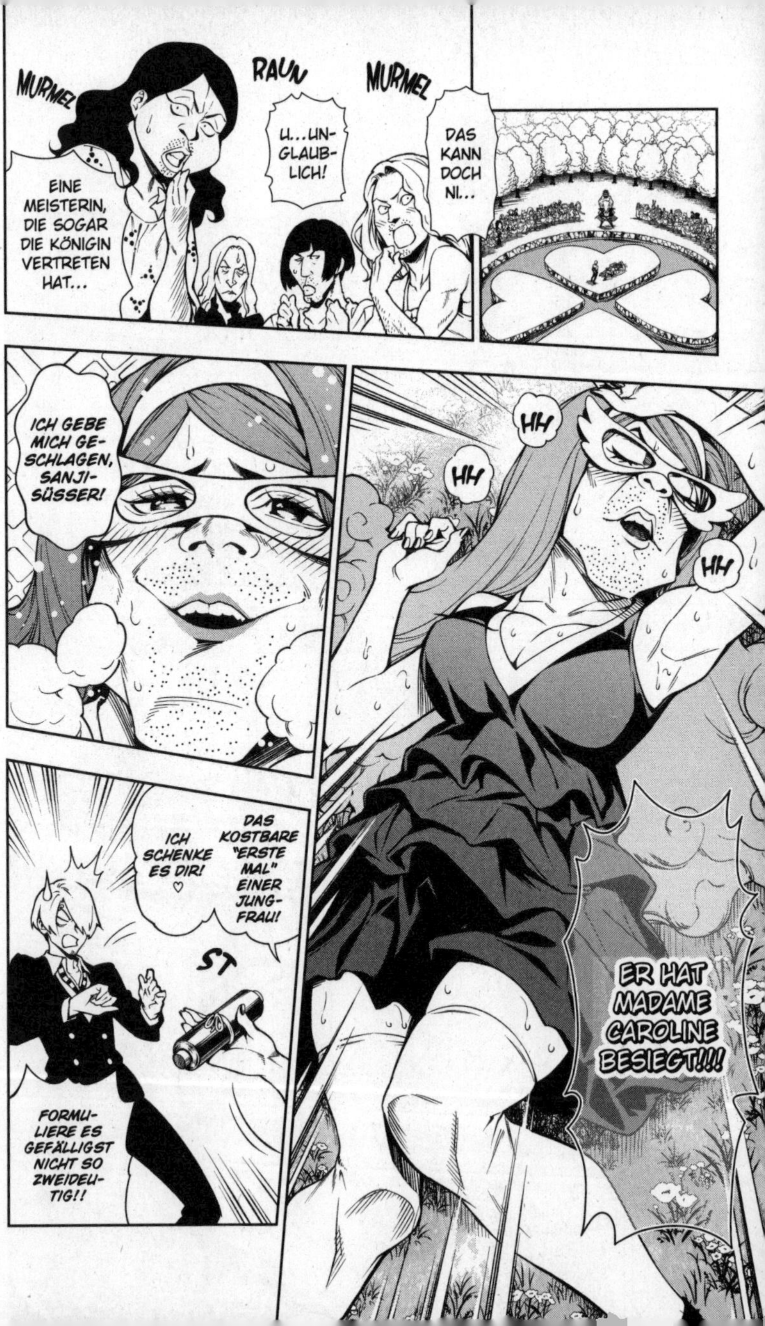
MURMEL
DAS KANN DOCH NI...
RAUN
U...UN-GLAUB-LICH!
MURMEL
EINE MEISTERIN, DIE SOGAR DIE KÖNIGIN VERTRETEN HAT...
HH
HH
HH
ICH GEBE MICH GE-SCHLAGEN, SANJI-SÜSSER!
ER HAT MADAME CAROLINE BESIEGT!!!
DAS KOSTBARE "ERSTE MAL" EINER JUNG-FRAU!
ICH SCHENKE ES DIR! ♡
ST
FORMU-LIERE ES GEFÄLLIGST NICHT SO ZWEIDEU-TIG!!

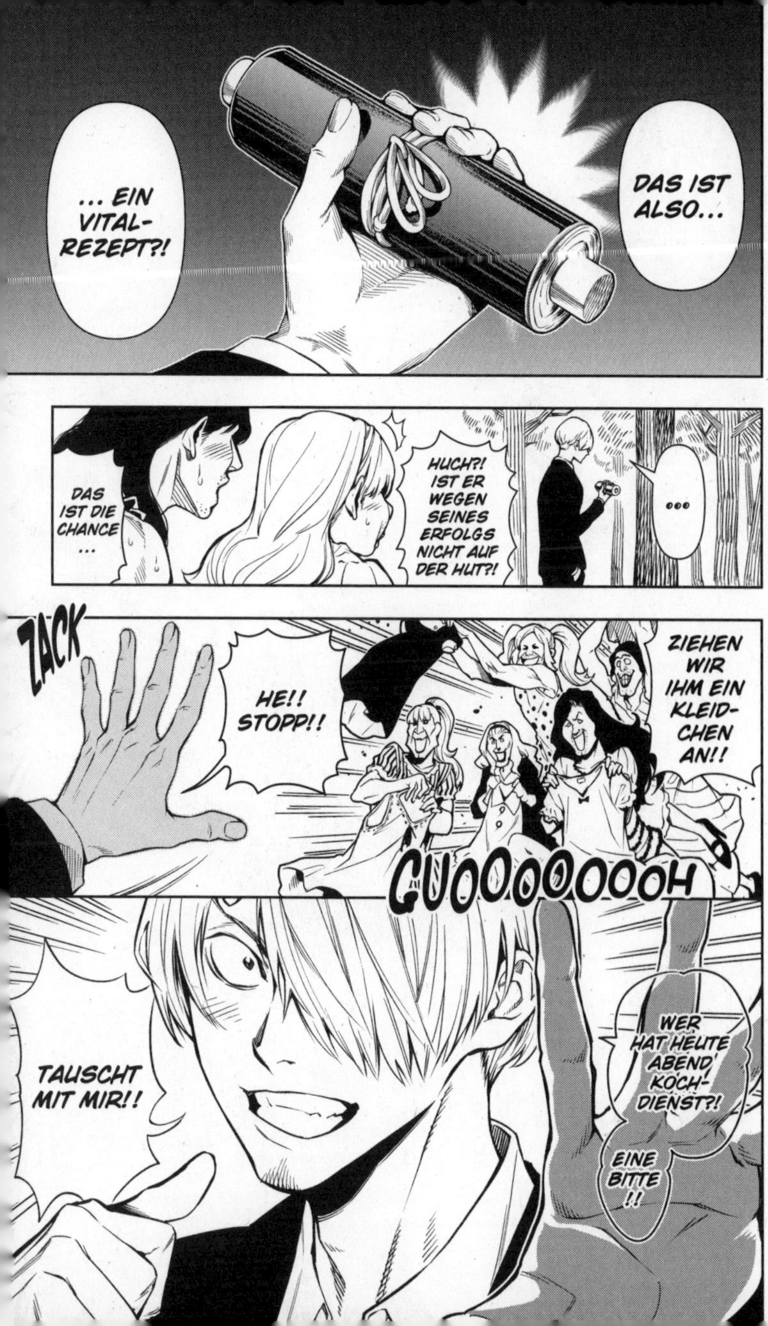
DAS IST ALSO...
... EIN VITAL-REZEPT?!
...
HUCH?! IST ER WEGEN SEINES ERFOLGS NICHT AUF DER HUT?!
DAS IST DIE CHANCE ...
ZIEHEN WIR IHM EIN KLEID-CHEN AN!!
HE!! STOPP!!
ZACK
GUOOOOOOOOH
WER HAT HEUTE ABEND KOCH-DIENST?!
EINE BITTE !!
TAUSCHT MIT MIR!!

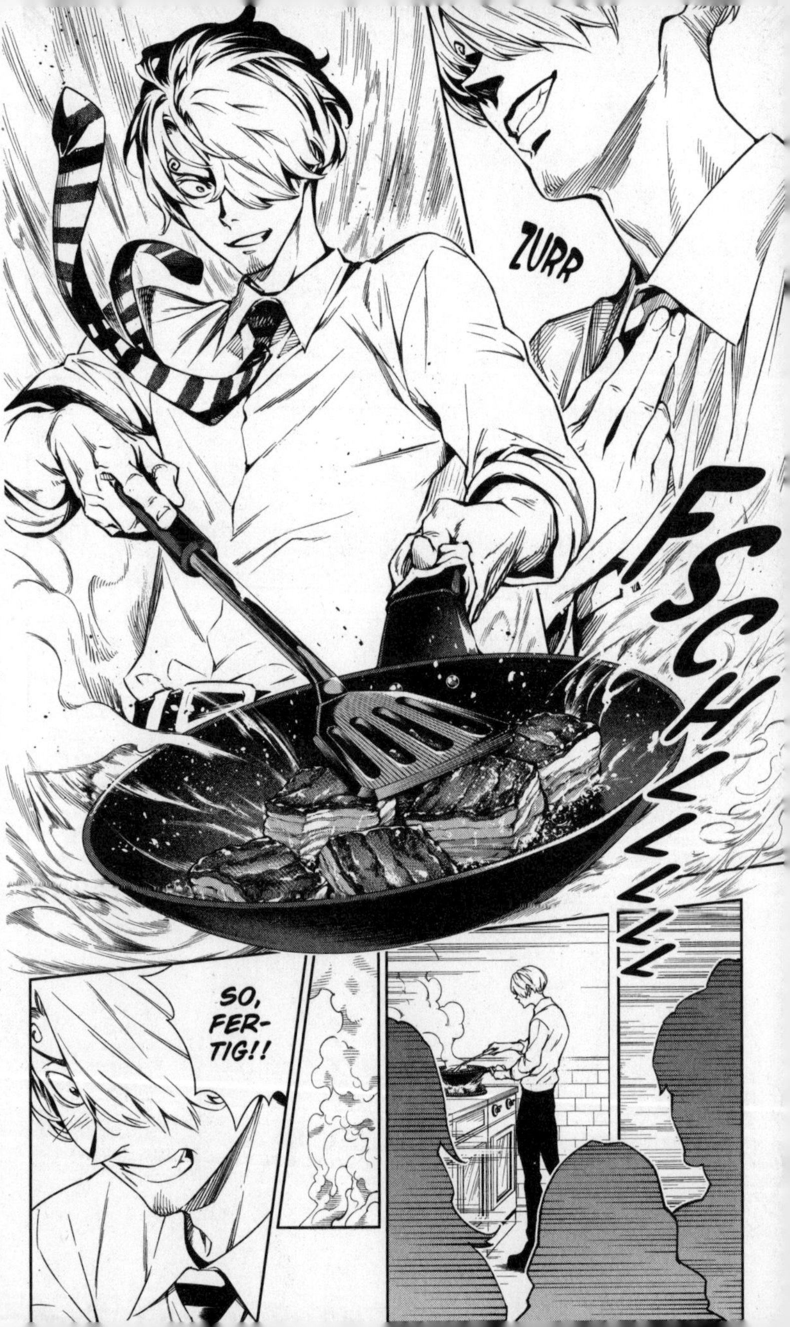
ZURR
FSCHHHLLLLL
SO, FER-TIG!!

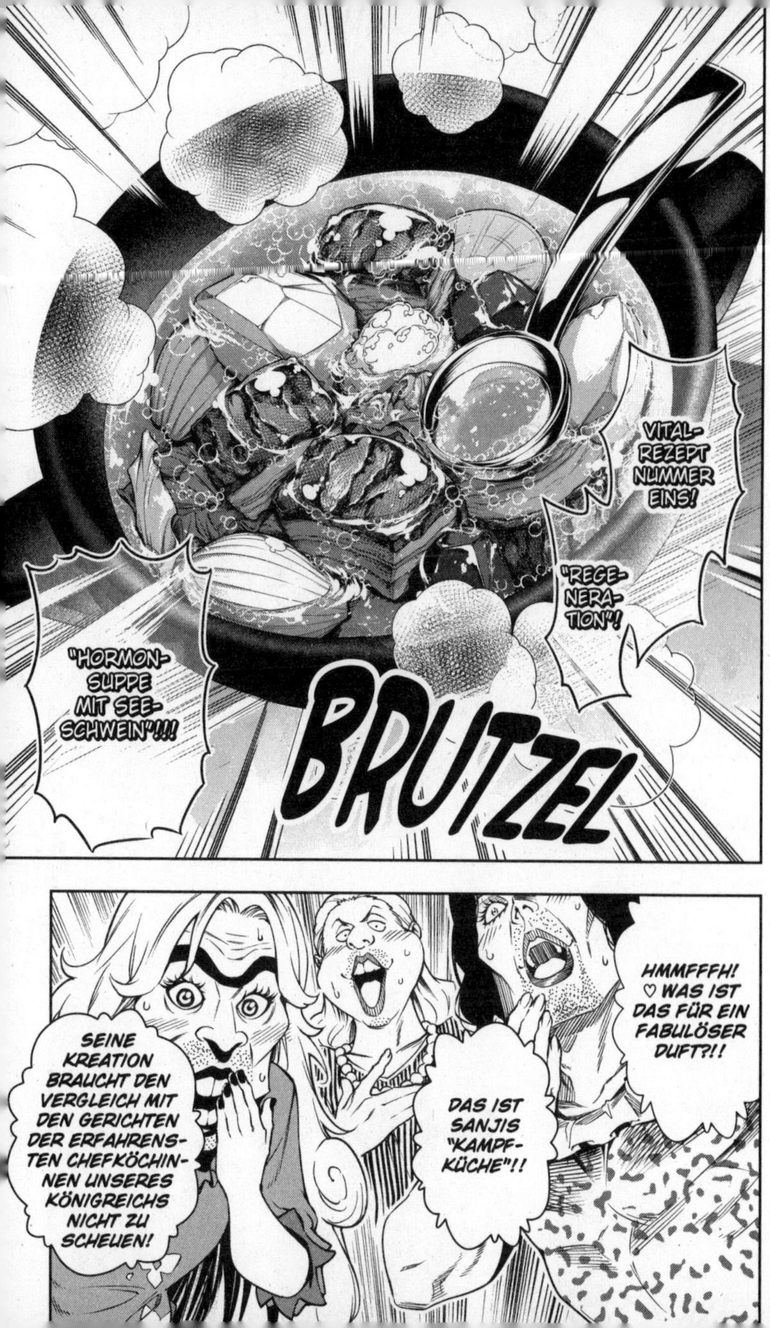
VITAL-
REZEPT
NUMMER
EINS!
"REGE-
NERA-
TION"!
"HORMON-
SUPPE
MIT SEE-
SCHWEIN"!!!
BRUTZEL
HMMFFFH!
♡ WAS IST
DAS FÜR EIN
FABULÖSER
DUFT?!!
DAS IST
SANJIS
"KAMPF-
KÜCHE"!!
SEINE
KREATION
BRAUCHT DEN
VERGLEICH MIT
DEN GERICHTEN
DER ERFAHRENS-
TEN CHEFKÖCHIN-
NEN UNSERES
KÖNIGREICHS
NICHT ZU
SCHEUEN!

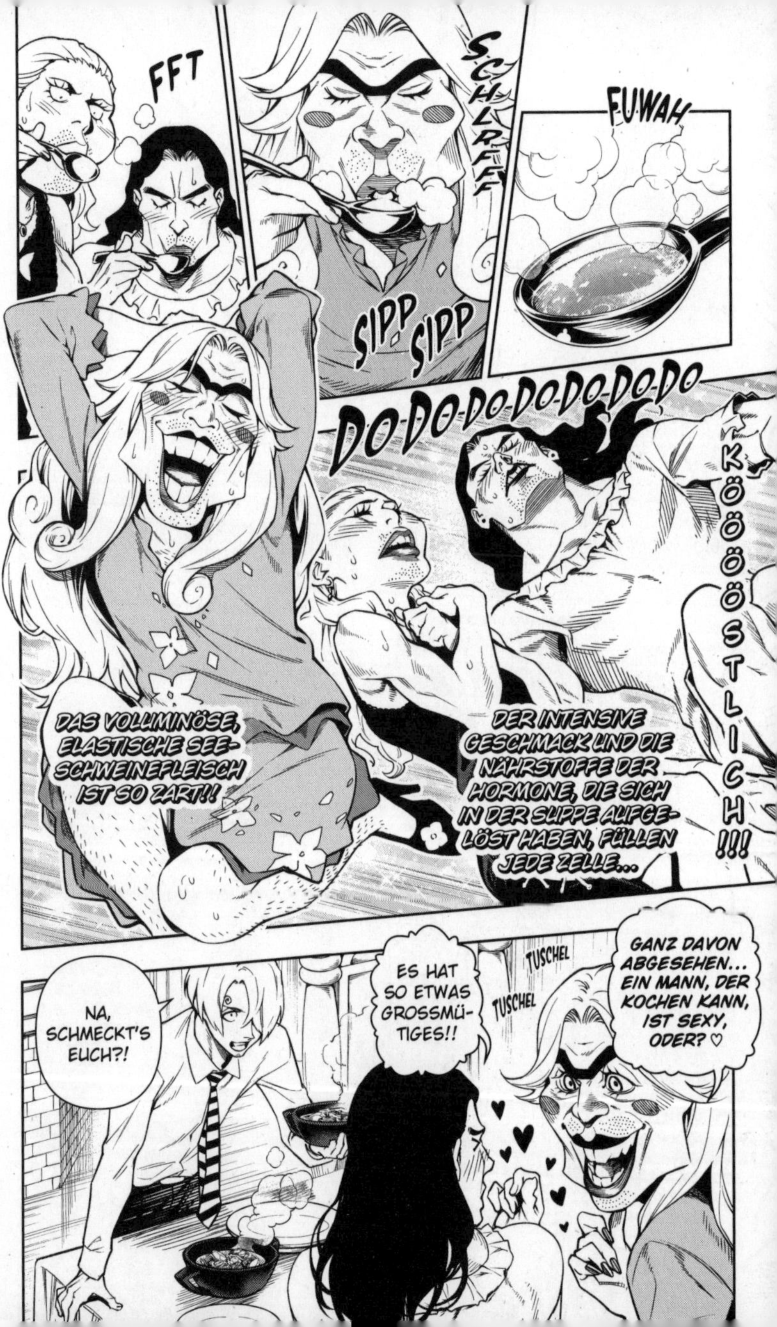
FUWAH
SCHLRFFF
SIPP SIPP
FFT
DO-DO-DO-DO-DO-DO-DO-DO
KÖÖÖÖSTLICH!!!
DER INTENSIVE GESCHMACK UND DIE NÄHRSTOFFE DER HORMONE, DIE SICH IN DER SUPPE AUFGELÖST HABEN, FÜLLEN JEDE ZELLE...
DAS VOLUMINÖSE, ELASTISCHE SEESCHWEINEFLEISCH IST SO ZART!!
GANZ DAVON ABGESEHEN... EIN MANN, DER KOCHEN KANN, IST SEXY, ODER? ♡
TUSCHEL
TUSCHEL
ES HAT SO ETWAS GROSSMÜTIGES!!
NA, SCHMECKT'S EUCH?!

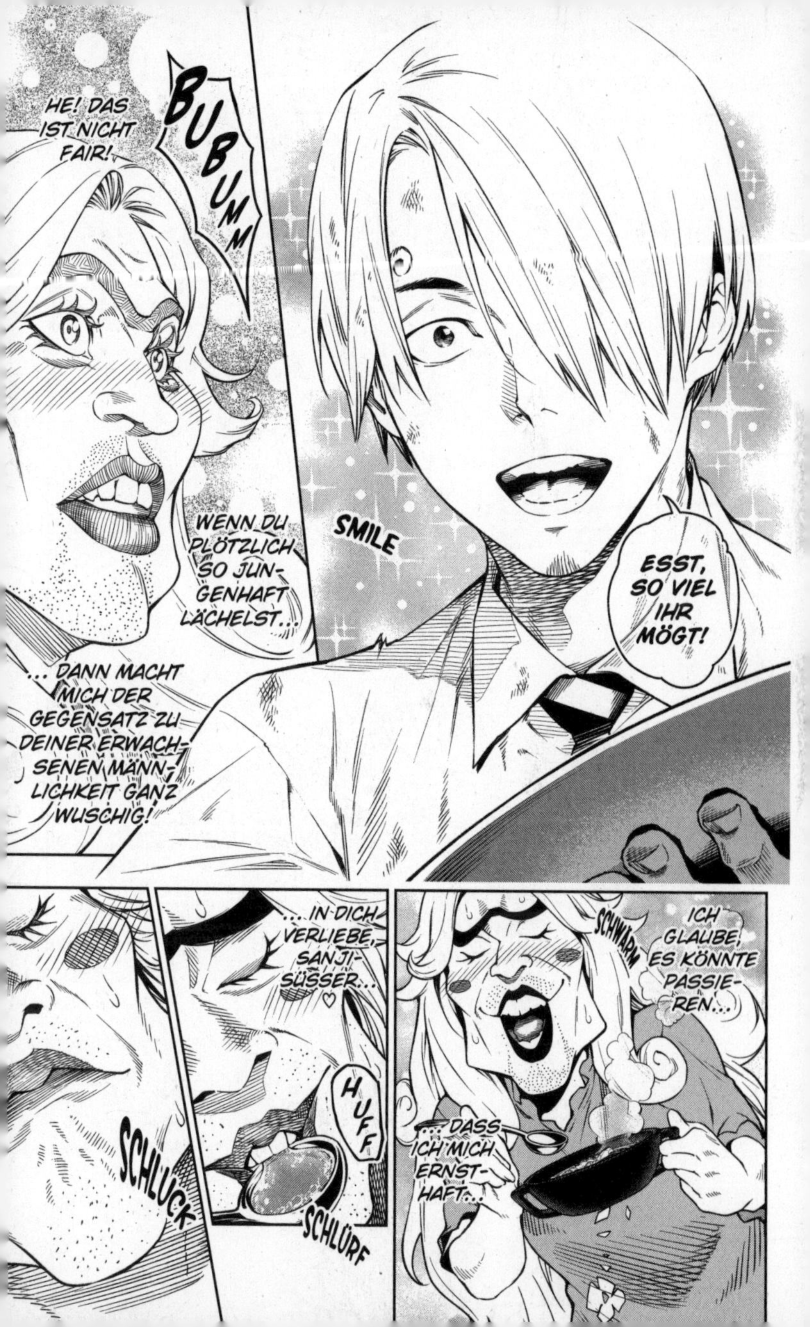
ESST, SO VIEL IHR MÖGT!
SMILE
BUBUMM
HE! DAS IST NICHT FAIR!
WENN DU PLÖTZLICH SO JUNGENHAFT LÄCHELST...
... DANN MACHT MICH DER GEGENSATZ ZU DEINER ERWACHSENEN MÄNNLICHKEIT GANZ WUSCHIG!
ICH GLAUBE, ES KÖNNTE PASSIEREN...
SCHWÄRM
... DASS ICH MICH ERNSTHAFT...
... IN DICH VERLIEBE, SANJI-SÜSSER...♡
HUFF
SCHLÜRF
SCHLUCK

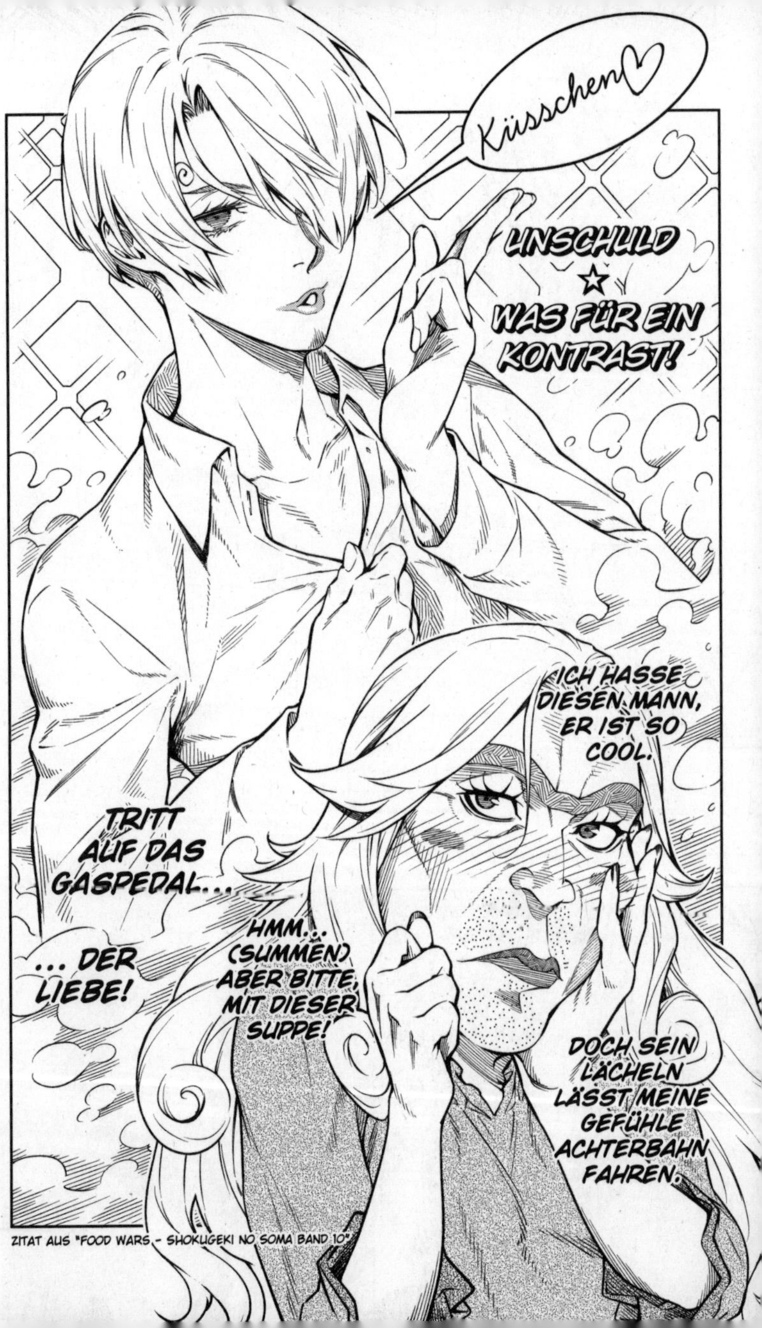

ZITAT AUS "FOOD WARS - SHOKUGEKI NO SOMA BAND 10"

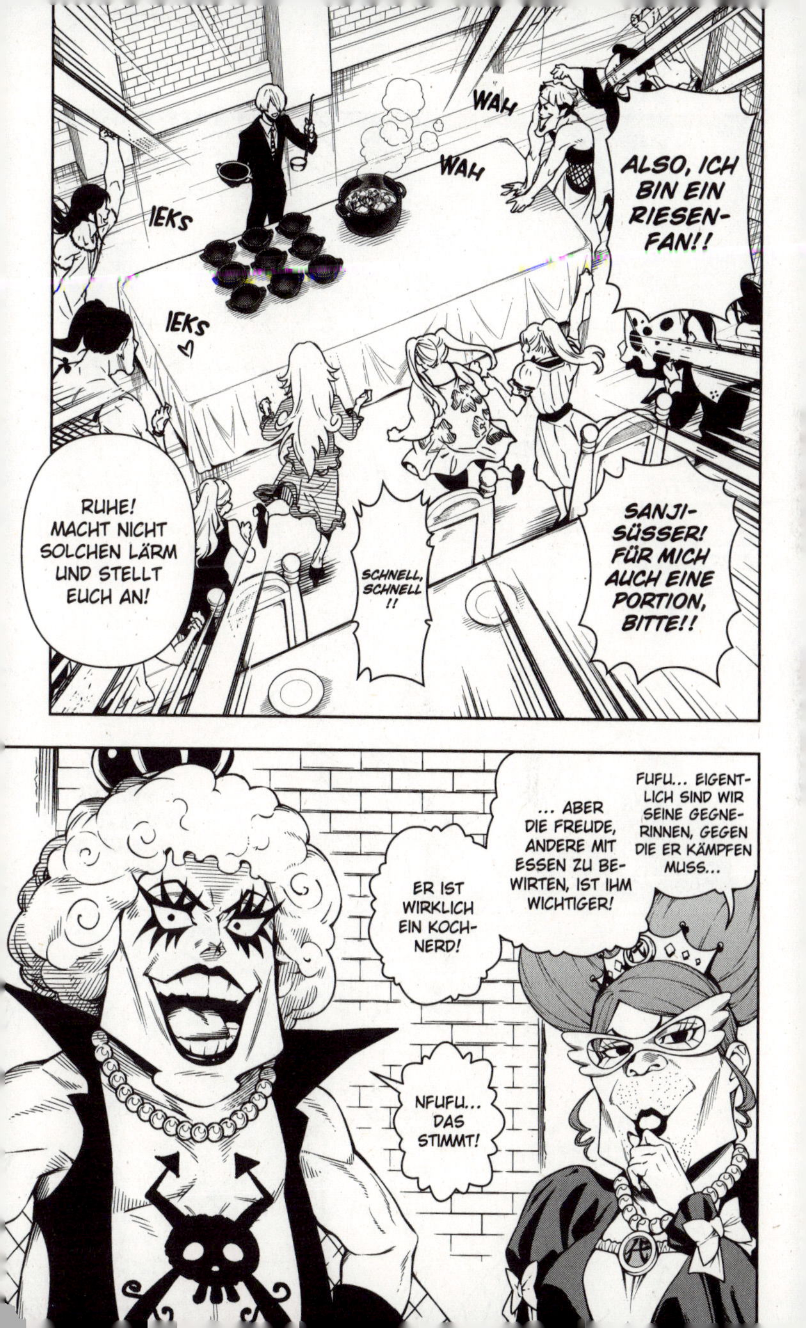
WAH
WAH
ALSO, ICH BIN EIN RIESEN-FAN!!
IEKS
IEKS ♡
SANJI-SÜSSER! FÜR MICH AUCH EINE PORTION, BITTE!!
SCHNELL, SCHNELL!!
RUHE! MACHT NICHT SOLCHEN LÄRM UND STELLT EUCH AN!
FUFU... EIGENTLICH SIND WIR SEINE GEGNERINNEN, GEGEN DIE ER KÄMPFEN MUSS...
... ABER DIE FREUDE, ANDERE MIT ESSEN ZU BEWIRTEN, IST IHM WICHTIGER!
ER IST WIRKLICH EIN KOCHNERD!
NFUFU... DAS STIMMT!

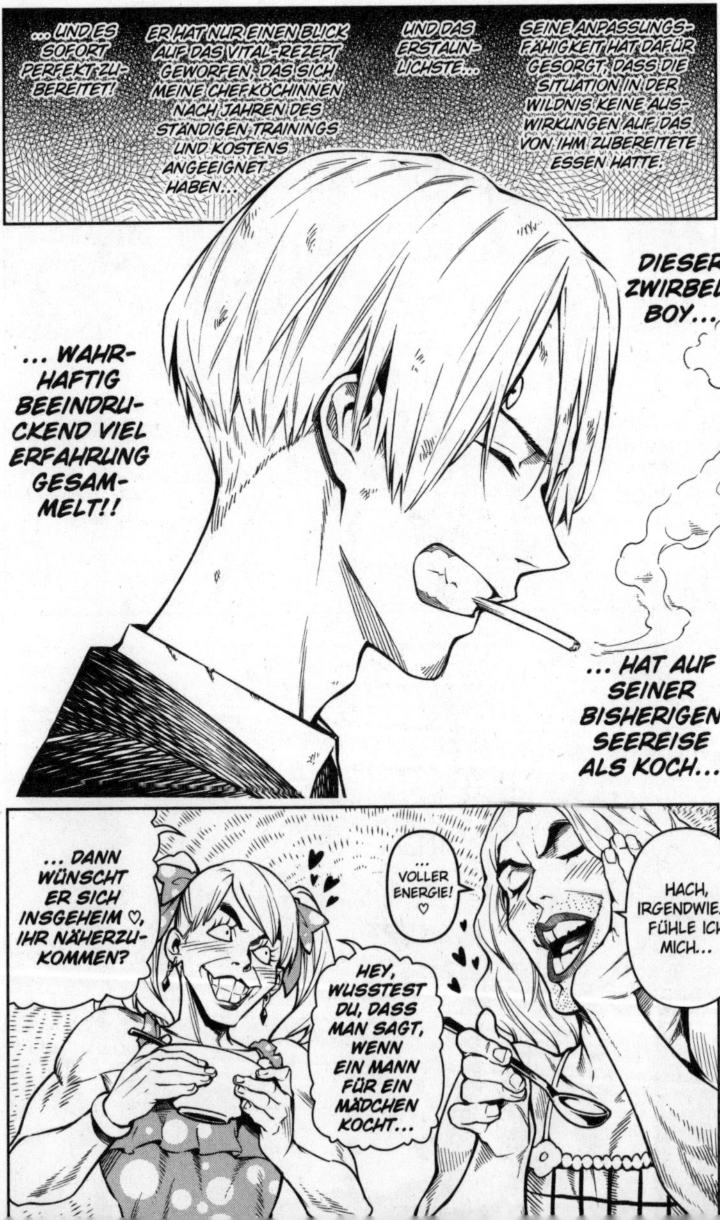
ER HAT NUR EINEN BLICK AUF DAS VITAL-REZEPT GEWORFEN, DAS SICH MEINE CHEFKÖCHINNEN NACH JAHREN DES STÄNDIGEN TRAININGS UND KOSTENS ANGEEIGNET HABEN...
... UND ES SOFORT PERFEKT ZUBEREITET!
UND DAS ERSTAUNLICHSTE...
SEINE ANPASSUNGSFÄHIGKEIT HAT DAFÜR GESORGT, DASS DIE SITUATION IN DER WILDNIS KEINE AUSWIRKUNGEN AUF DAS VON IHM ZUBEREITETE ESSEN HATTE.
DIESER ZWIRBEL-BOY...
... HAT AUF SEINER BISHERIGEN SEEREISE ALS KOCH...
... WAHRHAFTIG BEEINDRUCKEND VIEL ERFAHRUNG GESAMMELT!!
HACH, IRGENDWIE... FÜHLE ICH MICH...
... VOLLER ENERGIE! ♡
HEY, WUSSTEST DU, DASS MAN SAGT, WENN EIN MANN FÜR EIN MÄDCHEN KOCHT...
... DANN WÜNSCHT ER SICH INSGEHEIM ♡, IHR NÄHERZUKOMMEN?

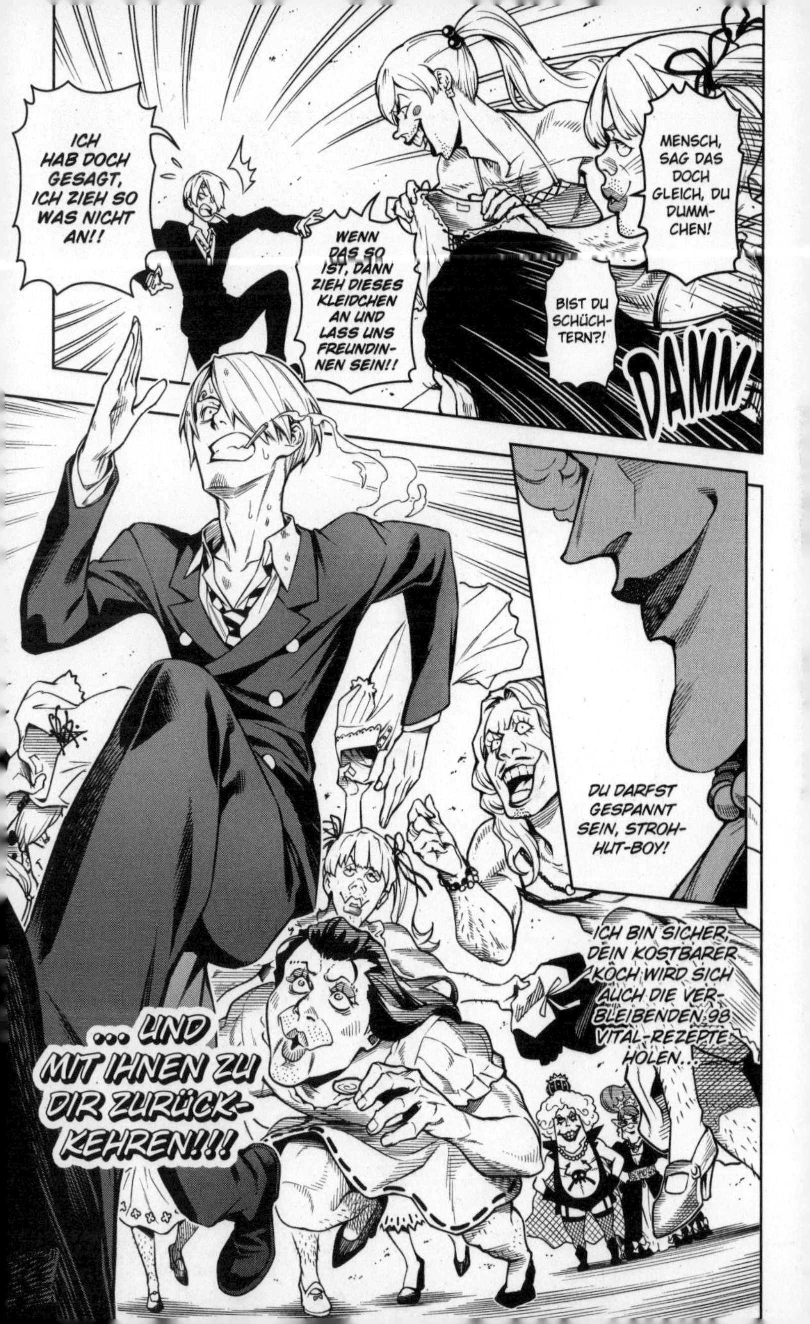
MENSCH, SAG DAS DOCH GLEICH, DU DUMMCHEN!
BIST DU SCHÜCHTERN?!
WENN DAS SO IST, DANN ZIEH DIESES KLEIDCHEN AN UND LASS UNS FREUNDINNEN SEIN!!
ICH HAB DOCH GESAGT, ICH ZIEH SO WAS NICHT AN!!
DAMM
DU DARFST GESPANNT SEIN, STROHHUT-BOY!
ICH BIN SICHER, DEIN KOSTBARER KOCH WIRD SICH AUCH DIE VERBLEIBENDEN 98 VITAL-REZEPTE HOLEN...
... UND MIT IHNEN ZU DIR ZURÜCKKEHREN!!!

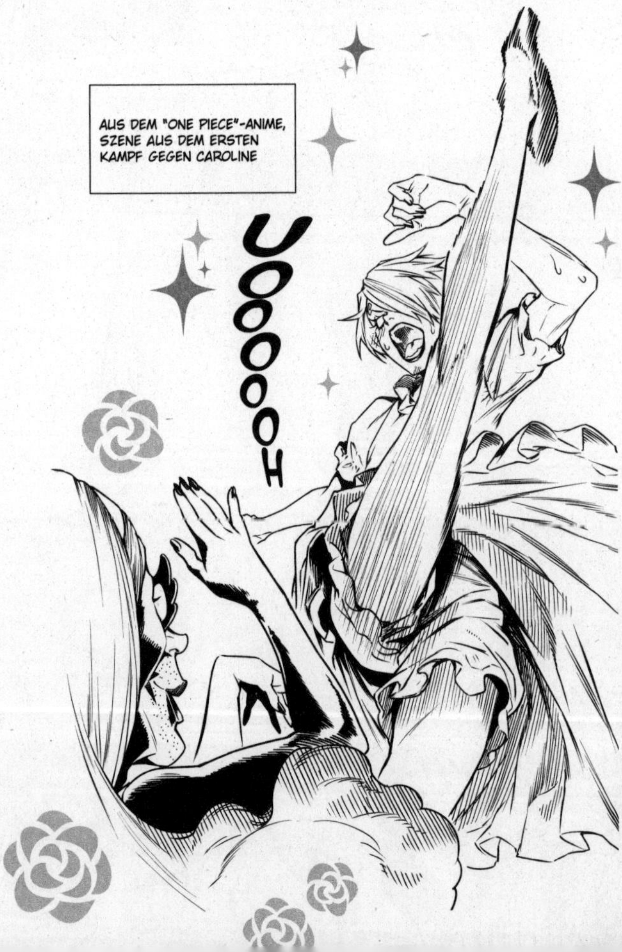
AUS DEM "ONE PIECE"-ANIME, SZENE AUS DEM ERSTEN KAMPF GEGEN CAROLINE
UOOOOOOH

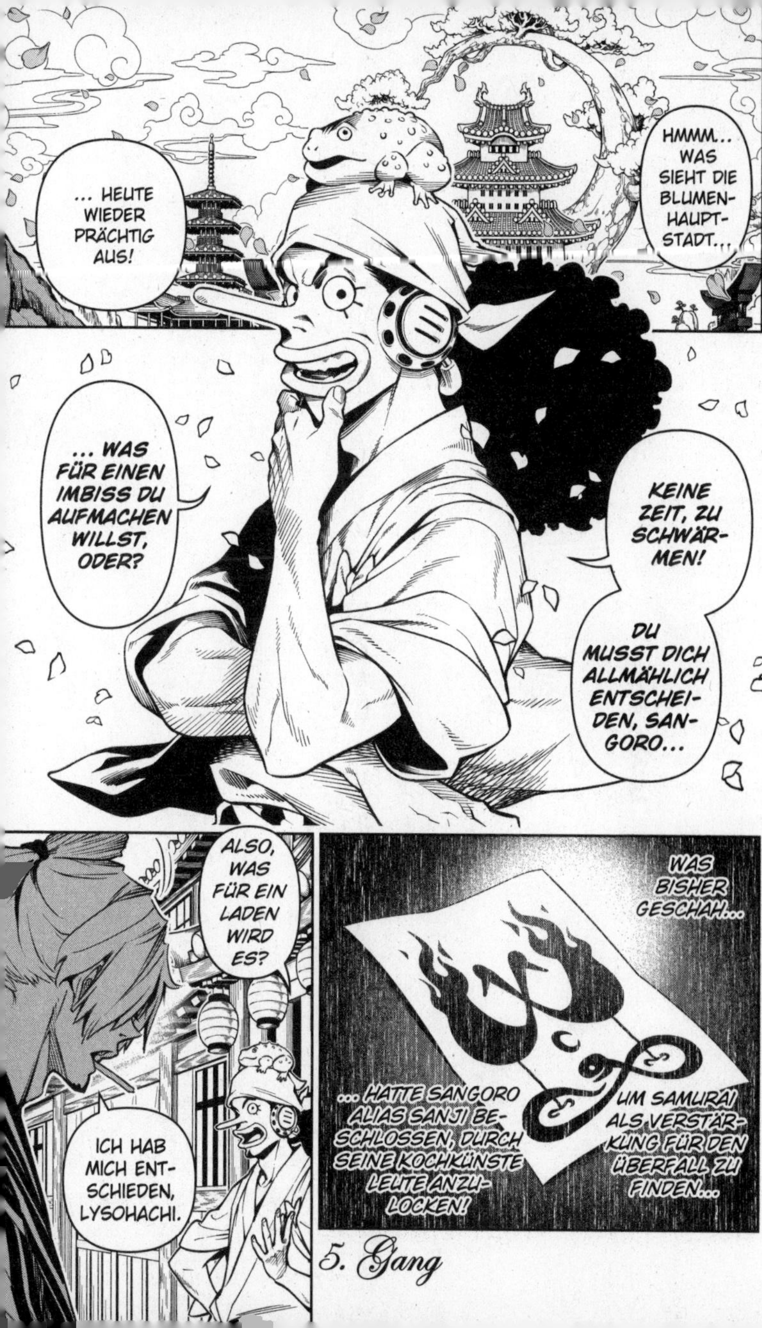
HMMM... WAS SIEHT DIE BLUMEN-HAUPT-STADT...
... HEUTE WIEDER PRÄCHTIG AUS!
KEINE ZEIT, ZU SCHWÄRMEN!
DU MUSST DICH ALLMÄHLICH ENTSCHEI-DEN, SAN-GORO...
... WAS FÜR EINEN IMBISS DU AUFMACHEN WILLST, ODER?
WAS BISHER GESCHAH...
... HATTE SANGORO ALIAS SANJI BE-SCHLOSSEN, DURCH SEINE KOCHKÜNSTE LEUTE ANZU-LOCKEN!
UM SAMURAI ALS VERSTÄR-KUNG FÜR DEN ÜBERFALL ZU FINDEN...
ALSO, WAS FÜR EIN LADEN WIRD ES?
ICH HAB MICH ENT-SCHIEDEN, LYSOHACHI.

5. Gang

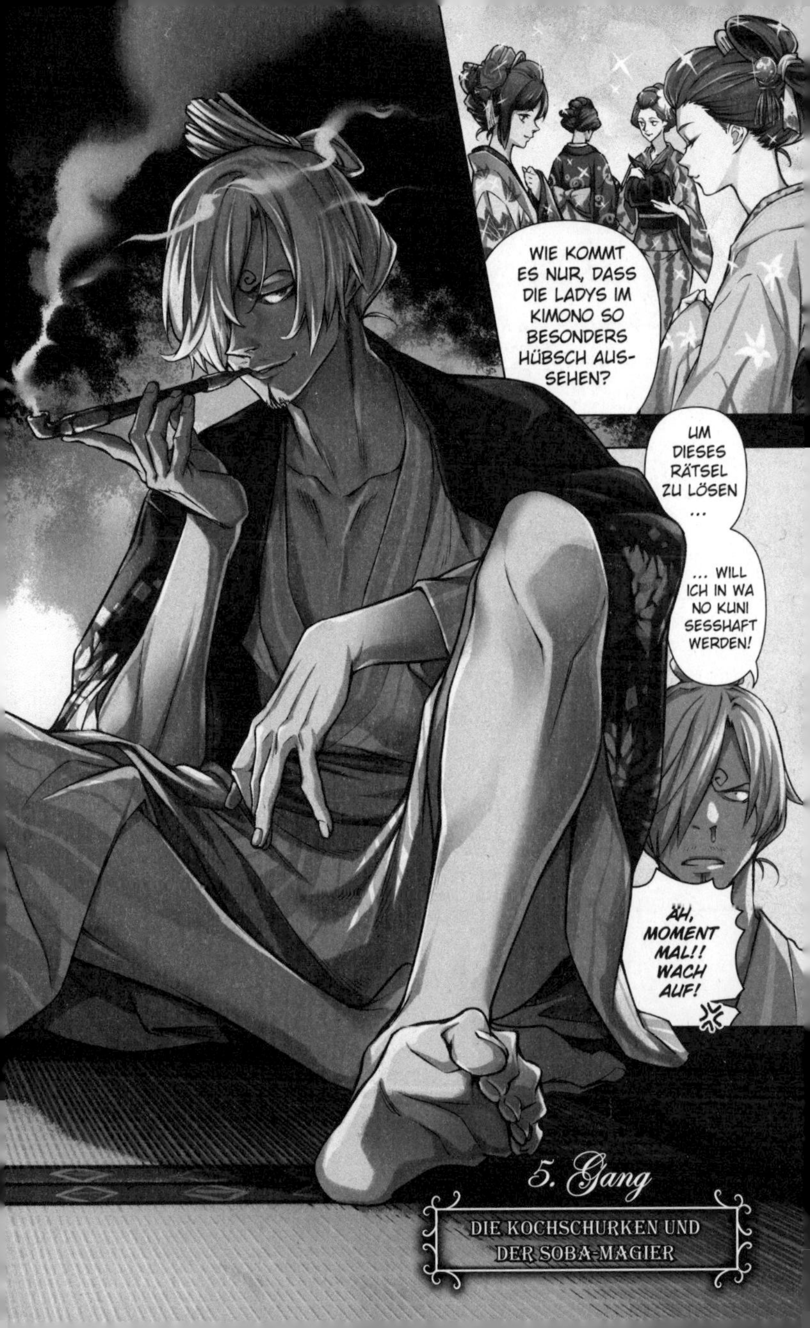

5. Gang

Die Kochschurken und der Soba-Magier

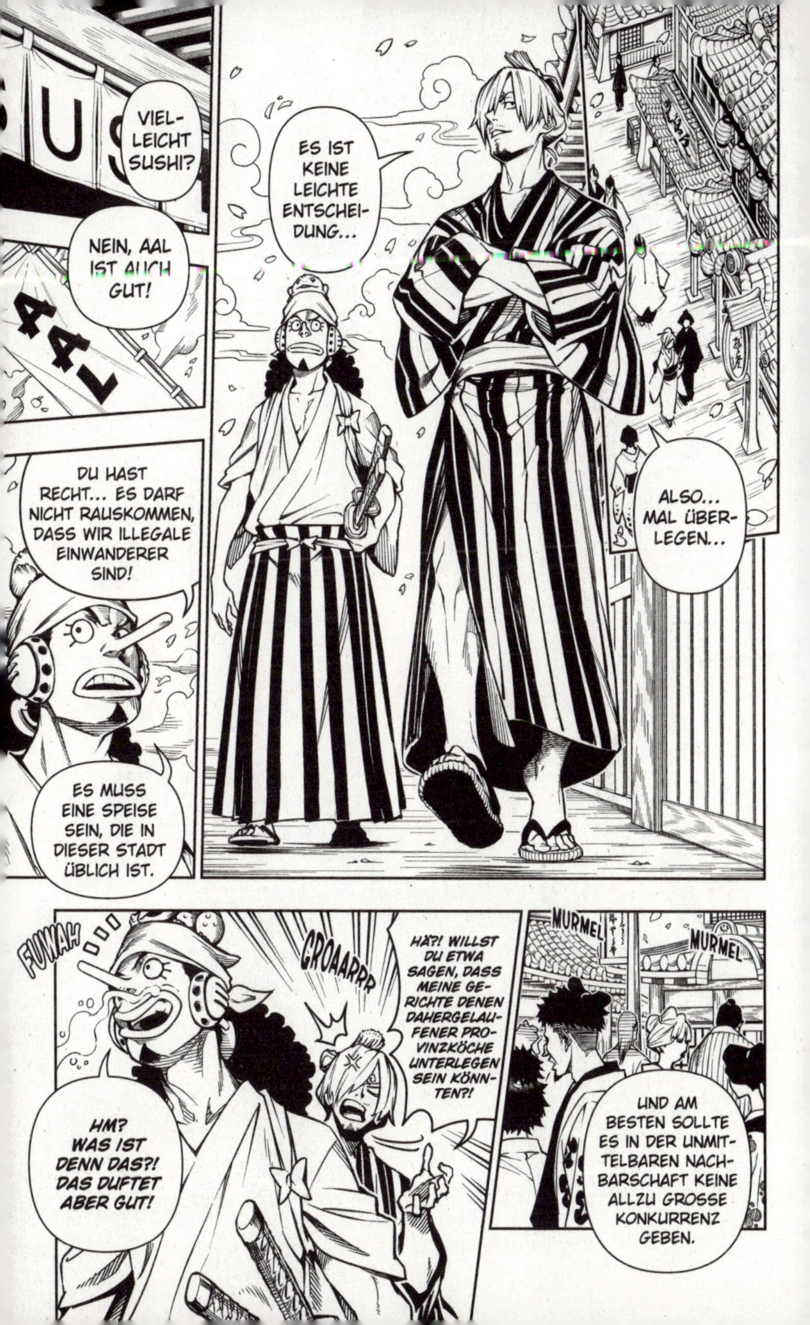
ES IST KEINE LEICHTE ENTSCHEIDUNG...
ALSO... MAL ÜBERLEGEN...
VIEL-LEICHT SUSHI?
NEIN, AAL IST AUCH GUT!
DU HAST RECHT... ES DARF NICHT RAUSKOMMEN, DASS WIR ILLEGALE EINWANDERER SIND!
ES MUSS EINE SPEISE SEIN, DIE IN DIESER STADT ÜBLICH IST.
MURMEL
MURMEL
UND AM BESTEN SOLLTE ES IN DER UNMITTELBAREN NACHBARSCHAFT KEINE ALLZU GROSSE KONKURRENZ GEBEN.
HÄ?! WILLST DU ETWA SAGEN, DASS MEINE GERICHTE DENEN DAHERGELAUFENER PROVINZKÖCHE UNTERLEGEN SEIN KÖNNTEN?!
GROAARRR
FUWAH
HM? WAS IST DENN DAS?! DAS DUFTET ABER GUT!

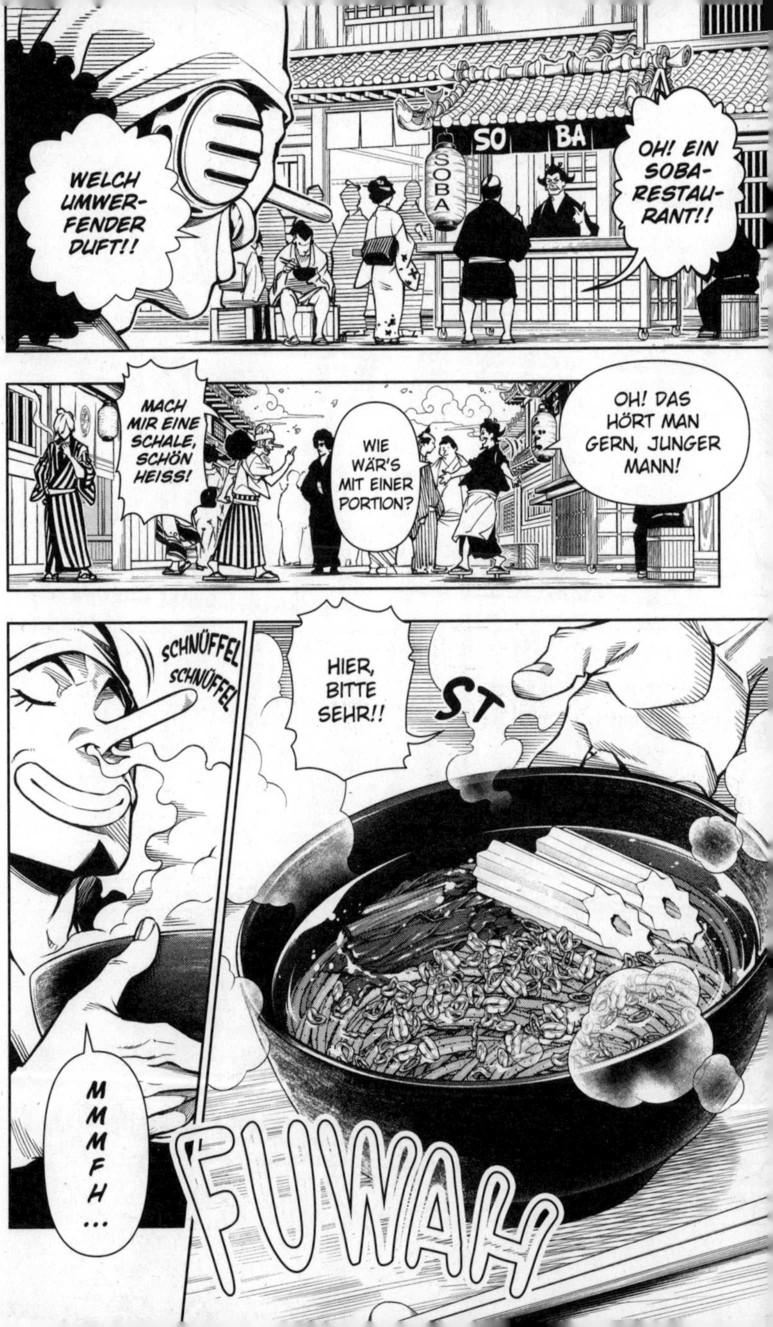
SO BA
SOBA
OH! EIN SOBA-RESTAURANT!!
WELCH UMWERFENDER DUFT!!
WIE WÄR'S MIT EINER PORTION?
MACH MIR EINE SCHALE, SCHÖN HEISS!
OH! DAS HÖRT MAN GERN, JUNGER MANN!
HIER, BITTE SEHR!!
ST
SCHNÜFFEL SCHNÜFFEL
MMMFH...
FUWAH

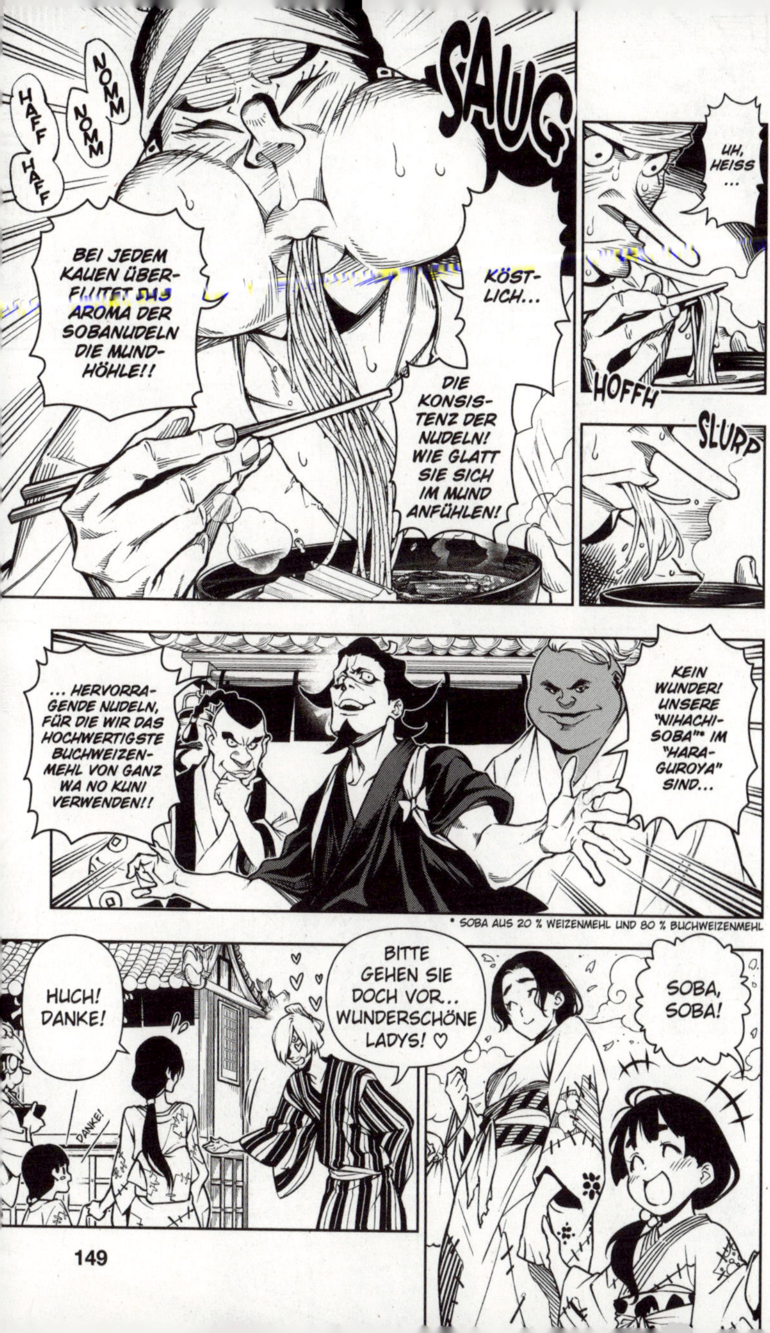

* SOBA AUS 20 % WEIZENMEHL UND 80 % BUCHWEIZENMEHL

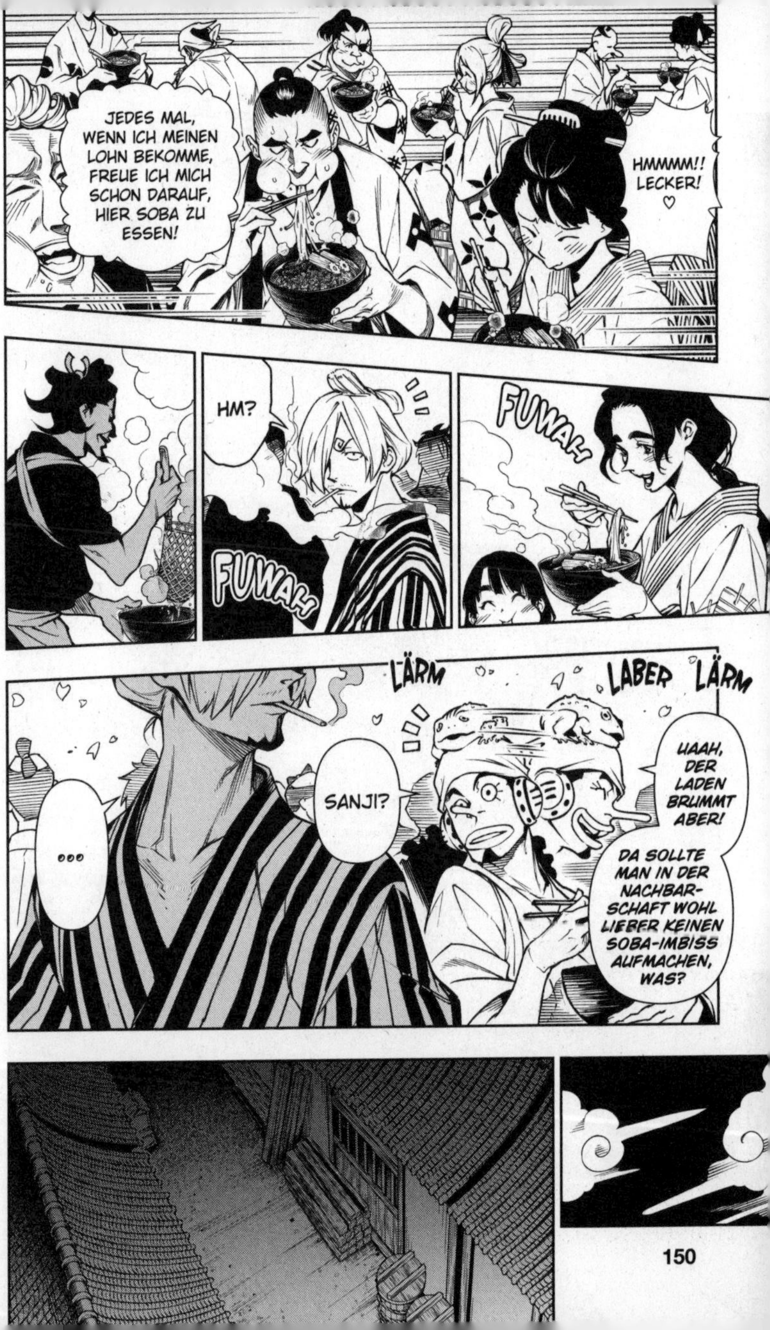
HMMMM!! LECKER! ♡
JEDES MAL, WENN ICH MEINEN LOHN BEKOMME, FREUE ICH MICH SCHON DARAUF, HIER SOBA ZU ESSEN!
FUWAH
HM?
FUWAH
LÄRM
LABER LÄRM
UAAH, DER LADEN BRUMMT ABER!
DA SOLLTE MAN IN DER NACHBARSCHAFT WOHL LIEBER KEINEN SOBA-IMBISS AUFMACHEN, WAS?
SANJI?
...

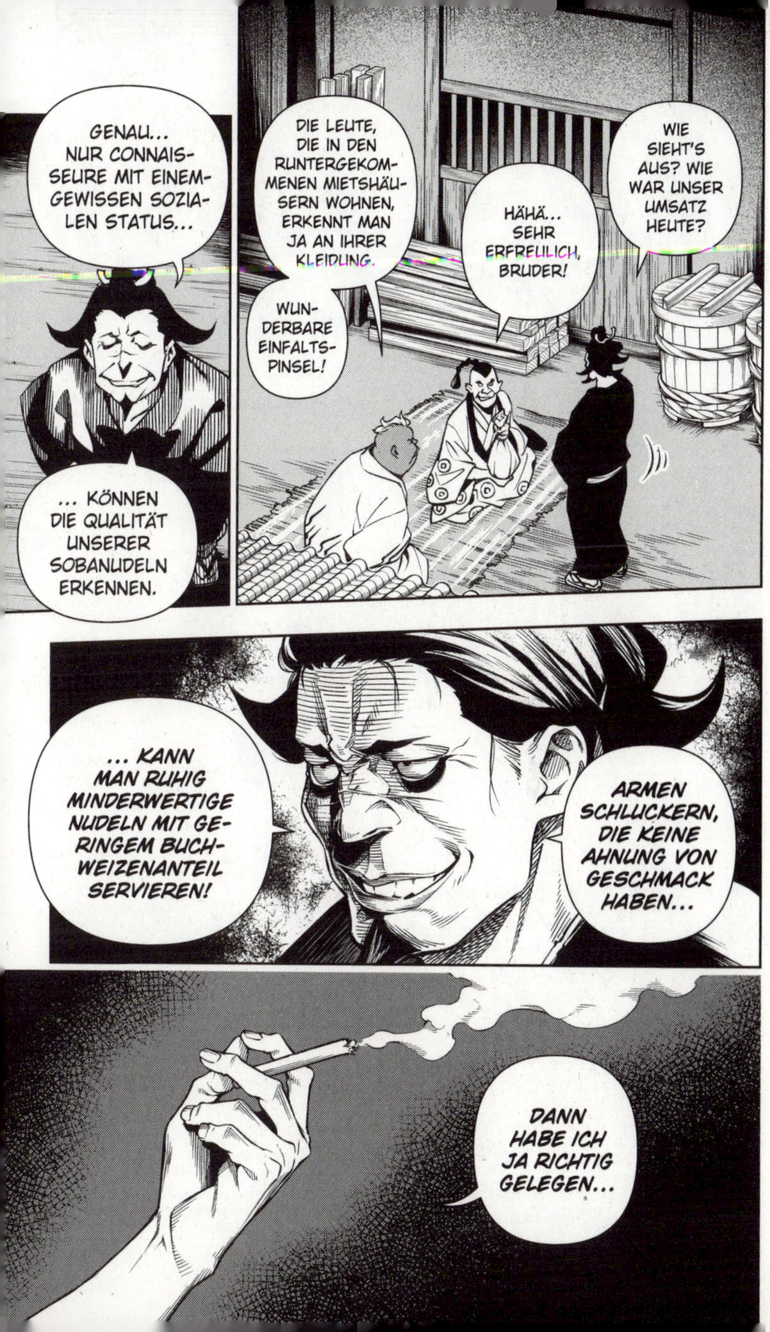
WIE SIEHT'S AUS? WIE WAR UNSER UMSATZ HEUTE?
HÄHÄ... SEHR ERFREULICH, BRUDER!
DIE LEUTE, DIE IN DEN RUNTERGEKOMMENEN MIETSHÄUSERN WOHNEN, ERKENNT MAN JA AN IHRER KLEIDUNG.
WUNDERBARE EINFALTSPINSEL!
GENAU... NUR CONNAISSEURE MIT EINEM GEWISSEN SOZIALEN STATUS...
... KÖNNEN DIE QUALITÄT UNSERER SOBANUDELN ERKENNEN.
ARMEN SCHLUCKERN, DIE KEINE AHNUNG VON GESCHMACK HABEN...
... KANN MAN RUHIG MINDERWERTIGE NUDELN MIT GERINGEM BUCHWEIZENANTEIL SERVIEREN!
DANN HABE ICH JA RICHTIG GELEGEN...

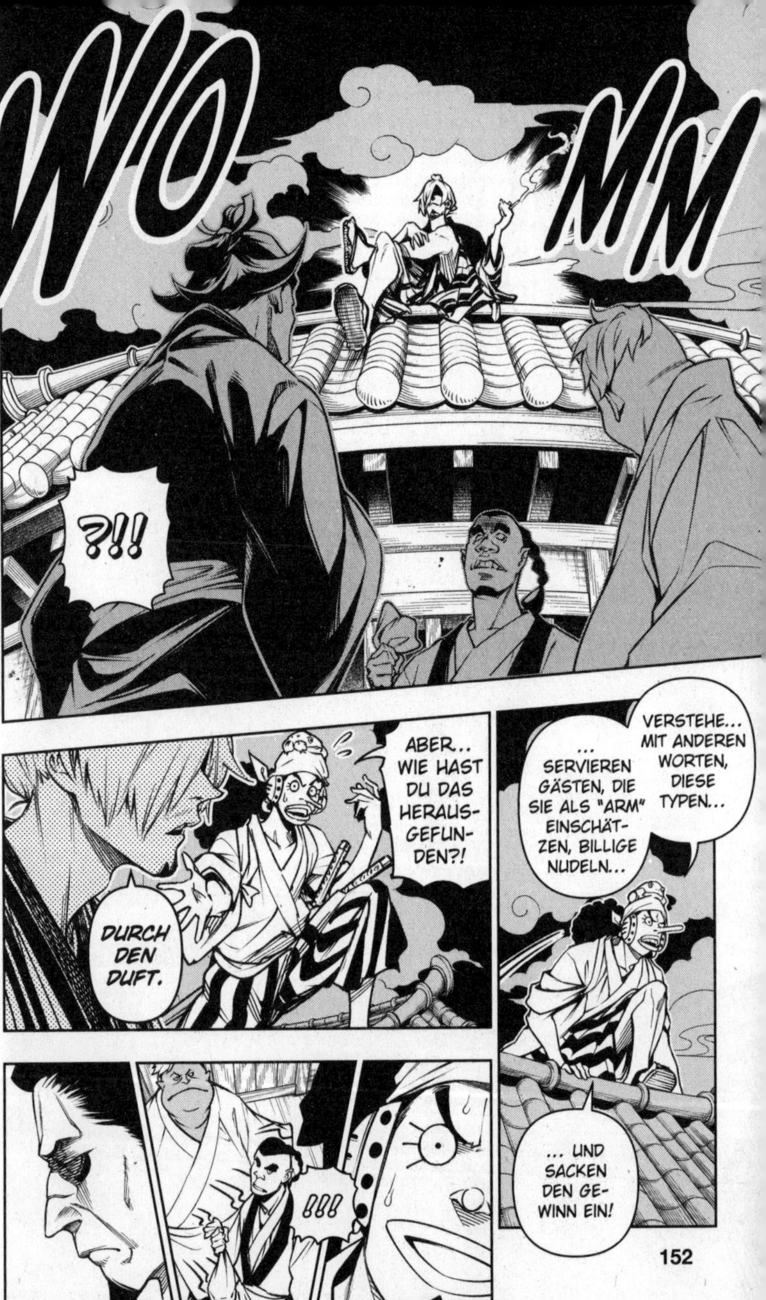
WO
MM
?!!
VERSTEHE… MIT ANDEREN WORTEN, DIESE TYPEN…
… SERVIEREN GÄSTEN, DIE SIE ALS "ARM" EINSCHÄTZEN, BILLIGE NUDELN…
ABER… WIE HAST DU DAS HERAUSGEFUNDEN?!
DURCH DEN DUFT.
… UND SACKEN DEN GEWINN EIN!
!!!

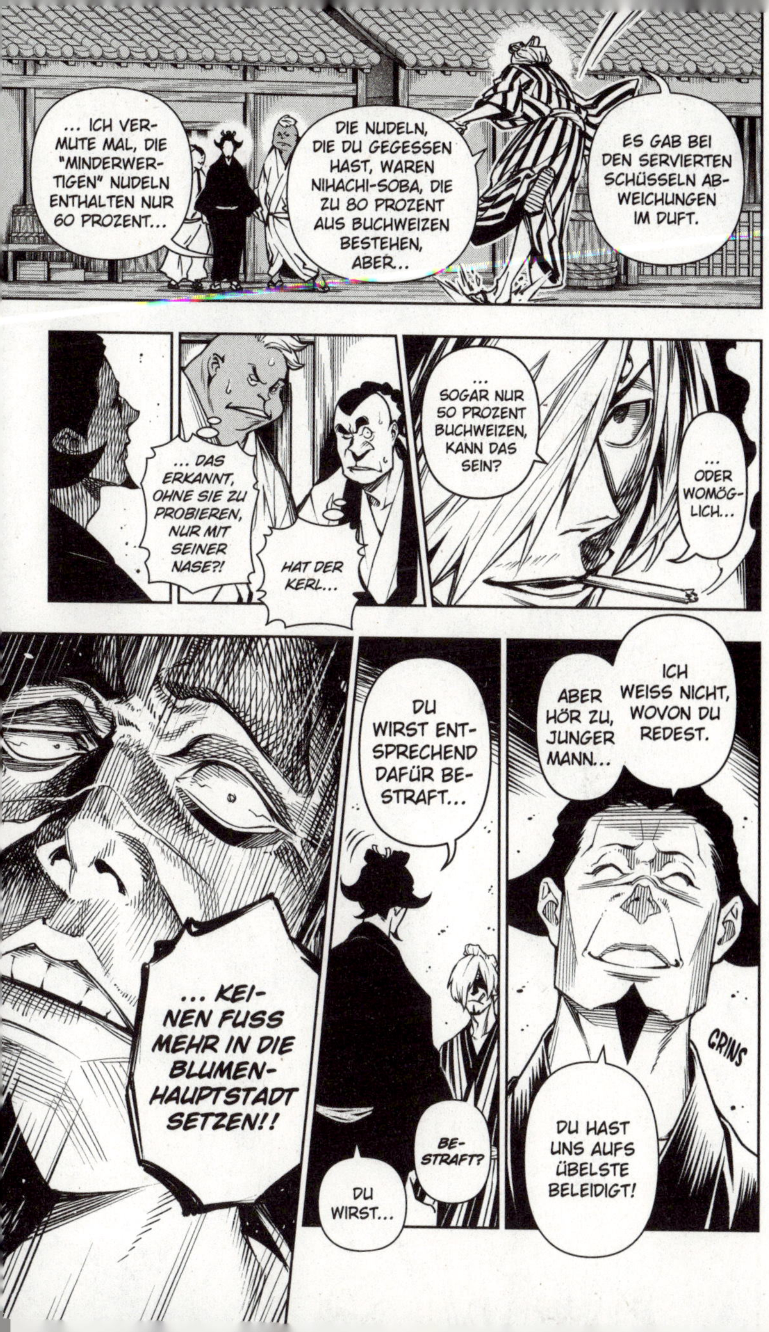
ES GAB BEI DEN SERVIERTEN SCHÜSSELN ABWEICHUNGEN IM DUFT.
DIE NUDELN, DIE DU GEGESSEN HAST, WAREN NIHACHI-SOBA, DIE ZU 80 PROZENT AUS BUCHWEIZEN BESTEHEN, ABER...
... ICH VERMUTE MAL, DIE "MINDERWERTIGEN" NUDELN ENTHALTEN NUR 60 PROZENT...
... ODER WOMÖGLICH...
... SOGAR NUR 50 PROZENT BUCHWEIZEN, KANN DAS SEIN?
HAT DER KERL...
... DAS ERKANNT, OHNE SIE ZU PROBIEREN, NUR MIT SEINER NASE?!
ICH WEISS NICHT, WOVON DU REDEST.
ABER HÖR ZU, JUNGER MANN...
GRINS
DU HAST UNS AUFS ÜBELSTE BELEIDIGT!
DU WIRST ENTSPRECHEND DAFÜR BESTRAFT...
BESTRAFT?
DU WIRST...
... KEINEN FUSS MEHR IN DIE BLUMENHAUPTSTADT SETZEN!!

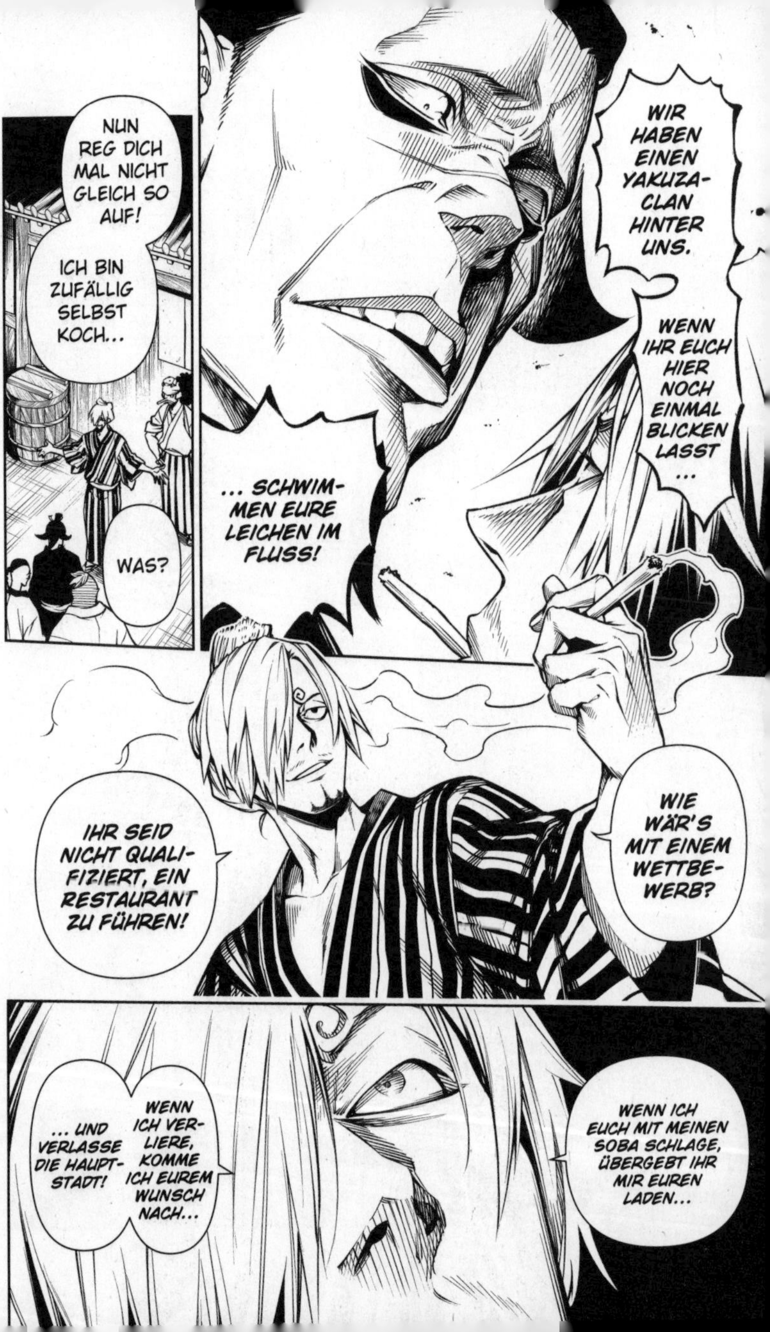
WIR HABEN EINEN YAKUZA-CLAN HINTER UNS.
WENN IHR EUCH HIER NOCH EINMAL BLICKEN LASST ...
... SCHWIMMEN EURE LEICHEN IM FLUSS!
NUN REG DICH MAL NICHT GLEICH SO AUF!
ICH BIN ZUFÄLLIG SELBST KOCH...
WAS?
WIE WÄR'S MIT EINEM WETTBEWERB?
IHR SEID NICHT QUALIFIZIERT, EIN RESTAURANT ZU FÜHREN!
WENN ICH EUCH MIT MEINEN SOBA SCHLAGE, ÜBERGEBT IHR MIR EUREN LADEN...
WENN ICH VERLIERE, KOMME ICH EUREM WUNSCH NACH...
... UND VERLASSE DIE HAUPTSTADT!

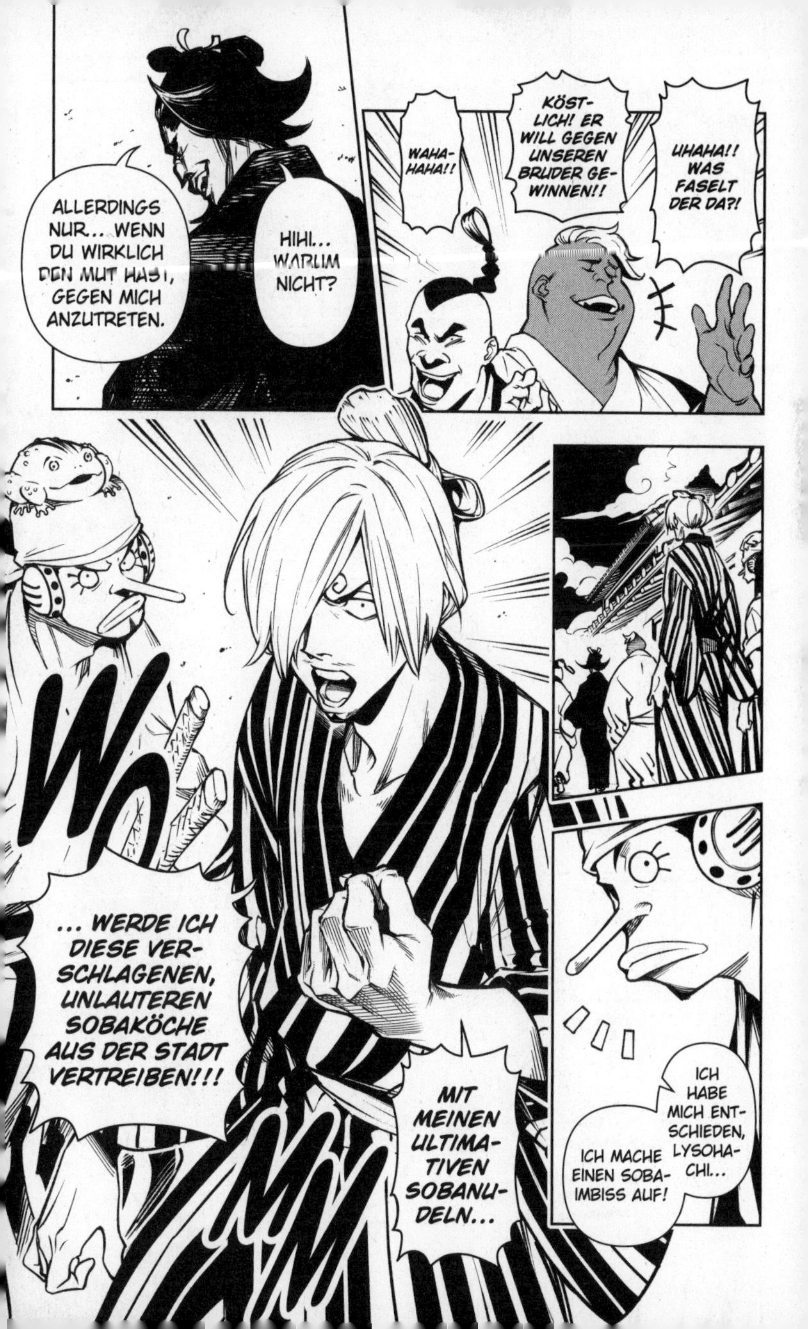
UHAHA!! WAS FASELT DER DA?!
KÖST-LICH! ER WILL GEGEN UNSEREN BRUDER GE-WINNEN!!
WAHA-HAHA!!
HIHI... WARUM NICHT?
ALLERDINGS NUR... WENN DU WIRKLICH DEN MUT HAST, GEGEN MICH ANZUTRETEN.
ICH HABE MICH ENT-SCHIEDEN, LYSOHA-CHI...
ICH MACHE EINEN SOBA-IMBISS AUF!
MIT MEINEN ULTIMA-TIVEN SOBANU-DELN...
... WERDE ICH DIESE VER-SCHLAGENEN, UNLAUTEREN SOBAKÖCHE AUS DER STADT VERTREIBEN!!!

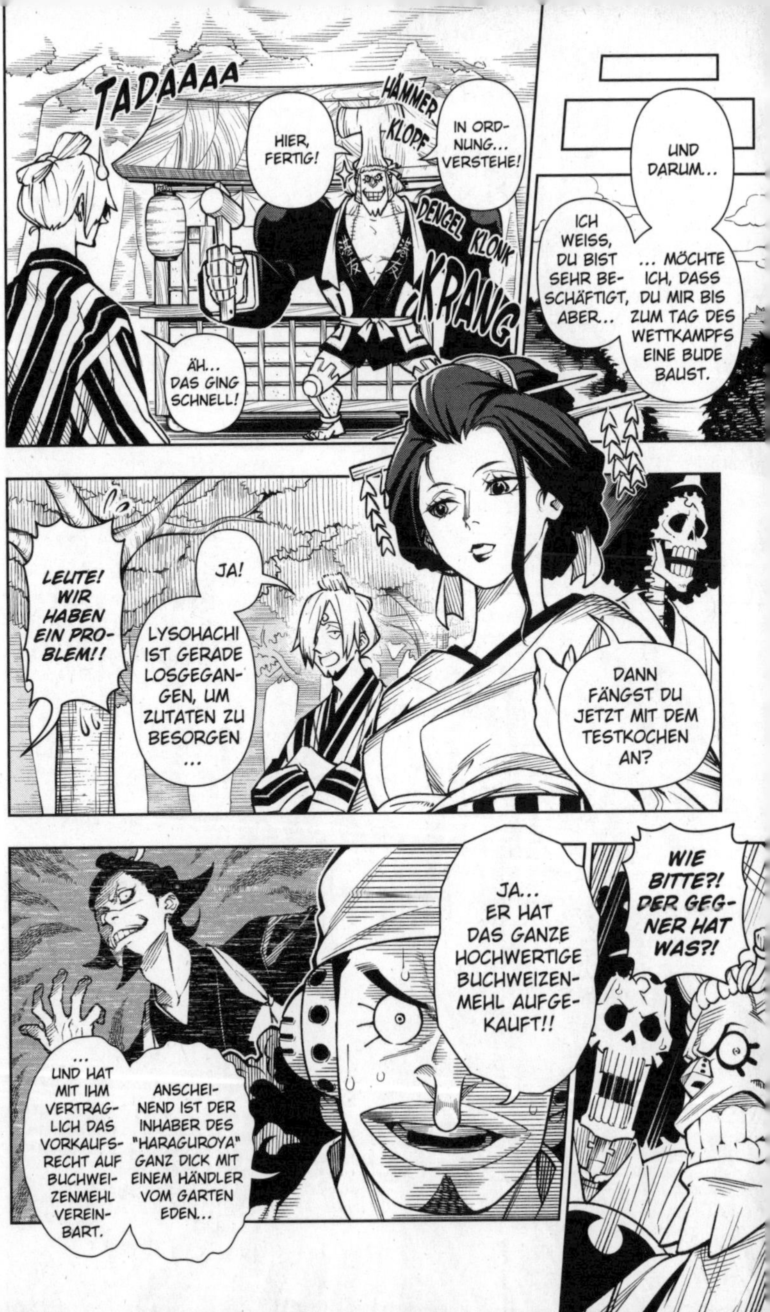
UND DARUM…
… MÖCHTE ICH, DASS DU MIR BIS ZUM TAG DES WETTKAMPFS EINE BUDE BAUST.
ICH WEISS, DU BIST SEHR BESCHÄFTIGT, ABER…
IN ORDNUNG… VERSTEHE!
HÄMMER KLOPF
DENGEL KLONK
KRANG
HIER, FERTIG!
TADAAAA
ÄH… DAS GING SCHNELL!
DANN FÄNGST DU JETZT MIT DEM TESTKOCHEN AN?
JA!
LYSOHACHI IST GERADE LOSGEGANGEN, UM ZUTATEN ZU BESORGEN …
LEUTE! WIR HABEN EIN PROBLEM!!
ANSCHEINEND IST DER INHABER DES "HARAGUROYA" GANZ DICK MIT EINEM HÄNDLER VOM GARTEN EDEN…
… UND HAT MIT IHM VERTRAGLICH DAS VORKAUFSRECHT AUF BUCHWEIZENMEHL VEREINBART.
WIE BITTE?! DER GEGNER HAT WAS?!
JA… ER HAT DAS GANZE HOCHWERTIGE BUCHWEIZENMEHL AUFGEKAUFT!!

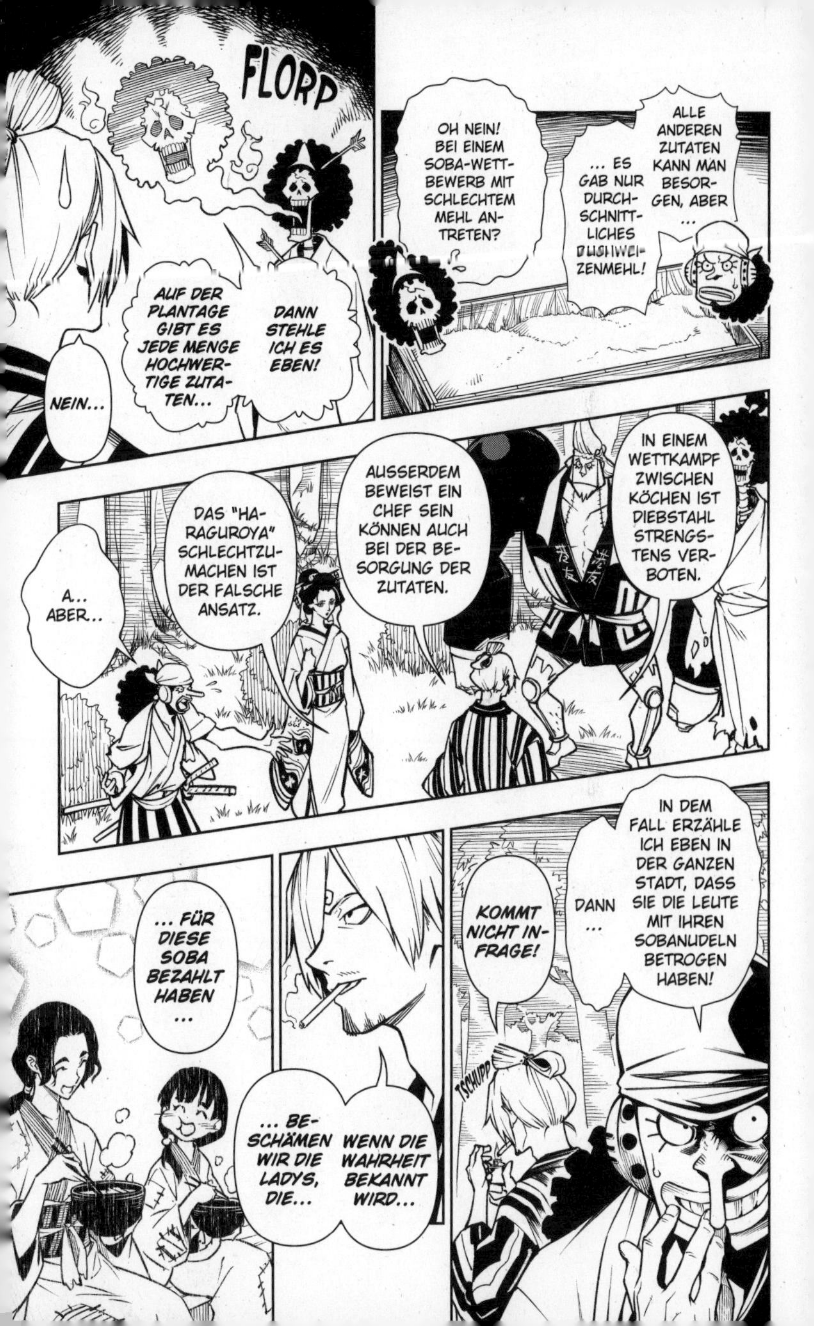
ALLE ANDEREN ZUTATEN KANN MAN BESORGEN, ABER …
… ES GAB NUR DURCHSCHNITTLICHES BUCHWEIZENMEHL!
OH NEIN! BEI EINEM SOBA-WETTBEWERB MIT SCHLECHTEM MEHL ANTRETEN?
FLORP
AUF DER PLANTAGE GIBT ES JEDE MENGE HOCHWERTIGE ZUTATEN…
DANN STEHLE ICH ES EBEN!
NEIN…
IN EINEM WETTKAMPF ZWISCHEN KÖCHEN IST DIEBSTAHL STRENGSTENS VERBOTEN.
AUSSERDEM BEWEIST EIN CHEF SEIN KÖNNEN AUCH BEI DER BESORGUNG DER ZUTATEN.
DAS "HARAGUROYA" SCHLECHTZUMACHEN IST DER FALSCHE ANSATZ.
A… ABER…
IN DEM FALL ERZÄHLE ICH EBEN IN DER GANZEN STADT, DASS SIE DIE LEUTE MIT IHREN SOBANUDELN BETROGEN HABEN!
DANN …
KOMMT NICHT INFRAGE!
TSCHUPP
WENN DIE WAHRHEIT BEKANNT WIRD…
… BESCHÄMEN WIR DIE LADYS, DIE…
… FÜR DIESE SOBA BEZAHLT HABEN …

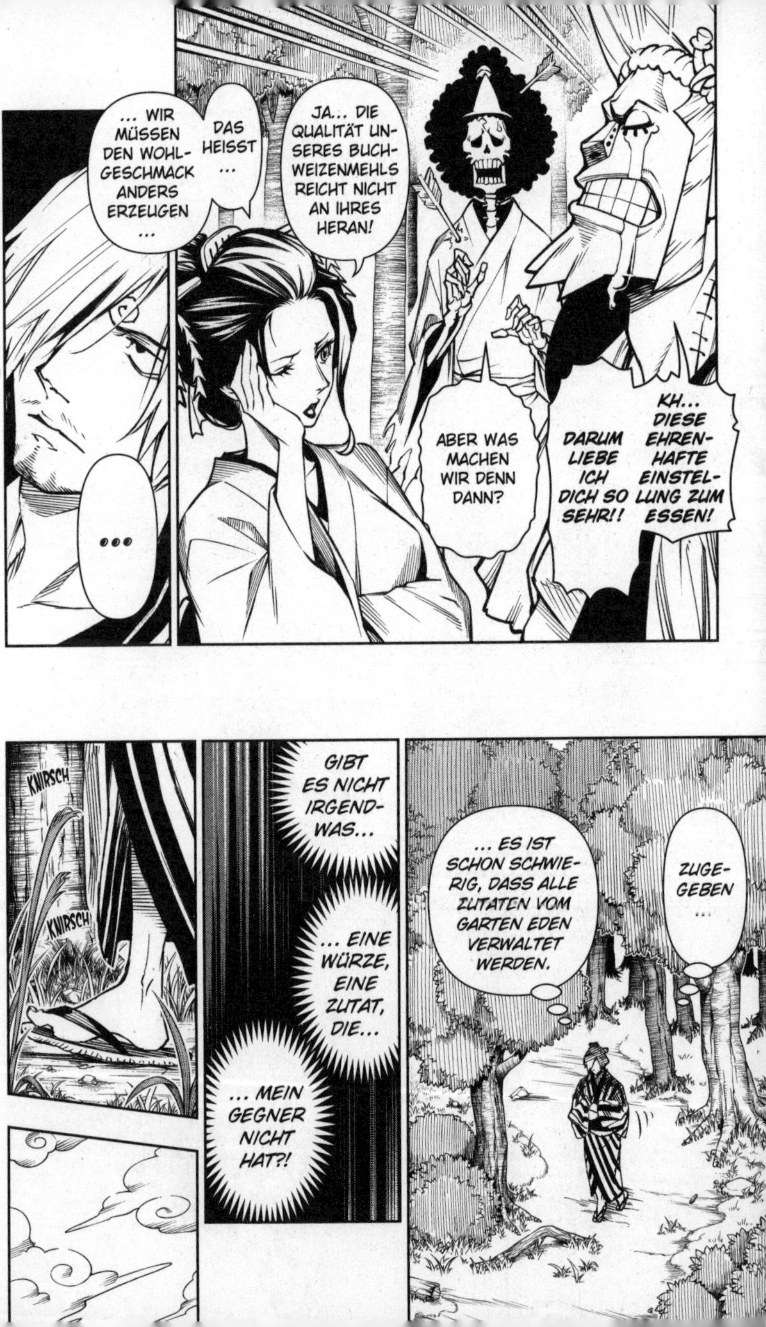
KH... DIESE EHRENHAFTE EINSTELLUNG ZUM ESSEN!
DARUM LIEBE ICH DICH SO SEHR!!
ABER WAS MACHEN WIR DENN DANN?
JA... DIE QUALITÄT UNSERES BUCHWEIZENMEHLS REICHT NICHT AN IHRES HERAN!
DAS HEISST ...
... WIR MÜSSEN DEN WOHLGESCHMACK ANDERS ERZEUGEN ...
...
ZUGEGEBEN ...
... ES IST SCHON SCHWIERIG, DASS ALLE ZUTATEN VOM GARTEN EDEN VERWALTET WERDEN.
GIBT ES NICHT IRGENDWAS...
... EINE WÜRZE, EINE ZUTAT, DIE...
... MEIN GEGNER NICHT HAT?!
KNIRSCH
KNIRSCH

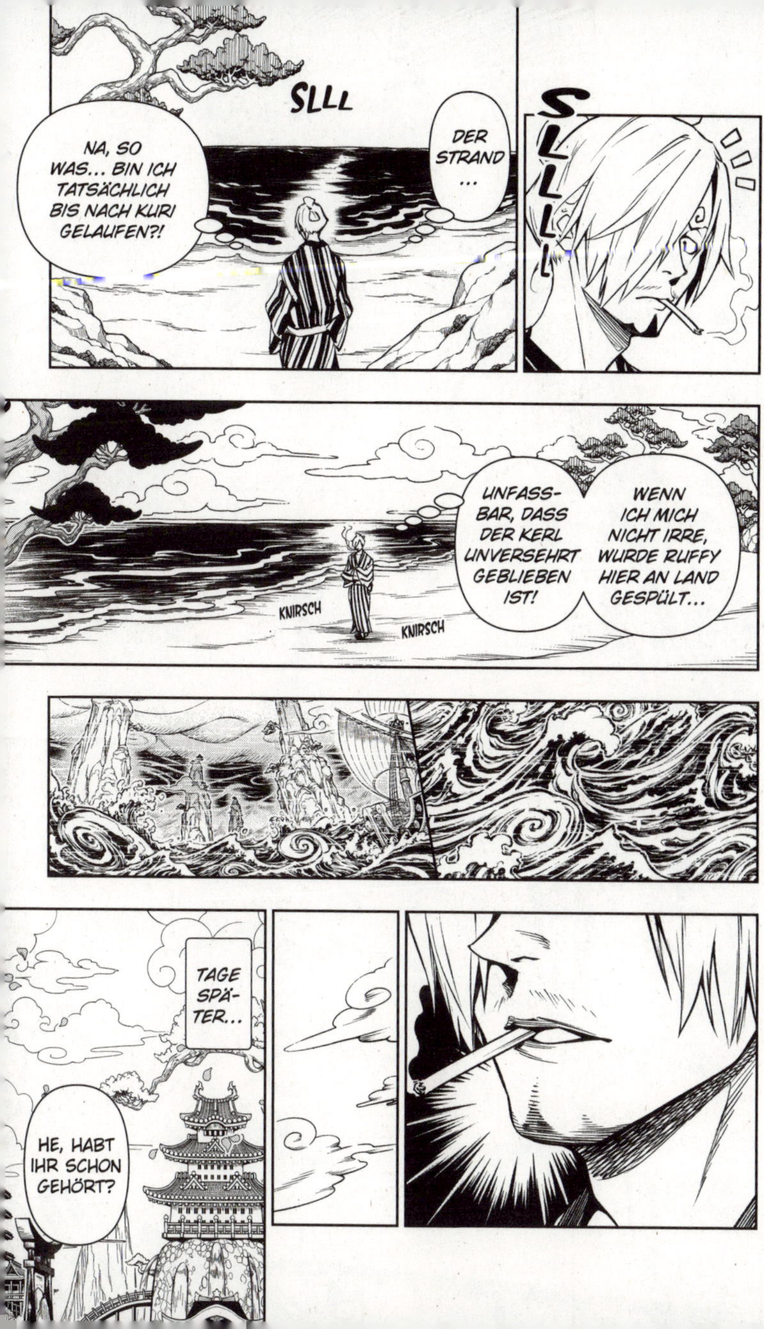
SLLLL
DER STRAND …
SLLL
NA, SO WAS… BIN ICH TATSÄCHLICH BIS NACH KURI GELAUFEN?!
WENN ICH MICH NICHT IRRE, WURDE RUFFY HIER AN LAND GESPÜLT…
UNFASS-BAR, DASS DER KERL UNVERSEHRT GEBLIEBEN IST!
KNIRSCH
KNIRSCH
TAGE SPÄ-TER…
HE, HABT IHR SCHON GEHÖRT?

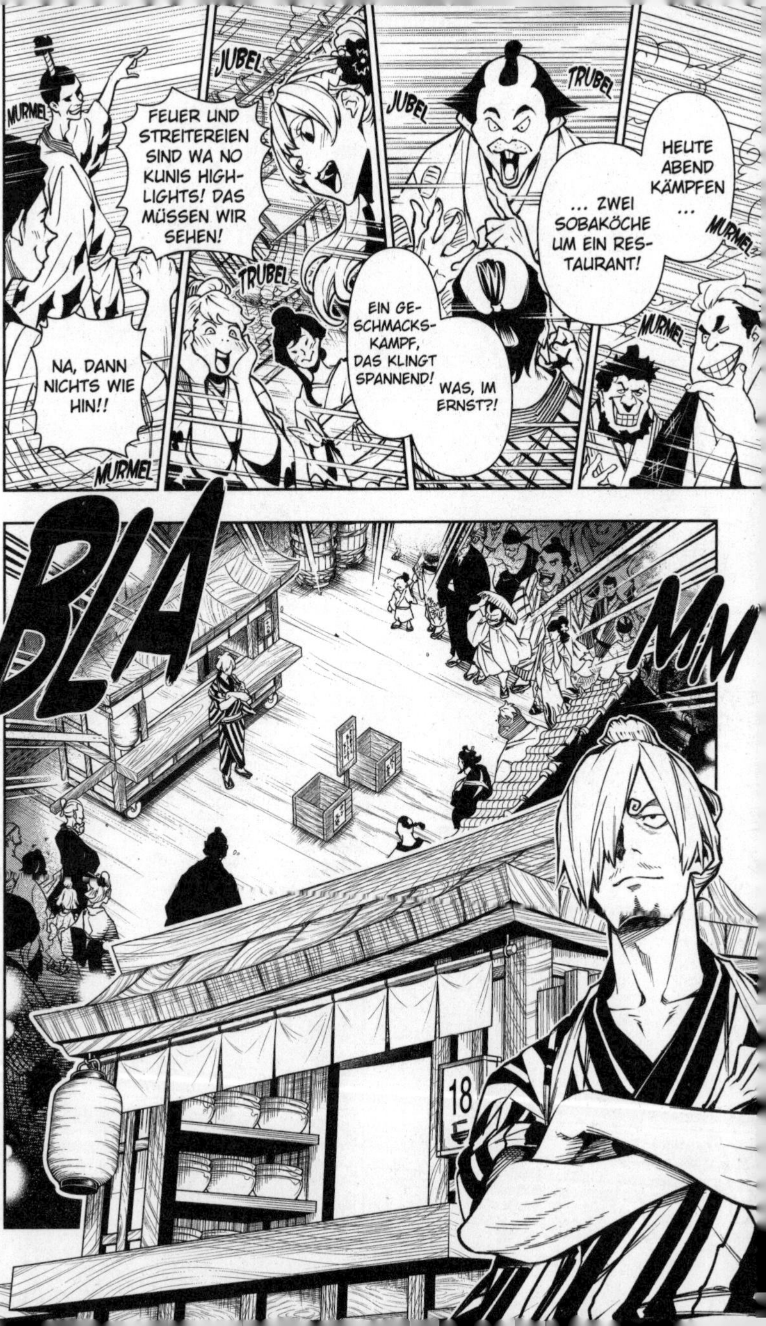
TRUBEL
HEUTE ABEND KÄMPFEN ...
... ZWEI SOBAKÖCHE UM EIN RESTAURANT!
MURMEL
MURMEL
JUBEL
WAS, IM ERNST?!
EIN GESCHMACKSKAMPF, DAS KLINGT SPANNEND!
JUBEL
FEUER UND STREITEREIEN SIND WA NO KUNIS HIGHLIGHTS! DAS MÜSSEN WIR SEHEN!
TRUBEL
MURMEL
NA, DANN NICHTS WIE HIN!!
MURMEL
BLAMM
18

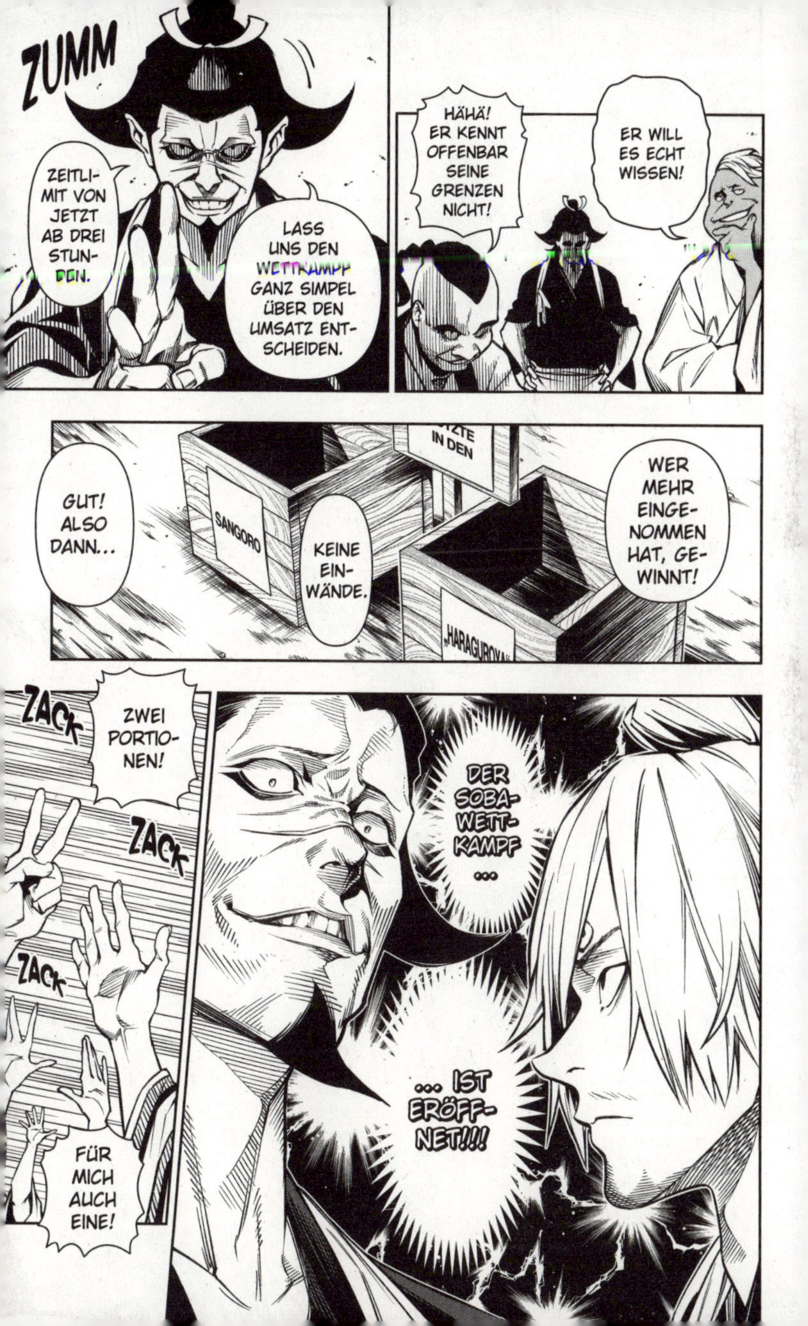
ER WILL ES ECHT WISSEN!
HÄHÄ! ER KENNT OFFENBAR SEINE GRENZEN NICHT!
ZUMM
LASS UNS DEN WETTKAMPF GANZ SIMPEL ÜBER DEN UMSATZ ENT-SCHEIDEN.
ZEITLI-MIT VON JETZT AB DREI STUN-DEN.
IN DEN
WER MEHR EINGE-NOMMEN HAT, GE-WINNT!
KEINE EIN-WÄNDE.
GUT! ALSO DANN...
SANGORO
„HARAGUROYA“
DER SOBA-WETT-KAMPF ...
... IST ERÖFF-NET!!!
ZACK
ZWEI PORTIO-NEN!
ZACK
ZACK
FÜR MICH AUCH EINE!

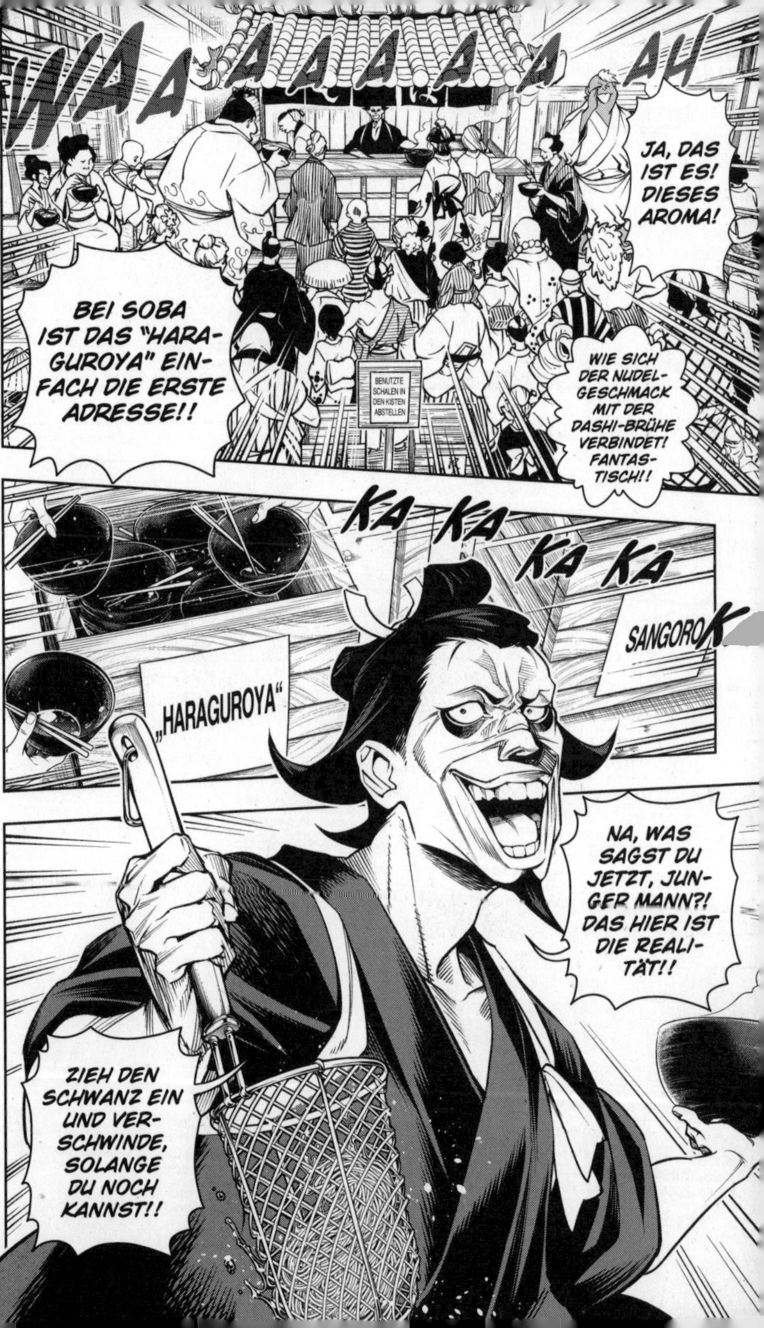
WAAAAAAAAH
JA, DAS IST ES! DIESES AROMA!
BEI SOBA IST DAS "HARA-GUROYA" EIN-FACH DIE ERSTE ADRESSE!!
WIE SICH DER NUDEL-GESCHMACK MIT DER DASHI-BRÜHE VERBINDET! FANTAS-TISCH!!
BENUTZTE SCHALEN IN DEN KISTEN ABSTELLEN
KA KA KA KA
SANGOROK
„HARAGUROYA“
NA, WAS SAGST DU JETZT, JUN-GER MANN?! DAS HIER IST DIE REALI-TÄT!!
ZIEH DEN SCHWANZ EIN UND VER-SCHWINDE, SOLANGE DU NOCH KANNST!!

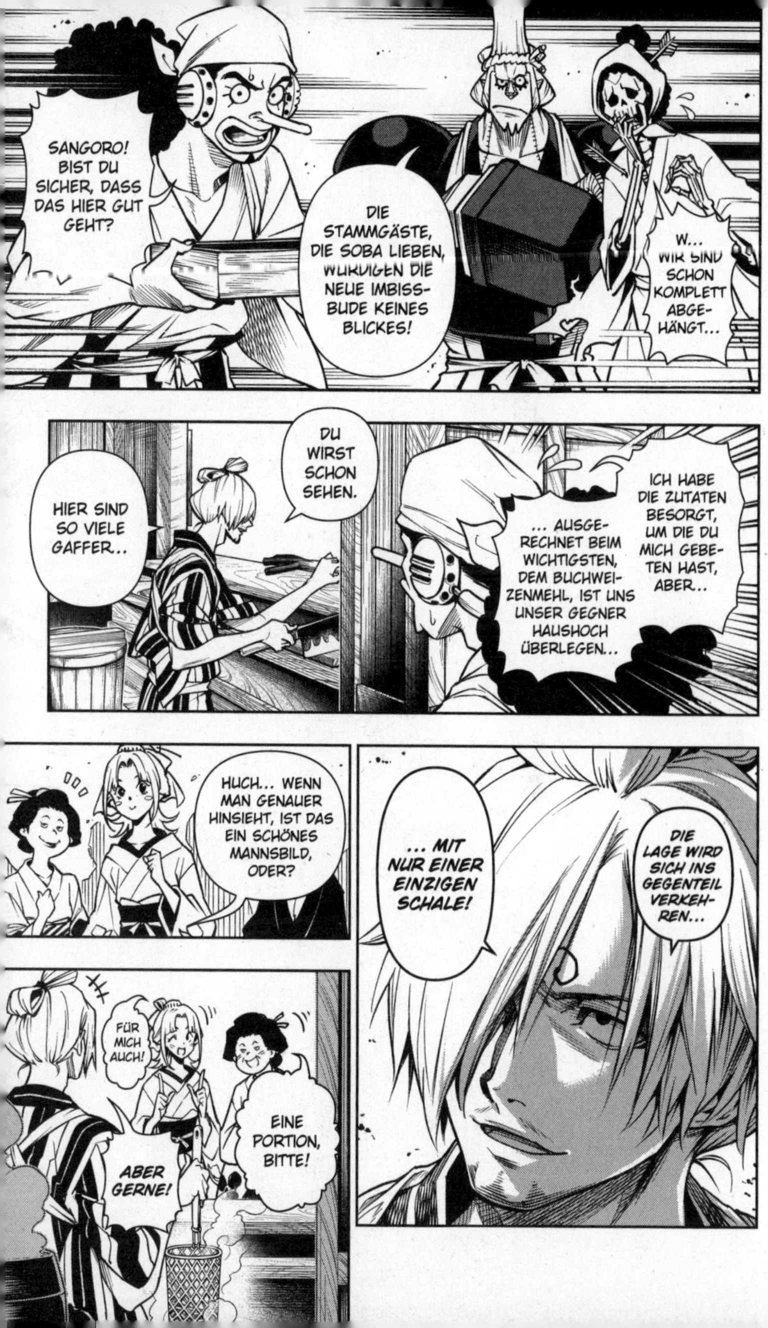
W... WIR SIND SCHON KOMPLETT ABGEHÄNGT...
DIE STAMMGÄSTE, DIE SOBA LIEBEN, WÜRDIGEN DIE NEUE IMBISSBUDE KEINES BLICKES!
SANGORO! BIST DU SICHER, DASS DAS HIER GUT GEHT?
ICH HABE DIE ZUTATEN BESORGT, UM DIE DU MICH GEBETEN HAST, ABER...
... AUSGERECHNET BEIM WICHTIGSTEN, DEM BUCHWEIZENMEHL, IST UNS UNSER GEGNER HAUSHOCH ÜBERLEGEN...
DU WIRST SCHON SEHEN.
HIER SIND SO VIELE GAFFER...
DIE LAGE WIRD SICH INS GEGENTEIL VERKEHREN...
... MIT NUR EINER EINZIGEN SCHALE!
HUCH... WENN MAN GENAUER HINSIEHT, IST DAS EIN SCHÖNES MANNSBILD, ODER?
EINE PORTION, BITTE!
FÜR MICH AUCH!
ABER GERNE!

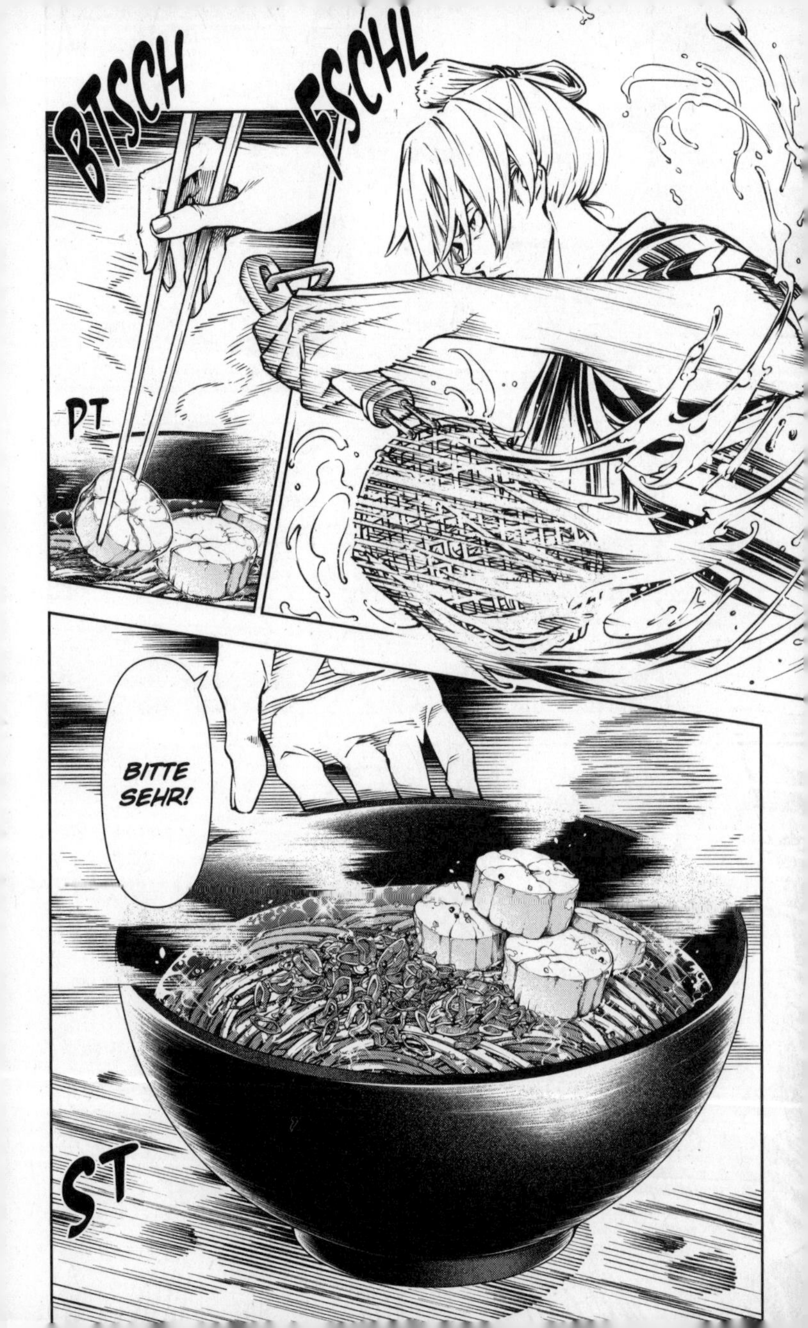
ESCHL
BTSCH
PT
BITTE SEHR!
ST

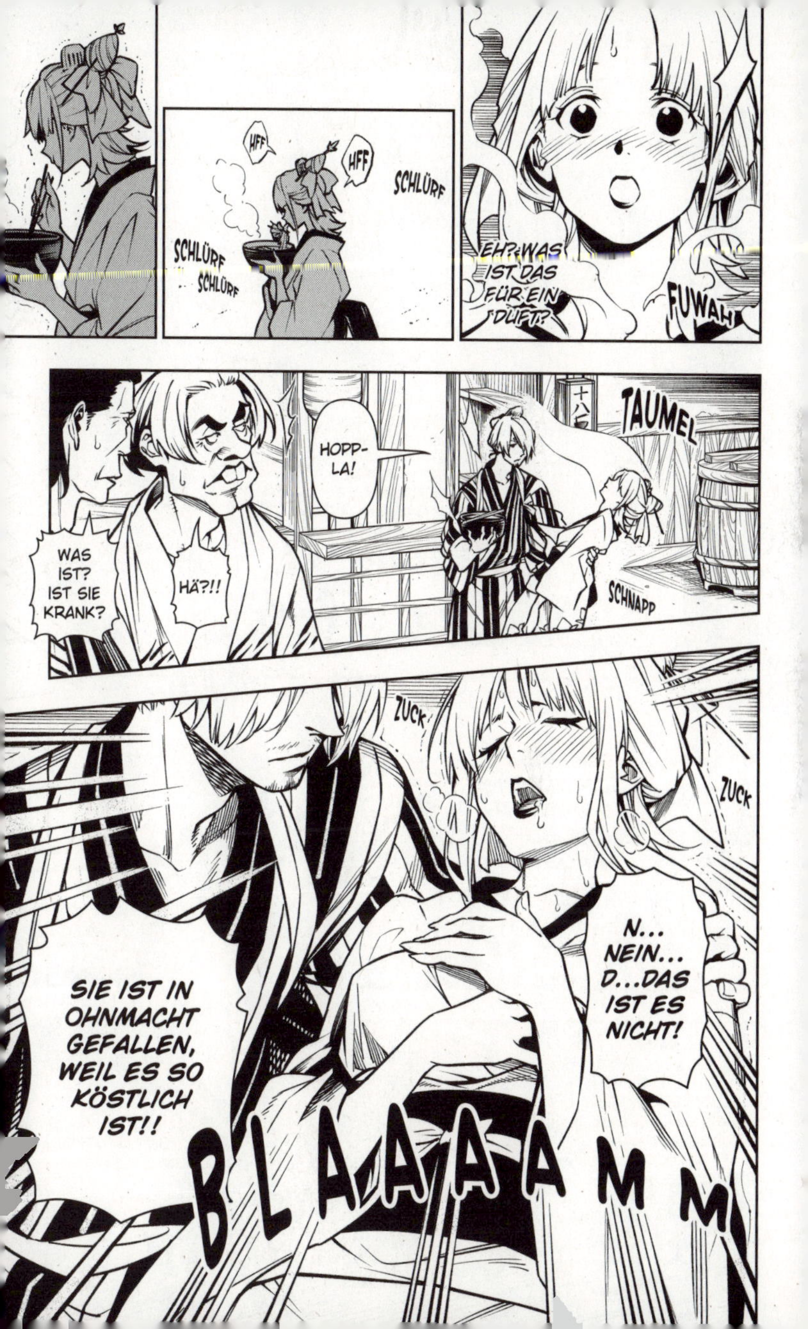
EH?! WAS IST DAS FÜR EIN DUFT?
FUWAH
SCHLÜRF
HFF
HFF
SCHLÜRF
SCHLÜRF
TAUMEL
HOPP-LA!
SCHNAPP
HÄ?!!
WAS IST? IST SIE KRANK?
ZUCK
ZUCK
N... NEIN... D...DAS IST ES NICHT!
SIE IST IN OHNMACHT GEFALLEN, WEIL ES SO KÖSTLICH IST!!
BLAAAAMM

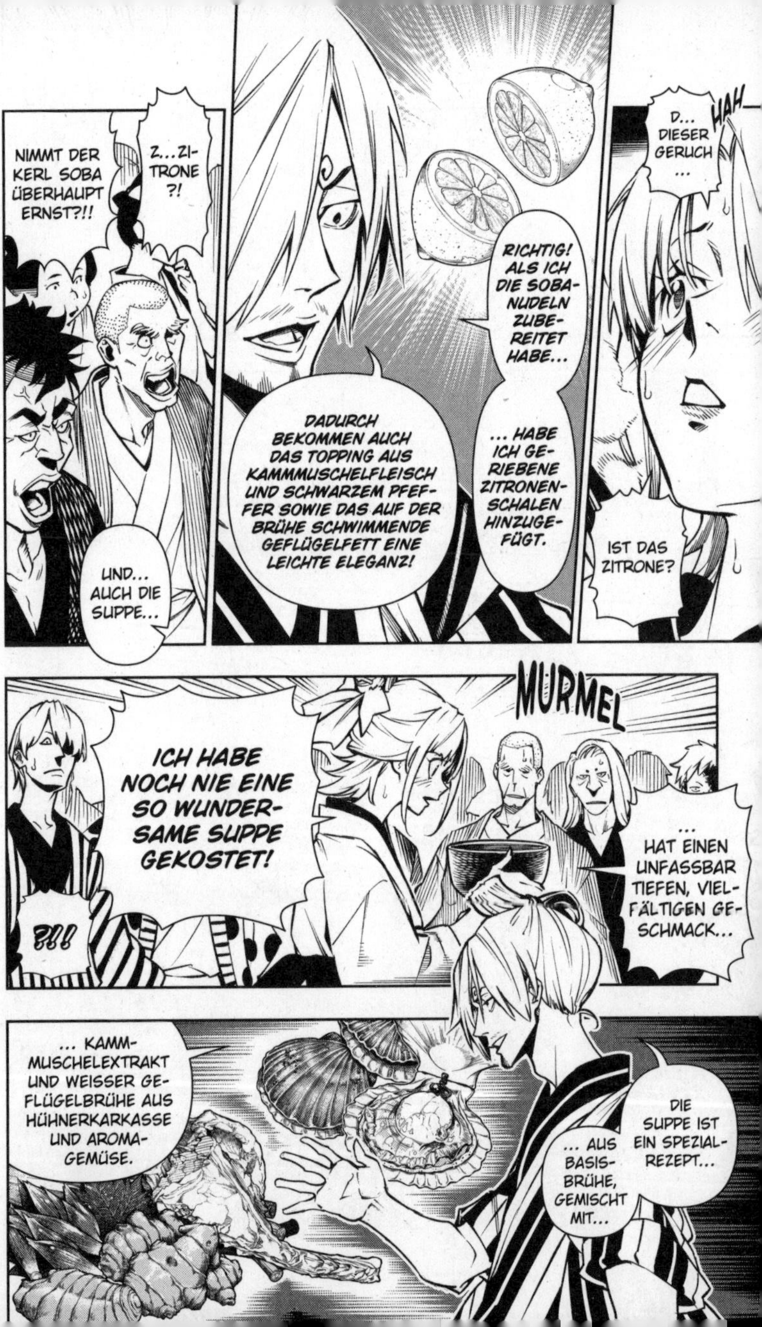
HAH
D... DIESER GERUCH...
IST DAS ZITRONE?
RICHTIG! ALS ICH DIE SOBA-NUDELN ZUBEREITET HABE...
... HABE ICH GERIEBENE ZITRONENSCHALEN HINZUGEFÜGT.
DADURCH BEKOMMEN AUCH DAS TOPPING AUS KAMMMUSCHELFLEISCH UND SCHWARZEM PFEFFER SOWIE DAS AUF DER BRÜHE SCHWIMMENDE GEFLÜGELFETT EINE LEICHTE ELEGANZ!
Z... ZITRONE ?!
NIMMT DER KERL SOBA ÜBERHAUPT ERNST?!!
UND... AUCH DIE SUPPE...
MURMEL
... HAT EINEN UNFASSBAR TIEFEN, VIELFÄLTIGEN GESCHMACK...
ICH HABE NOCH NIE EINE SO WUNDERSAME SUPPE GEKOSTET!
?!!
DIE SUPPE IST EIN SPEZIALREZEPT...
... AUS BASISBRÜHE, GEMISCHT MIT...
... KAMMMUSCHELEXTRAKT UND WEISSER GEFLÜGELBRÜHE AUS HÜHNERKARKASSE UND AROMAGEMÜSE.

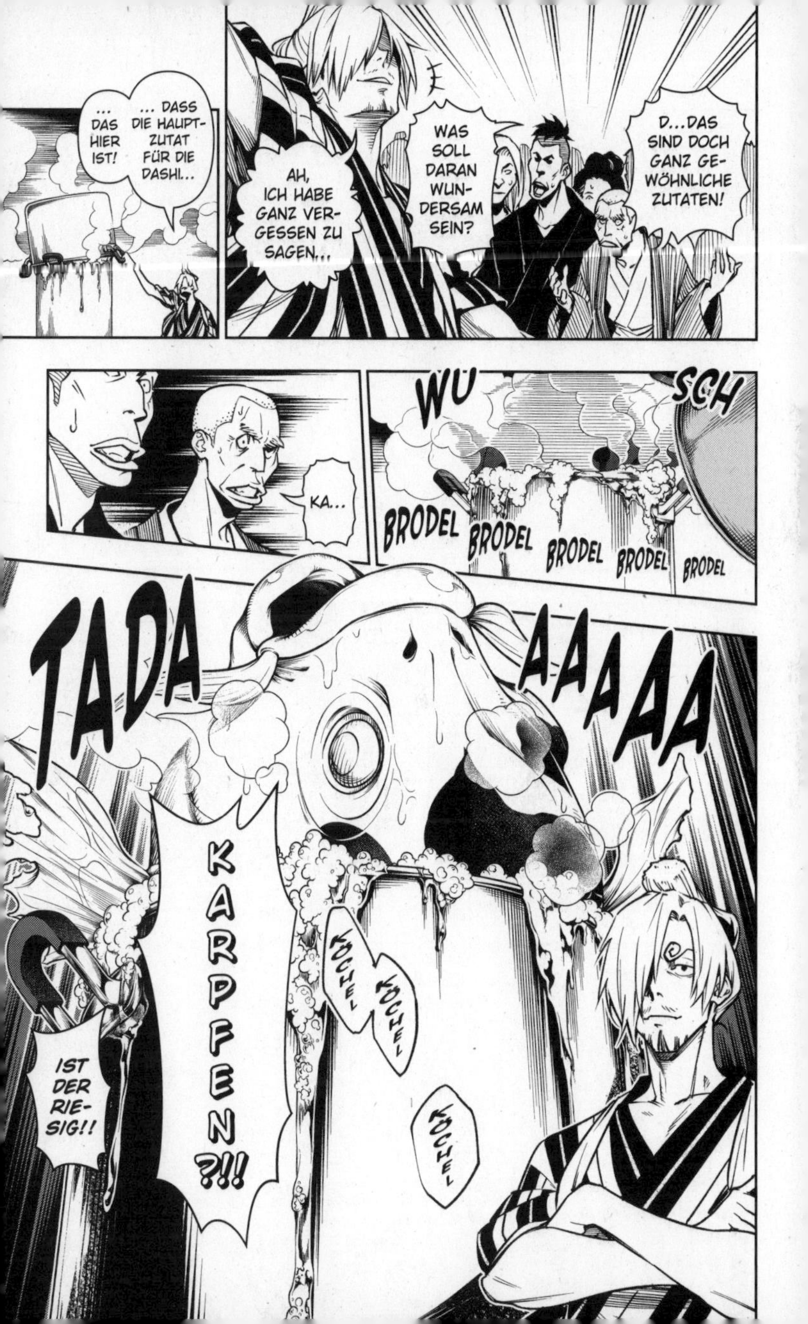
D...DAS SIND DOCH GANZ GEWÖHNLICHE ZUTATEN!
WAS SOLL DARAN WUNDERSAM SEIN?
AH, ICH HABE GANZ VERGESSEN ZU SAGEN...
... DASS DIE HAUPTZUTAT FÜR DIE DASHI...
... DAS HIER IST!
WUSCH
BRODEL BRODEL BRODEL BRODEL BRODEL
KA...
TADAAAAAA
KARPFEN?!!
IST DER RIESIG!!
KÖCHEL
KÖCHEL
KÖCHEL

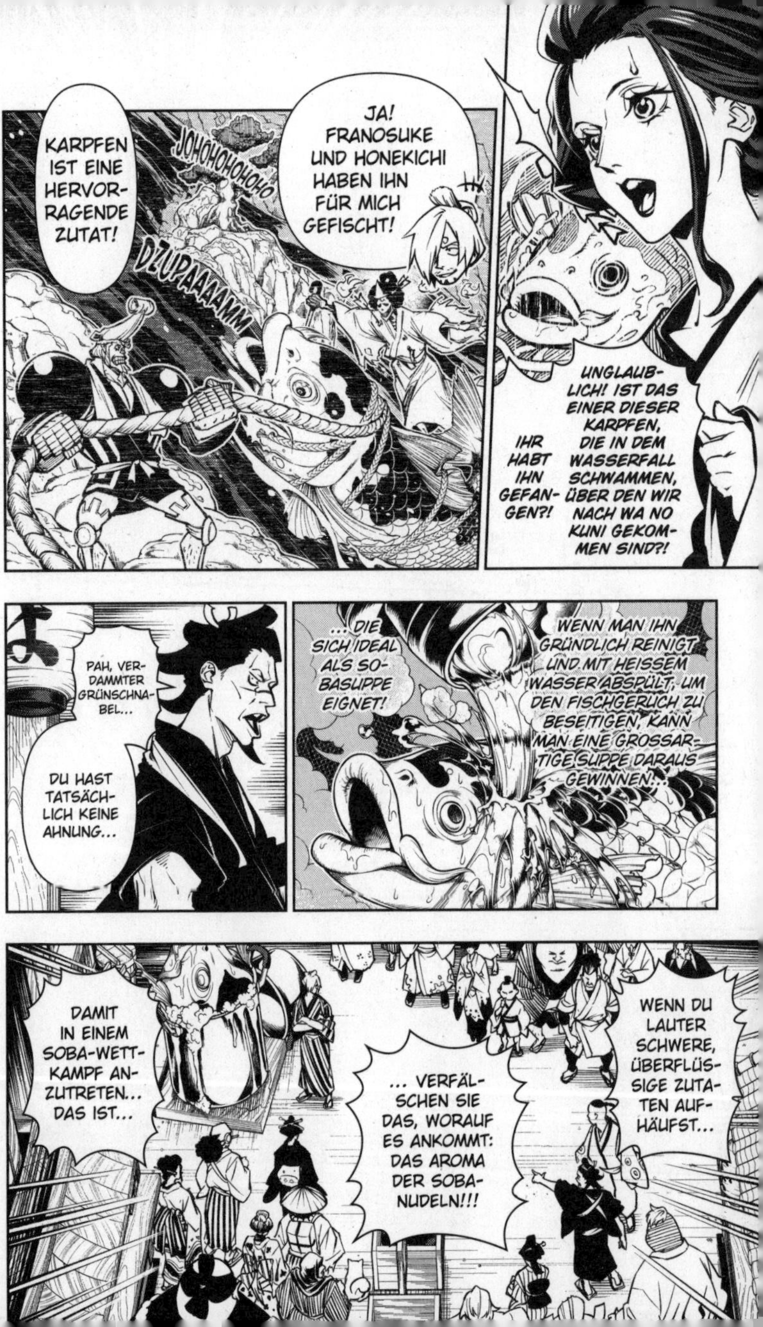
UNGLAUBLICH! IST DAS EINER DIESER KARPFEN, DIE IN DEM WASSERFALL SCHWAMMEN, ÜBER DEN WIR NACH WA NO KUNI GEKOMMEN SIND?!
IHR HABT IHN GEFANGEN?!
JA! FRANOSUKE UND HONEKICHI HABEN IHN FÜR MICH GEFISCHT!
JOHOHOHOHOHO
DZUPAAAAAMM
KARPFEN IST EINE HERVORRAGENDE ZUTAT!
WENN MAN IHN GRÜNDLICH REINIGT UND MIT HEISSEM WASSER ABSPÜLT, UM DEN FISCHGERUCH ZU BESEITIGEN, KANN MAN EINE GROSSARTIGE SUPPE DARAUS GEWINNEN...
... DIE SICH IDEAL ALS SOBASUPPE EIGNET!
PAH, VERDAMMTER GRÜNSCHNABEL...
DU HAST TATSÄCHLICH KEINE AHNUNG...
WENN DU LAUTER SCHWERE, ÜBERFLÜSSIGE ZUTATEN AUFHÄUFST...
... VERFÄLSCHEN SIE DAS, WORAUF ES ANKOMMT: DAS AROMA DER SOBANUDELN!!!
DAMIT IN EINEM SOBA-WETTKAMPF ANZUTRETEN... DAS IST...

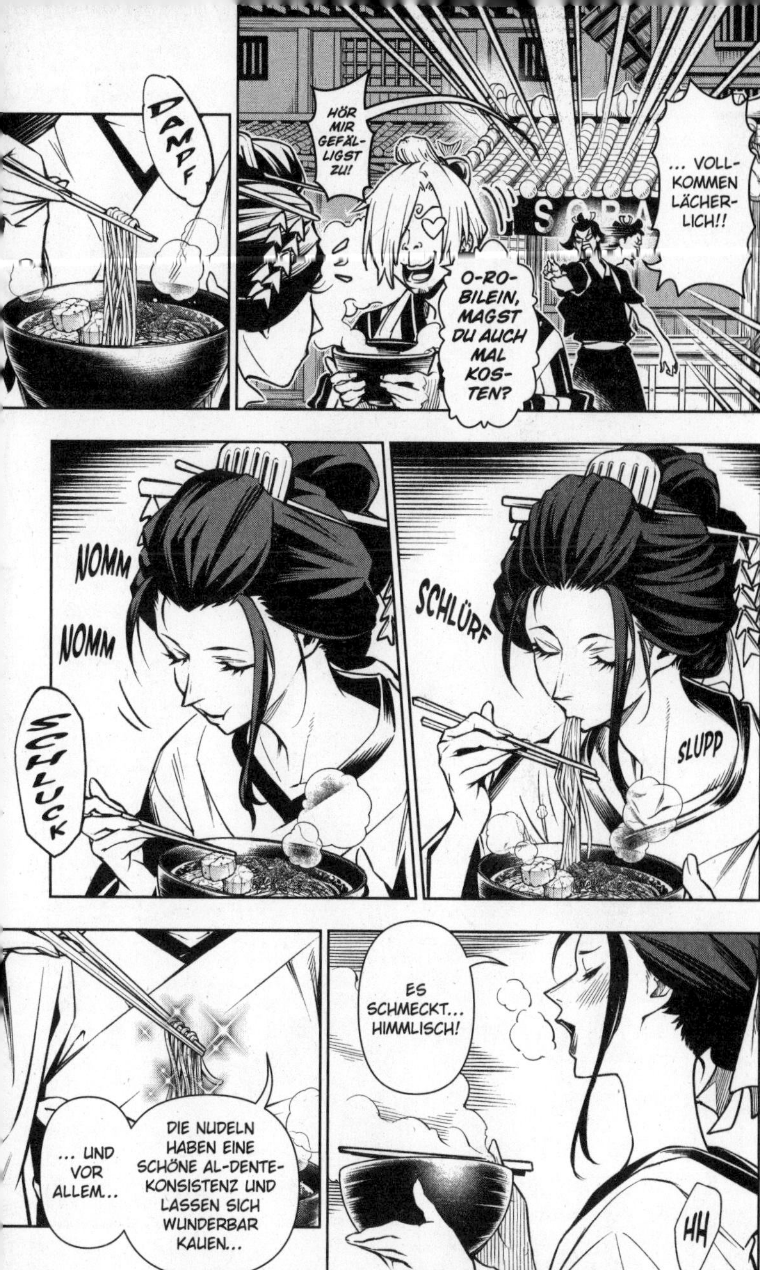
... VOLLKOMMEN LÄCHERLICH!!
HÖR MIR GEFÄLLIGST ZU!
O-RO-BILEIN, MAGST DU AUCH MAL KOSTEN?
SORA
DAMPF
SCHLÜRF
SLUPP
NOMM
NOMM
SCHLUCK
ES SCHMECKT... HIMMLISCH!
HH
DIE NUDELN HABEN EINE SCHÖNE AL-DENTE-KONSISTENZ UND LASSEN SICH WUNDERBAR KAUEN...
... UND VOR ALLEM...

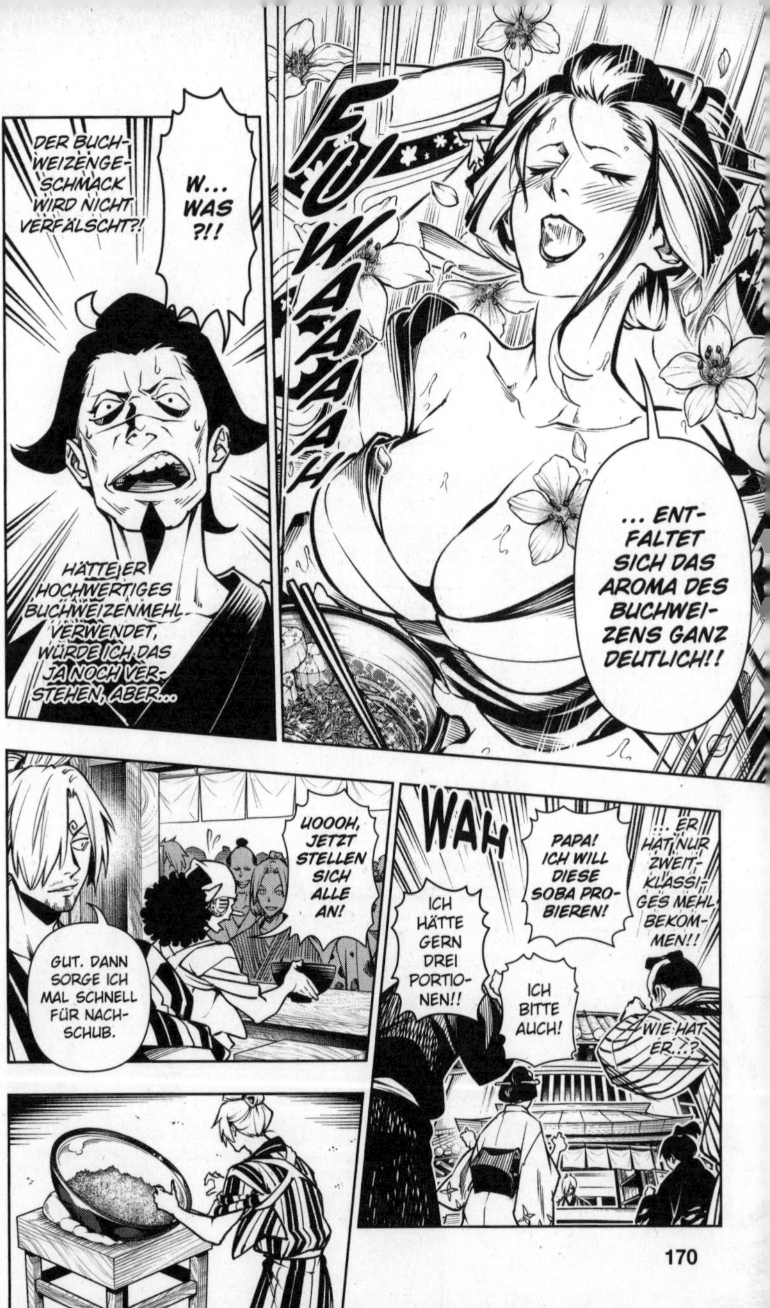
FUWAAAAAAH
... ENT-FALTET SICH DAS AROMA DES BUCHWEI-ZENS GANZ DEUTLICH!!
W... WAS ?!!
DER BUCH-WEIZENGE-SCHMACK WIRD NICHT VERFÄLSCHT?!
HÄTTE ER HOCHWERTIGES BUCHWEIZENMEHL VERWENDET, WÜRDE ICH DAS JA NOCH VER-STEHEN, ABER...
WAH
... ER HAT NUR ZWEIT-KLASSI-GES MEHL BEKOM-MEN!!
PAPA! ICH WILL DIESE SOBA PRO-BIEREN!
ICH HÄTTE GERN DREI PORTIO-NEN!!
ICH BITTE AUCH!
WIE HAT ER...?
UOOOH, JETZT STELLEN SICH ALLE AN!
GUT. DANN SORGE ICH MAL SCHNELL FÜR NACH-SCHUB.

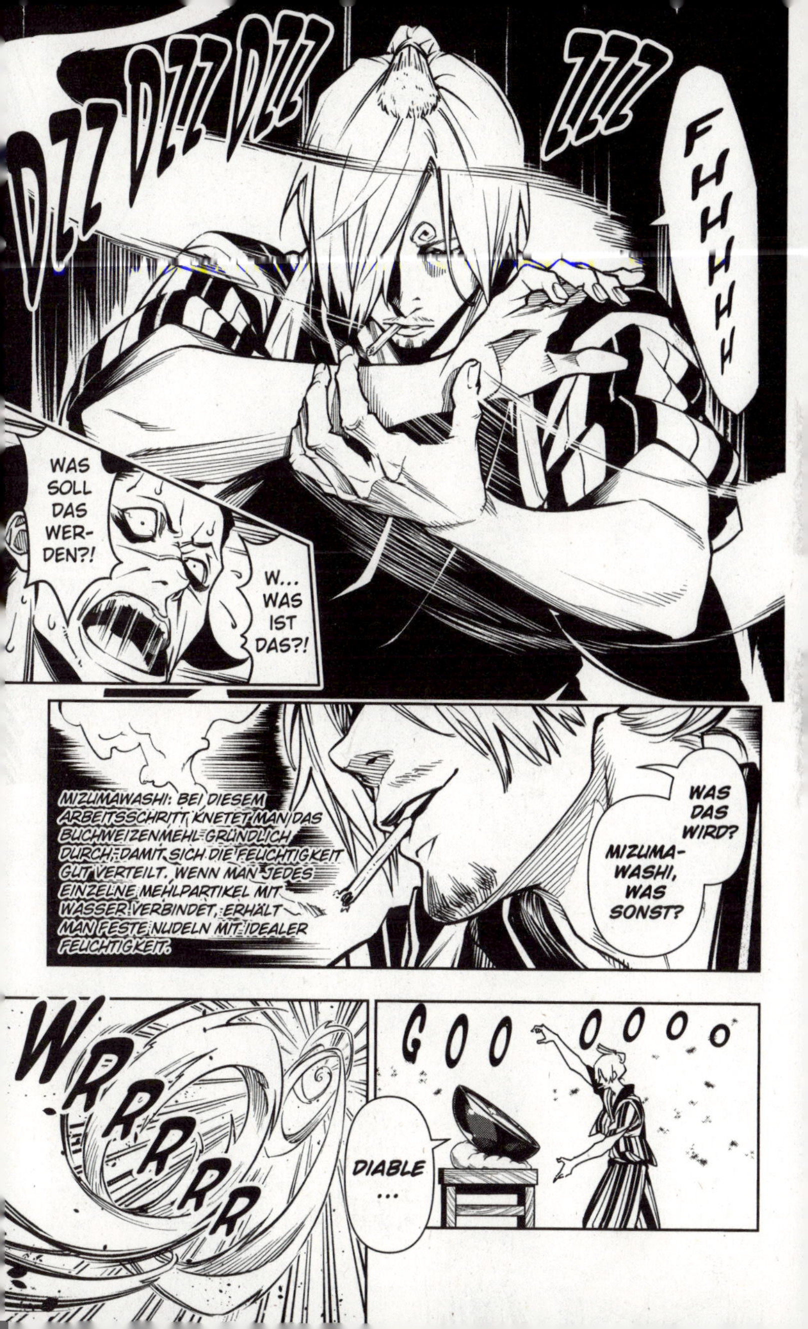

FHHHHH
ZZZ
DZZ DZZ DZZ
W... WAS IST DAS?!
WAS SOLL DAS WER-DEN?!
WAS DAS WIRD? MIZUMA-WASHI, WAS SONST?
MIZUMAWASHI: BEI DIESEM ARBEITSSCHRITT KNETET MAN DAS BUCHWEIZENMEHL GRÜNDLICH DURCH, DAMIT SICH DIE FEUCHTIGKEIT GUT VERTEILT. WENN MAN JEDES EINZELNE MEHLPARTIKEL MIT WASSER VERBINDET, ERHÄLT MAN FESTE NUDELN MIT IDEALER FEUCHTIGKEIT.
GOO OOOO
DIABLE ...
WRRRRRR

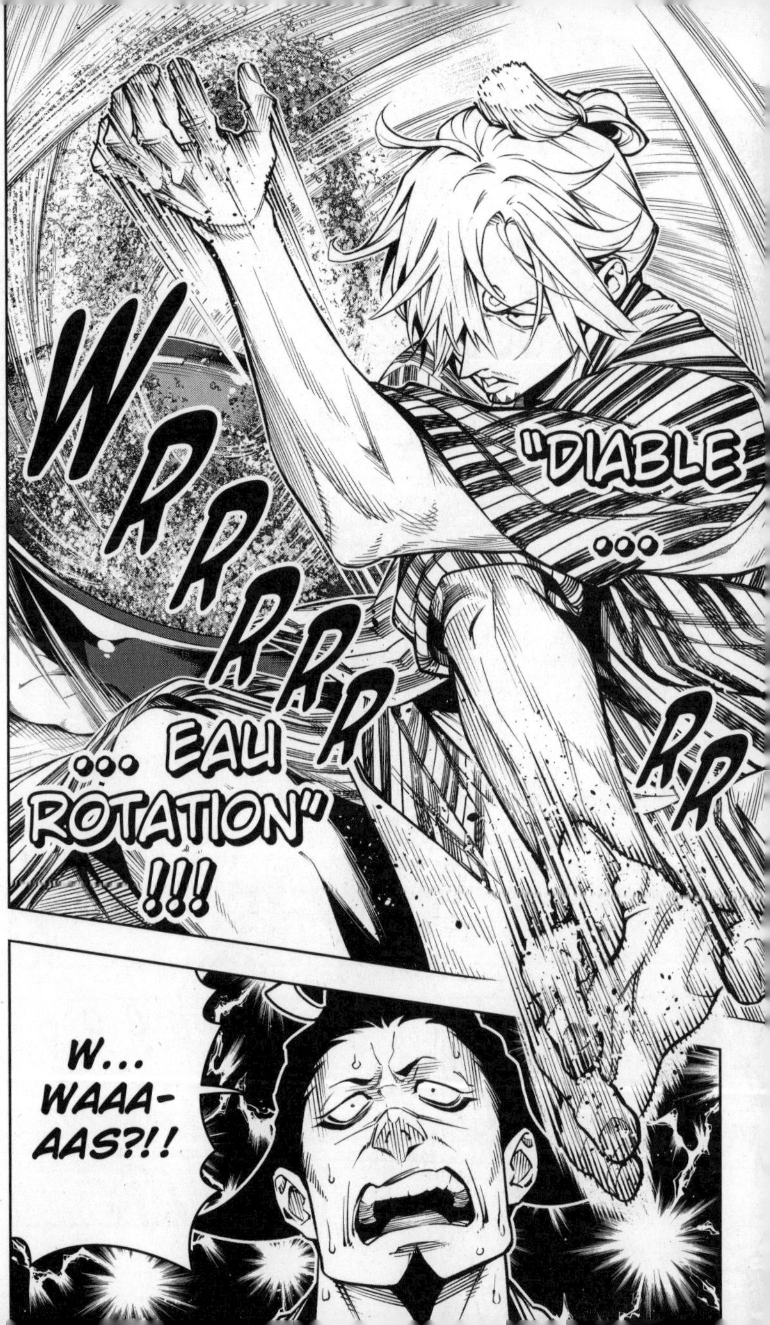
"DIABLE
...
... EAU
ROTATION"
!!!
WRRRRRRR
RR
W...
WAAA-
AAS?!!

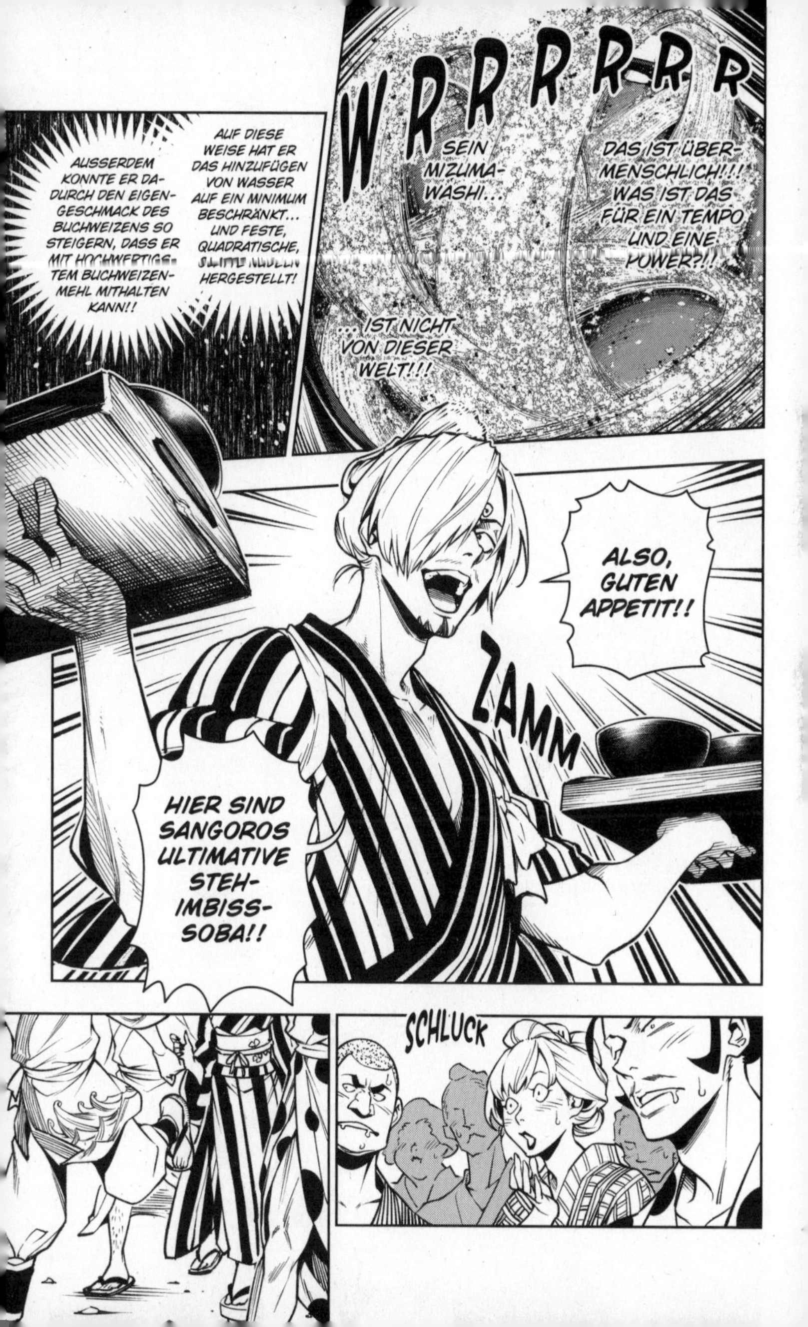
WRRRRRRR
DAS IST ÜBERMENSCHLICH!!! WAS IST DAS FÜR EIN TEMPO UND EINE POWER?!!
SEIN MIZUMAWASHI...
...IST NICHT VON DIESER WELT!!!
AUF DIESE WEISE HAT ER DAS HINZUFÜGEN VON WASSER AUF EIN MINIMUM BESCHRÄNKT... UND FESTE, QUADRATISCHE, HERGESTELLT!
AUSSERDEM KONNTE ER DADURCH DEN EIGENGESCHMACK DES BUCHWEIZENS SO STEIGERN, DASS ER MIT HOCHWERTIGS-TEM BUCHWEIZENMEHL MITHALTEN KANN!!
ALSO, GUTEN APPETIT!!
ZAMM
HIER SIND SANGOROS ULTIMATIVE STEH-IMBISS-SOBA!!
SCHLUCK

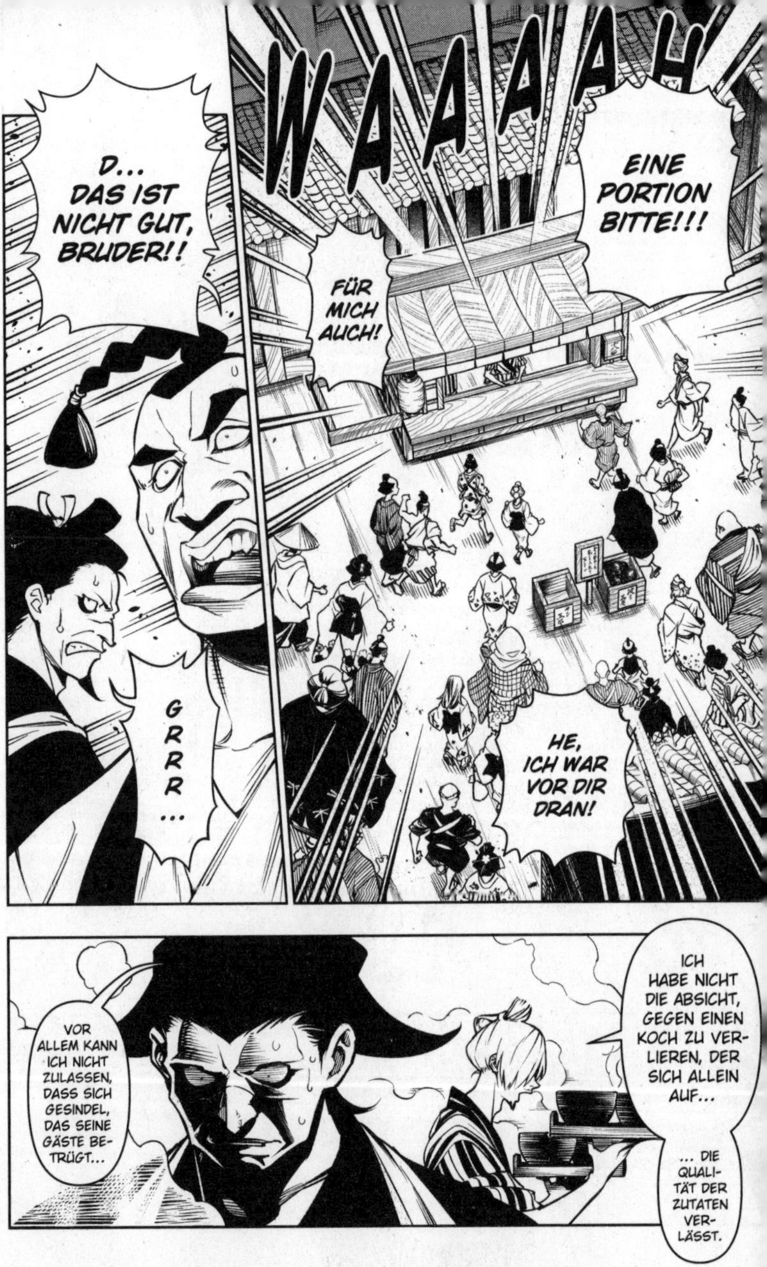
WAAAAH
EINE PORTION BITTE!!!
FÜR MICH AUCH!
HE, ICH WAR VOR DIR DRAN!
D... DAS IST NICHT GUT, BRUDER!!
GRRR...
ICH HABE NICHT DIE ABSICHT, GEGEN EINEN KOCH ZU VERLIEREN, DER SICH ALLEIN AUF...
... DIE QUALITÄT DER ZUTATEN VERLÄSST.
VOR ALLEM KANN ICH NICHT ZULASSEN, DASS SICH GESINDEL, DAS SEINE GÄSTE BETRÜGT...

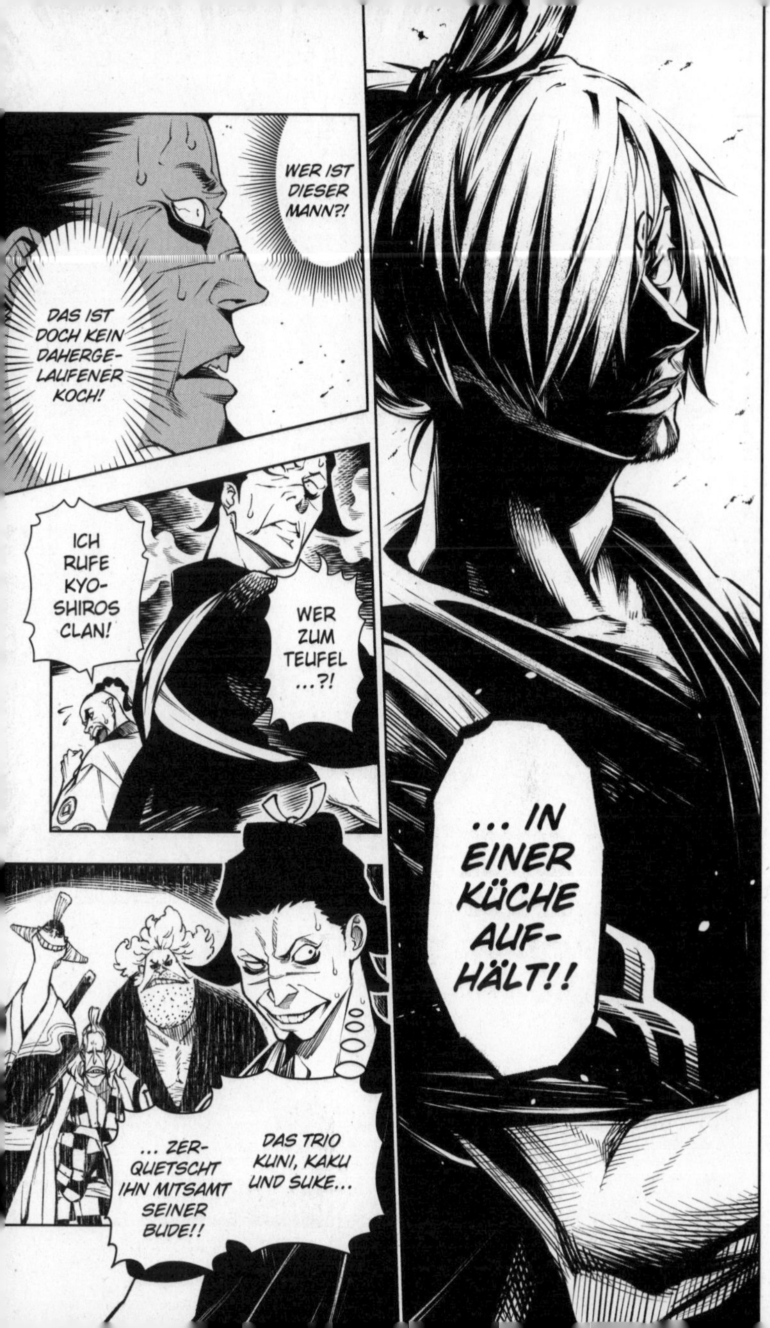
WER IST DIESER MANN?!
DAS IST DOCH KEIN DAHERGE-LAUFENER KOCH!
... IN EINER KÜCHE AUF-HÄLT!!
ICH RUFE KYO-SHIROS CLAN!
WER ZUM TEUFEL ...?!
DAS TRIO KUNI, KAKU UND SUKE...
... ZER-QUETSCHT IHN MITSAMT SEINER BUDE!!

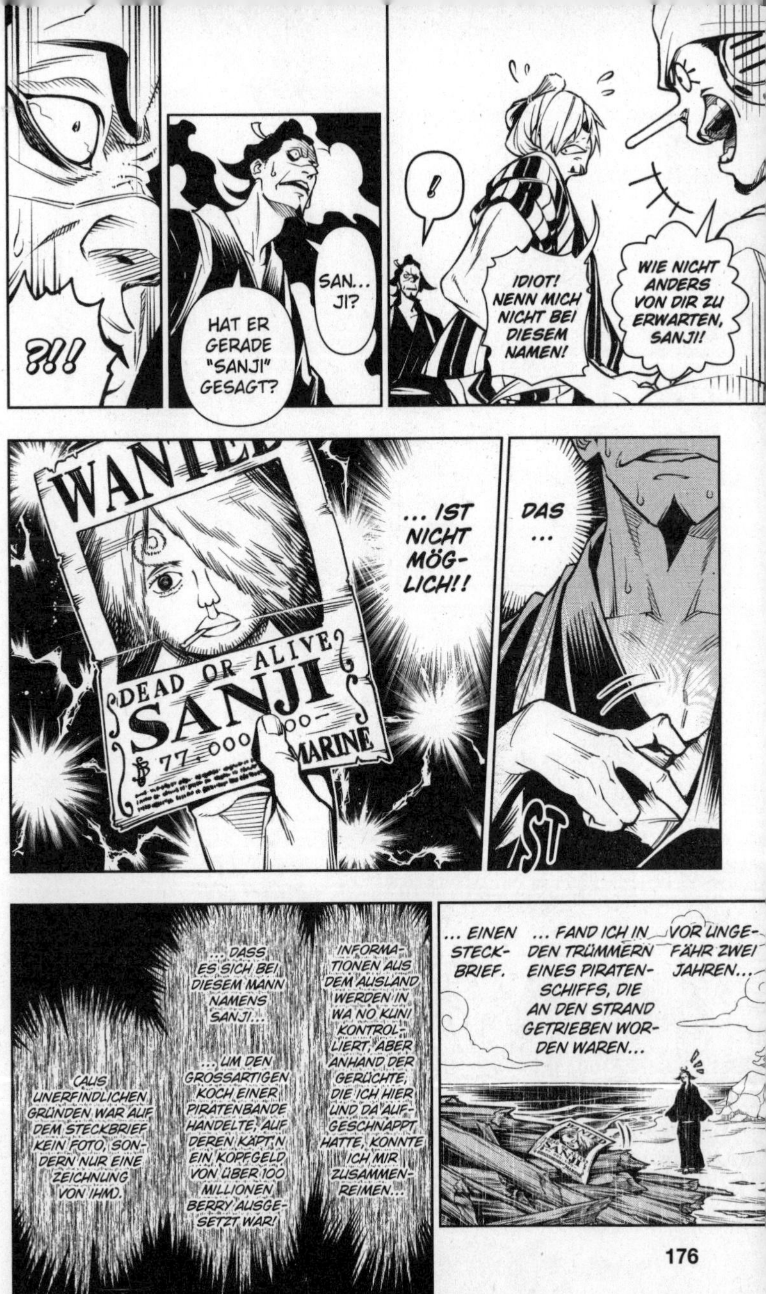

WIE NICHT ANDERS VON DIR ZU ERWARTEN, SANJI!
IDIOT! NENN MICH NICHT BEI DIESEM NAMEN!
!
SAN... JI?
HAT ER GERADE "SANJI" GESAGT?
?!!
DAS ...
... IST NICHT MÖGLICH!!
DEAD OR ALIVE
SANJI
MARINE
VOR UNGEFÄHR ZWEI JAHREN...
... FAND ICH IN DEN TRÜMMERN EINES PIRATENSCHIFFS, DIE AN DEN STRAND GETRIEBEN WORDEN WAREN...
... EINEN STECKBRIEF.
INFORMATIONEN AUS DEM AUSLAND WERDEN IN WA NO KUNI KONTROLLIERT, ABER ANHAND DER GERÜCHTE, DIE ICH HIER UND DA AUFGESCHNAPPT HATTE, KONNTE ICH MIR ZUSAMMENREIMEN...
... DASS ES SICH BEI DIESEM MANN NAMENS SANJI...
... UM DEN GROSSARTIGEN KOCH EINER PIRATENBANDE HANDELTE, AUF DEREN KÄPT'N EIN KOPFGELD VON ÜBER 100 MILLIONEN BERRY AUSGESETZT WAR!
(AUS UNERFINDLICHEN GRÜNDEN WAR AUF DEM STECKBRIEF KEIN FOTO, SONDERN NUR EINE ZEICHNUNG VON IHM).

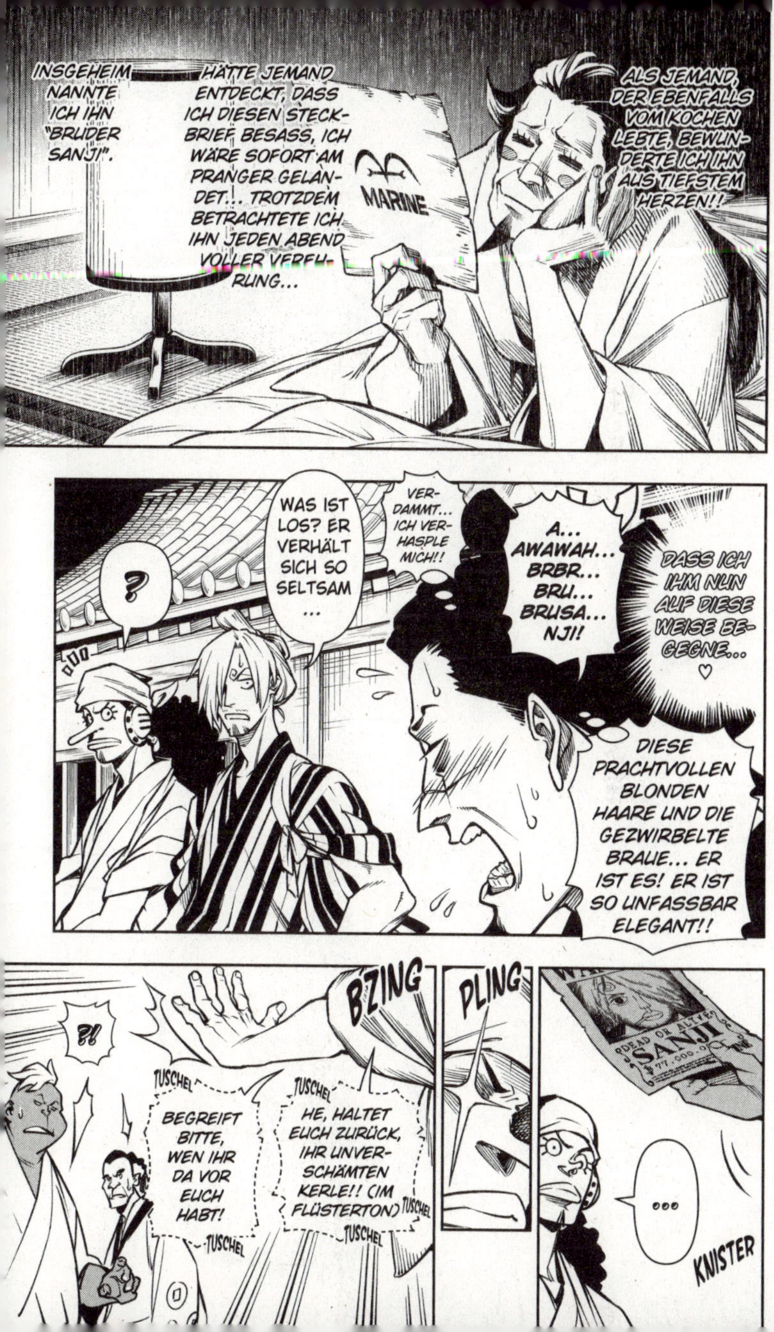
ALS JEMAND, DER EBENFALLS VOM KOCHEN LEBTE, BEWUNDERTE ICH IHN AUS TIEFSTEM HERZEN!!
HÄTTE JEMAND ENTDECKT, DASS ICH DIESEN STECKBRIEF BESASS, ICH WÄRE SOFORT AM PRANGER GELANDET... TROTZDEM BETRACHTETE ICH IHN JEDEN ABEND VOLLER VEREHRUNG...
INSGEHEIM NANNTE ICH IHN "BRUDER SANJI".
MARINE
DASS ICH IHM NUN AUF DIESE WEISE BEGEGNE... ♡
A... AWAWAH... BRBR... BRU... BRUSA... NJI!
VERDAMMT... ICH VERHASPLE MICH!!
WAS IST LOS? ER VERHÄLT SICH SO SELTSAM ...
?
DIESE PRACHTVOLLEN BLONDEN HAARE UND DIE GEZWIRBELTE BRAUE... ER IST ES! ER IST SO UNFASSBAR ELEGANT!!
DEAD OR ALIVE
SANJI
KNISTER
...
PLING
BZING
HE, HALTET EUCH ZURÜCK, IHR UNVERSCHÄMTEN KERLE!! (IM FLÜSTERTON)
TUSCHEL
BEGREIFT BITTE, WEN IHR DA VOR EUCH HABT!
TUSCHEL
?!

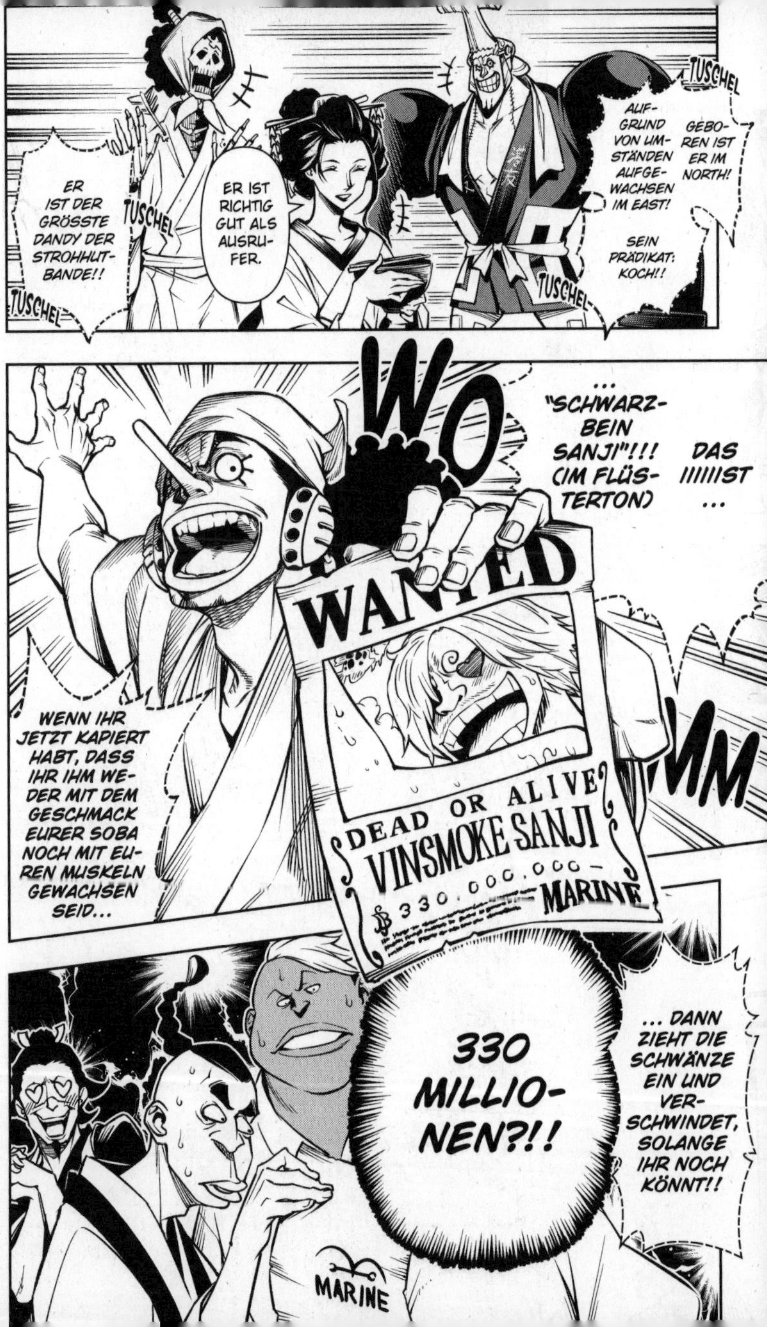
TUSCHEL
GEBOREN IST ER IM NORTH!
AUFGRUND VON UMSTÄNDEN AUFGEWACHSEN IM EAST!
SEIN PRÄDIKAT: KOCH!!
TUSCHEL
ER IST RICHTIG GUT ALS AUSRUFER.
TUSCHEL
ER IST DER GRÖSSTE DANDY DER STROHHUT-BANDE!!
TUSCHEL
DAS IIIIIIST ...
... "SCHWARZBEIN SANJI"!!! (IM FLÜSTERTON)
WO
MM
WANTED
DEAD OR ALIVE
VINSMOKE SANJI
330.000.000-
MARINE
WENN IHR JETZT KAPIERT HABT, DASS IHR IHM WEDER MIT DEM GESCHMACK EURER SOBA NOCH MIT EUREN MUSKELN GEWACHSEN SEID...
... DANN ZIEHT DIE SCHWÄNZE EIN UND VERSCHWINDET, SOLANGE IHR NOCH KÖNNT!!
330 MILLIONEN?!!
MARINE

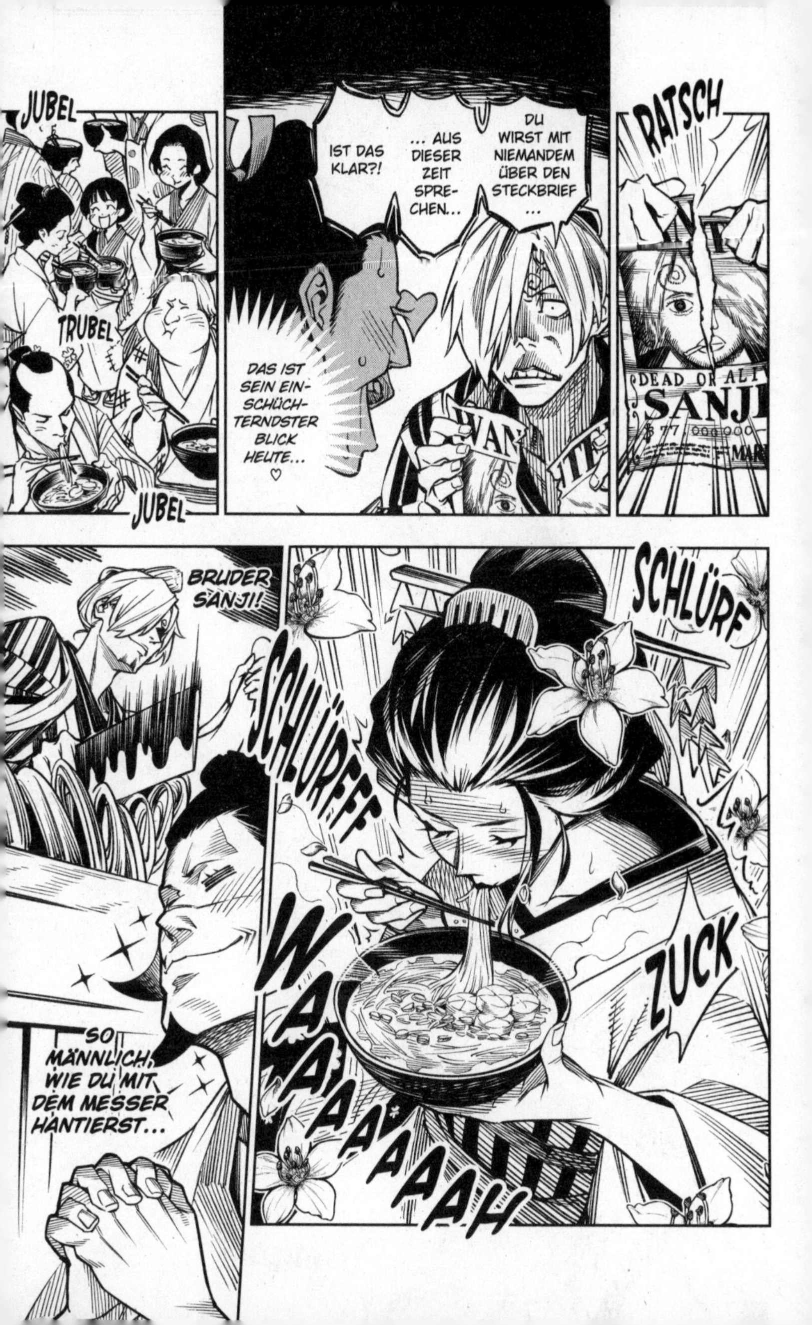
RATSCH
SANJI
DU WIRST MIT NIEMANDEM ÜBER DEN STECKBRIEF …
… AUS DIESER ZEIT SPRE-CHEN…
IST DAS KLAR?!
DAS IST SEIN EIN-SCHÜCH-TERNDSTER BLICK HEUTE… ♡
JUBEL
TRUBEL
JUBEL
SCHLÜRF
ZUCK
SCHLÜRFFF
WAAAAAAAAAH
BRUDER SANJI!
SO MÄNNLICH, WIE DU MIT DEM MESSER HANTIERST…

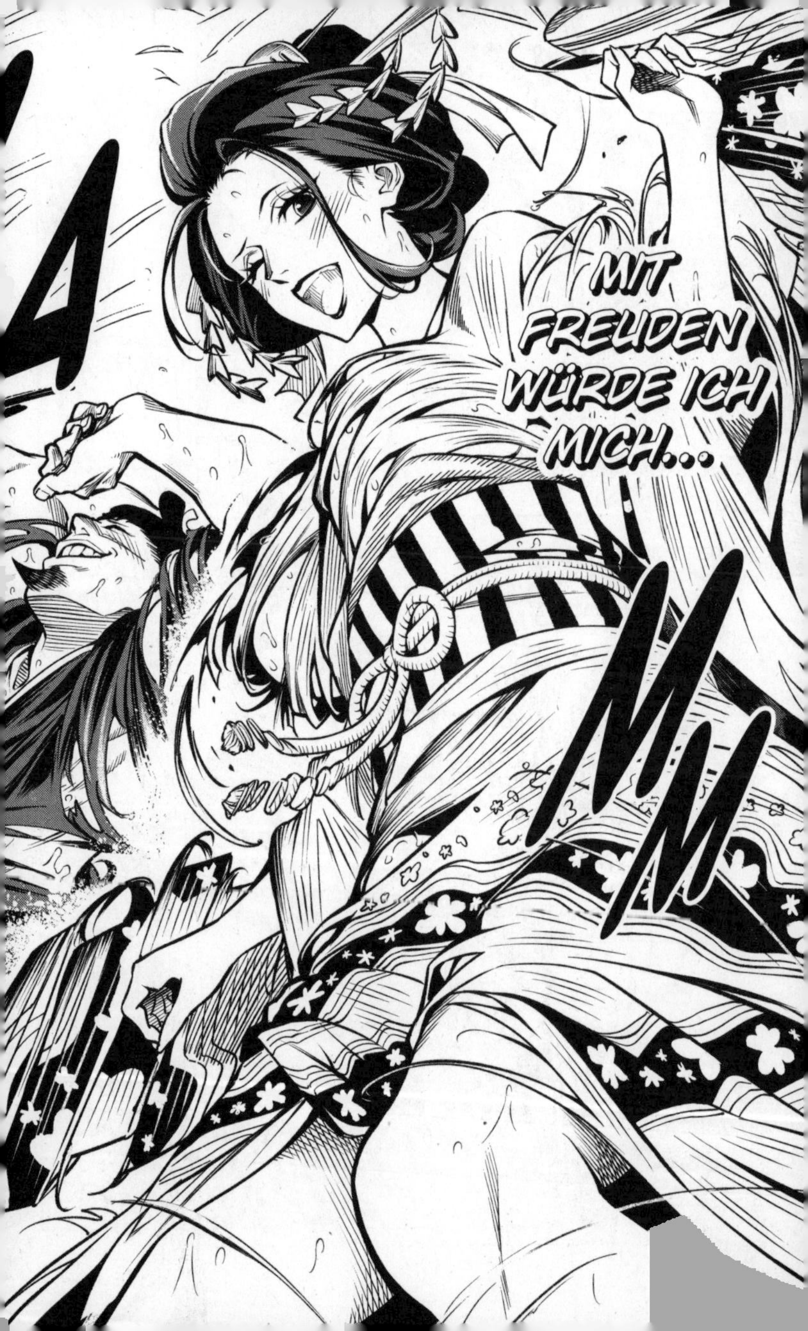
MIT
FREUDEN
WÜRDE ICH
MICH...

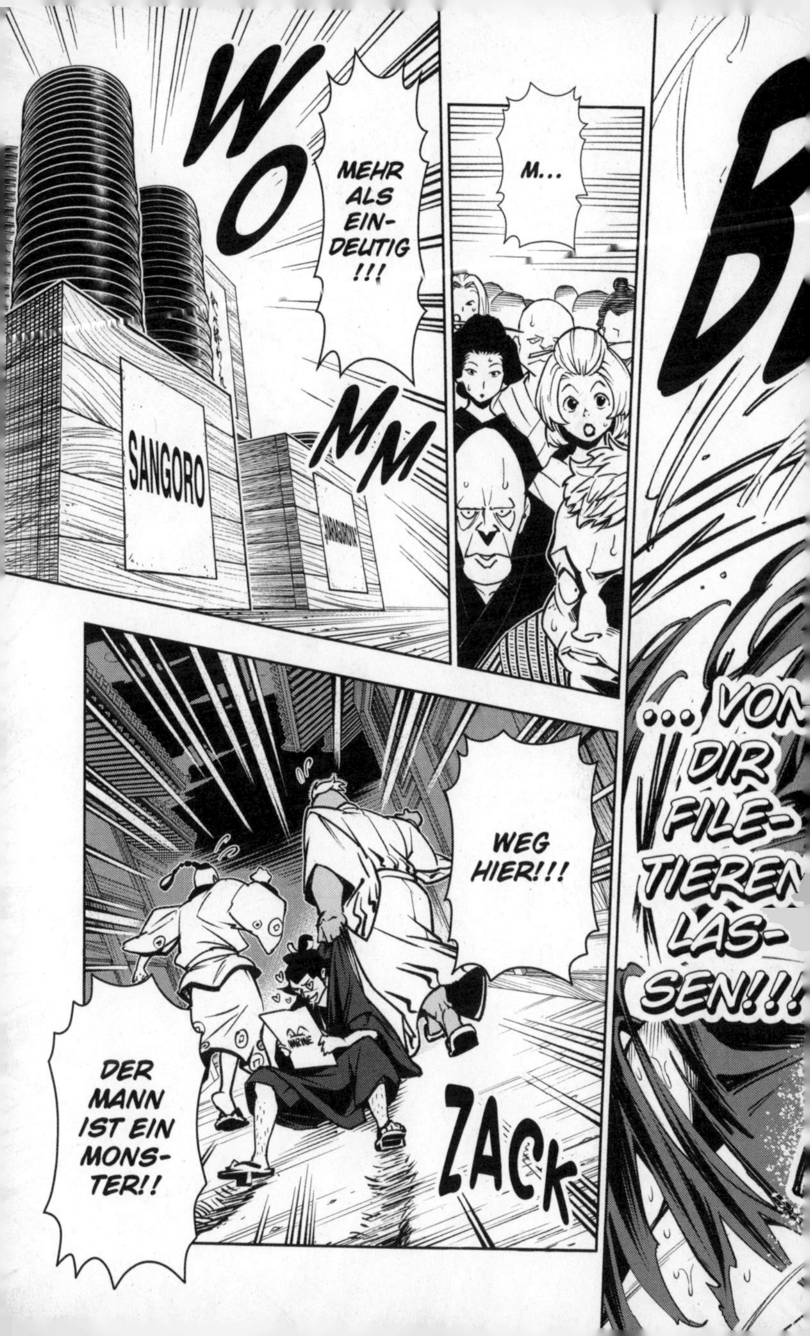
... VON DIR FILE-TIEREN LAS-SEN!!!
M...
MEHR ALS EIN-DEUTIG!!!
WOMM
SANGORO
WEG HIER!!!
ZACK
DER MANN IST EIN MONSTER!!

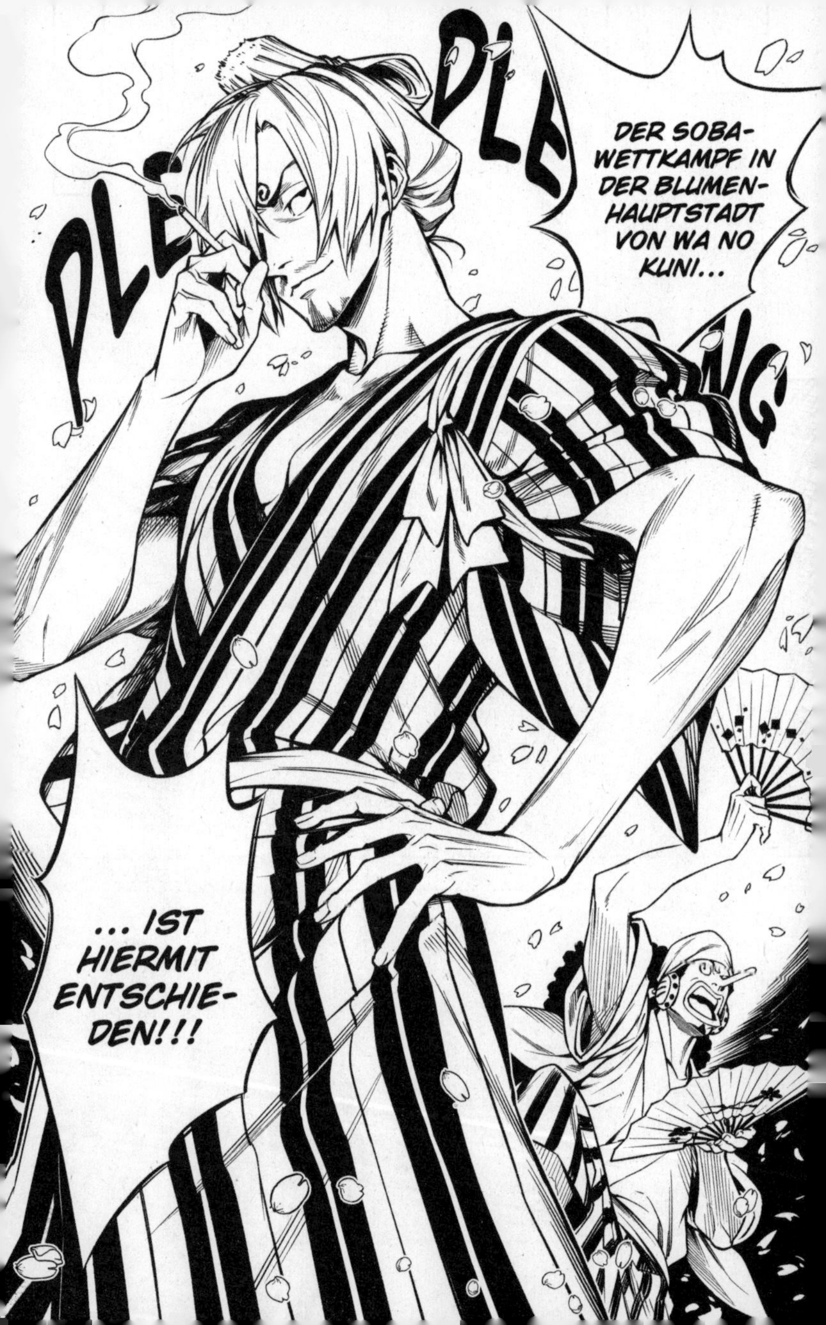
PLE
PLE
DER SOBA-WETTKAMPF IN DER BLUMEN-HAUPTSTADT VON WA NO KUNI...
... IST HIERMIT ENTSCHIEDEN!!!

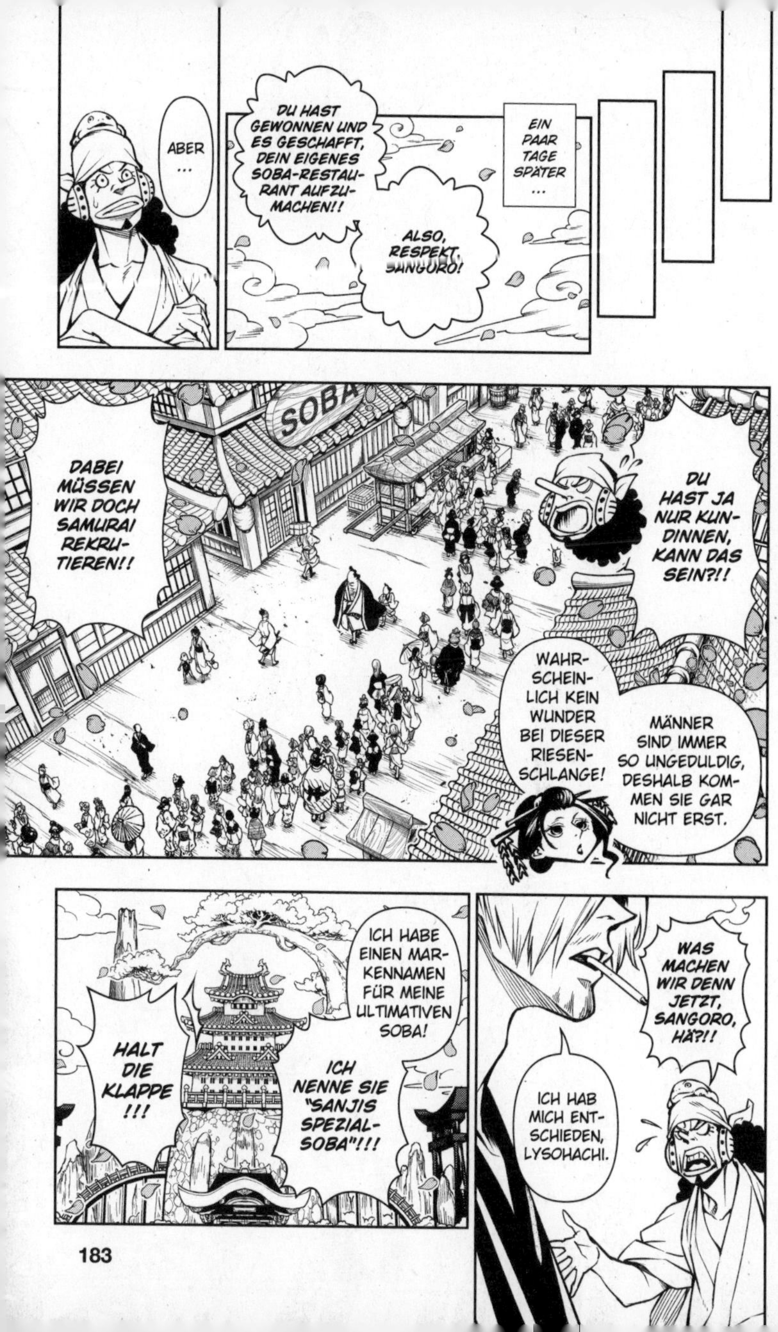
EIN PAAR TAGE SPÄTER ...
DU HAST GEWONNEN UND ES GESCHAFFT, DEIN EIGENES SOBA-RESTAURANT AUFZUMACHEN!!
ALSO, RESPEKT, SANGURO!
ABER ...
SOBA
DU HAST JA NUR KUNDINNEN, KANN DAS SEIN?!!
DABEI MÜSSEN WIR DOCH SAMURAI REKRUTIEREN!!
MÄNNER SIND IMMER SO UNGEDULDIG, DESHALB KOMMEN SIE GAR NICHT ERST.
WAHRSCHEINLICH KEIN WUNDER BEI DIESER RIESENSCHLANGE!
WAS MACHEN WIR DENN JETZT, SANGORO, HÄ?!!
ICH HAB MICH ENTSCHIEDEN, LYSOHACHI.
ICH HABE EINEN MARKENNAMEN FÜR MEINE ULTIMATIVEN SOBA!
ICH NENNE SIE "SANJIS SPEZIAL-SOBA"!!!
HALT DIE KLAPPE!!!

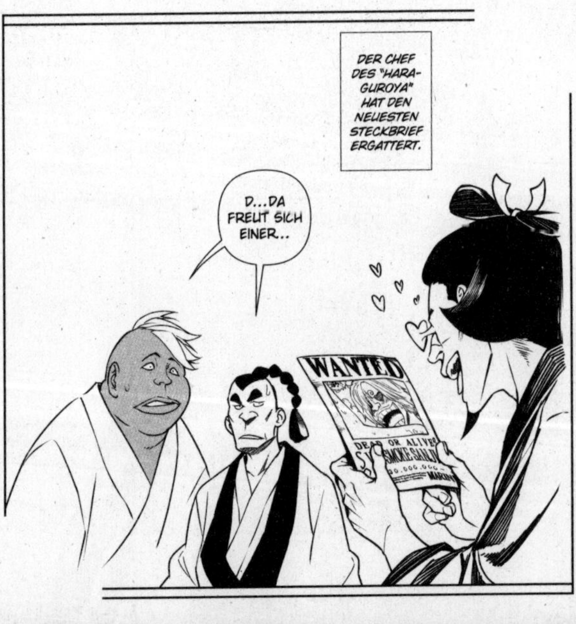
DER CHEF DES "HARA-GUROYA" HAT DEN NEUESTEN STECKBRIEF ERGATTERT.
D...DA FREUT SICH EINER..
WANTED
DEAD OR ALIVE

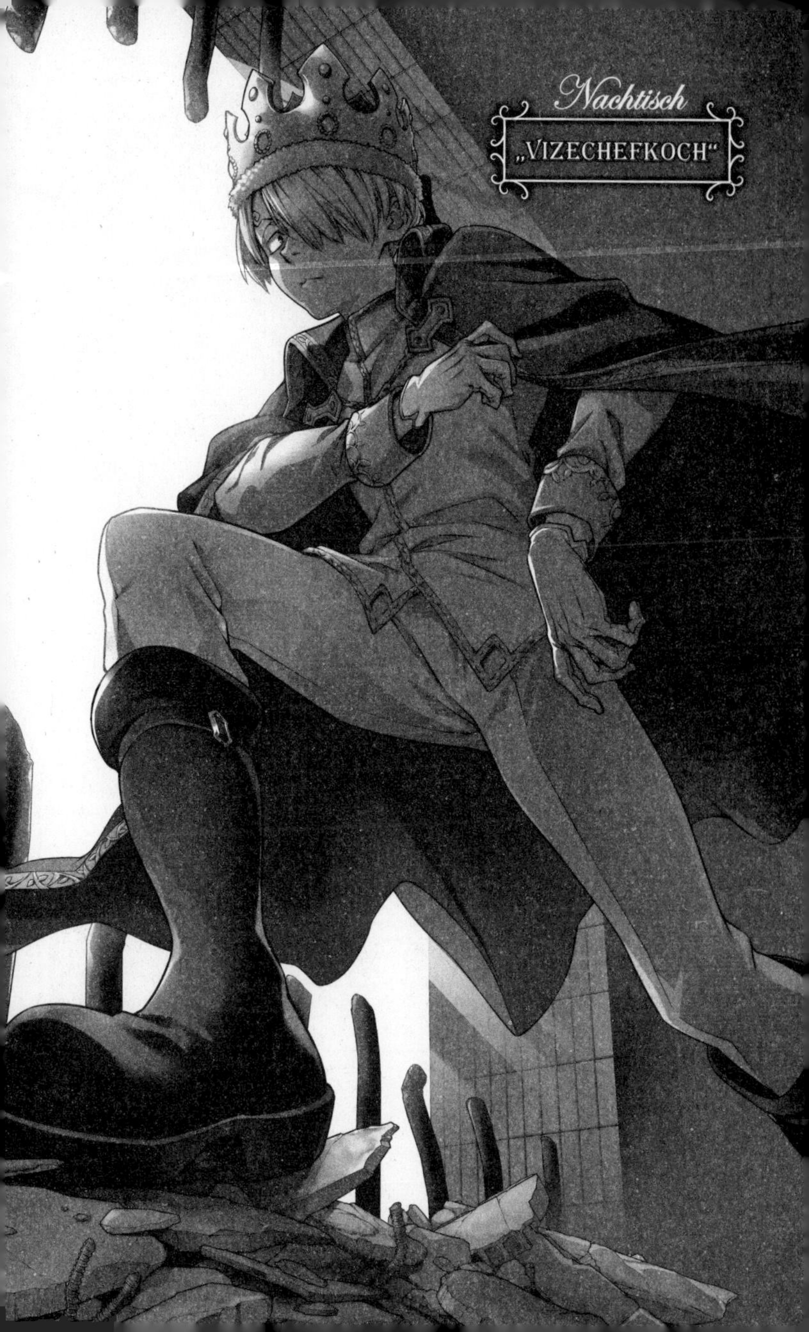
Nachtisch
„VIZECHEFKOCH“

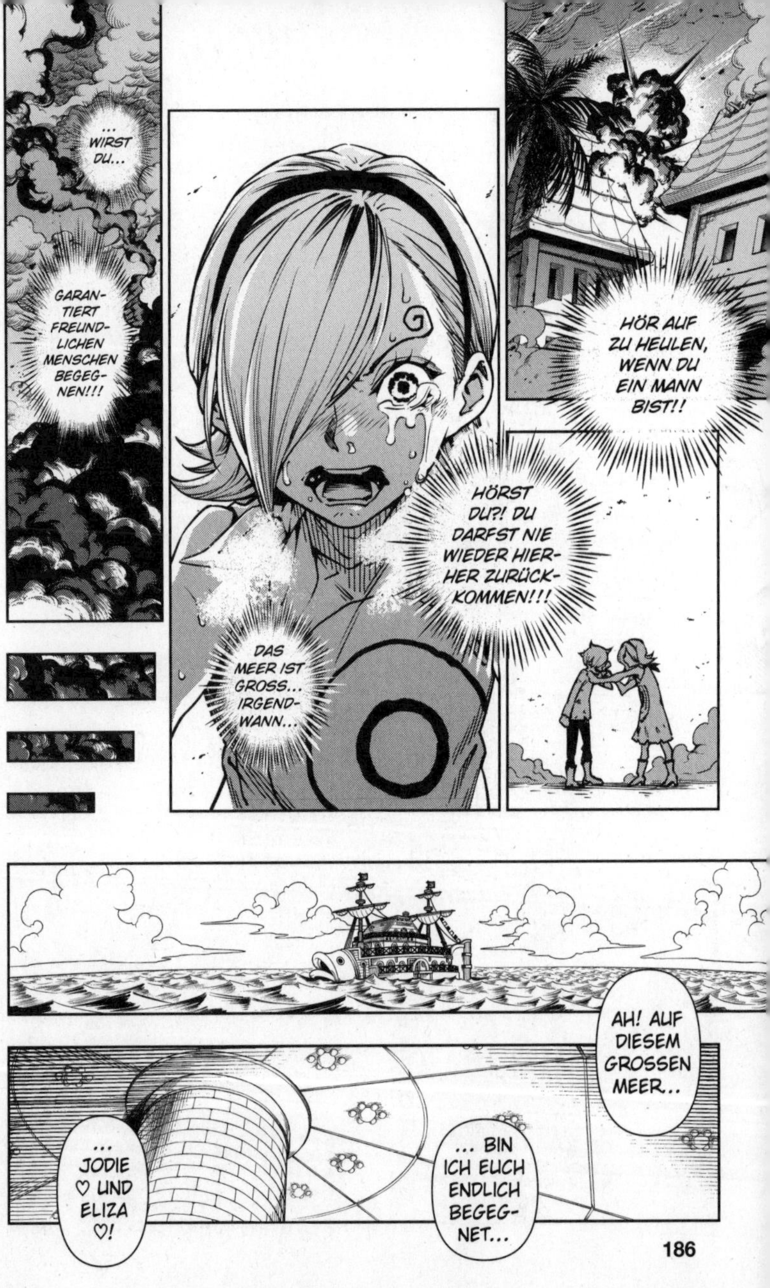
HÖR AUF ZU HEULEN, WENN DU EIN MANN BIST!!
HÖRST DU?! DU DARFST NIE WIEDER HIERHER ZURÜCKKOMMEN!!!
DAS MEER IST GROSS... IRGENDWANN...
... WIRST DU...
GARANTIERT FREUNDLICHEN MENSCHEN BEGEGNEN!!!
AH! AUF DIESEM GROSSEN MEER...
... BIN ICH EUCH ENDLICH BEGEGNET...
... JODIE ♡ UND ELIZA ♡!

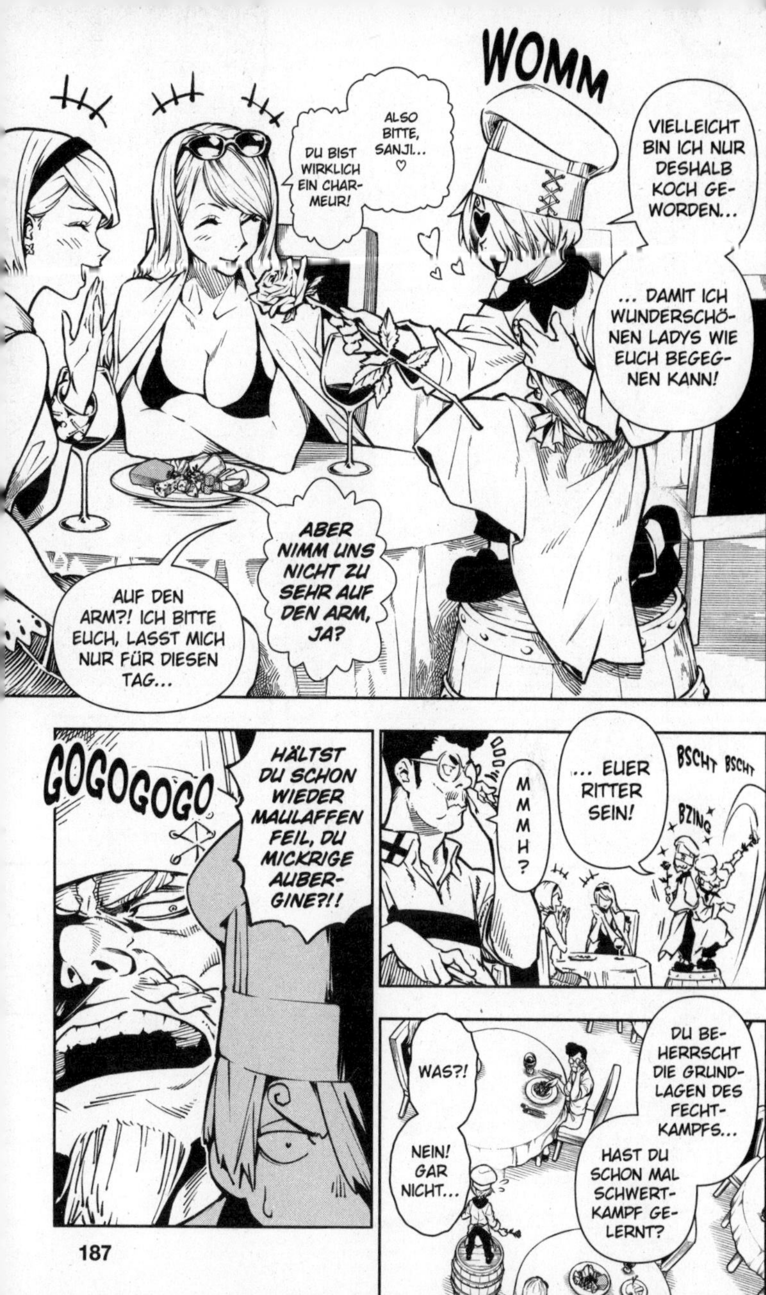
WOMM
VIELLEICHT BIN ICH NUR DESHALB KOCH GEWORDEN...
... DAMIT ICH WUNDERSCHÖNEN LADYS WIE EUCH BEGEGNEN KANN!
ALSO BITTE, SANJI... ♡
DU BIST WIRKLICH EIN CHARMEUR!
ABER NIMM UNS NICHT ZU SEHR AUF DEN ARM, JA?
AUF DEN ARM?! ICH BITTE EUCH, LASST MICH NUR FÜR DIESEN TAG...
... EUER RITTER SEIN!
BSCHT BSCHT
BZING
MMMH?
GOGOGOGO
HÄLTST DU SCHON WIEDER MAULAFFEN FEIL, DU MICKRIGE AUBERGINE?!!
DU BEHERRSCHT DIE GRUNDLAGEN DES FECHTKAMPFS...
HAST DU SCHON MAL SCHWERTKAMPF GELERNT?
WAS?!
NEIN! GAR NICHT...

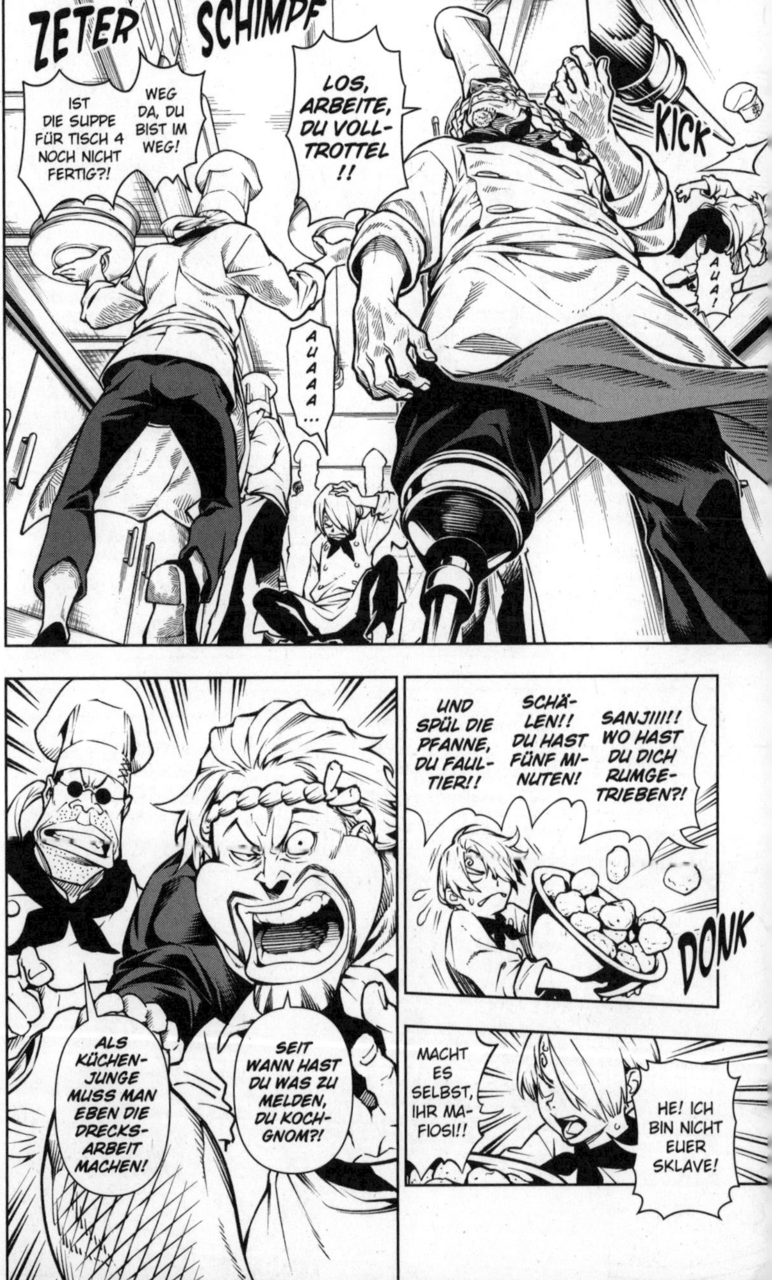
KICK
AUA!
LOS, ARBEITE, DU VOLLTROTTEL!!
WEG DA, DU BIST IM WEG!
IST DIE SUPPE FÜR TISCH 4 NOCH NICHT FERTIG?!
AUAAAA...
ZETER
SCHIMPF
SANJIII!! WO HAST DU DICH RUMGETRIEBEN?!
SCHÄLEN!! DU HAST FÜNF MINUTEN!
UND SPÜL DIE PFANNE, DU FAULTIER!!
DONK
HE! ICH BIN NICHT EUER SKLAVE!
MACHT ES SELBST, IHR MAFIOSI!!
SEIT WANN HAST DU WAS ZU MELDEN, DU KOCHGNOM?!
ALS KÜCHENJUNGE MUSS MAN EBEN DIE DRECKSARBEIT MACHEN!

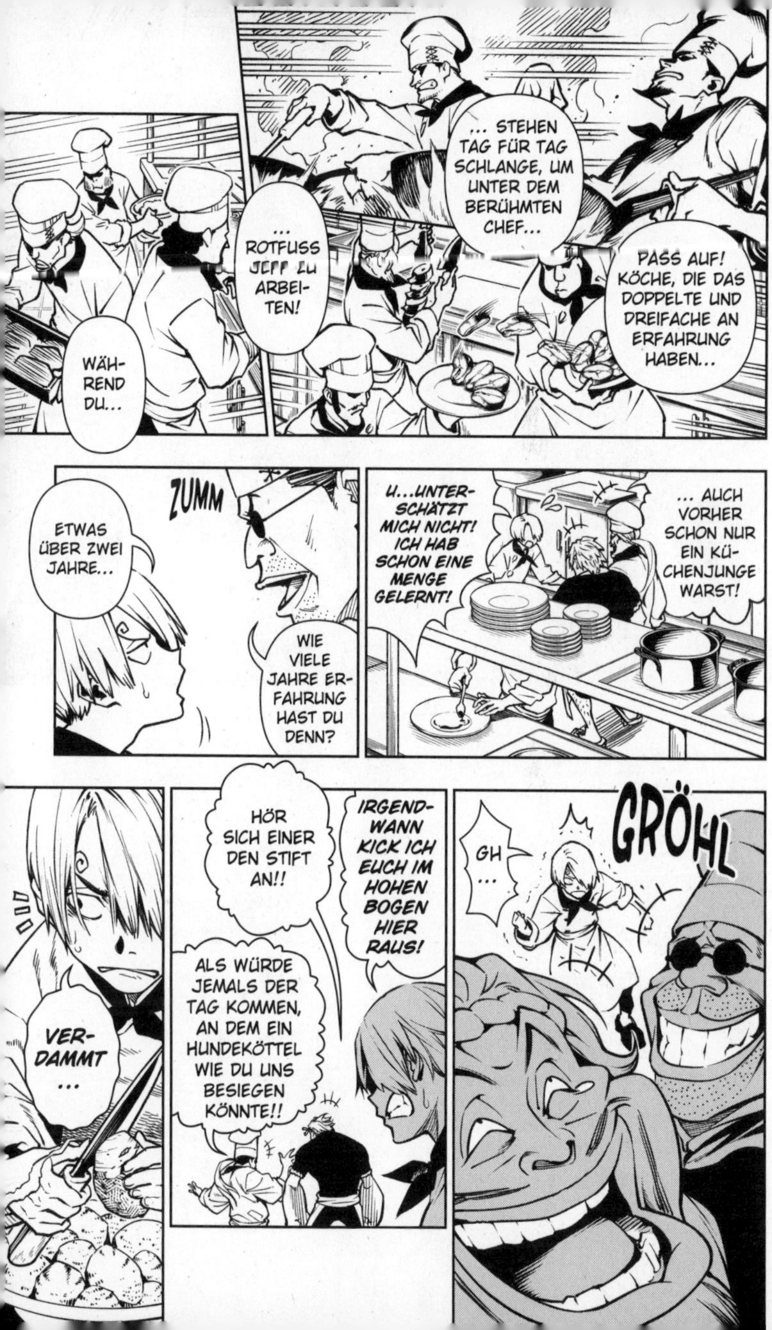
WÄHREND DU…
… ROTFUSS JEFF ZU ARBEITEN!
… STEHEN TAG FÜR TAG SCHLANGE, UM UNTER DEM BERÜHMTEN CHEF…
PASS AUF! KÖCHE, DIE DAS DOPPELTE UND DREIFACHE AN ERFAHRUNG HABEN…
ZUMM
WIE VIELE JAHRE ERFAHRUNG HAST DU DENN?
ETWAS ÜBER ZWEI JAHRE…
… AUCH VORHER SCHON NUR EIN KÜCHENJUNGE WARST!
U… UNTERSCHÄTZT MICH NICHT! ICH HAB SCHON EINE MENGE GELERNT!
VERDAMMT …
HÖR SICH EINER DEN STIFT AN!!
ALS WÜRDE JEMALS DER TAG KOMMEN, AN DEM EIN HUNDEKÖTTEL WIE DU UNS BESIEGEN KÖNNTE!!
IRGENDWANN KICK ICH EUCH IM HOHEN BOGEN HIER RAUS!
GRÖHL
GH …

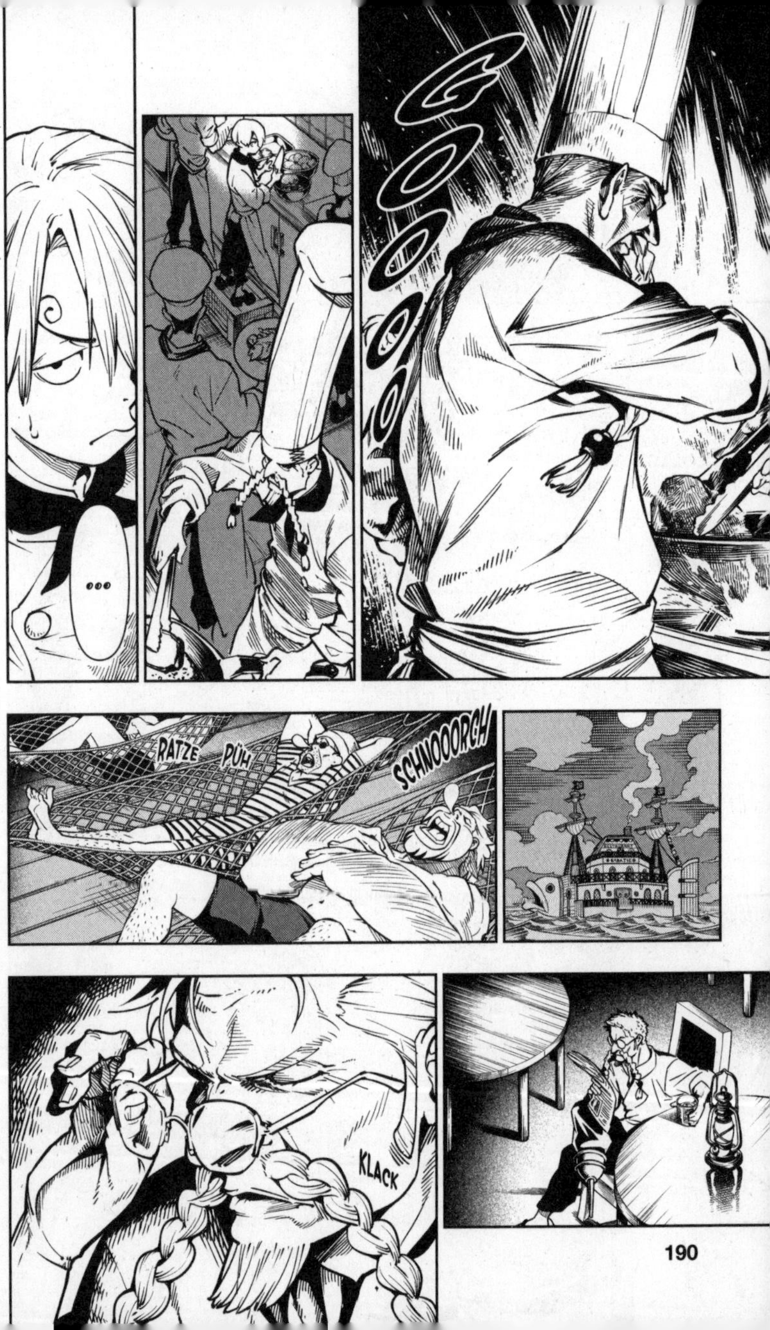

GOOOOOO
...
RATZE
PÜH
SCHNOOORCH
KLACK

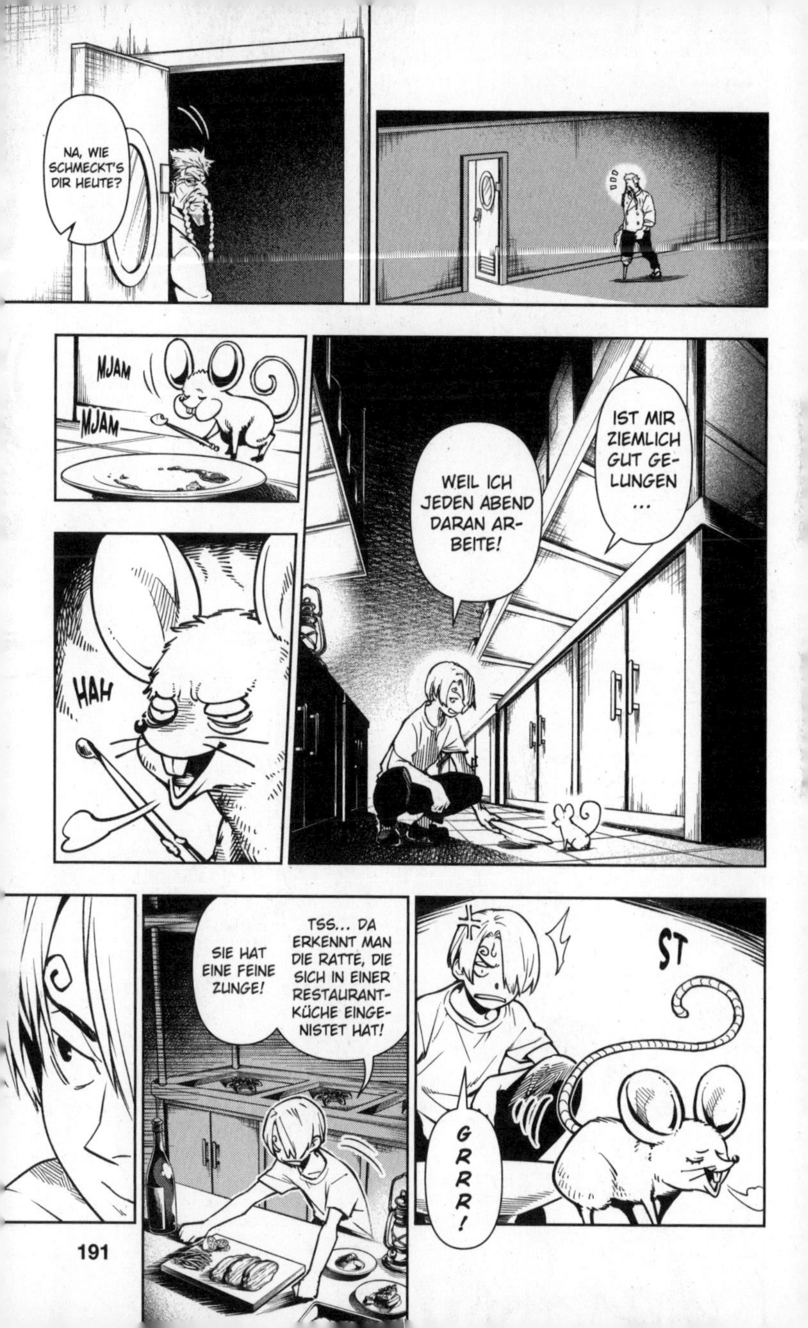
NA, WIE SCHMECKT'S DIR HEUTE?
MJAM
MJAM
HAH
IST MIR ZIEMLICH GUT GE-LUNGEN ...
WEIL ICH JEDEN ABEND DARAN AR-BEITE!
ST
GRRR!
TSS... DA ERKENNT MAN DIE RATTE, DIE SICH IN EINER RESTAURANT-KÜCHE EINGE-NISTET HAT!
SIE HAT EINE FEINE ZUNGE!

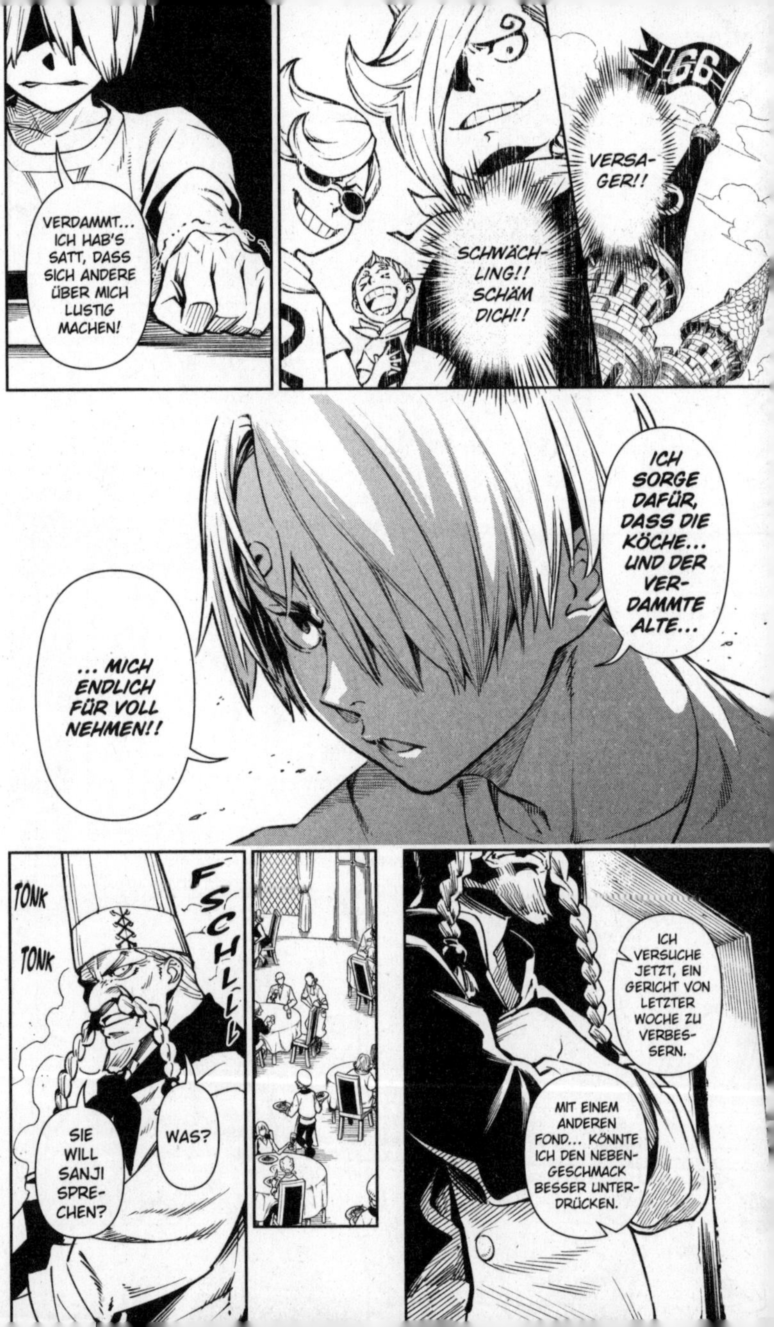
VERSA-
GER!!
SCHWÄCH-
LING!!
SCHÄM
DICH!!
VERDAMMT…
ICH HAB'S
SATT, DASS
SICH ANDERE
ÜBER MICH
LUSTIG
MACHEN!
ICH
SORGE
DAFÜR,
DASS DIE
KÖCHE…
UND DER
VER-
DAMMTE
ALTE…
… MICH
ENDLICH
FÜR VOLL
NEHMEN!!
ICH
VERSUCHE
JETZT, EIN
GERICHT VON
LETZTER
WOCHE ZU
VERBES-
SERN.
MIT EINEM
ANDEREN
FOND… KÖNNTE
ICH DEN NEBEN-
GESCHMACK
BESSER UNTER-
DRÜCKEN.
FSCHLL
WAS?
TONK
TONK
SIE
WILL
SANJI
SPRE-
CHEN?

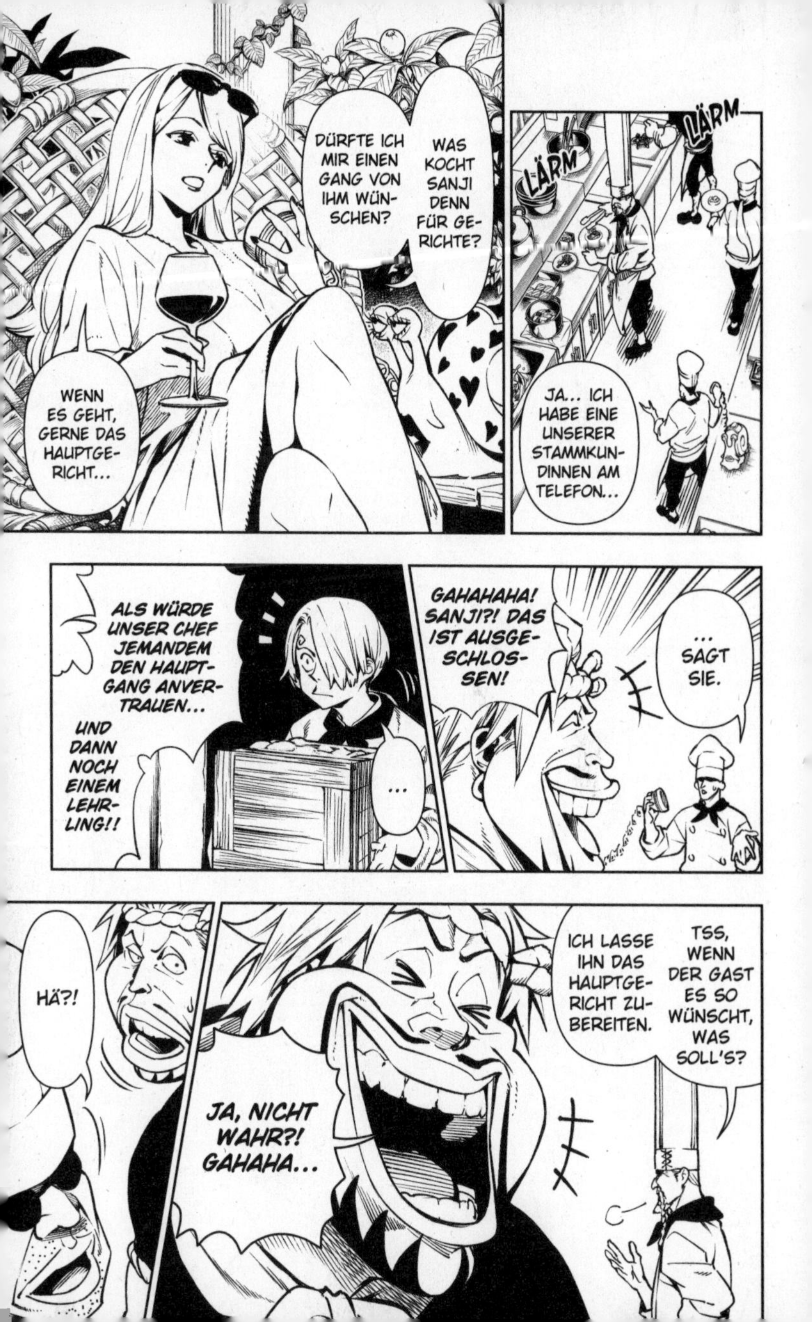
LÄRM
LÄRM
JA... ICH HABE EINE UNSERER STAMMKUNDINNEN AM TELEFON...
WAS KOCHT SANJI DENN FÜR GERICHTE?
DÜRFTE ICH MIR EINEN GANG VON IHM WÜNSCHEN?
WENN ES GEHT, GERNE DAS HAUPTGERICHT...
... SAGT SIE.
GAHAHAHA! SANJI?! DAS IST AUSGESCHLOSSEN!
ALS WÜRDE UNSER CHEF JEMANDEM DEN HAUPTGANG ANVERTRAUEN...
UND DANN NOCH EINEM LEHRLING!!
...
TSS, WENN DER GAST ES SO WÜNSCHT, WAS SOLL'S?
ICH LASSE IHN DAS HAUPTGERICHT ZUBEREITEN.
JA, NICHT WAHR?! GAHAHA...
HÄ?!

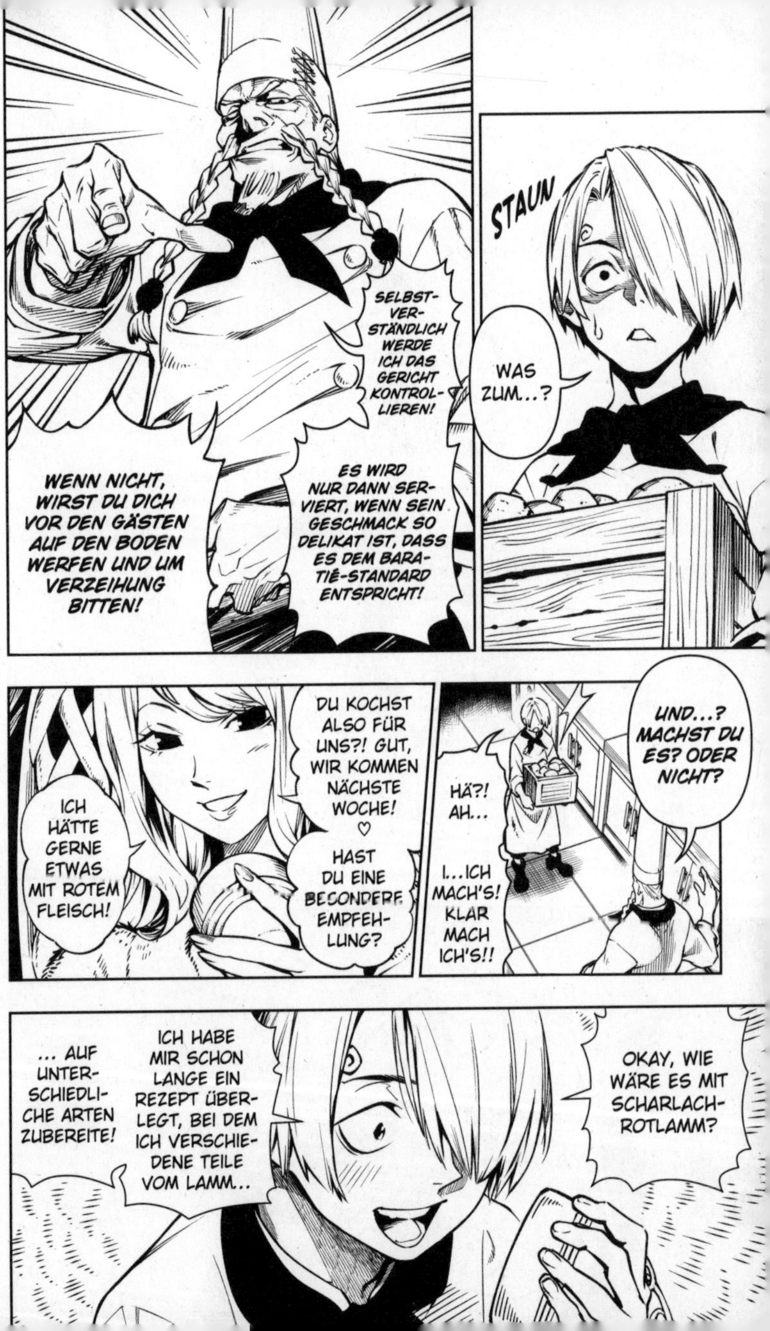
STAUN
WAS ZUM...?
SELBSTVERSTÄNDLICH WERDE ICH DAS GERICHT KONTROLLIEREN!
ES WIRD NUR DANN SERVIERT, WENN SEIN GESCHMACK SO DELIKAT IST, DASS ES DEM BARATIÉ-STANDARD ENTSPRICHT!
WENN NICHT, WIRST DU DICH VOR DEN GÄSTEN AUF DEN BODEN WERFEN UND UM VERZEIHUNG BITTEN!
UND...? MACHST DU ES? ODER NICHT?
HÄ?! AH...
I...ICH MACH'S! KLAR MACH ICH'S!!
DU KOCHST ALSO FÜR UNS?! GUT, WIR KOMMEN NÄCHSTE WOCHE! ♡
HAST DU EINE BESONDERE EMPFEHLUNG?
ICH HÄTTE GERNE ETWAS MIT ROTEM FLEISCH!
OKAY, WIE WÄRE ES MIT SCHARLACHROTLAMM?
ICH HABE MIR SCHON LANGE EIN REZEPT ÜBERLEGT, BEI DEM ICH VERSCHIEDENE TEILE VOM LAMM...
... AUF UNTERSCHIEDLICHE ARTEN ZUBEREITE!

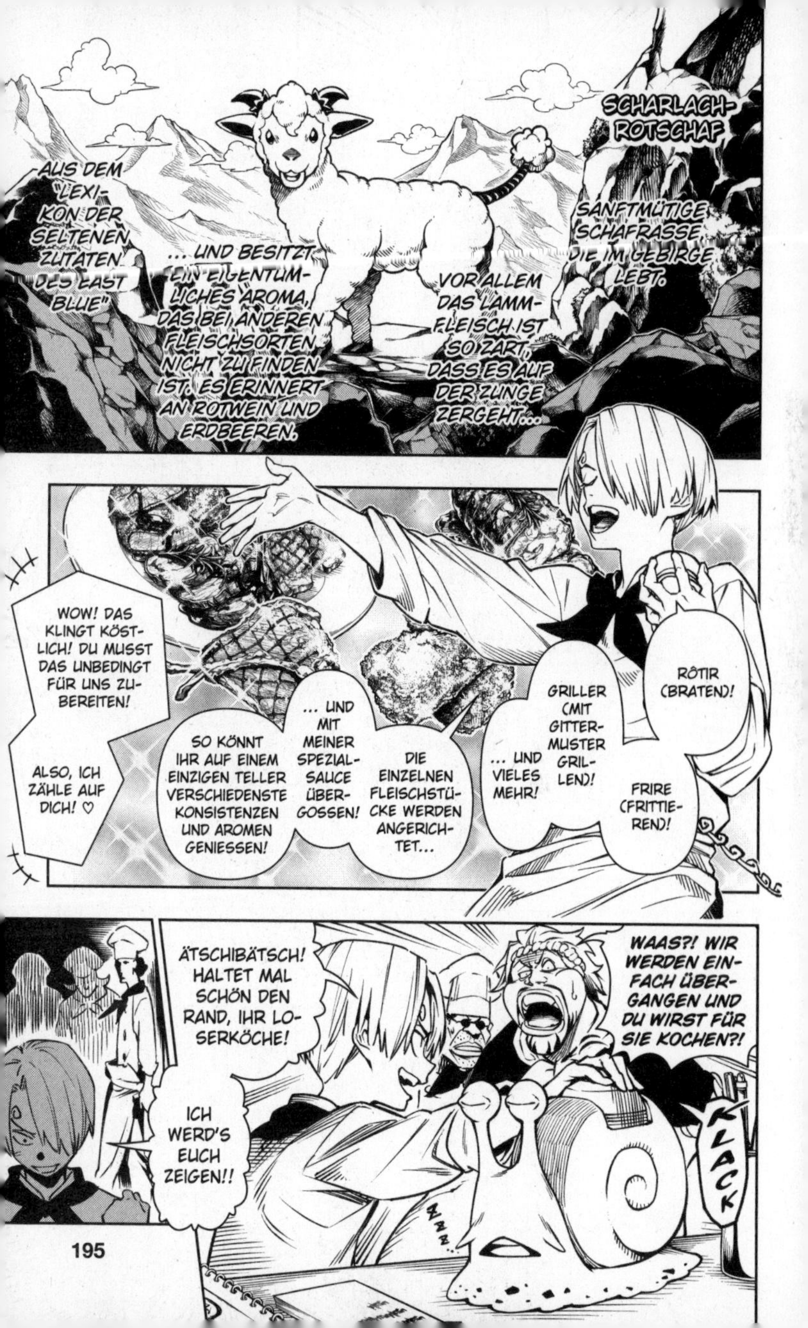
SCHARLACH-ROTSCHAF
SANFTMÜTIGE SCHAFRASSE, DIE IM GEBIRGE LEBT.
VOR ALLEM DAS LAMMFLEISCH IST SO ZART, DASS ES AUF DER ZUNGE ZERGEHT...
... UND BESITZT EIN EIGENTÜMLICHES AROMA, DAS BEI ANDEREN FLEISCHSORTEN NICHT ZU FINDEN IST. ES ERINNERT AN ROTWEIN UND ERDBEEREN.
AUS DEM "LEXIKON DER SELTENEN ZUTATEN DES EAST BLUE"
RÔTIR (BRATEN)!
FRIRE (FRITTIERE N)!
GRILLER (MIT GITTERMUSTER GRILLEN)!
... UND VIELES MEHR!
DIE EINZELNEN FLEISCHSTÜCKE WERDEN ANGERICHTET...
... UND MIT MEINER SPEZIALSAUCE ÜBERGOSSEN!
SO KÖNNT IHR AUF EINEM EINZIGEN TELLER VERSCHIEDENSTE KONSISTENZEN UND AROMEN GENIESSEN!
WOW! DAS KLINGT KÖSTLICH! DU MUSST DAS UNBEDINGT FÜR UNS ZUBEREITEN!
ALSO, ICH ZÄHLE AUF DICH! ♡
WAAS?! WIR WERDEN EINFACH ÜBERGANGEN UND DU WIRST FÜR SIE KOCHEN?!
KLACK
ÄTSCHIBÄTSCH! HALTET MAL SCHÖN DEN RAND, IHR LOSERKÖCHE!
ICH WERD'S EUCH ZEIGEN!!

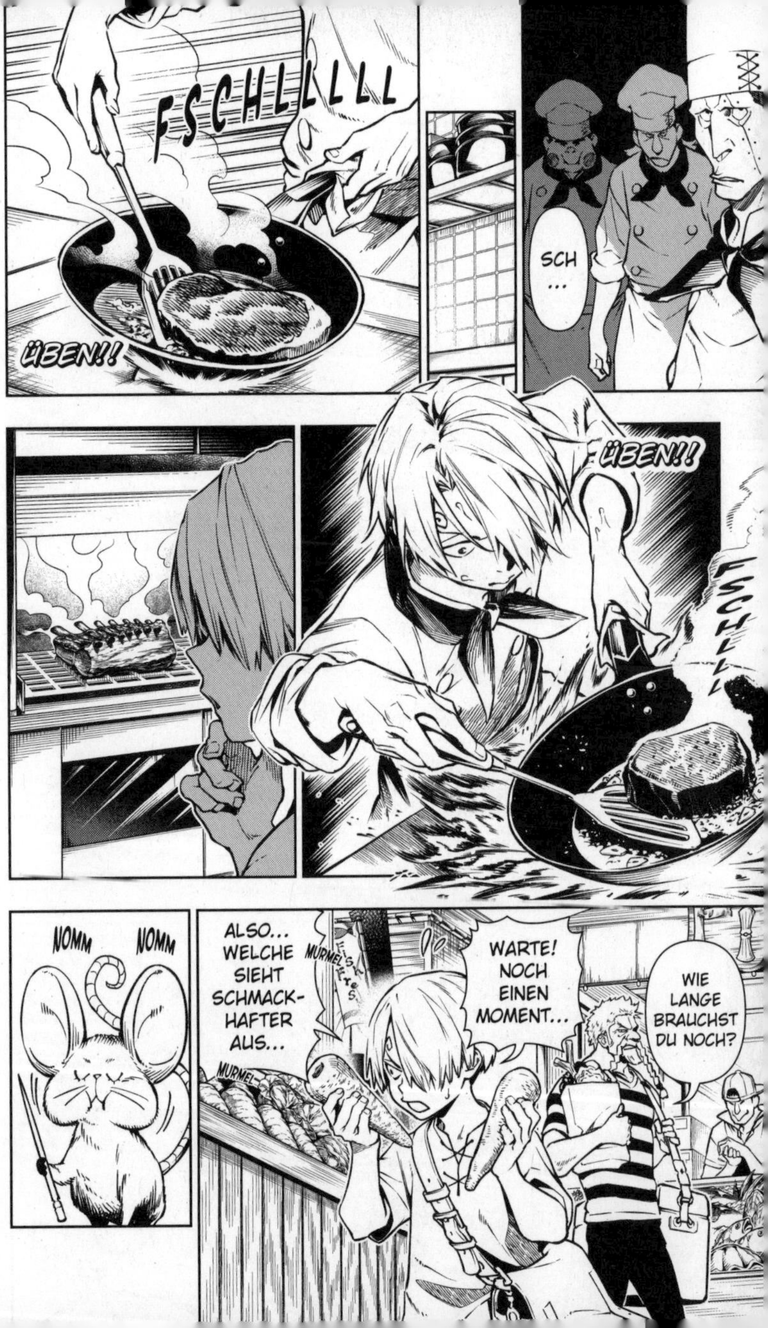
SCH ...
FSCHLLLLLLL
ÜBEN!!
ÜBEN!!
FSCHLLLL
WIE LANGE BRAUCHST DU NOCH?
WARTE! NOCH EINEN MOMENT...
ALSO... WELCHE SIEHT SCHMACK-HAFTER AUS...
MURMEL
MURMEL
NOMM
NOMM

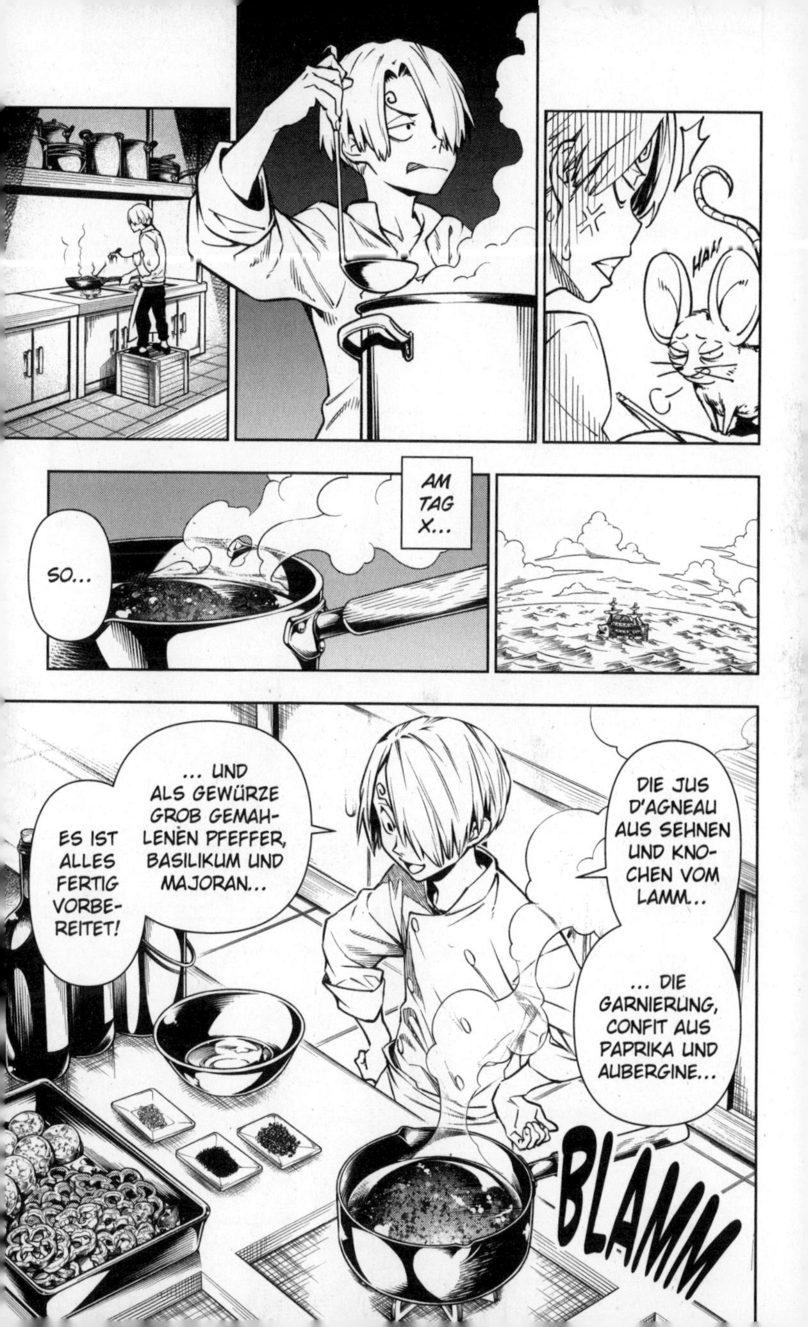
HAH
AM TAG X...
SO...
DIE JUS D'AGNEAU AUS SEHNEN UND KNOCHEN VOM LAMM...
... DIE GARNIERUNG, CONFIT AUS PAPRIKA UND AUBERGINE...
... UND ALS GEWÜRZE GROB GEMAHLENEN PFEFFER, BASILIKUM UND MAJORAN...
ES IST ALLES FERTIG VORBEREITET!
BLAMM

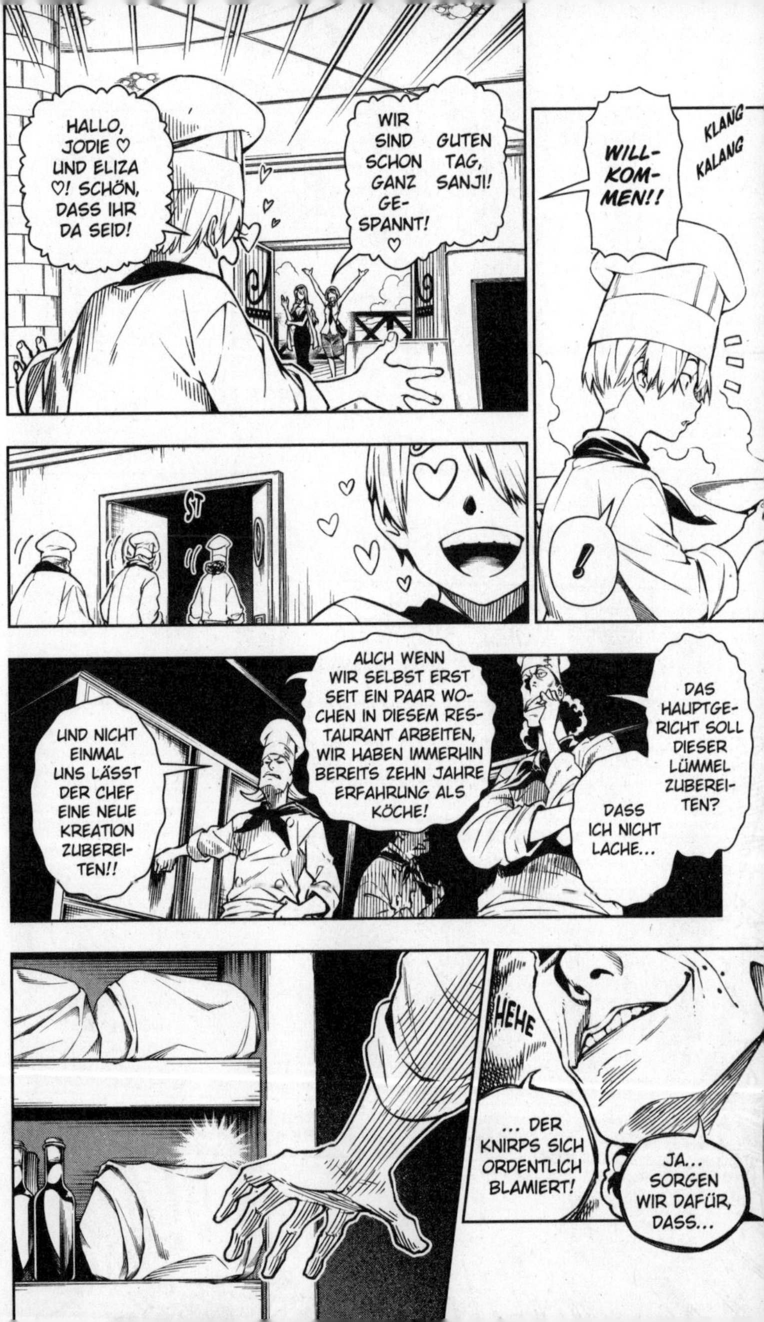
WILLKOMMEN!!
KLANG KALANG
GUTEN TAG, SANJI!
WIR SIND SCHON GANZ GESPANNT! ♡
HALLO, JODIE ♡ UND ELIZA ♡! SCHÖN, DASS IHR DA SEID!
!
ST
DAS HAUPTGERICHT SOLL DIESER LÜMMEL ZUBEREITEN?
DASS ICH NICHT LACHE...
AUCH WENN WIR SELBST ERST SEIT EIN PAAR WOCHEN IN DIESEM RESTAURANT ARBEITEN, WIR HABEN IMMERHIN BEREITS ZEHN JAHRE ERFAHRUNG ALS KÖCHE!
UND NICHT EINMAL UNS LÄSST DER CHEF EINE NEUE KREATION ZUBEREITEN!!
HEHE
JA... SORGEN WIR DAFÜR, DASS...
... DER KNIRPS SICH ORDENTLICH BLAMIERT!

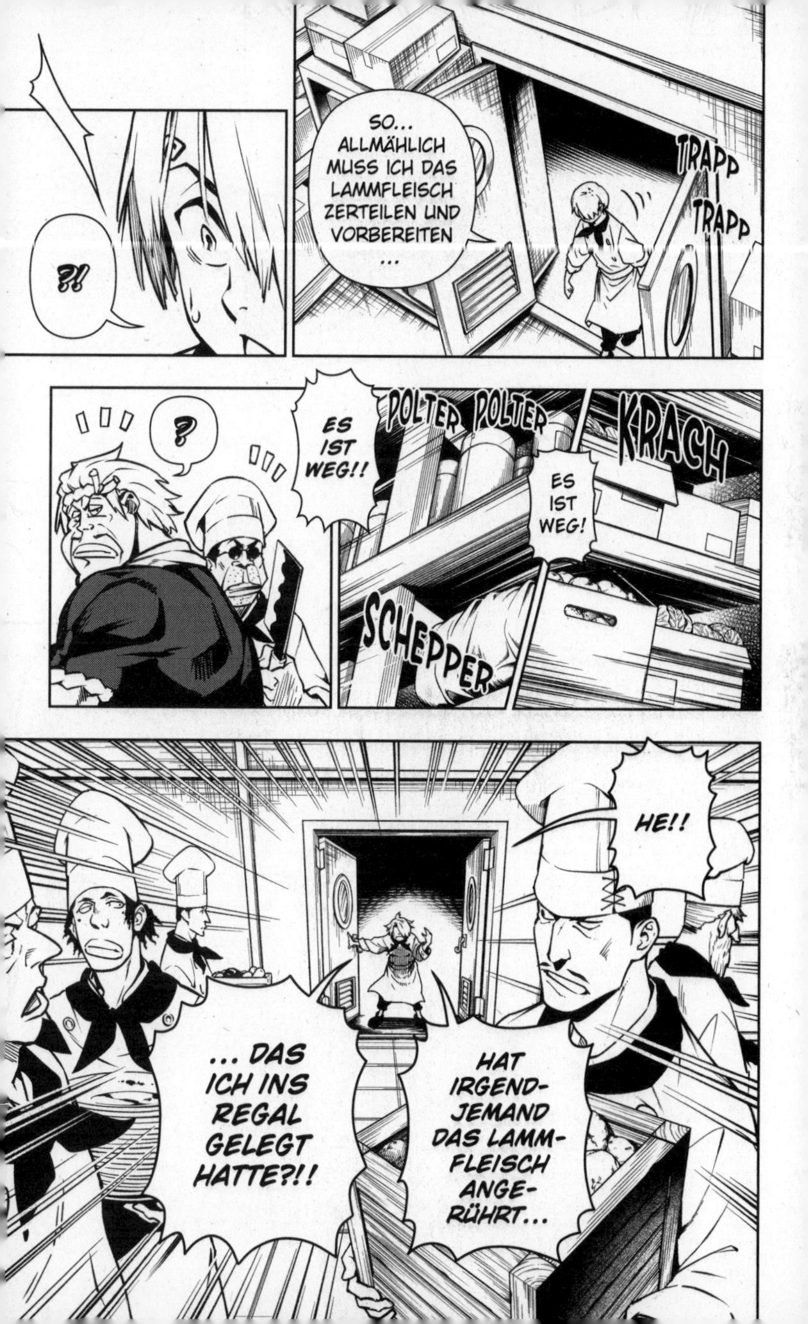

SO... ALLMÄHLICH MUSS ICH DAS LAMMFLEISCH ZERTEILEN UND VORBEREITEN ...
TRAPP
TRAPP
?!
KRACH
ES IST WEG!
POLTER POLTER
SCHEPPER
ES IST WEG!!
?
HE!!
HAT IRGEND-JEMAND DAS LAMM-FLEISCH ANGE-RÜHRT...
... DAS ICH INS REGAL GELEGT HATTE?!!

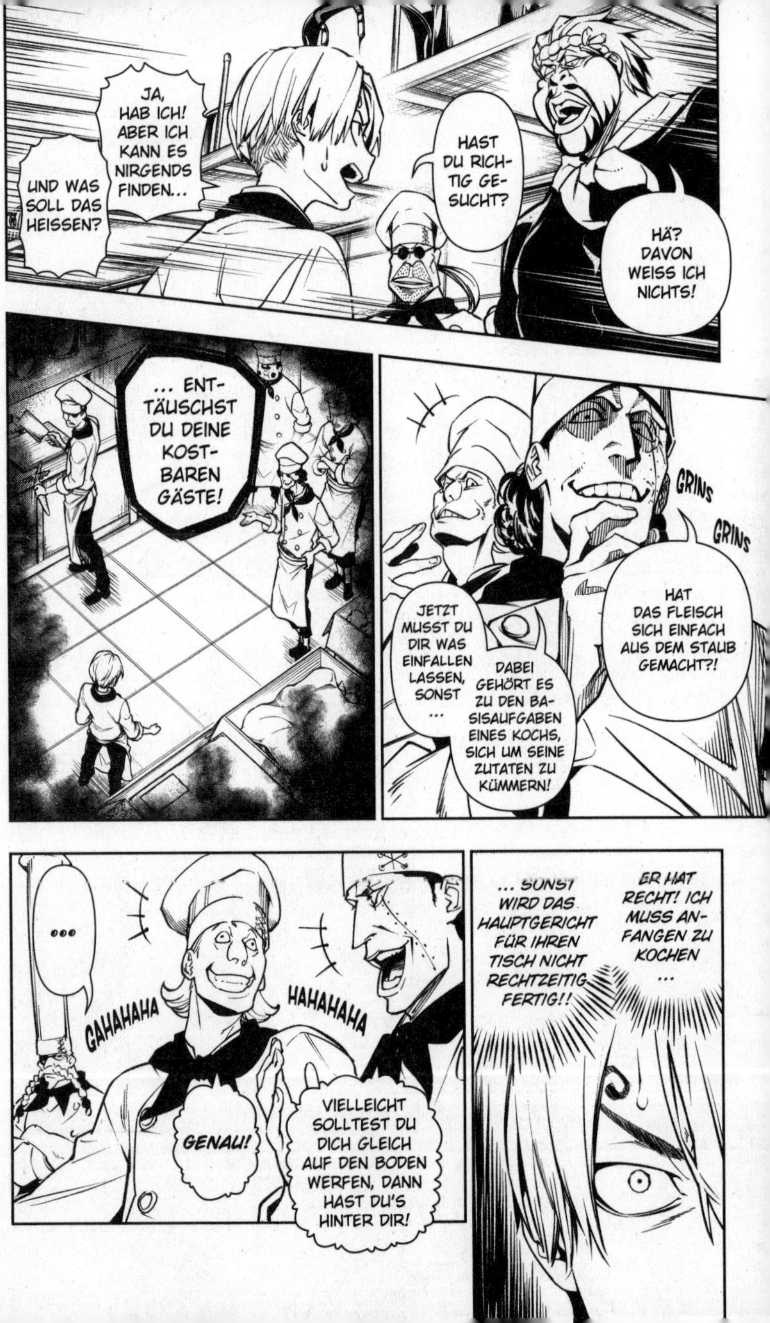
HAST DU RICHTIG GESUCHT?
JA, HAB ICH! ABER ICH KANN ES NIRGENDS FINDEN...
UND WAS SOLL DAS HEISSEN?
HÄ? DAVON WEISS ICH NICHTS!
GRINS
GRINS
HAT DAS FLEISCH SICH EINFACH AUS DEM STAUB GEMACHT?!
DABEI GEHÖRT ES ZU DEN BASISAUFGABEN EINES KOCHS, SICH UM SEINE ZUTATEN ZU KÜMMERN!
JETZT MUSST DU DIR WAS EINFALLEN LASSEN, SONST ...
... ENTTÄUSCHST DU DEINE KOSTBAREN GÄSTE!
ER HAT RECHT! ICH MUSS ANFANGEN ZU KOCHEN ...
... SONST WIRD DAS HAUPTGERICHT FÜR IHREN TISCH NICHT RECHTZEITIG FERTIG!!
HAHAHAHA
GAHAHAHA
VIELLEICHT SOLLTEST DU DICH GLEICH AUF DEN BODEN WERFEN, DANN HAST DU'S HINTER DIR!
GENAU!
...

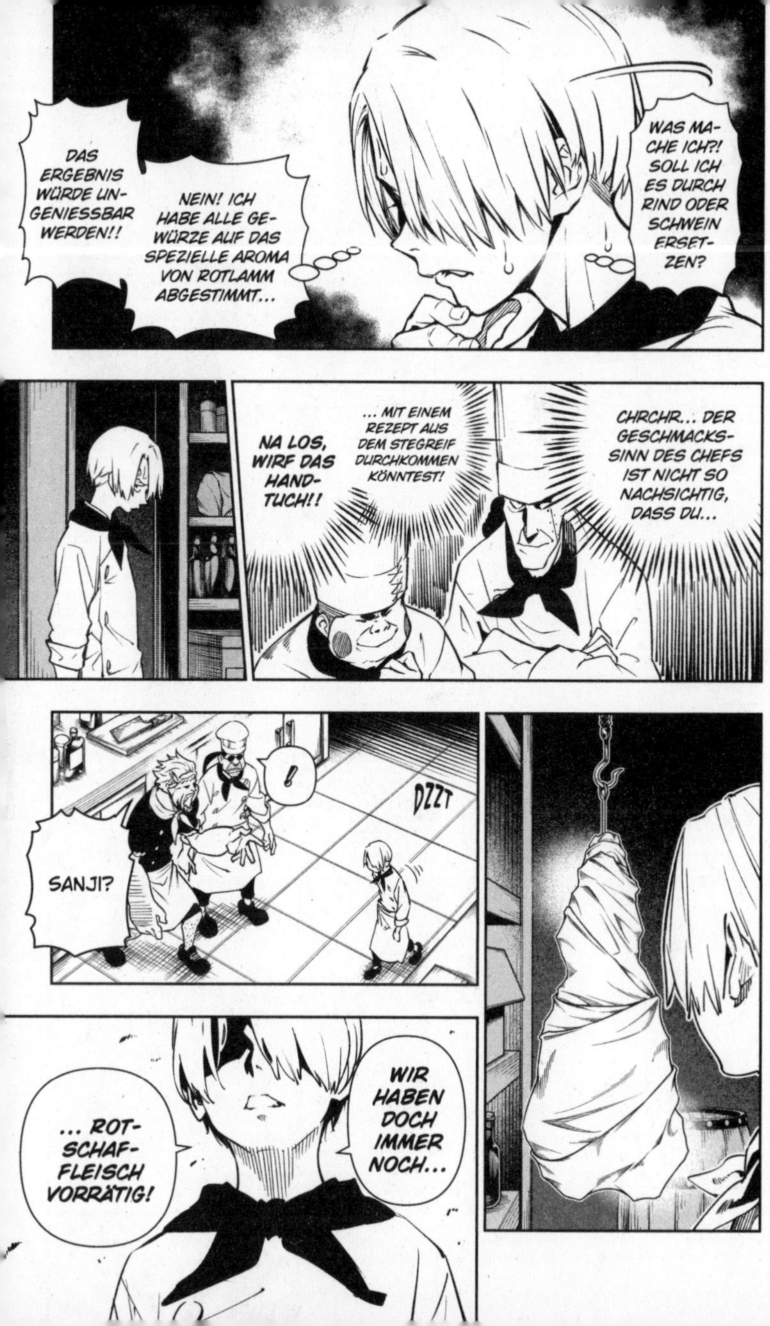
WAS MACHE ICH?! SOLL ICH ES DURCH RIND ODER SCHWEIN ERSETZEN?
NEIN! ICH HABE ALLE GEWÜRZE AUF DAS SPEZIELLE AROMA VON ROTLAMM ABGESTIMMT…
DAS ERGEBNIS WÜRDE UNGENIESSBAR WERDEN!!
CHRCHR… DER GESCHMACKSSINN DES CHEFS IST NICHT SO NACHSICHTIG, DASS DU…
… MIT EINEM REZEPT AUS DEM STEGREIF DURCHKOMMEN KÖNNTEST!
NA LOS, WIRF DAS HANDTUCH!!
DZZT
!
SANJI?
WIR HABEN DOCH IMMER NOCH…
… ROTSCHAFFLEISCH VORRÄTIG!

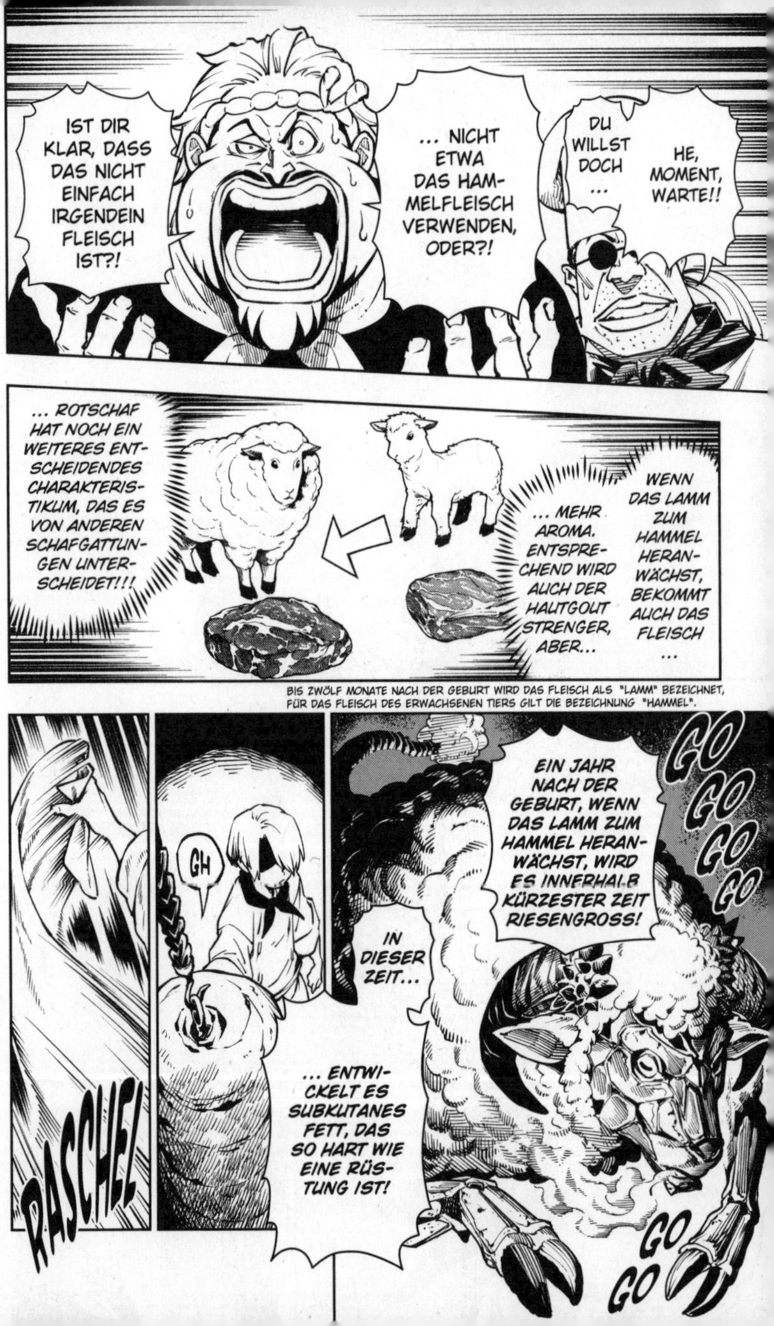
HE, MOMENT, WARTE!!
DU WILLST DOCH ...
... NICHT ETWA DAS HAMMELFLEISCH VERWENDEN, ODER?!
IST DIR KLAR, DASS DAS NICHT EINFACH IRGENDEIN FLEISCH IST?!
WENN DAS LAMM ZUM HAMMEL HERANWÄCHST, BEKOMMT AUCH DAS FLEISCH ...
... MEHR AROMA. ENTSPRECHEND WIRD AUCH DER HAUTGOUT STRENGER, ABER...
... ROTSCHAF HAT NOCH EIN WEITERES ENTSCHEIDENDES CHARAKTERISTIKUM, DAS ES VON ANDEREN SCHAFGATTUNGEN UNTERSCHEIDET!!!
BIS ZWÖLF MONATE NACH DER GEBURT WIRD DAS FLEISCH ALS "LAMM" BEZEICHNET, FÜR DAS FLEISCH DES ERWACHSENEN TIERS GILT DIE BEZEICHNUNG "HAMMEL".
GO GO GO GO
EIN JAHR NACH DER GEBURT, WENN DAS LAMM ZUM HAMMEL HERANWÄCHST, WIRD ES INNERHALB KÜRZESTER ZEIT RIESENGROSS!
IN DIESER ZEIT...
... ENTWICKELT ES SUBKUTANES FETT, DAS SO HART WIE EINE RÜSTUNG IST!
GH
RASCHEL
GO GO

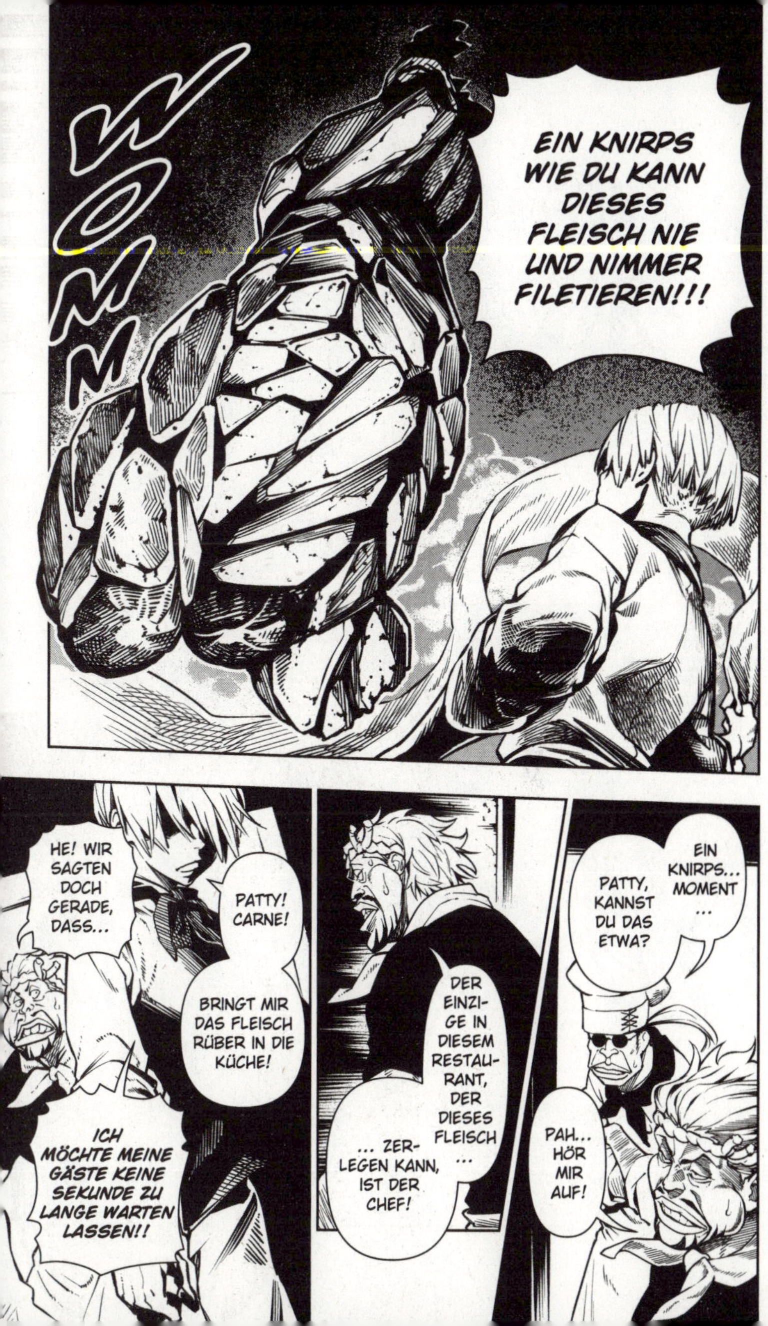
WOMM
EIN KNIRPS WIE DU KANN DIESES FLEISCH NIE UND NIMMER FILETIEREN!!!
EIN KNIRPS... MOMENT ...
PATTY, KANNST DU DAS ETWA?
PAH... HÖR MIR AUF!
DER EINZI-GE IN DIESEM RESTAU-RANT, DER DIESES FLEISCH ...
... ZER-LEGEN KANN, IST DER CHEF!
PATTY! CARNE!
HE! WIR SAGTEN DOCH GERADE, DASS...
BRINGT MIR DAS FLEISCH RÜBER IN DIE KÜCHE!
ICH MÖCHTE MEINE GÄSTE KEINE SEKUNDE ZU LANGE WARTEN LASSEN!!

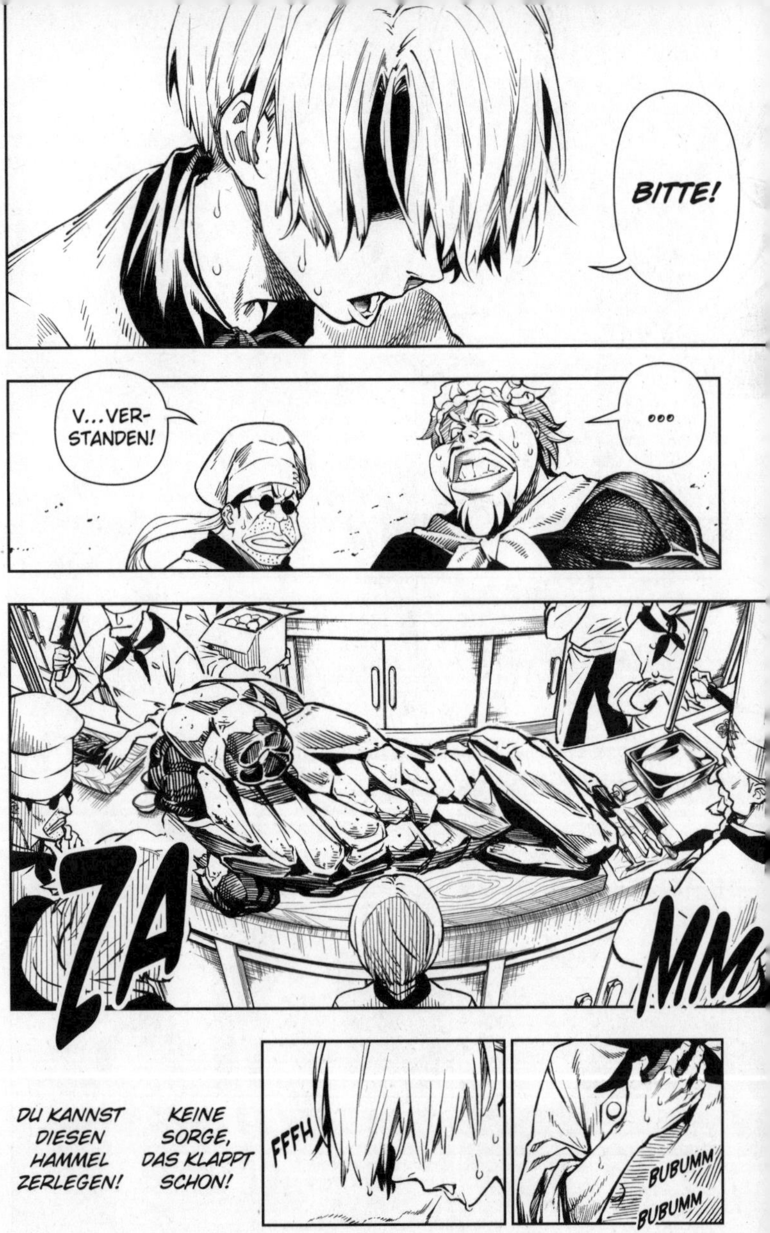
BITTE!
...
V...VER-
STANDEN!
ZA
MM
KEINE SORGE, DAS KLAPPT SCHON!
DU KANNST DIESEN HAMMEL ZERLEGEN!
FFFH
BUBUMM
BUBUMM

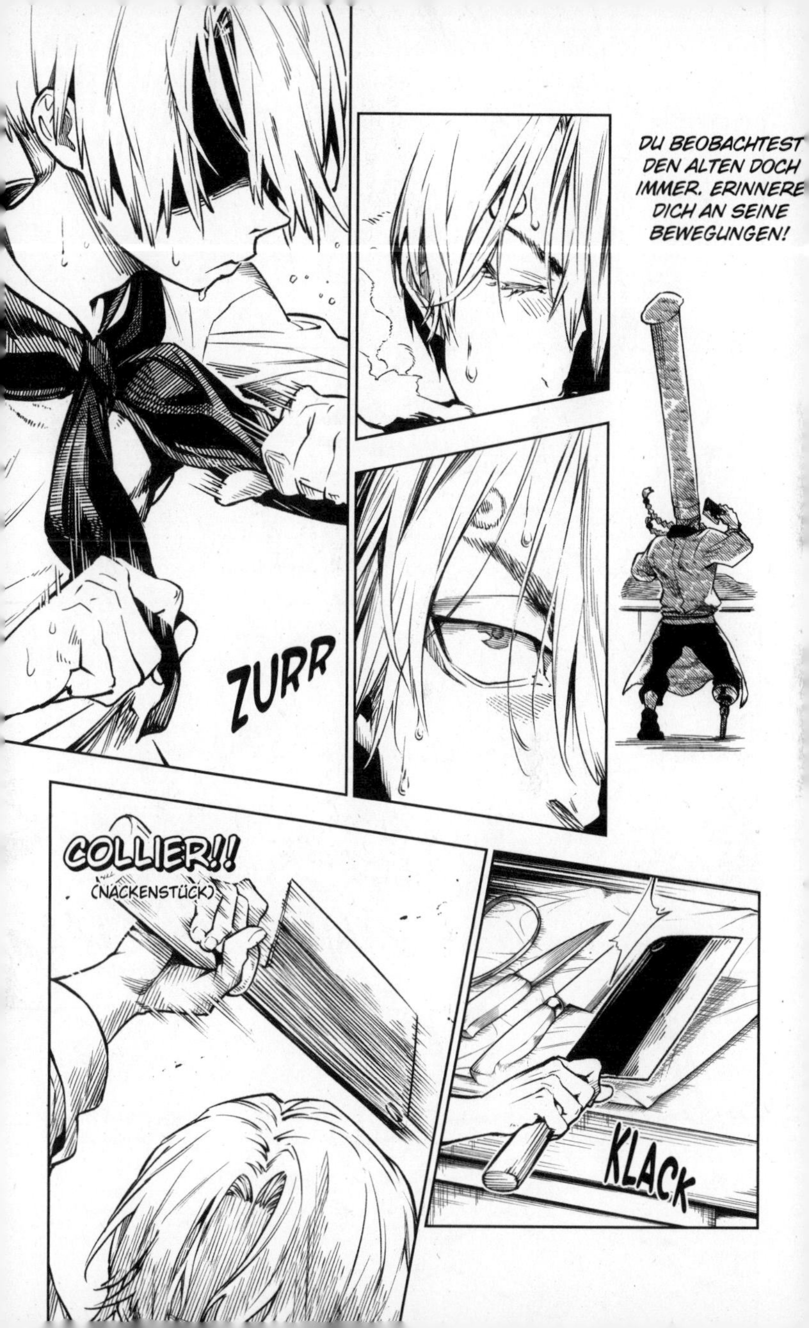

DU BEOBACHTEST DEN ALTEN DOCH IMMER. ERINNERE DICH AN SEINE BEWEGUNGEN!
ZURR
COLLIER!!
(NACKENSTÜCK)
KLACK

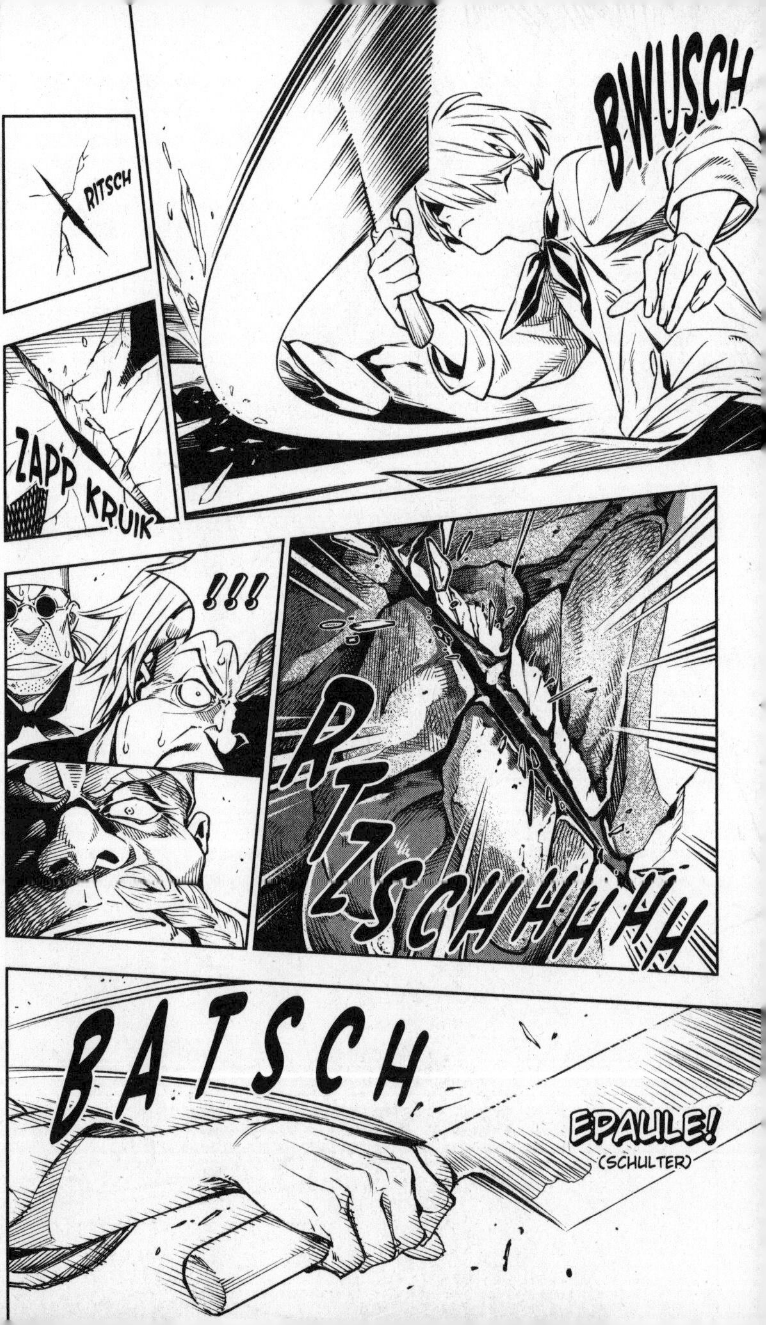
BWUSCH
RITSCH
ZAPP
KRUIK
!!!
RTZSCHHHHH
BATSCH
EPAULE!
(SCHULTER)

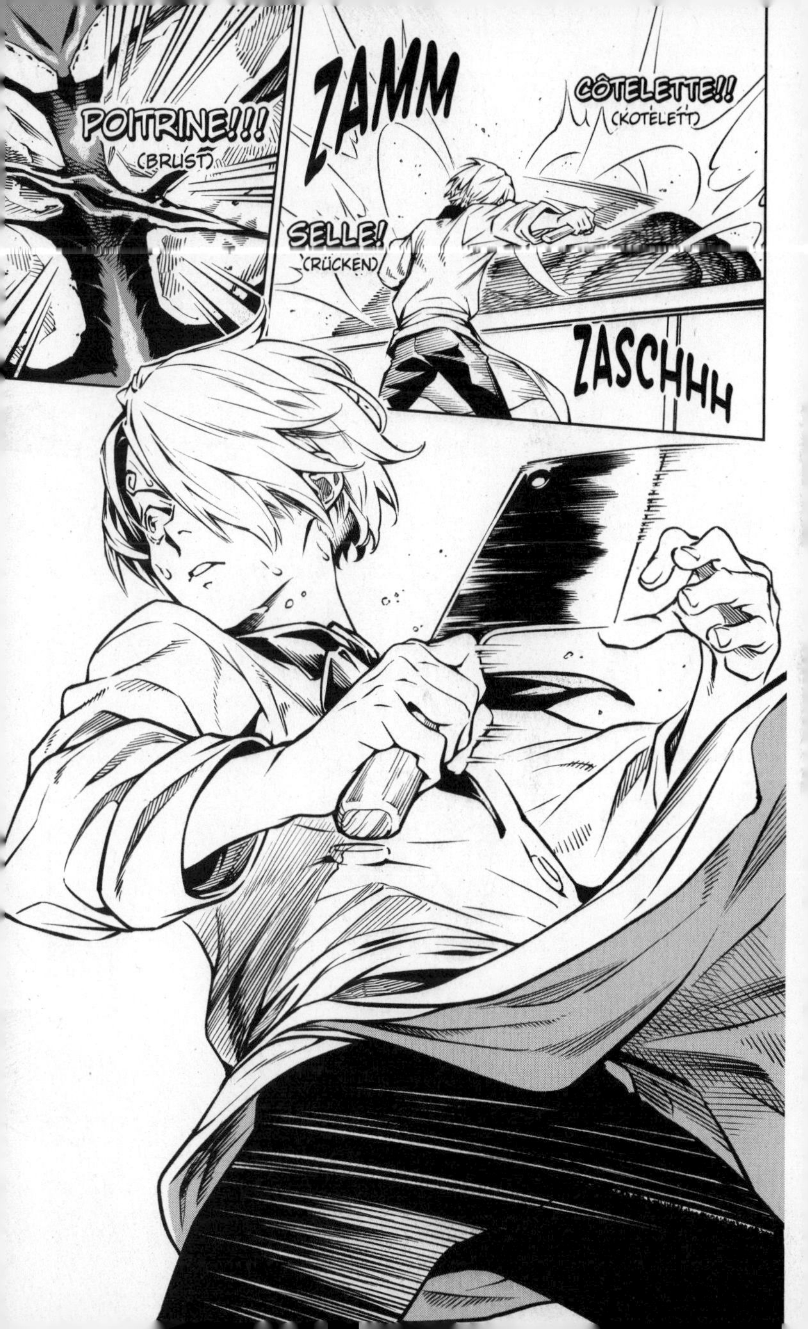
CÔTELETTE!!
(KOTELETT)
ZAMM
SELLE!
(RÜCKEN)
ZASCHHH
POITRINE!!!
(BRUST)

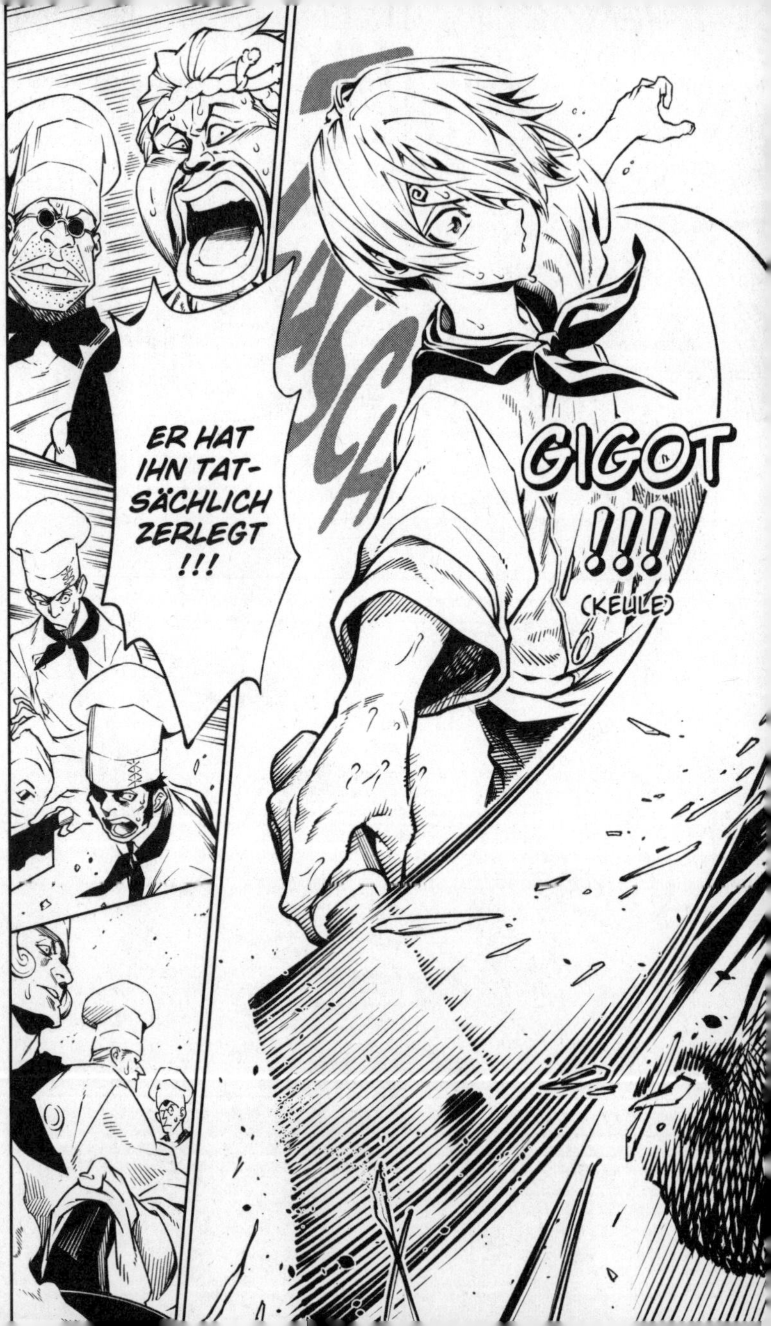

GIGOT !!!
(KEULE)
ER HAT IHN TATSÄCHLICH ZERLEGT !!!

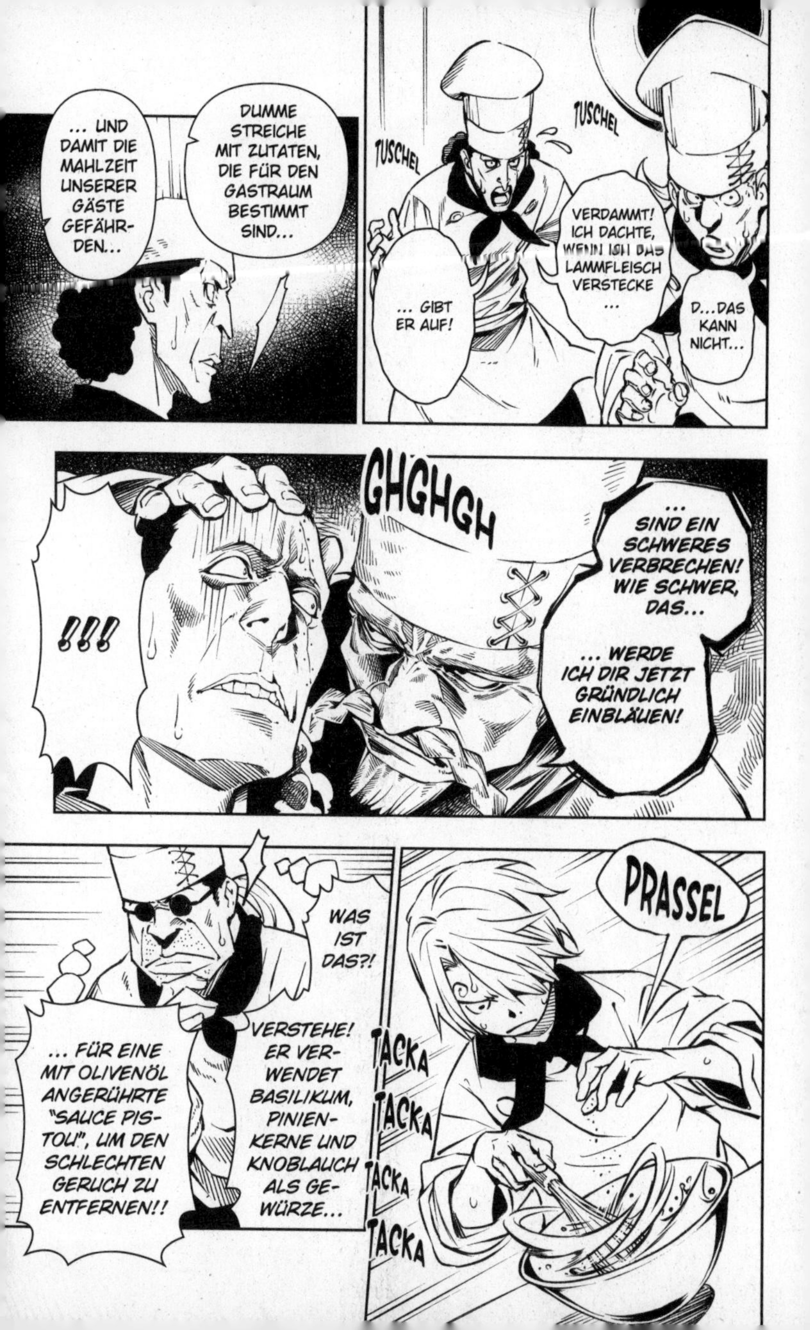
TUSCHEL
TUSCHEL
VERDAMMT! ICH DACHTE, WENN ICH DAS LAMMFLEISCH VERSTECKE …
… GIBT ER AUF!
D…DAS KANN NICHT…
DUMME STREICHE MIT ZUTATEN, DIE FÜR DEN GASTRAUM BESTIMMT SIND…
… UND DAMIT DIE MAHLZEIT UNSERER GÄSTE GEFÄHRDEN…
GHGHGH
… SIND EIN SCHWERES VERBRECHEN! WIE SCHWER, DAS…
… WERDE ICH DIR JETZT GRÜNDLICH EINBLÄUEN!
!!!
PRASSEL
TACKA
TACKA
TACKA
TACKA
WAS IST DAS?!
VERSTEHE! ER VERWENDET BASILIKUM, PINIENKERNE UND KNOBLAUCH ALS GEWÜRZE…
… FÜR EINE MIT OLIVENÖL ANGERÜHRTE "SAUCE PISTOU", UM DEN SCHLECHTEN GERUCH ZU ENTFERNEN!!

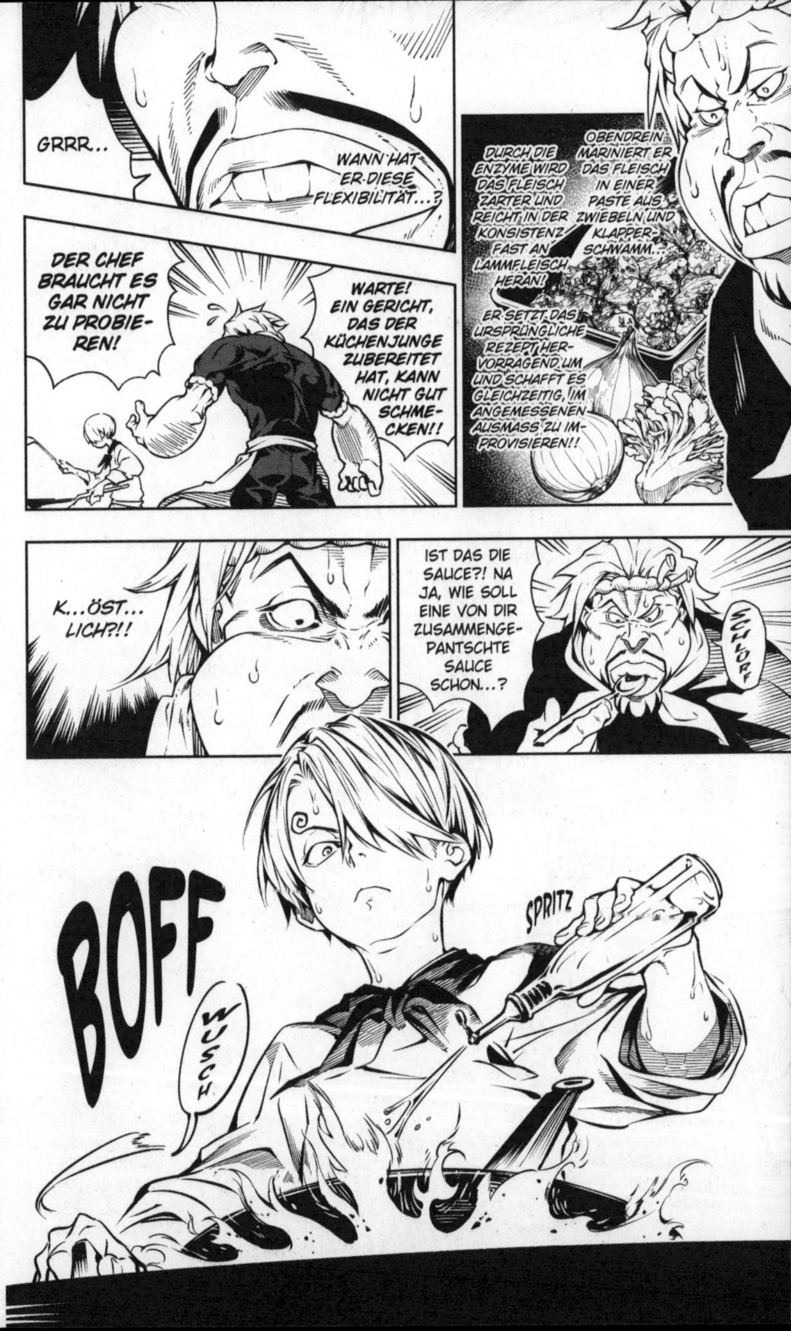

OBENDREIN MARINIERT ER DAS FLEISCH IN EINER PASTE AUS ZWIEBELN UND KLAPPERSCHWAMM...
DURCH DIE ENZYME WIRD DAS FLEISCH ZARTER UND REICHT IN DER KONSISTENZ FAST AN LAMMFLEISCH HERAN!
ER SETZT DAS URSPRÜNGLICHE REZEPT HERVORRAGEND UM UND SCHAFFT ES GLEICHZEITIG, IM ANGEMESSENEN AUSMASS ZU IMPROVISIEREN!!
WANN HAT ER DIESE FLEXIBILITÄT...?
GRRR...
WARTE! EIN GERICHT, DAS DER KÜCHENJUNGE ZUBEREITET HAT, KANN NICHT GUT SCHMECKEN!!
DER CHEF BRAUCHT ES GAR NICHT ZU PROBIEREN!
SCHLÜRF
IST DAS DIE SAUCE?! NA JA, WIE SOLL EINE VON DIR ZUSAMMENGEPANTSCHTE SAUCE SCHON...?
K...ÖST...LICH?!!
SPRITZ
BOFF
WUSCH

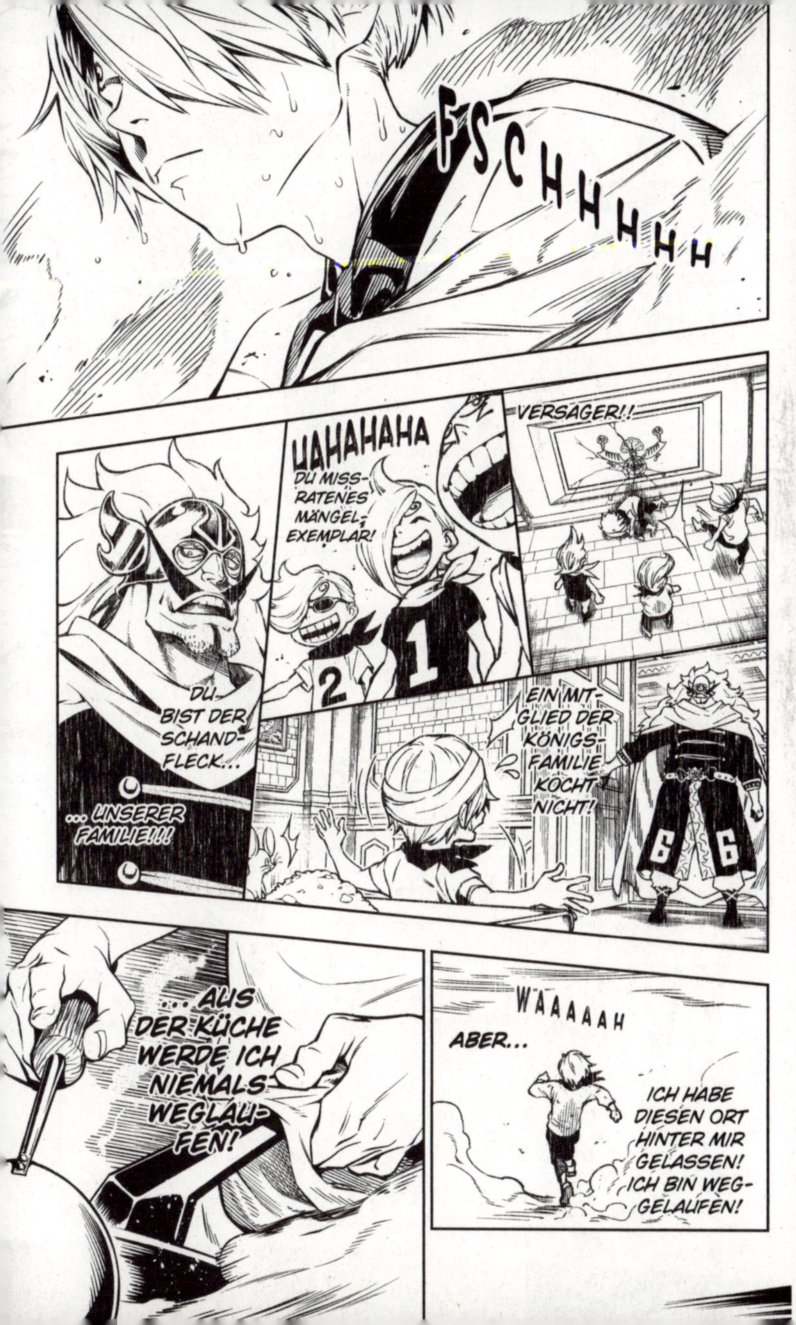
FSCHHHHHH
UAHAHAHA
DU MISS-RATENES MÄNGEL-EXEMPLAR!
VERSAGER!!
DU BIST DER SCHANDFLECK...
...UNSERER FAMILIE!!!
EIN MIT-GLIED DER KÖNIGS-FAMILIE KOCHT NICHT!
...AUS DER KÜCHE WERDE ICH NIEMALS WEGLAU-FEN!
WAAAAAH
ABER...
ICH HABE DIESEN ORT HINTER MIR GELASSEN! ICH BIN WEG-GELAUFEN!

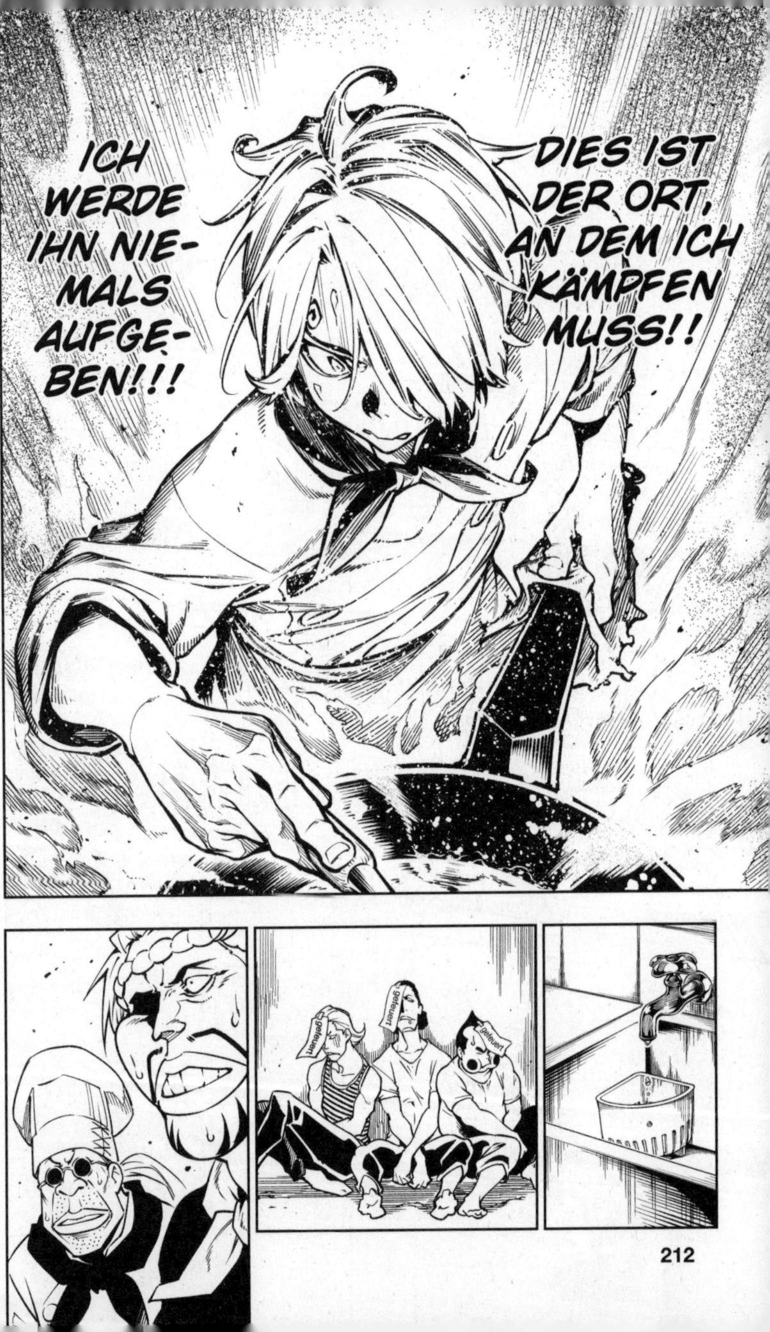
DIES IST DER ORT, AN DEM ICH KÄMPFEN MUSS!!
ICH WERDE IHN NIEMALS AUFGEBEN!!!
gefeuert
gefeuert
gefeuert

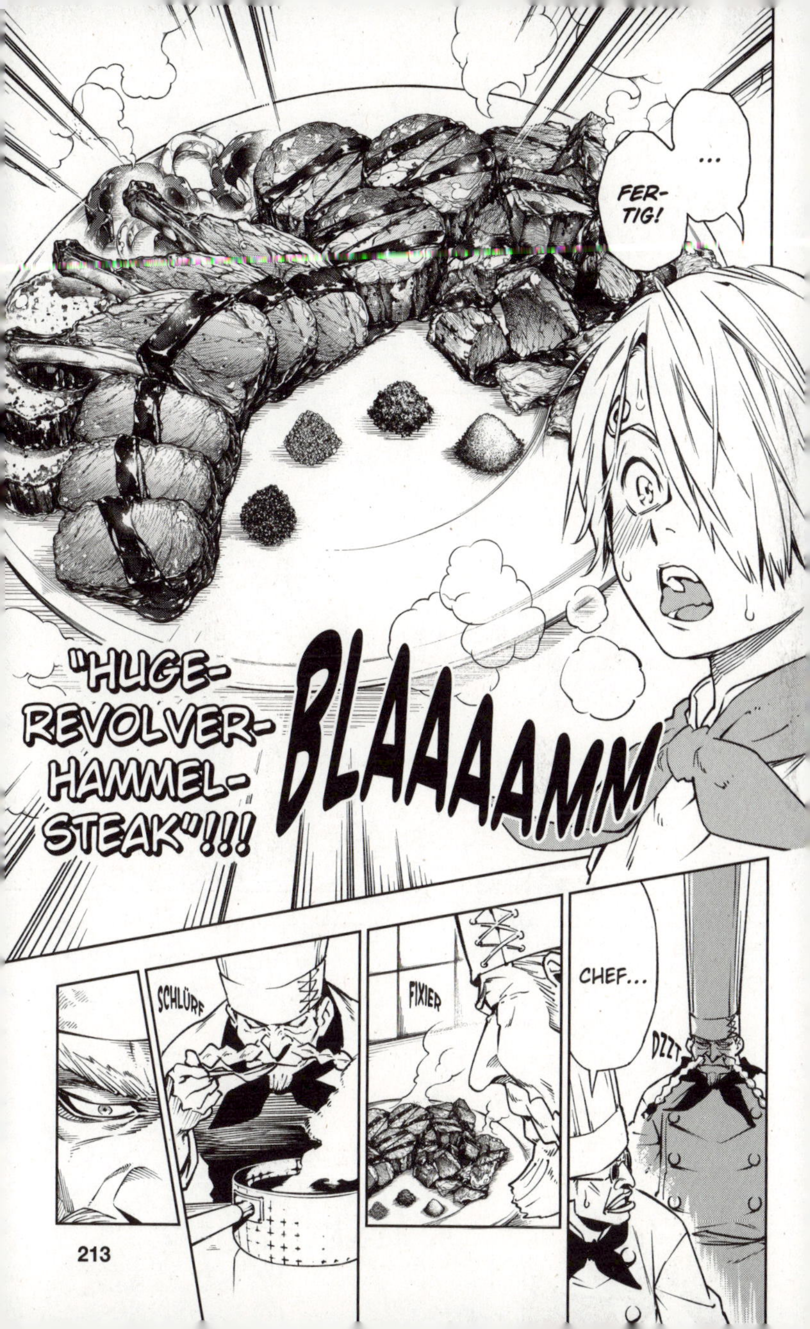

...
FER-
TIG!
"HUGE-
REVOLVER-
HAMMEL-
STEAK"!!!
BLAAAAMM
CHEF...
DZZT
FIXIER
SCHLÜRF

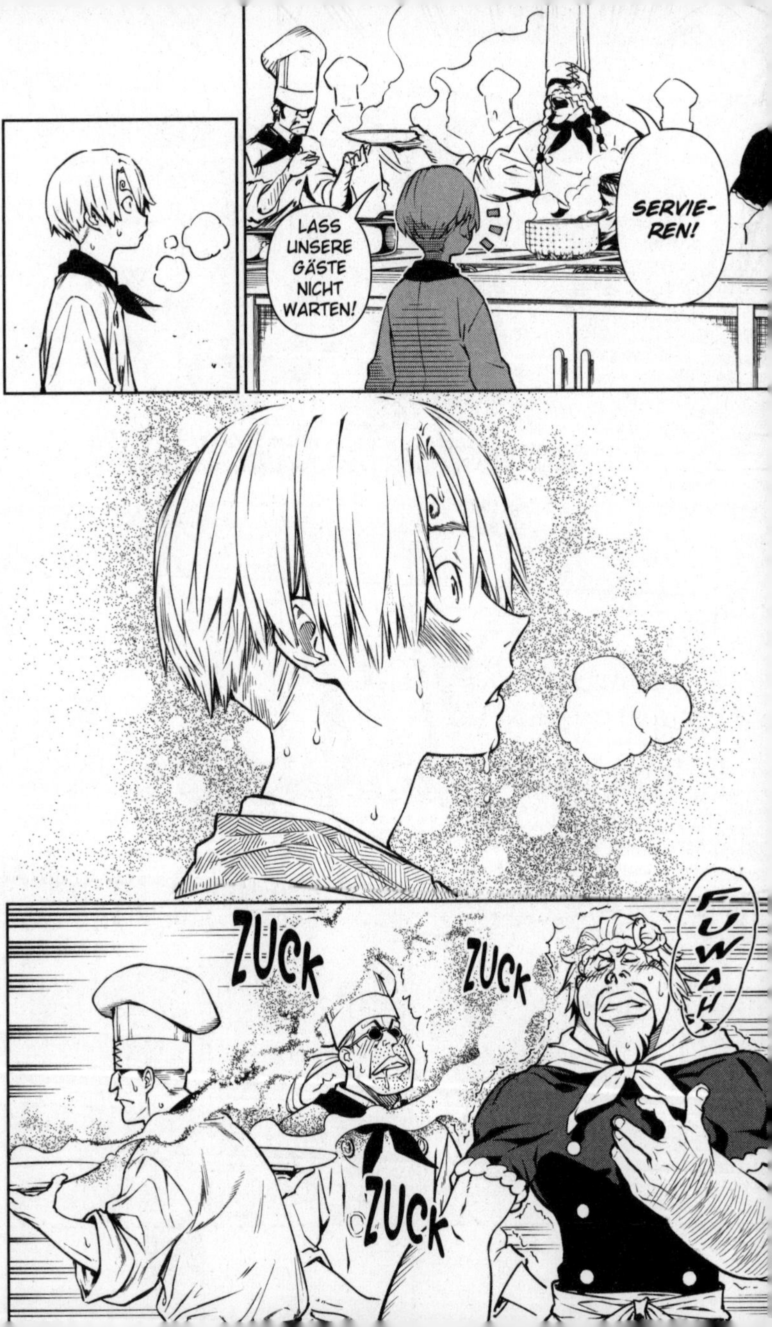
SERVIE-
REN!
LASS
UNSERE
GÄSTE
NICHT
WARTEN!
FUWAH…
ZUCK
ZUCK
ZUCK

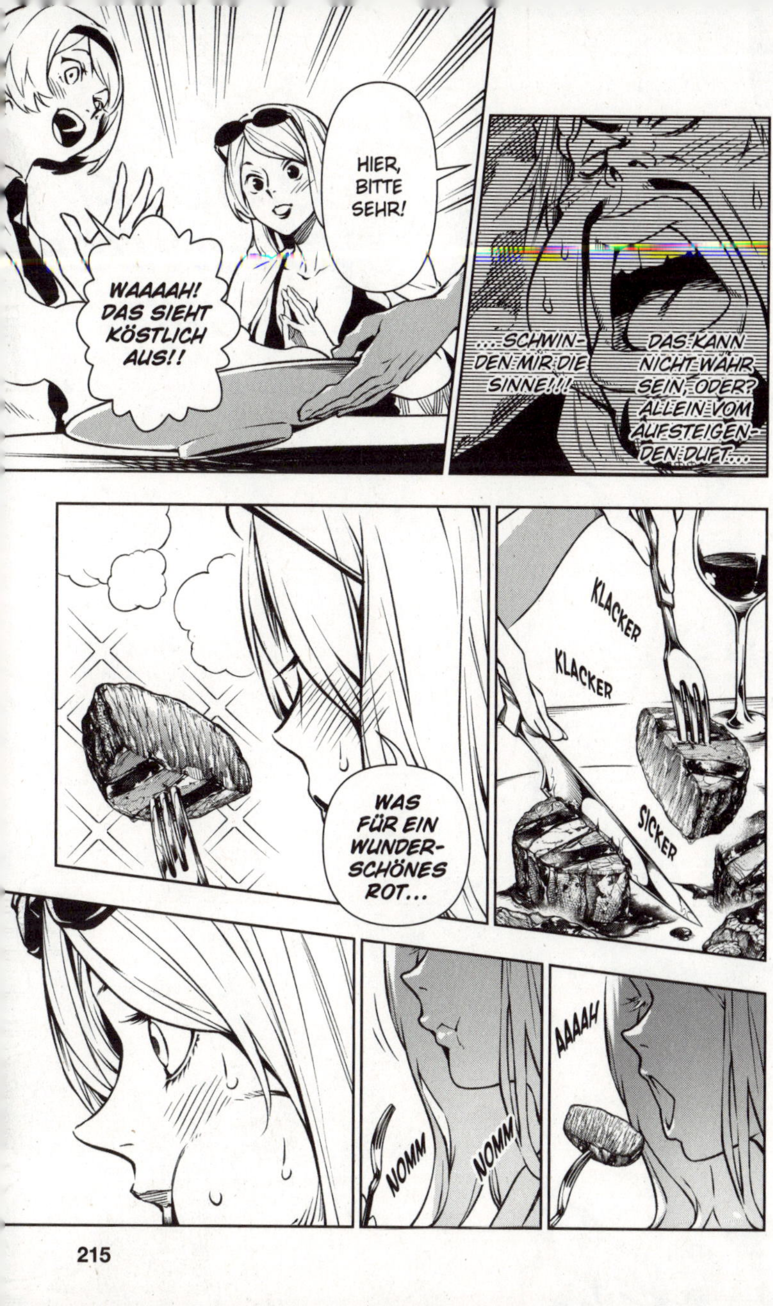

HIER, BITTE SEHR!
WAAAAH! DAS SIEHT KÖSTLICH AUS!!
DAS KANN NICHT WAHR SEIN, ODER? ALLEIN VOM AUFSTEIGENDEN DUFT...
...SCHWINDEN MIR DIE SINNE!!!
WAS FÜR EIN WUNDERSCHÖNES ROT...
KLACKER
KLACKER
SICKER
NOMM
NOMM
AAAAH

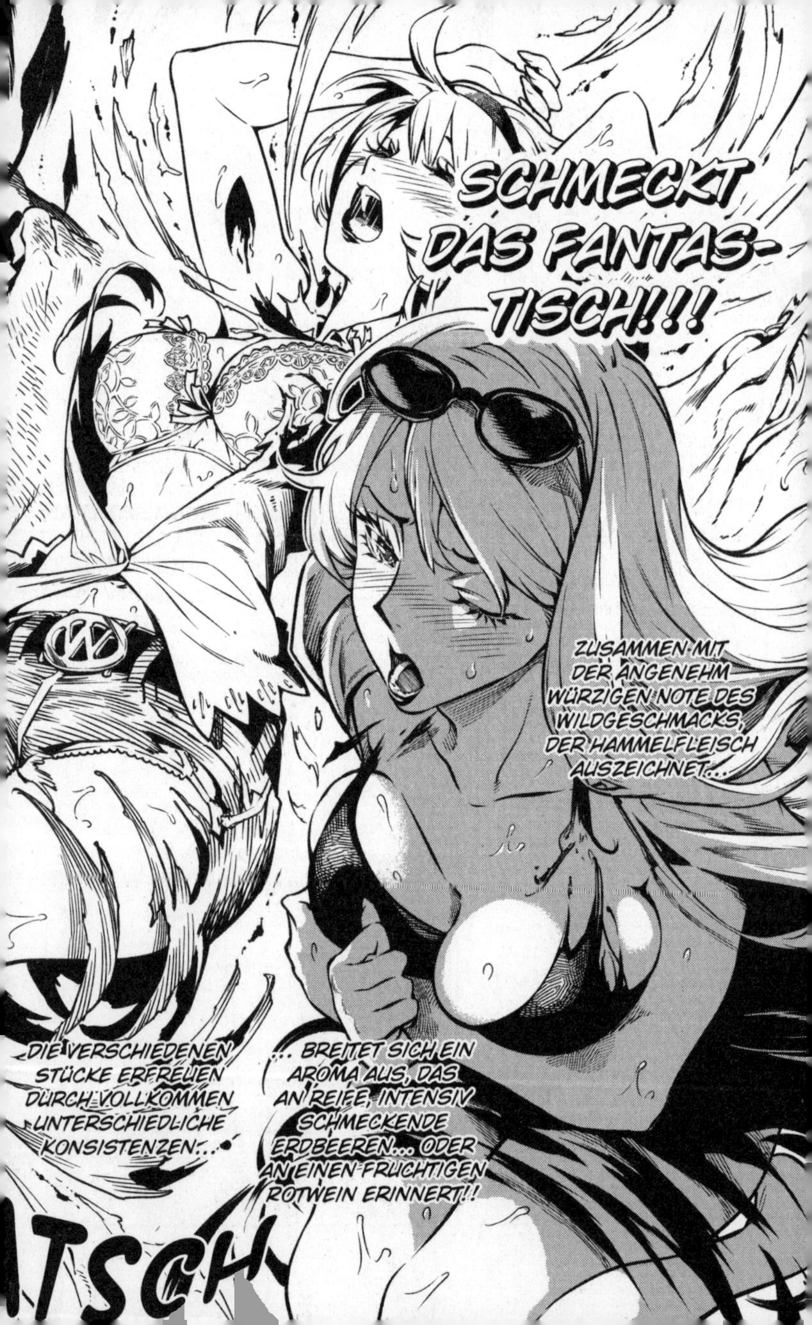
SCHMECKT DAS FANTAS-TISCH!!!
ZUSAMMEN MIT DER ANGENEHM WÜRZIGEN NOTE DES WILDGESCHMACKS, DER HAMMELFLEISCH AUSZEICHNET ...
... BREITET SICH EIN AROMA AUS, DAS AN REIFE, INTENSIV SCHMECKENDE ERDBEEREN ... ODER AN EINEN FRUCHTIGEN ROTWEIN ERINNERT!!
DIE VERSCHIEDENEN STÜCKE ERFREUEN DURCH VOLLKOMMEN UNTERSCHIEDLICHE KONSISTENZEN ...
TSCH

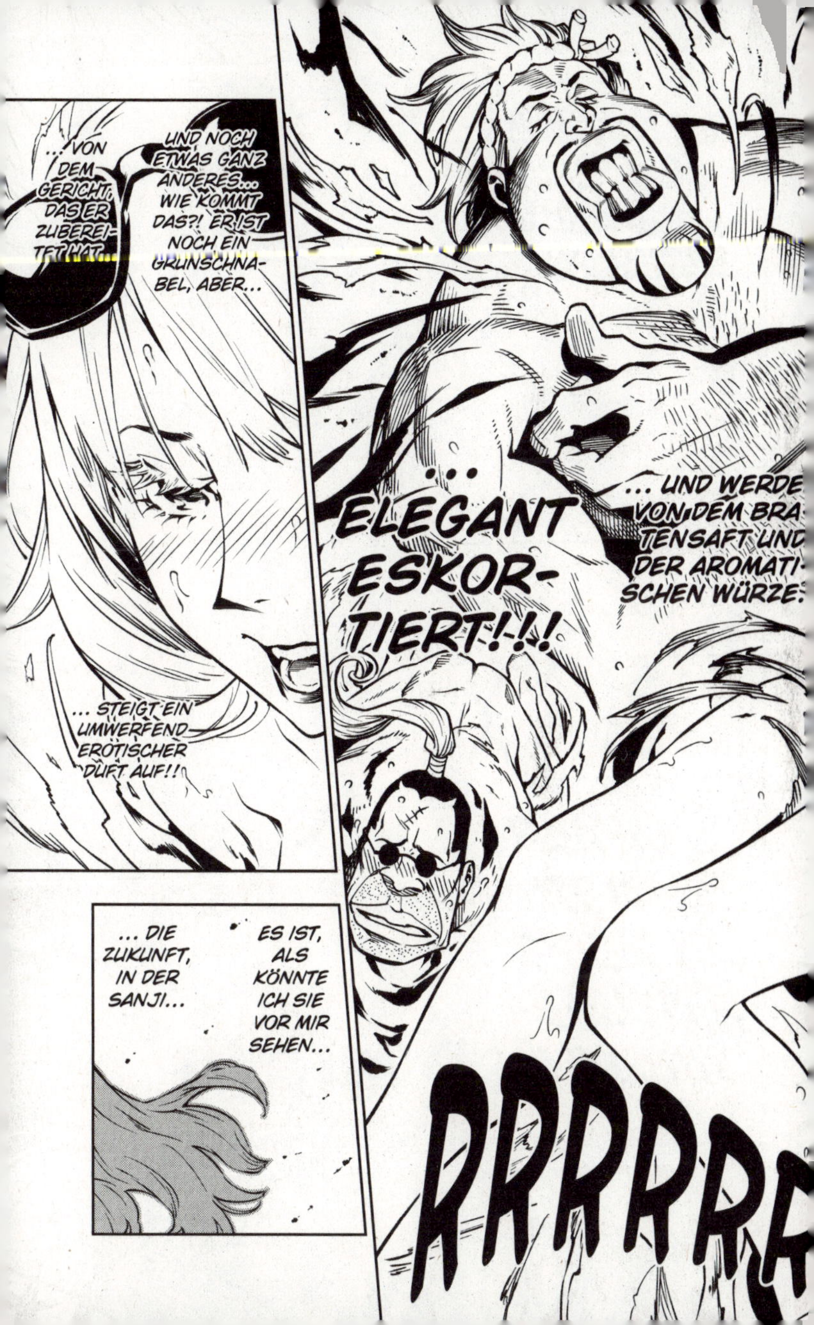
... UND WERDE VON DEM BRATENSAFT UND DER AROMATISCHEN WÜRZE ...
... ELEGANT ESKORTIERT!!!
RRRRRR
... VON DEM GERICHT, DAS ER ZUBEREITET HAT ...
UND NOCH ETWAS GANZ ANDERES ... WIE KOMMT DAS?! ER IST NOCH EIN GRÜNSCHNABEL, ABER ...
... STEIGT EIN UMWERFEND EROTISCHER DUFT AUF!!
ES IST, ALS KÖNNTE ICH SIE VOR MIR SEHEN ...
... DIE ZUKUNFT, IN DER SANJI ...

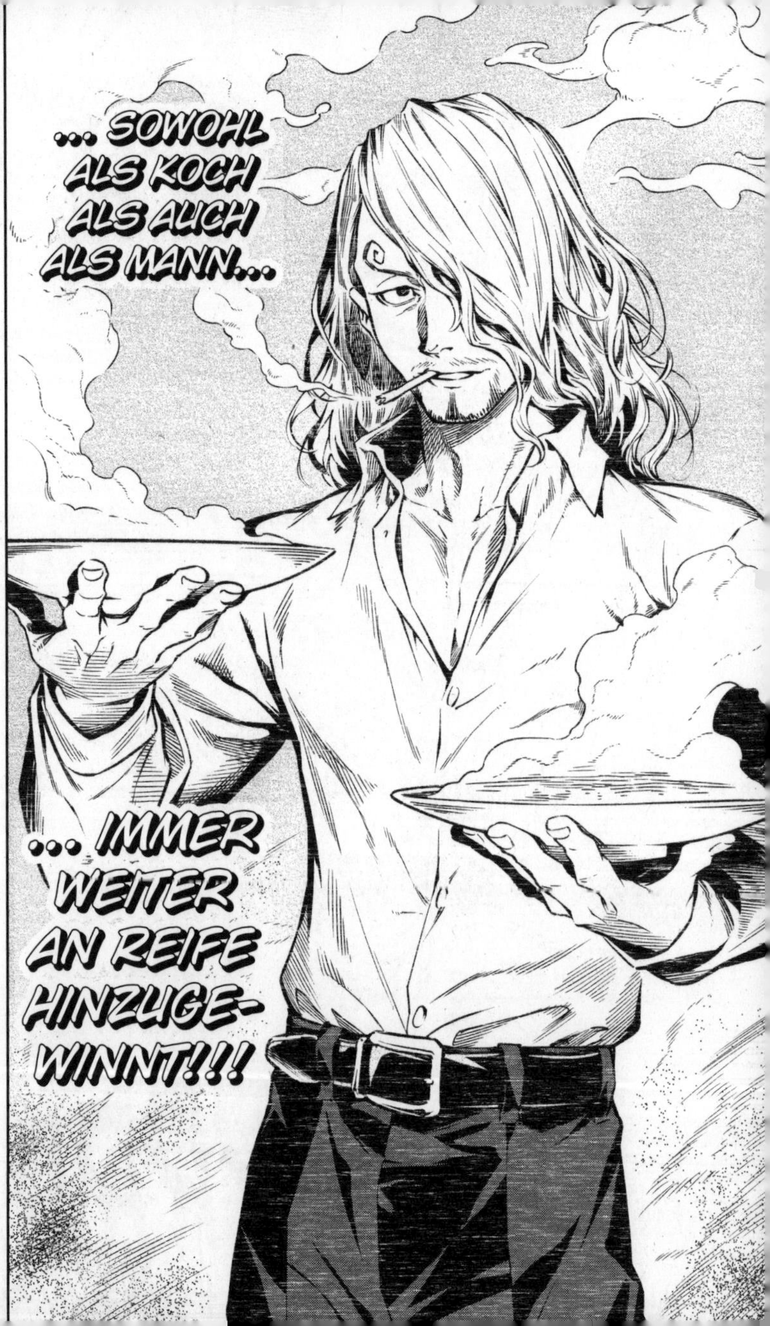
... SOWOHL ALS KOCH ALS AUCH ALS MANN...
... IMMER WEITER AN REIFE HINZUGE-WINNT!!!

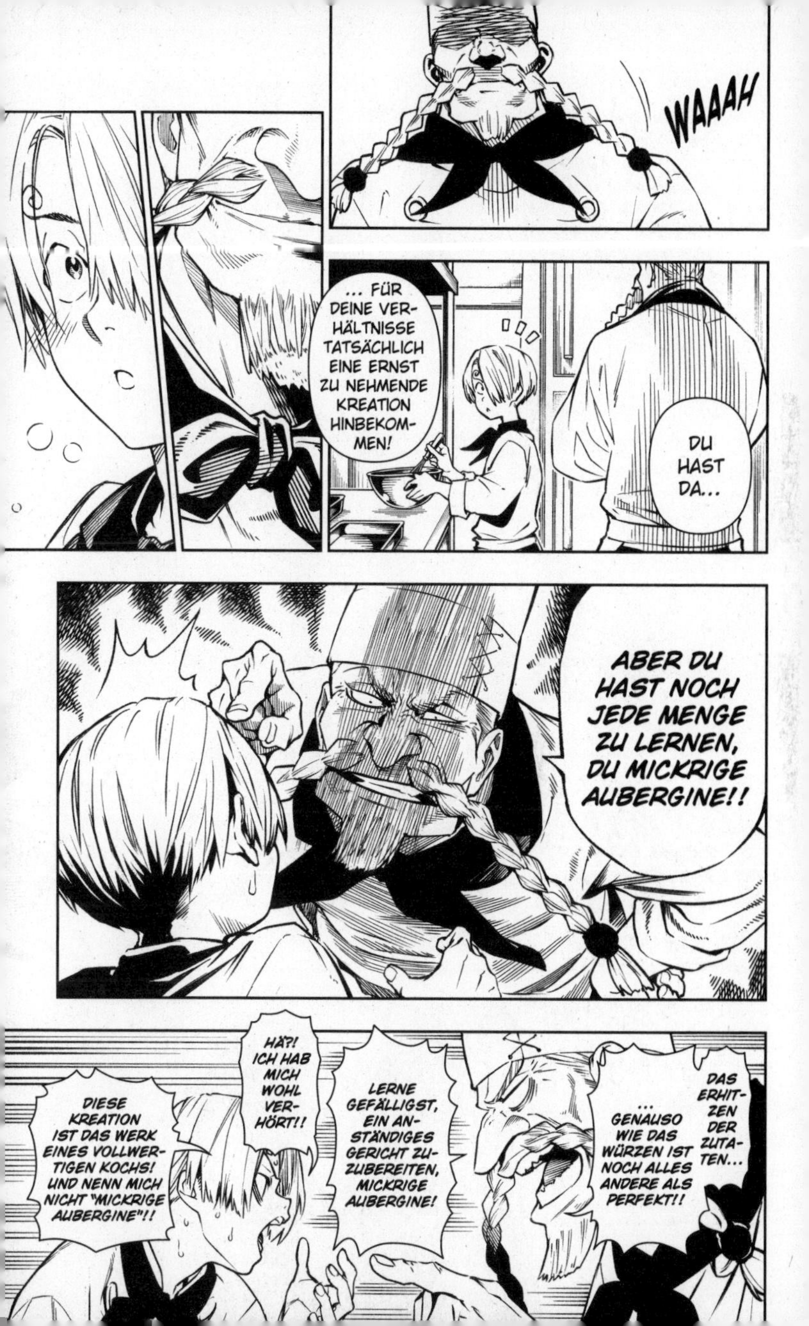
WAAAH
DU HAST DA...
... FÜR DEINE VERHÄLTNISSE TATSÄCHLICH EINE ERNST ZU NEHMENDE KREATION HINBEKOMMEN!
ABER DU HAST NOCH JEDE MENGE ZU LERNEN, DU MICKRIGE AUBERGINE!!
DAS ERHITZEN DER ZUTATEN...
... GENAUSO WIE DAS WÜRZEN IST NOCH ALLES ANDERE ALS PERFEKT!!
LERNE GEFÄLLIGST, EIN ANSTÄNDIGES GERICHT ZUZUBEREITEN, MICKRIGE AUBERGINE!
HÄ?! ICH HAB MICH WOHL VERHÖRT!!
DIESE KREATION IST DAS WERK EINES VOLLWERTIGEN KOCHS! UND NENN MICH NICHT "MICKRIGE AUBERGINE"!!

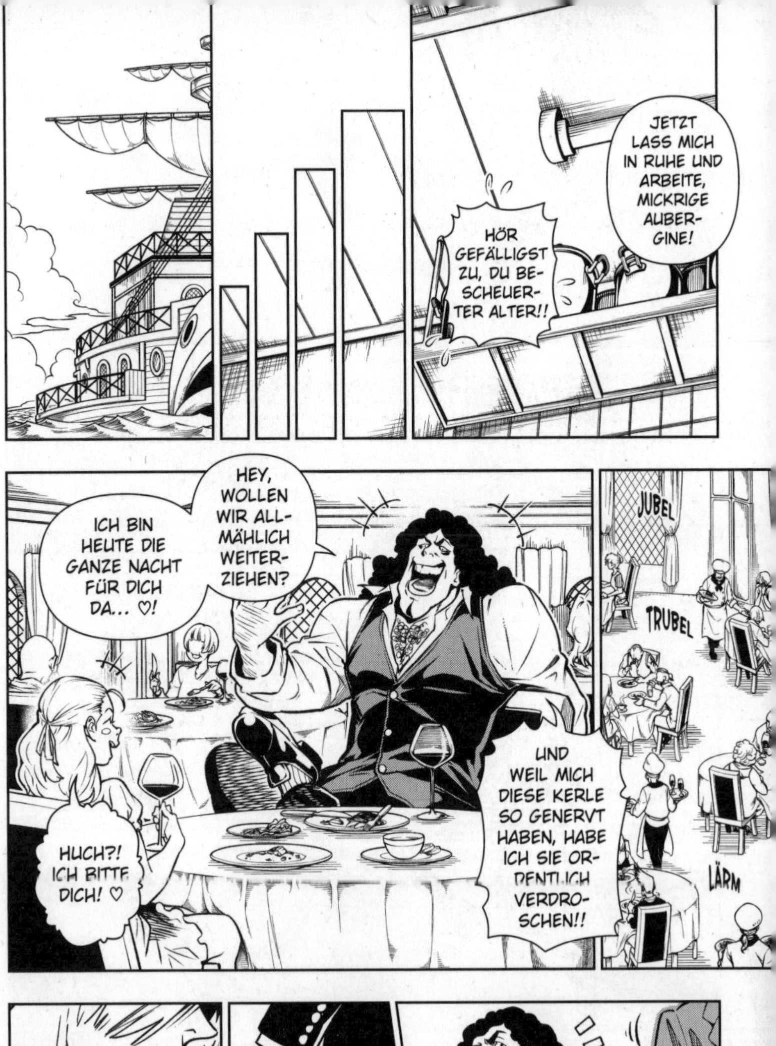
HÖR GEFÄLLIGST ZU, DU BESCHEUERTER ALTER!!
JETZT LASS MICH IN RUHE UND ARBEITE, MICKRIGE AUBERGINE!
HEY, WOLLEN WIR ALLMÄHLICH WEITERZIEHEN?
ICH BIN HEUTE DIE GANZE NACHT FÜR DICH DA... ♡!
HUCH?! ICH BITTE DICH! ♡
JUBEL
TRUBEL
UND WEIL MICH DIESE KERLE SO GENERVT HABEN, HABE ICH SIE ORDENTLICH VERDROSCHEN!!
LÄRM
HE, DU DA! DIE RECHNUNG! ABER ZACKIG!!

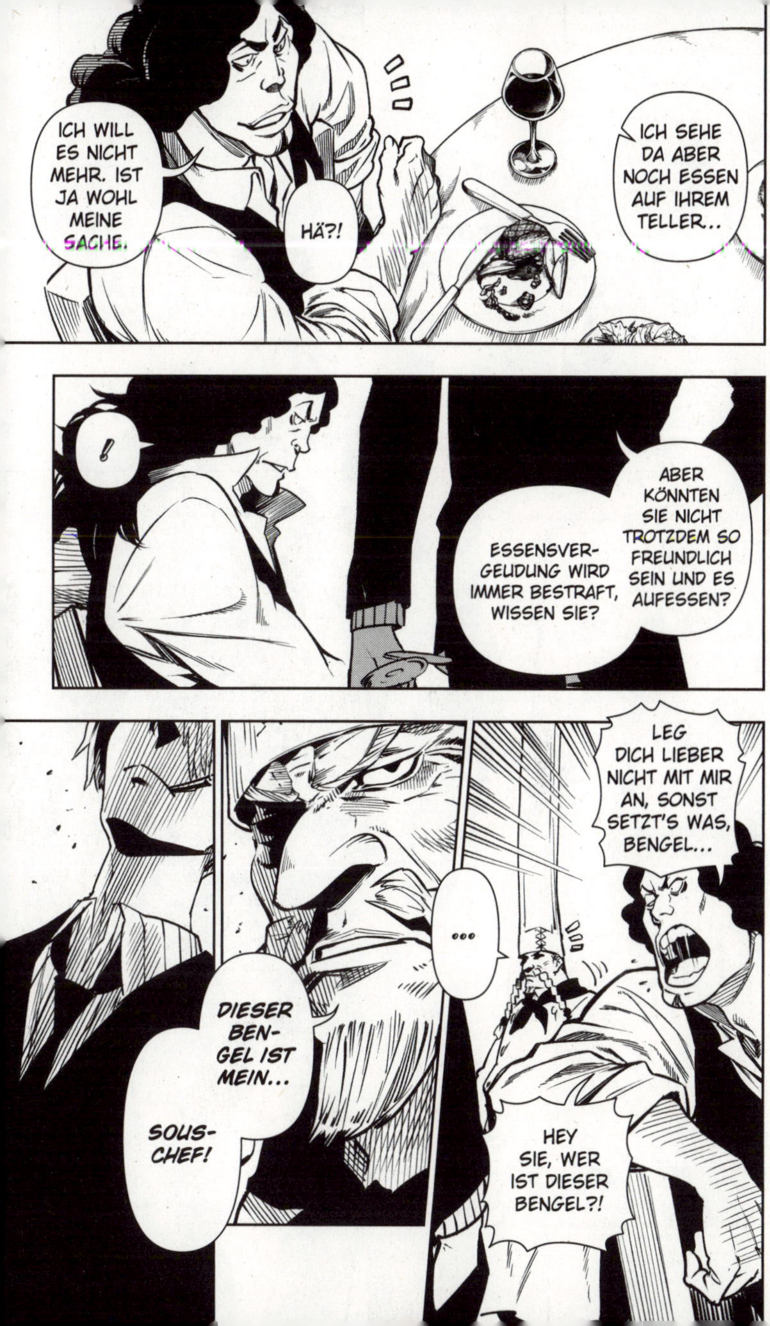
ICH SEHE DA ABER NOCH ESSEN AUF IHREM TELLER...
HÄ?!
ICH WILL ES NICHT MEHR. IST JA WOHL MEINE SACHE.
ABER KÖNNTEN SIE NICHT TROTZDEM SO FREUNDLICH SEIN UND ES AUFESSEN?
ESSENSVERGEUDUNG WIRD IMMER BESTRAFT, WISSEN SIE?
!
LEG DICH LIEBER NICHT MIT MIR AN, SONST SETZT'S WAS, BENGEL...
...
HEY SIE, WER IST DIESER BENGEL?!
DIESER BENGEL IST MEIN...
SOUS-CHEF!

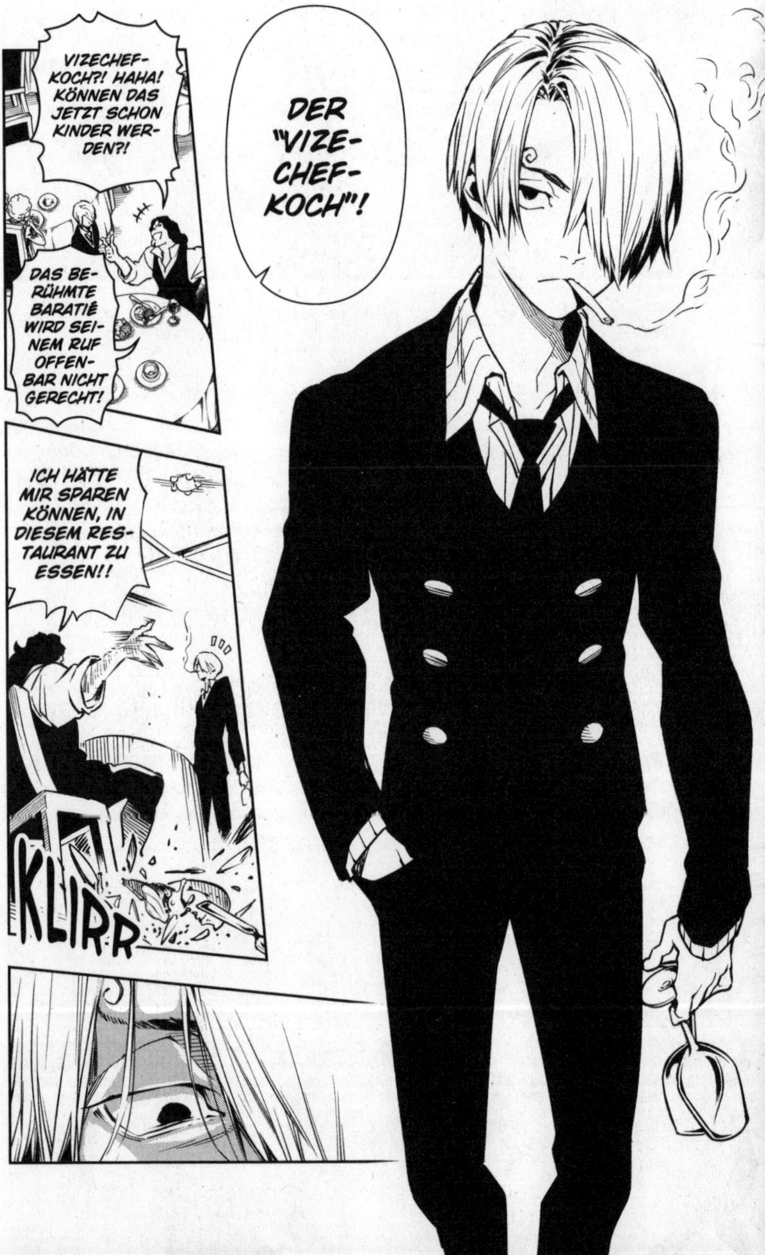
DER "VIZE-CHEF-KOCH"!
VIZECHEF-KOCH?! HAHA! KÖNNEN DAS JETZT SCHON KINDER WERDEN?!
DAS BERÜHMTE BARATIÉ WIRD SEINEM RUF OFFENBAR NICHT GERECHT!
ICH HÄTTE MIR SPAREN KÖNNEN, IN DIESEM RESTAURANT ZU ESSEN!!
KLIRR

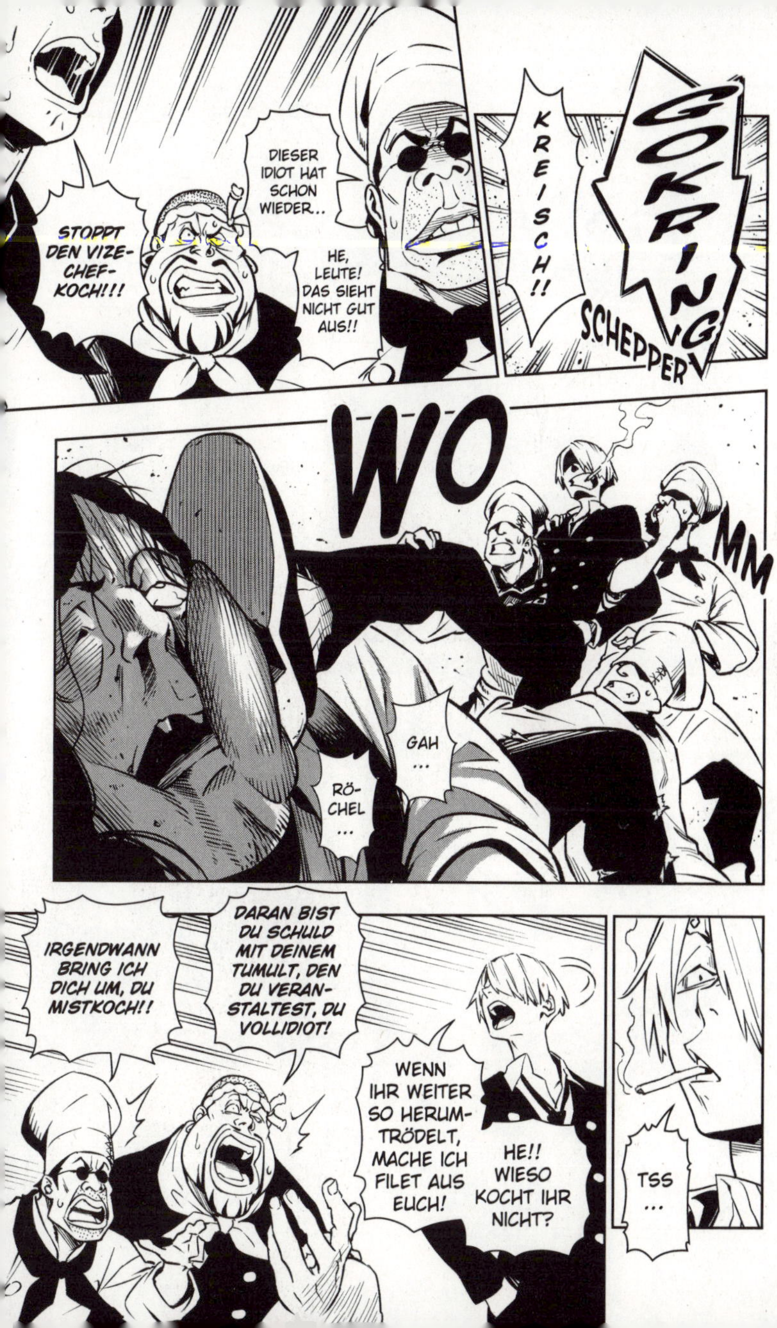
GOKRING
SCHEPPER
KREISCH!!
DIESER IDIOT HAT SCHON WIEDER...
HE, LEUTE! DAS SIEHT NICHT GUT AUS!!
STOPPT DEN VIZE-CHEF-KOCH!!!
WOMM
GAH ...
RÖ-CHEL ...
TSS ...
HE!! WIESO KOCHT IHR NICHT?
WENN IHR WEITER SO HERUM-TRÖDELT, MACHE ICH FILET AUS EUCH!
DARAN BIST DU SCHULD MIT DEINEM TUMULT, DEN DU VERAN-STALTEST, DU VOLLIDIOT!
IRGENDWANN BRING ICH DICH UM, DU MISTKOCH!!

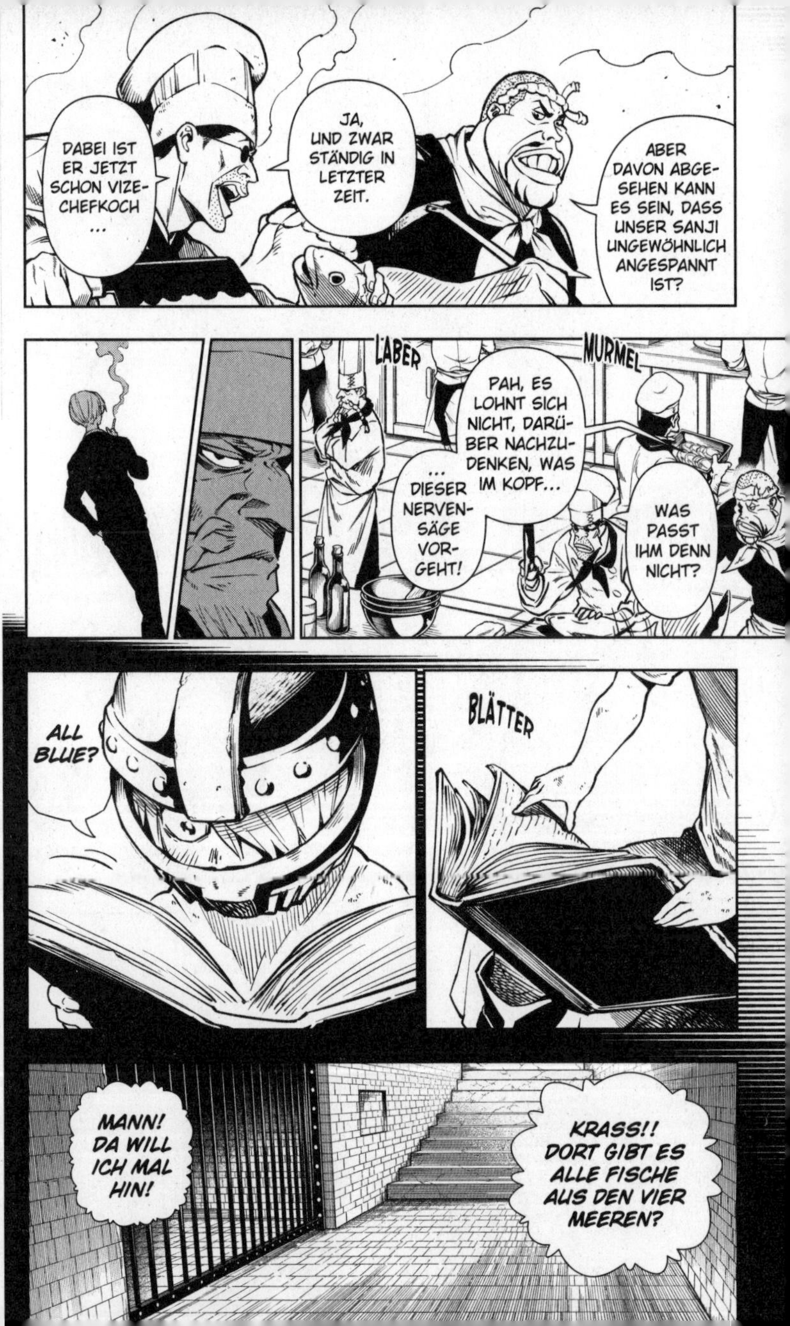

ABER DAVON ABGESEHEN KANN ES SEIN, DASS UNSER SANJI UNGEWÖHNLICH ANGESPANNT IST?
JA, UND ZWAR STÄNDIG IN LETZTER ZEIT.
DABEI IST ER JETZT SCHON VIZECHEFKOCH ...
MURMEL
LABER
WAS PASST IHM DENN NICHT?
PAH, ES LOHNT SICH NICHT, DARÜBER NACHZUDENKEN, WAS IM KOPF...
... DIESER NERVENSÄGE VORGEHT!
BLÄTTER
ALL BLUE?
KRASS!! DORT GIBT ES ALLE FISCHE AUS DEN VIER MEEREN?
MANN! DA WILL ICH MAL HIN!

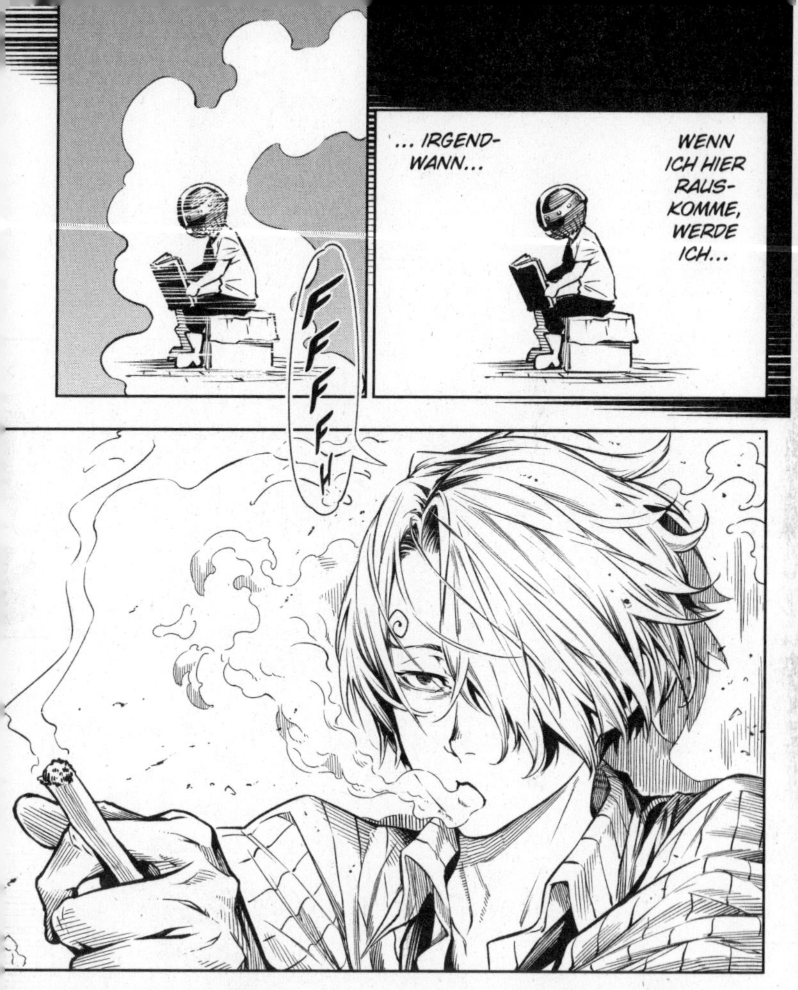

SANJIS FOOD WARS (ENDE)

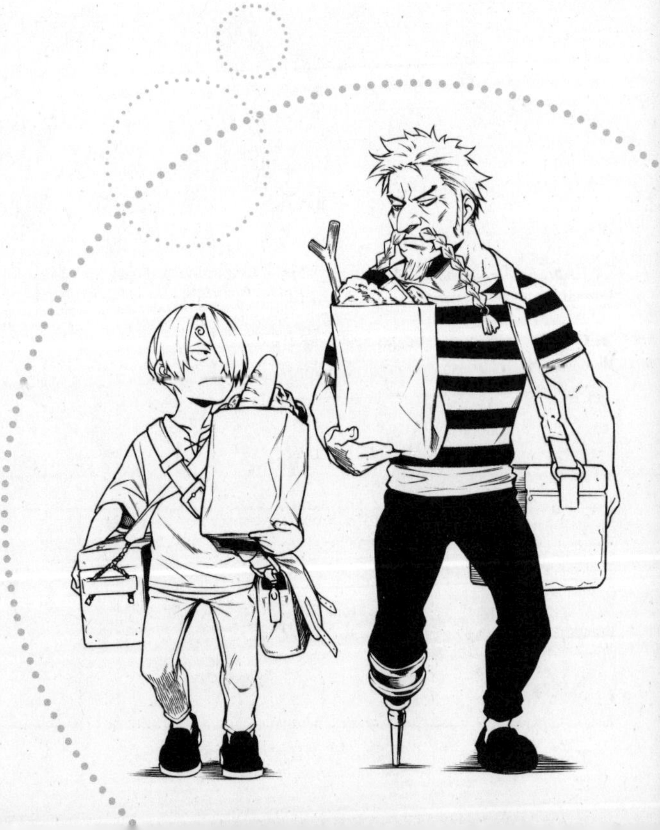

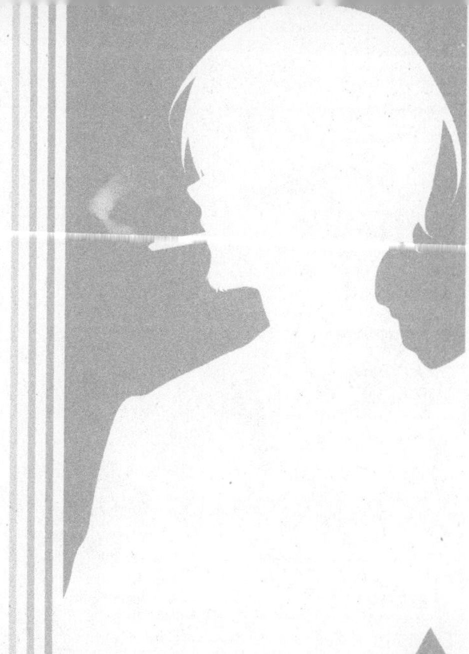

SANJIS FOOD WARS

(Erstveröffentlichung)

1. Gang Die Morgendämmerung des Abenteuers rückt heran
Weekly Jump 2018, Nr. 34, zum 20-jährigen Jubiläum von »One Piece«

2. Gang Sanjis Sekundanten-Bankett
Weekly Jump 2021, Sammelausgabe 5/6, zur Feier von »One Piece«-Kapitel 1000

3. Gang Beautiful Dessert
Weekly Jump 2021, Sammelausgabe 33/34, zum 24-jährigen Jubiläum von »One Piece«

4. Gang Überlebenskampf im pinkfarbenen Königreich
Weekly Jump 2021, Nr. 40, zur Feier des Erscheinens von »One Piece«-Sammelband 100

5. Gang Die Kochschurken und der Soba-Magier
Weekly Jump 2022, Sammelband 5/6, zur Feier des Beginns des 25. Jahres von »One Piece«

Nachtisch »Vizechefkoch«
Weekly Jump 2022, Nr. 34, zum 25-jährigen Jubiläum von »One Piece« und zur Feier des bevorstehenden Kinostarts

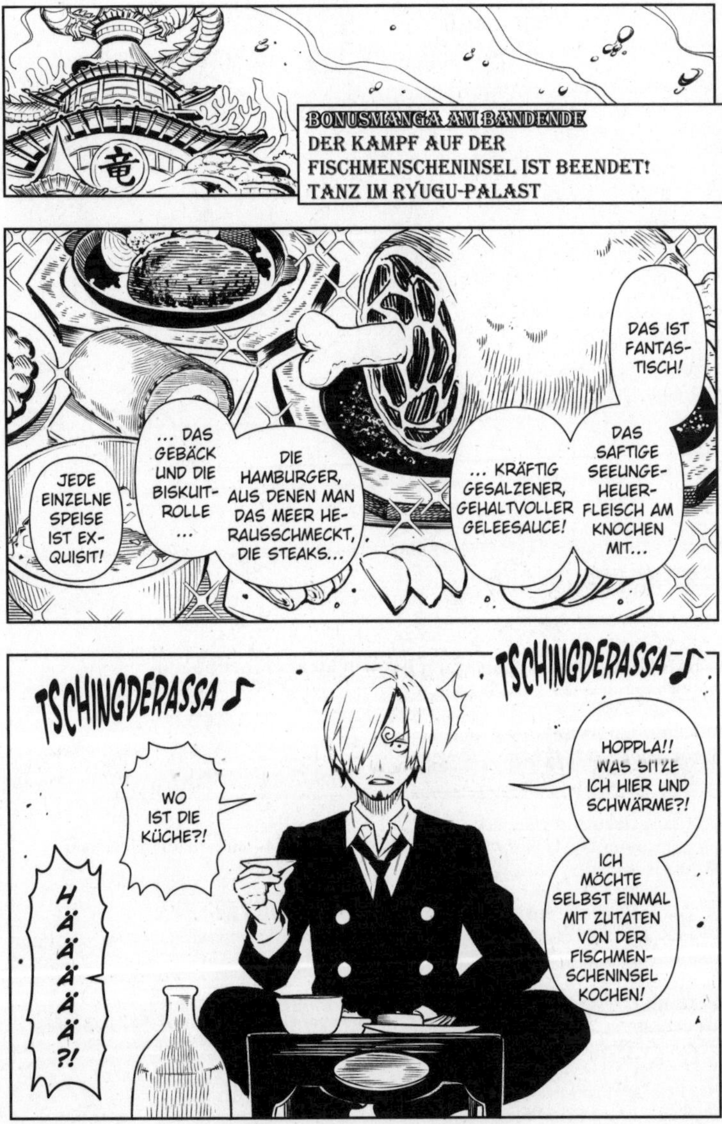
BONUSMANGA AM BANDENDE
DER KAMPF AUF DER FISCHMENSCHENINSEL IST BEENDET!
TANZ IM RYUGU-PALAST
DAS IST FANTASTISCH!
DAS SAFTIGE SEEUNGEHEUERFLEISCH AM KNOCHEN MIT...
... KRÄFTIG GESALZENER, GEHALTVOLLER GELEESAUCE!
DIE HAMBURGER, AUS DENEN MAN DAS MEER HERAUSSCHMECKT, DIE STEAKS...
... DAS GEBÄCK UND DIE BISKUITROLLE ...
JEDE EINZELNE SPEISE IST EXQUISIT!
TSCHINGDERASSA ♪
HOPPLA!! WAS SITZE ICH HIER UND SCHWÄRME?!
ICH MÖCHTE SELBST EINMAL MIT ZUTATEN VON DER FISCHMENSCHENINSEL KOCHEN!
TSCHINGDERASSA ♪
WO IST DIE KÜCHE?!
HÄÄÄÄÄ?!

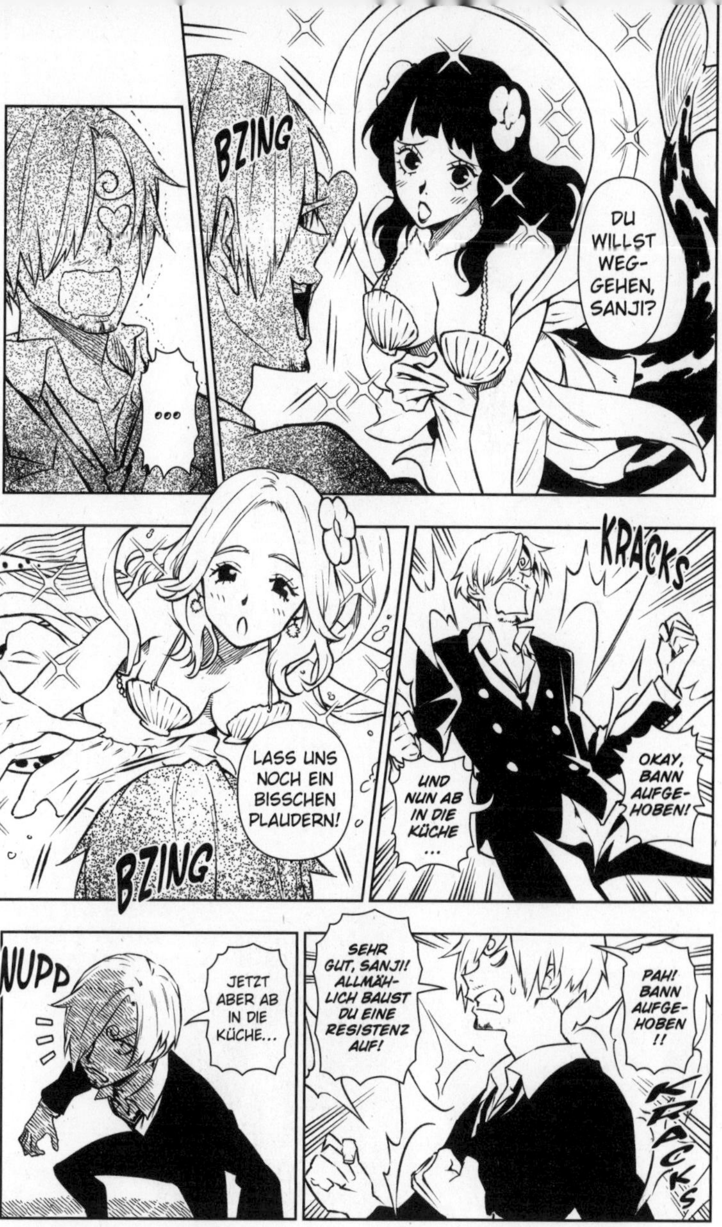
DU WILLST WEG-GEHEN, SANJI?
BZING
...
KRACKS
OKAY, BANN AUFGE-HOBEN!
UND NUN AB IN DIE KÜCHE ...
LASS UNS NOCH EIN BISSCHEN PLAUDERN!
BZING
PAH! BANN AUFGE-HOBEN!!
KRACKS
SEHR GUT, SANJI! ALLMÄH-LICH BAUST DU EINE RESISTENZ AUF!
JETZT ABER AB IN DIE KÜCHE...
NUPP

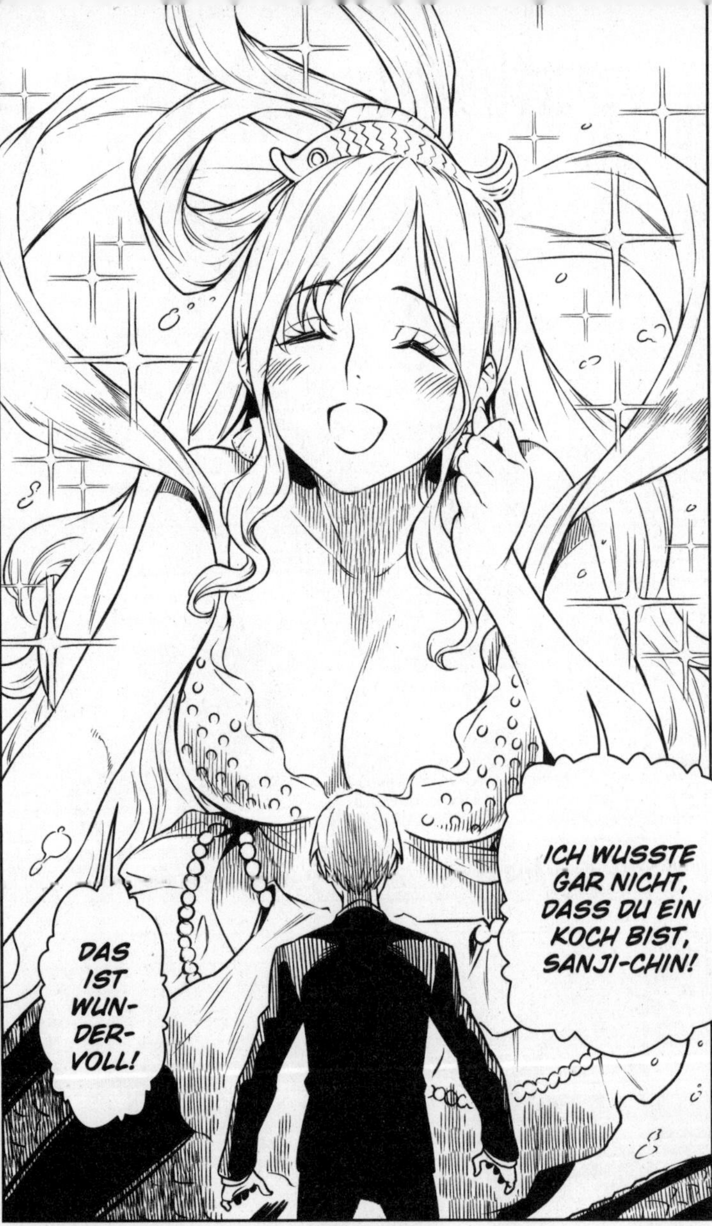
ICH WUSSTE GAR NICHT, DASS DU EIN KOCH BIST, SANJI-CHIN!
DAS IST WUN-DER-VOLL!

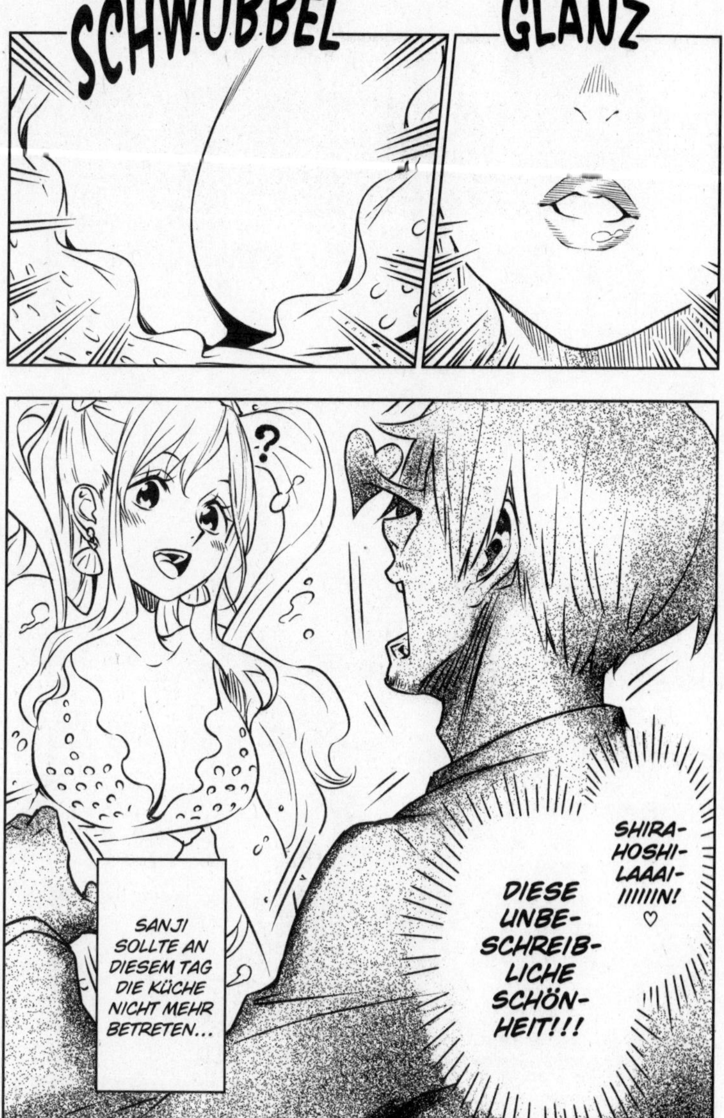
GLÄNZ
SCHWUBBEL
SHIRA-
HOSHI-
LAAAI-
IIIIIIN!
♡
DIESE
UNBE-
SCHREIB-
LICHE
SCHÖN-
HEIT!!!
SANJI
SOLLTE AN
DIESEM TAG
DIE KÜCHE
NICHT MEHR
BETRETEN…

Sanjis Food Wars!

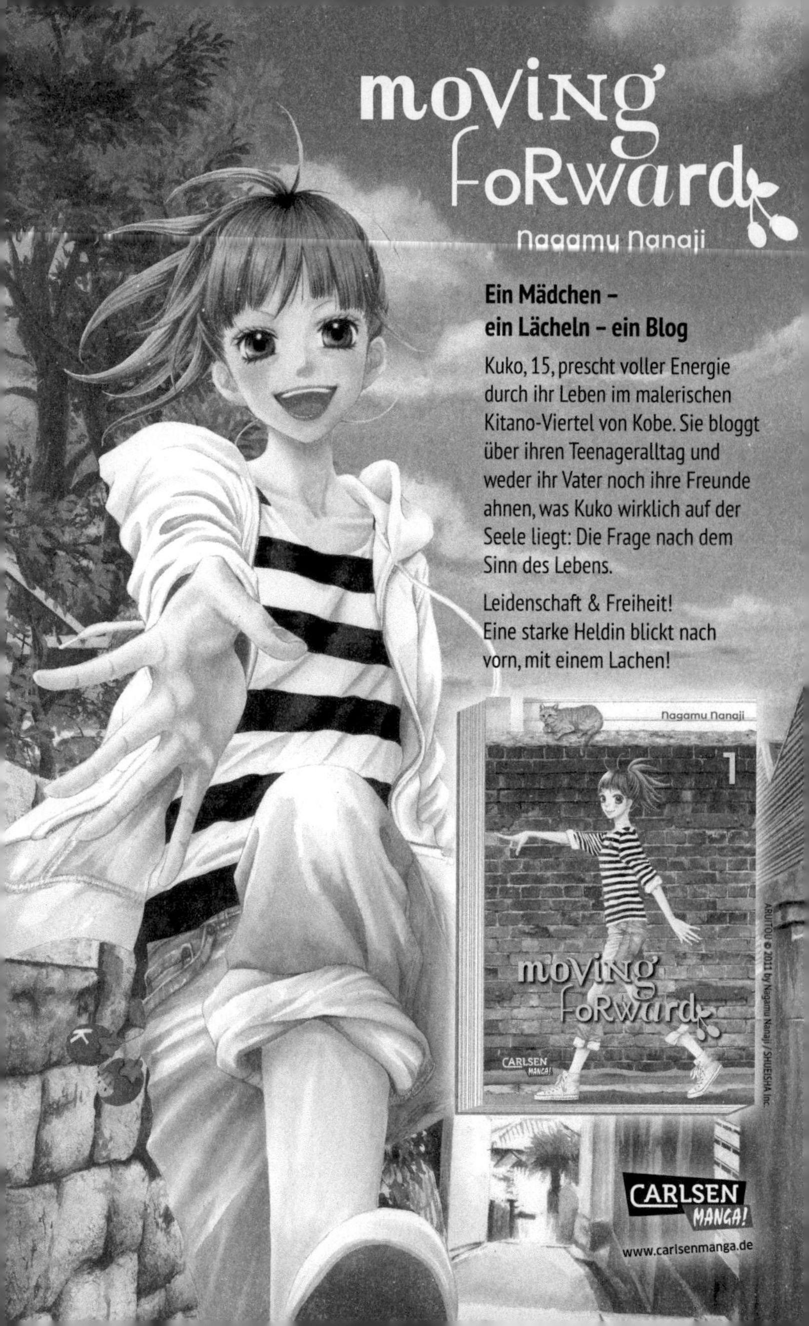
moving forward
Nagamu Nanaji
Ein Mädchen –
ein Lächeln – ein Blog
Kuko, 15, prescht voller Energie durch ihr Leben im malerischen Kitano-Viertel von Kobe. Sie bloggt über ihren Teenageralltag und weder ihr Vater noch ihre Freunde ahnen, was Kuko wirklich auf der Seele liegt: Die Frage nach dem Sinn des Lebens.
Leidenschaft & Freiheit!
Eine starke Heldin blickt nach vorn, mit einem Lachen!
Nagamu Nanaji
1
moving forward
CARLSEN MANGA!
ARUITOU © 2011 by Nagamu Nanaji / SHUEISHA Inc.
CARLSEN MANGA!
www.carlsenmanga.de

Halt!

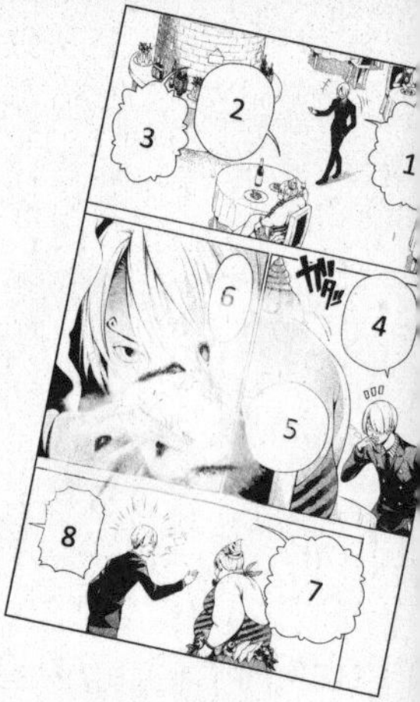

Sanjis Food Wars! ist eine japanische Serie, und in Japan wird von hinten nach vorn und von rechts nach links gelesen. Man schlägt diesen Manga also hinten auf und blättert ihn nach vorn durch. Auch die Bilderfolgen und der Erzähl- bzw. Lesefluss funktionieren auf den Seiten von rechts oben nach links unten – wie in der kleinen Grafik hier unten gezeigt. Also los, an die Töpfe & viel Spaß mit **Sanjis Food Wars!**

FSC
www.fsc.org
MIX
Papier | Fördert gute Waldnutzung
FSC® C083411

Wir produzieren nachhaltig

- Klimaneutrales Produkt
- Papiere aus nachhaltigen und kontrollierten Quellen
- Hergestellt in Europa

Carlsen Manga! News – jeden Monat neu per E-Mail!
www.carlsenmanga.de
www.carlsen.de

CARLSEN MANGA
Deutsche Ausgabe/German Edition

Aus dem Japanischen von Antje Bockel

First published in Japan in 2018 by SHUEISHA Inc., Tokyo.
German translation rights in Germany, Austria, Luxembourg and German-speaking Switzerland arranged by SHUEISHA Inc. through VME PLB SAS, France
Redaktion: Lisa Gocke
Textbearbeitung: Steffen Haubner
Herstellung: Derya Yildirim

ISBN: 978-3-551-75370-0